陕西省“三秦学者”创新团队支持计划项目
文化名家暨“四个一批”人才工程项目资助项目
陕西省特支计划“杰出人才”
西北大学“双一流”建设项目
陕西省“特支计划”青年拔尖
教育部人文社科重点研究基地——西北大学中国西部经济发展研究中心

經濟增長質量論壇

第二辑

创新驱动、绿色发展与经济增长质量

师 博 钞小静 李 勇 任保平 主编

西北大学出版社

图书在版编目(CIP)数据

经济增长质量论坛. 创新驱动、绿色发展与经济增长质量 / 师博等主编. —西安:西北大学出版社,2019. 5

ISBN 978-7-5604-4310-2

Ⅰ. ①经… Ⅱ. ①师… Ⅲ. ①经济增长质量—文集 Ⅳ. ①F061. 2 – 53

中国版本图书馆 CIP 数据核字(2019)第 042935 号

经济增长质量论坛:创新驱动、绿色发展与经济增长质量

作　　者:师　博　钞小静　李　勇　任保平

出版发行:西北大学出版社

地　　址:西安市太白北路 229 号

邮　　编:710069

电　　话:029-88303059

经　　销:全国新华书店

印　　装:陕西向阳印务有限公司

开　　本:787 毫米 × 1092 毫米　1/16

印　　张:20. 5

字　　数:332 千字

版　　次:2019 年 5 月第 1 版　2019 年 5 月第 1 次印刷

书　　号:ISBN 978-7-5604-4310-2

定　　价:68. 00 元

前 言

经济增长质量是我和我的团队成员十多年以来，持续不断深入研究的一个领域，十多年来我们对中国经济增长质量的研究经历了四个阶段：第一，探索阶段：1999—2005 年。我从 1999 年攻读博士学位阶段开始关注经济发展问题，并以此为题完成了著作《低成本经济发展的制度阐释》的撰写。后在南京大学洪银兴老师指导下做博士后研究时又做了一些深化，此时关于经济增长质量研究雏形逐步形成。第二，起始阶段：2006—2009 年。2006 年我入选教育部新世纪优秀人才支持计划，支持课题为“经济转型时期中国经济增长质量与和谐发展”，以此为起始标志使经济增长质量研究成为研究团队近年来主要的研究方向之一。2010 年《以质量看待增长：对新中国经济增长质量的评价与反思》的出版了标志着经济增长质量的研究正式起步。第三，深化阶段：2010—2012。研究团队相继出版了“中国经济增长质量报告系列（2010、2011、2012）”。在理论方面多篇论文发表在《经济研究》等权威期刊，在实践方面《光明日报》《中国新闻周刊》等媒体就经济增长质量等现实热点问题采访了我，观点、文章陆续被转载、转引，逐渐得到学术界的关注。第四，系统化研究阶段，2012 年到现在。在教育部新世纪优秀人才支持计划结题答辩时，研究成果得到了专家的好评，当时我的老师白永秀教授、西安交通大学经济金融学院的院长冯根福教授建议我在这个领域继续系统推进，当时冯根福教授建议我把一些研究成果往国外冲刺，可以为申报长江学者做准备。结题以后，我在继续出版每年一本的《经济增长质量报告》的基础上，对经济增长质量的研究开始系统推进，开始在经济增长质量方面申报项目，加强经济增长质量的基础理论研究，着眼于经济增长质量理论体系的构建。

十多年来我们对经济增长质量的研究取得了一系列的研究成果：（1）围绕这

个主题，我们在《经济研究》《数量经济技术经济研究》《中国工业经济》《经济科学》《经济学家》《当代经济科学》《学术月刊》等核心期刊上发表论文50余篇，其中《新华文摘》转载7篇，人大报刊复印资料全文转载多篇，《光明日报》转载3篇，《中国社会科学文摘》转载1篇。(2)出版了《以质量看待增长：对新中国经济增长质量的评价与反思》(中国经济出版社，2010年版)，我指导的博士钞小静出版了《中国转型时期经济增长质量的理论与实证分析》(人民出版社，2010年版)，我和梁炜博士主持翻译了米香的《经济增长的代价》(机械工业出版社，2011年版)，我和魏婕、郭晗出版了《经济增长质量的理论研究与实践探索》(中国经济出版社，2012年版)，我和魏婕组织编写了《经济增长理论名著导读》(中国经济出版社，2013年版)，与魏婕、钞小静、师博主持完成了《经济增长理论史》(科学出版社，2014年版)。(3)相继出版了《中国经济增长质量报告2010》《中国经济增长质量报告2011——中国经济增长包容性》《中国经济增长质量报告2012——中国经济增长质量指数及省区排名》《中国经济增长质量报告2013——结构失衡背景下的经济增长质量》《中国经济增长质量报告2014——创新驱动下的经济增长质量》《中国经济增长质量报告2015——中国产业与行业增长质量评价》，形成了关于经济增长质量研究的系列研究报告。(4)进行了经济增长质量基础理论问题的研究。在对中国经济增长质量现实问题研究的基础上，我从2012年开始着手进行经济增长质量基础理论的研究，在《经济学动态》《学术月刊》《当代经济研究》上发表了一系列的研究文章，研究和探索经济增长质量的基础理论问题，2013年开始我把在理论研究基础上形成的成果系统化为一本著作《经济增长质量的逻辑》，2013年经济增长质量发布会时，与会专家对书稿进行了讨论，会后我又进行了修改，2014年申报了"国家社科金成果文库"，获得立项资助，由人民出版社在2015年出版，并由国家社科规划办在2015年的6月进行了表彰；同时2017年出版了《超越数量：质量经济学的标准与范式》，把对经济增长质量的研究扩展到了质量经济学。(5)获得了一些项目资助。除过《经济增长质量的逻辑》获得"国家社科金成果文库"立项资助外，出版多年的《中国经济增长质量报告》获得教育部哲学社会科学发展报告项目立项资助，《地方经济增长质量监测预警系统与政策支持体系》获得2015年国家社科基金第一批重大招标项目立项资助，2014年入选首批陕西省哲学社会科学英才支持计划，同时入选教育部长江学者特聘教授。(6)培养了一批学生。一些博士生和博士后毕业以后，继续在经济增长质量方向下做研究，发表了一系列的文章，大多数先后都获得了国家社科基金，校内的钞小静、魏婕、师荣蓉，江苏科技大学的汤向俊、中南财经政法大学的马强文、中国劳动关系学院的谢琦近年来都获得了国家社科基金。钞小静入选教育部新世纪优秀人才支持计划和陕西省哲学社会科学英才支持计划。魏婕、郭晗获得孙冶方经济学青年菁英奖学金。同时，茹少峰、师博、田洪志、李勇等青年教师也加入到了这个研究领域中。

为了加强经济增长质量的研究，西北大学经济管理学院数理经济与统计系、教育部人文社会科学重点研究基地——西北大学中国西部经济发展研究中心、陕西省哲学社会科学重点研究基地和新型智库宏观经济与经济增长质量协同创新中心，举办了“经济增长质量论坛”，这一论坛已经持续举办了四年多，每学期举办十多次，由新型智库宏观经济与经济增长质量协同创新中心首席专家钞小静教授、师博教授主持，“经济增长质量论坛”主要是对经济管理学院的教师和我的学生中做出的关于宏观经济与经济增长质量的文章进行研讨，文章的作者讲授、点评教师点评、参会者讨论，这种互动方式对于论文作者来说，可以起到完善作用。对于参加者来说，可以起到学习作用。经过几年的积累，论坛积累了几十篇论文，这些论文大多数都已经发表。为了显示我们这个团队的研究成果，在师博教授的辛苦努力下，把这几年积累的成果汇集在一起，在西北大学出版社出版了。

《经济增长质量论坛》出版之际，感谢经济管理学院对论坛的大力支持，感谢钞小静教授、师博教授、魏婕副教授、郭晗副教授、李勇副教授、田洪志副教授在论坛举办中付出的辛苦劳动，感谢师博教授在《论坛》编辑中的辛苦努力，以及西北大学出版社褚骊英编辑的大力支持和辛苦劳动。

西北大学中国西部经济发展研究中心主任、研究生院院长　任保平

2019 年 4 月 8 日

目录
CONTENTS

第一编　经济增长质量和数量互动研究

第二编 创新与经济增长

第三编 绿色发展

第一编

经济增长质量和数量互动研究

第一章　新常态下中国经济增长质量与数量的互动机制研究

宋文月

摘　要　经济增长数量与质量的良性互动是高质量发展的前提和基础，实现高质量的发展首先必须建立经济增长数量与质量的良性互动机制。本文首先基于迈入中等收入国家行列后，典型经济体的技术水平和制度环境的差异性特征，分析了以技术进步与制度变迁的协同演进为核心的经济增长质量的阶段性特征及其对经济增长数量的影响机制。同时采用 SYS－GMM 模型分析了技术进步与制度变迁对经济增长速率的影响，并以人均 GDP（国内生产总值）为门限变量，分析了技术进步、制度变迁及其交互性对经济增速的门限效应。结果表明，随着发展阶段的变化，中国经济增长未能及时转变的技术进步与制度变迁的路径不仅降低了二者对经济增长的贡献，还由于技术与制度协同反馈机制的弱化，对经济增长速率造成双重制约。因此，需要加强自主创新能力，实施创新驱动战略，在完善市场机制的同时注重政府职能的有效发挥，进一步优化技术进步和与制度变迁的协同互促机制，优化经济增长数量与质量的互动机制，以经济增长数量与质量的互动实现高质量的发展。

关键词　中等收入阶段；经济增长数量；经济增长质量；互动机制

一、问题提出

以要素驱动和投资驱动为特征的数量型经济增长方式有效地推进了中国持续 40 年的快速经济增长，实现了经济的快速积累。随着人均 GDP 于 2008 年首次超过 3000 美元，中国正式步入中等收入国家行列，但经济增长也开始从高速增长向中高速增长转变，经济增速从 2007 年的 14.2% 降至 2008 年的 9.7%，2016 年增速为 6.7%，2017 年增速小幅回升至 6.9%。可以看出，随着要素禀赋结构的变迁与国际经济格局的变化，原有数量追赶战略与要素驱动方式，不能继续为新的发展阶段提供持续增长动力，中等收入阶段的中国经济发展面临着诸多新的发展挑战。

目前关于中国进入中等收入阶段后经济增速下滑的影响因素分析，主要有以下两个视角：一是以经济增长理论为基础，基于增长机制的视角，认为经济增长速度的阶段性持续下滑是由于经济增长动力的阶段性缺失；二是强调制度变迁对经济增长的影响，认为政府与市场关系的失衡、激励机制和约束机制的失衡、市场和政府的双重失灵是导致经济增长速度的阶段性下降的根本原因。

在以经济增长理论和生产函数为基础，分析随着经济发展阶段的变迁，要素禀赋结构的变化对经济增长影响的研究中，主要有以下几个观点：一是低收入阶段对中国经济增长有着显著贡献作用的投资驱动力，但随着投资主体的转变，资本积累速度的下降，以及投资活动导致的收入分配扭曲和内需不足等结构性问题的制约，使其对中等收入阶段的经济增长的贡献有限，甚至会制约经济增长（吴敬琏，2008；中国经济增长前沿课题组，2014；马光远，2014）。二是随着人口结构的变迁，刘易斯拐点的到来，使得中国的劳动力从无限供给转为有限供给，而随着自然环境约束的不断加强，自然资源的环境成本也持续上升，导致中国以低成本劳动力和自然资源为核心的比较优势逐渐削弱，在尚未形成以技术创新为核心的竞争优势的调整期，原有比较优势的削弱是制约经济持续高速增长的关键因素（刘伟，2014；李扬等，2015）。三是随着我国经济发展水平的提升，通过技术引进提高全要素生产率的后发优势不断缩小，而有限的创新驱动能力使得中国自主创新水平提升缓慢，技术创新和技术进步速率的放缓，是制约我国经济持续高速增长的根本因素（张德荣，2013；中国经济增长前沿课题组，2014）。除了要素禀赋对经济增长的影响外，发展经济学还强调经济结构变迁对经济增长的影响。地区经济差距的不断扩大、工业化与城市化的失衡、过度城市化、诱致性的产业结构变迁等结构性问题所导致的产能过剩、内需不足等供求失衡问题，阻碍了经济增长（张军等，2009；中国经济增长与宏观稳定课题组，2008；钞小静等，2011；刘世锦，2014）。此外，学者从制度环境对经济增长的影响视角，认为滞后的制度创新是阻碍新的发展阶段经济增长的根本原因。一方面经济体制改革的滞后导致市场机制未能有效发挥对要素配置的决定性作用，不仅降低了生产效率，还制约了经济规模和产业发展（李富强，2008；郑若谷等，2010；刘世锦，2011；田国强，2015），与此同时，缺乏对市场主体的激励机制，中小企业的发展受到制约，经济增长动力不足。另一方面，不合理的成果分配制度导致人力资本积累缓慢，企业融资成本过高，资源竞争和环境恶化等问题（李子联，2015），促使社会利益结构趋于固化，形成利益集团，导致动态不平衡，形成长期经济增长的停滞（楼继伟，2010；郑秉文，2011；周文等，2012）。

经济增长速度的阶段性持续下降，体现了随着经济发展阶段的演进，原有经济增长方式、经济结构以及制度环境不能满足新的发展要求，导致地区经济无法继续保持规模报酬递增，原有的高速增长难以为继。关于要素禀赋、制度环境对经济增长影响的文献已有很多，详细阐述了资源禀赋条件的阶段性变化和制度环境对经济增长的制约机制，但基于影响因素间系统性考察及其影响路径探究有限。因此，本文基于中国经济增长的阶段性演进，分析经济增长质量与数量之间的互动机制的阶段性演化，探求中国进入中等收入阶段以后如何建立经济增长质量和数量的互动机制，以实现高质量发展。

二、迈入中等收入阶段后地区经济差异化发展的基本特征

依据世界银行2012年的标准，2007年中国人均国民总收入（GNI）首次达到3063美元，成功迈入中等收入行列，并于2015年达到6470.42美元，顺利进入中高等收入国家行列。尽管中国经济增长速度远高于世界主要经济体，与中高等收入国家的差距也不断缩小，但迈入中等收入阶段以来中国经济增长率呈现大幅波动下滑的态势，尤其是2008年金融危机之后，中国经济增长速度的下降幅度也超过其他经济体的增速下滑的程度。这表明随着与发达经济体经济差距的不断缩小，制约经济增长的因素逐渐显现，对新的发展阶段中经济增长速度、增长稳定性和产出有效性均有不同程度影响。

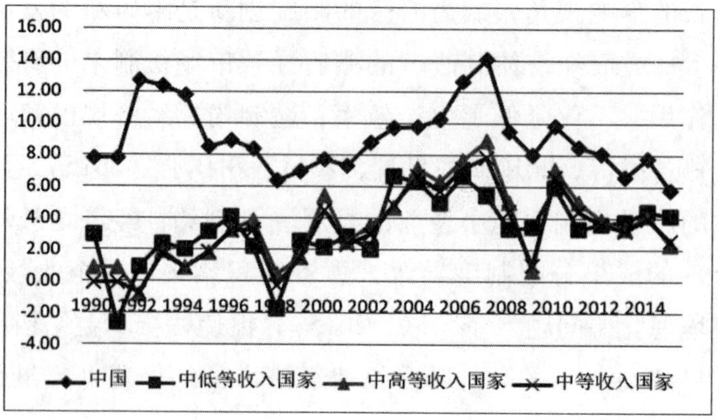

图 1　全球主要经济体人均 GNI 年增长率的时序波动

从国际统计数据来看，多数低收入国家都能实现经济的起飞，成功跨越马尔萨斯陷阱，迈入中等收入行列，但迈入中等收入阶段以后，各国的经济发展态势的差异性逐渐显现。一类是如日本、韩国以及新加坡等亚洲新兴国家，在经历短暂经济调整期后，能够继续保持经济增长，分别在 20 世纪 60 年代和 70 年代成功迈入高等收入国家行列。另一类是如巴西、墨西哥等拉美国家，在人均收入达到中等收入水平之后，无法继续维持较快的经济增长，经济长期陷入停滞。因此，基于对一国经济发展中普遍存在的经济发展的阶段性问题，本文选择 1990 年以来，已进入高收入阶段的并与中国具有相似文化背景的新加坡、日本与韩国等亚洲国家，以及与中国一样面临经济下行压力且经济长期陷入停滞的墨西哥、巴西等拉美国家与中国经济发展进行国际比较分析。

（一）地区产业创新水平的差异化特征

高科技产业是一国以技术创新为竞争优势的重要体现，其发展是以先进的知识技术创新为基础，以企业创新为主体的产品产业创新，强调知识技术创新的成果转换水平。因此，对于开放经济体而言，高科技产业的发展不仅体现了一国的技术创新能力与企业创新活力，还反映了一国经济结构的高级化程度及其在国际产业分工中的竞争优势。一国的高科技产品出口占比越高，则表明该地区企业创新能力较强，产业结构高级化程度较高，具有较高的国际竞争优势。

成功迈入高等收入行列的新加坡、日本与韩国等亚洲国家，其高科技出口占制成品出口的百分比均在 20% 以上，其中新加坡的高科技出口占比在 40% 以上，最高达到 62%；日本与韩国的高科技出口占制造业出口的比重基本保持在

20%～30%。2000年之后韩国的高科技产品出口比重逐渐高于日本。而经济陷入停滞的墨西哥、巴西等拉美国家的高科技出口占比均在20%以下，且自2000年开始，呈现逐年下降态势。不同于其他经济体在2000年出现的不同程度的下降，中国的高科技出口占比呈逐年上升态势，并于2005首次超过30%，尽管受国际金融危机的冲击，2008年起呈现小幅下降态势，但仍保持在25%以上的水平。可以看出，在高科技产业的发展方面，中国正逐步缩小与发达经济体的差距，在国际贸易中的比较优势逐渐由廉价劳动力与资源的比较优势向以技术创新为核心的竞争优势转变。

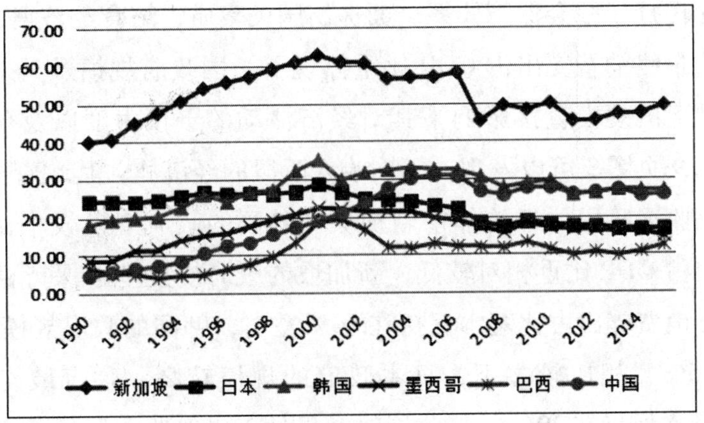

图2　代表经济体的高科技出口占制成品出口的百分比的时序特征

典型事实1：经济体在迈入中等收入阶段以后，经济增长可持续性的差异体现为以“技术创新—技术进步—技术扩散”为路径的产业结构变迁的差异。随着要素禀赋和国际贸易环境的变化，以产业创新和产品创新为基础的竞争优势能够为一国经济持续增长提供持久动力，通过创新驱动产业结构高级化变迁，促进经济体迈入高等收入行列。而以廉价劳动力和自然资源为核心的比较优势，会随着要素红利和全球化红利的减弱逐渐失去对经济增长的推动力，在国际产业分工中的低端锁定更加剧了经济体抵御经济危机的风险，导致经济增长的稳定性欠佳，制约了经济增长的可持续性。

（二）地区制度变迁路径的差异化特征

制度变迁的过程是为了有效促进不同发展阶段经济增长而不断进行的制度调整与制度创新。不同发展阶段对于市场机制和政府职能的需求有所差异，适宜发展阶段要求的制度环境，需要调整激励机制和约束机制，提高经济增长的收益，降低经济增长的代价。有效的激励机制能激发经济主体的活力，提高经济活动的效率；有效的约束机制不仅能降低交易成本，减少市场失灵和负外部性，还能通过规范政府职能，降低政府失灵，降低经济增长的代价。制度变迁可以视为政府与市场关系的调整过程，具体表现为市场机制的完善程度以及政府职能的规范化。有效的市场机制不仅能够通过要素的自由流动提高要素的配置效率和产业结构的升级，还能通过完善市场主体，提高企业自主决策水平，培养企业创新能力，提高全要素生产率水平。规范的政府职能不仅能有效弥补在创新、环保等市场缺失，缓解市场失灵带来的经济增长效率损失，还能通过完善的教育、医疗、社会保障体系全面提高国民素质，培育经济增长潜力。

一般政府最终消费支出占 GDP 比重体现了一国政府规模及其对经济活动的干预程度。政府的规模直接影响了其对经济活动的干预力度以及公共职能的有效性。通过第 9 页图 3 可以发现，不同收入阶段的经济体，其政府规模均有较大差异。迈入高收入阶段的经济体中新加坡和韩国的政府规模较小，其一般政府最终消费支出占 GDP 比重相对较低，新加坡的政府规模基本保持稳定，1990 年以来一般最终消费支出占比基本保持在 10% 左右，韩国的政府规模自 2008 年起基本保持在 15%。相比较之下，日本政府的规模较高，政府最终消费比重在 2008 年之后基本保持在 20%。与此同时，仍处于中等收入阶段的巴西与墨西哥政府规模变动较大，巴西的政府规模远大于墨西哥的政府规模，1996 年以来巴西的一般政府最终消费支出占比基本保持在 20%，而墨西哥的一般政府最终消费支出占比保持 10% 至 13% 之间。相较而言，中国的政府规模也存在较大波动，自 2000 年之后，政府规模不断下降，2008 年之后基本稳定在 14% 左右。这表明，对于不同发展阶段，不同资源禀赋和产业结构的国家而言，政府与市场的关系具有显著差异，政府规模对经济增长存在多重影响机制。有学者认为政府公共支出规模的扩张能够提供大量公共物品和服务，有效改善投资环境，促进经济增长，政府规模的扩张具有增长效应和溢出效应，能有效缓解各种市场失灵，促进经济增长（高彦彦等，2011），但也有学者认为，公共支出会对私人投资产生挤出效应，不仅会加重企业负担，还会滋生寻租行为，损害经济效率（杨子晖，2011）。因此，一国的政府规模对经济增长的影响并不具有显著的负效应，较大的政府规模并不一定制约经济的增长，较小的政府规模也并不能有效促进经济增长。

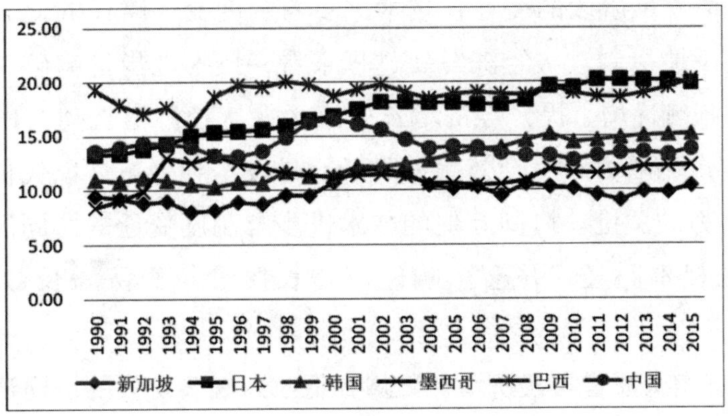

图 3　代表经济体的一般政府最终消费支出占 GDP 比重的时序特征

注：上述代表国家的数据来源世界银行数据库。

典型事实 2：经济体迈入中等收入阶段后，经济增长的可持续性的差异，体现为以政府与市场关系变迁为特征的制度环境的差异。能够随着发展阶段变迁有效地调节政府与市场关系，有效发挥激励机制与约束机制对提高增长效率和降低增长代价的协调作用。通过市场机制保障要素配置效率，发挥有效的政府职能弥补市场失灵，培育并释放增长潜力，进而促进经济体迈入高等收入行列。而不符合发展阶段要求的政府规模，不仅不能通过有效的宏观调控和经济政策保证经济平稳增长，还会导致市场与政府的双重失灵，增加经济增长的代价，制约经济增长的可持续性。

技术进步水平和产业结构反映了要素配置效率及配置结构，政府规模反映了市场机制的有效程度以及经济增长成果的有效性。因此，以技术进步为基础的产业结构变迁和以政府与市场关系为基础的政府规模等方面的差异化特征是迈入新的发展阶段经济体发展差异的具体体现。由于技术进步是提高狭义经济增长质量的重要内涵，而制度环境是保障经济增长过程稳定性和增长成果有效性的重要基础，技术进步与制度变迁决定了经济增长的收益和代价，可以看出以技术创新和制度变迁为核心的经济增长质量对经济增长数量。积累具有重要的反馈意义。

三、我国经济增长速度阶段性下滑机理分析与理论假设

根据前文分析的迈入中等收入阶段后，各国经济在技术创新和制度环境方

面的差异，随着发展阶段的变迁，技术进步与制度变迁路径的差异会给经济增长带来不同的反馈机制。从经济发展过程来看，技术进步是突破生产可能性边界、实现规模报酬递增、提升经济增长效率、保持经济增长动力的关键，制度变迁则是保持市场活力和生产效率、降低交易成本和生态环境代价、培育和释放经济增长潜力的关键。协同互促的技术进步与制度变迁的协同演进是提高经济增长质量的根本路径，并会影响经济增长质量与经济增长数量间的互动机制。

（一）经济增长质量与经济增长数量在低收入起飞阶段的协同演进特征

在经济起飞阶段，经济增长表现出数量增长的特征，充裕的自然资源和劳动力是一国数量型经济增长的主要要素禀赋，资本和技术要素相对稀缺，而道路交通、物流通信等基础设置条件的滞后，对要素自由流转和产业自发集聚的支持作用有限。因此，一国经济在低收入阶段需要通过大量投入廉价劳动力与自然资源等要素来弥补技术和资本有限的不足，通过提高单一要素生产效率，以要素驱动的方式实现经济数量的迅速积累，并随着要素驱动的不断推进，快速积累资本，逐渐由要素驱动转变为投资驱动。与此同时，政府不仅通过经济政策和宏观调控手段促进各部门的协调发展，还作为经济活动的直接参与者，利用资源能源等要素的所有权，诱致有限要素的流转和集聚，推进产业结构的变迁，通过非均衡发展的路径推进经济增速的提高。

因此，由于低收入起飞阶段创新要素有限，质量型增长的要求不明显，企业创新动力不足，产学研间的协调机制尚未健全，一国经济在充分发挥要素驱动和资本驱动的基础上实现数量型增长，强调发挥后发优势，通过直接引进先进技术和引入外资等方式，有效弥补技术要素不足的缺陷，提升全要素生产率，加速缩短与发达经济体之间的差距。同时在构建国家创新体系、培养自主创新能力方面，由于企业的创新能力有限，创新成本和风险较高，因此，在经济发展的低收入起飞阶段，以政府为主要创新主体，为产学研等多元主体的创新活动提供条件和环境，注重科技创新能力，依靠创新成果扩散推动产业结构变迁的能力不足。与此同时，由于在经济起飞阶段，要素市场和产品市场尚未健全，为了弥补市场机制的缺失，注重发挥政府对微观经济活动的直接干预，强调激励机制对释放市场活力的作用，忽视约束机制对降低市场失灵的贡献。

假说1：在经济发展的低收入起飞阶段，依靠要素和资本驱动数量增长，发挥后发优势，通过技术引进提高全要素生产率的经济增长动力机制，注重政府经济职能的作用，强调激励机制的制度环境。政府主导的非均衡发展路径有效地释放了经济增长潜力，为低收入阶段经济的迅速增长提供了有力的支持，是实现经济起飞的关键。

（二）经济增长质量与经济增长数量在中等收入阶段的协同演进要求

进入中等收入阶段以后，一国的国民经济体系得到初步完善，基础设施条件和国民素质均有显著提升，但发展初期的人口红利和资源红利逐渐消耗殆尽，资源环境约束也不断加强，使得初期依靠要素和资本驱动的粗放式增长方式难以为继。随着与发达经济体经济发展差距的不断缩小，模仿创新的空间不断缩小，通过发挥后发优势，通过技术引进的技术进步路径已经不能为经济增长和经济赶超提供充足的动力支持。数量追赶的路子已经走到尽头，需要从数量追赶向质量追赶转变。与此同时，随着市场机制和市场主体的逐渐完善，削弱了政府对微观经济活动的直接干预能力。

因此，进入中等收入阶段后，追求质量成为经济增长的主题，随着要素驱动力和资本驱动力的衰减，需要以技术进步和制度变迁为路径，协同发挥创新驱动力，通过提高经济增长质量释放更多的经济增长潜力，形成新阶段的经济增长动力机制。因此，为了突破生产可能性边界、实现规模报酬递增，一国需要构建以企业自主创新为核心的国家创新体系，加强产业研之间的协同创新机制，保障知识、技术、产品以及产业创新等各创新环节间的转化效率，通过创新在产业、区域间的扩散，促进产业结构合理化、高级化以及地区间的协同发展，支持技术创新和产业创新，为中等收入阶段经济的质量型增长提供动力机制。此外，要素自由流动和有效配置是创新驱动机制的前提，健全的要素市场价格体系是形成企业自主创新能力的基础。因此，需要有效发挥市场机制在要素配置上的决定性作用，更好地发挥政府的作用，减少政策诱致对企业生产决策的影响，形成以市场机制为基础的企业创新激励机制，扩大政府对基础创新领域的投入，弥补市场机制在创新领域的缺失，通过构建有效的风险保障机制和产权保护机制，降低企业的创新风险，保障企业的创新利润。并通过完善约束机制和生态补偿机制，降低经济增长的代价和市场竞争的负外部性，以公平有效的成果分配机制和公共服务水平，全面提高经济增长成果的有效性和国民素质的全面提升，培育人力资本、技术创新等新要素，通过调整技术进步和制度变迁的路径，有效提升经济增长质量，释放更多经济增长潜力，发挥经济增长质量对数量积累的支持作用。

假说 2：进入中等收入阶段，利用以企业自主创新能力为核心的国家创新体系，通过创新驱动促进全要素生产率的提高，提高经济增长质量。以市场机制为主，辅之以政府的间接调控保障的制度环境，市场主导的均衡发展路径不仅提高了中等收入阶段经济增长的效率，提高了经济增长的稳定性，还保障了经济增长成果的有效性，降低了经济增长的成本，通过经济增长质量的提高为新的发展阶段提供了持久的动力机制。

假设 3：迈入中等收入阶段，技术进步与制度变迁的路径，以及两者之间的协同机制会随着发展阶段的变迁不断演化，如果低收入起飞阶段的技术进步与制度变迁的路径在中等收入阶段未能及时调整，由此形成的路径依赖会制约新阶段的经济增长。

四、实证分析

基于上节关于技术进步与制度变迁的阶段性不同发展阶段路径差异及其对经济增长的影响机理的假设，本节基于动态面板数据，分析不同经济发展阶段，技术进步与制度变迁对经济增长的影响特征及其之间的相互影响机制，寻求现阶段中国经济增速下滑的影响因素。

（一）变量定义及数据选取

本文选取 1996 年至 2016 年中国（不包括西藏和港澳台地区）30 个省域的面板数据为研究对象。在模型的被解释变量选择上，本文选择实际 GDP 增长率作为经济增长数量的衡量变量。在核心解释变量方面，为了反映技术进步与制度变迁的情况，本文选取 TFP 变动率反映技术水平，选取地区非国有工业企业产值占比反映地区非国有化程度体现制度变迁。其中，采用 DEA 方法，以真实 GDP 为产出，就业人口和资本存量为投入，利用 Malmquist 指数测度计算出各省份 1996 年至 2016 年的 TFP 变化率。此外，借鉴研究文献的经典做法，本文分别选取了工业化程度、人力资本、投资增长率、城市化率、地区开放程度以及政府规模等作为控制变量，其中，人力资本采用以五种受教育程度测算的实际人力资本，数据源于《中国人力资本报告》（李海峥，2016）。具体变量的定义和计算方法以及描述性统计量分别如第 13 页表 1 和第 13 页表 2 所示。从各变量的均值、标准差、最大值和最小值来看，各变量所呈现出来的省级差异加大。

表 1　数据变量的定义和计算方法

变量性质	变量含义	变量名	具体计算方法
被解释变量	经济增长的速度	*DGDP*	地区国内生产总值指数 - 100
解释变量	技术进步	*TFP*	全要素生产率
	非国有化程度	*NSO*	地区非国有工业企业产值占工业增加值比
门限变量	人均 GDP	*PGDP*	地区国内生产总值/年末人口数
控制变量	工业化程度	*IND*	非农产业增加值/地区生产总值
	人力资本	*HR*	五种受教育程度测算的实际人力资本
	投资增长率	*FAR*	地区经济固定资产投资增加额/上年地区经济固定资产投资额
	城市化率	*UBR*	城市非农人口数/地区总人口数
	地区开放程度	*OPEN*	地区进出口总额/地区生产总值
	政府规模	*GOV*	地区一般政府财政支出/地区生产总值

表 2　变量的统计特征

变量	平均值	标准差	最小值	最大值
DGDP	10. 865	2. 578	-2. 50	23. 83
TFP	0. 998	0. 402	0. 837	1. 284
NSO	0. 551	0. 208	0. 101	0. 910
PGDP	24810. 9	22416. 1	2048	118198
IND	0. 857	0. 082	0. 620	1
ln*HR*	8. 210	1. 001	4. 977	10. 390
FAR	0. 184	0. 135	-0. 45	0. 934
UBR	0. 474	0. 159	0. 210	0. 900
OPEN	0. 285	0. 363	0. 026	1. 761
GOV	0. 187	0. 210	0. 050	4. 960

注：样本区间为 1996—2016。

（二）检验模型

由于本文的经验检验是建立在面板数据模型的基础上，面板数据模型为：

$$Y_{it} = c + \beta_i \times Gexpenditure_{it} + \sum_j a_j \times Control + u_{it}^*$$

式中，Y_{it}是被解释变量，代表地区真实经济增长率，下标 i 和 t 分别代表第

i 个省份和第 t 年，*Genpenditure* 代表核心解释变量——技术进步和制度变迁，*Control* 是包含城市化率、工业化率、开放程度等一系列控制变量，$\mu_{it}^* = \gamma_i + \mu_{it}$，$\gamma_i$ 为个体效应，β_i 和 α_j 为待估参数。

在对面板进行估计时，首先要根据 Hausman 结果来确定是固定效应还是随机效应模型，主要检验结果支持固定效应模型，另外，考虑到模型的内生性问题，采用 Blundell et al.（1998）提出的系统广义矩估计进行分析。SYS – GMM 估计的有效性依赖于模型中工具变量的有效性和残差差分项不存在高阶序列相关的分析，根据已有文献研究，本文通过 Hansen 和 *AR*（2）检验进行判断。

表 3　固定效应模型和 SYS – GMM 估计结果

解释变量	被解释变量：经济增速（PGDP）						
	固定效应模型估计			SYS – GMM 估计			
	（1）	（2）	（3）	（4）	（5）	（6）	（7）
L. REGDP				0.856*** （12.34）	0.681** （7.19）	0.729*** （8.48）	0.781*** （8.80）
TFP	12.961*** （4.66）	14.451*** （5.64）	13.904*** （5.58）	33.973*** （8.92）	24.962*** （3.61）	34.717** （5.56）	34.087*** （6.17）
NSO	1.822** （2.39）	1.999** （2.39）	1.880** （2.27）	0.835 （0.98）	–3.868* （–1.28）	–0.814 （–0.47）	–2.220* （–1.72）
IND		22.856*** （7.42）	23.646*** （8.01）		21.440** （2.43）	23.51*** （2.91）	11.358* （1.995）
LNHR		0.355 （0.91）			1.337 （1.29）		
FAR		6.789*** （10.45）	6.749*** （8.01）		2.582* （1.82）	2.307** （2.02）	2.58** （2.10）
UBR		–19.297*** （3.66）	–17.59*** （–8.18）		–15.510*** （–2.65）	–8.279 （–1.56）	
GOV		0.025 （0.06）			–1.637 （–0.83）		
OPEN		2.987*** （3.66）	3.201*** （4.10）		3.607 （1.43）		

续表

解释变量	被解释变量：经济增速（PGDP）						
	固定效应模型估计			SYS－GMM 估计			
	(1)	(2)	(3)	(4)	(5)	(6)	(7)
常数项	－3.076 (－1.07)	－20.098*** (－5.11)	－18.16*** (－5.52)	－32.927*** (－8.72)	－43.302*** (－4.38)	－48.037*** (－6.27)	－40.752*** (－5.03)
R^2	0.039	0.296	0.296				
F 检验	12.09***	31.21***	41.55***				
Hausman 检验 *P* 值	5.87 (0.118)	38.87 (0.000)	31.05 (0.000)				
AR（2）				0.081	0.310	0.375	0.155
Hansen 值			0.449	0.317	0.456	0.467	

注：1. 样本区间为 1996—2016；

2. 括号中的数值为 z 值；

3. ***，**，** 分别表示在 1%，5% 和 10% 的统计意义上的显著；

4. *AR*（2）和 *Hansen* 是二阶序列相关和工具变量有效性的 P 值。

（三）估计结果及解释

由第 14 页表 3 的估计结果可以看出，第一，由于中国全要素生产率的增长源于技术效率的提高（颜鹏飞等，2004；王志刚等，2006），代表技术进步的全要素生产率对经济增长速率具有正向作用，从整体方程（1）至（7）来看，无论是在固定效应模型还是 SYS－GMM 均显著，并且影响权重最大，相关系数均高于制度变迁的影响。这与王志刚等（2006）、赵志耘（2011）等的研究结论一致。因此，技术进步对中国经济增长速率有着显著的促进作用。第二，代表制度变迁的非国有化程度在固定效应模型中与对经济数量呈显著的正相关。但在 SYS－GMM 模型中估计值为负且不显著。这反映以非国有化程度变迁为代表的制度变迁对经济增长也具有一定的正向作用，但是作用机理不稳定，存在较大的不确定性。这与王文举（2007）、樊纲等（2011）关于市场化对经济增长贡献的研究结论基本吻合。尽管市场化改革可以通过完善市场主体，提高要素配置效率，促进长期的经济增长来实现，但改革成本也会对经济增长带来一定的效率损失，特色是地方财税体制的改革、市场主体多元化的改革等对原有利益集团的调节会形成一定的改革阻力，对经济增长产生一定的制约（周业安等，

2008；樊纲等，2011；吕朝凤，2016）。

其他控制变量中，投资增长率、工业化程度以及人力资本均对经济增长呈显著正向作用，其中产业结构以及投资增长率对增长速率的贡献较大，这与中国经济增长的投资驱动下的产业结构变迁的特征相符合。资本投入是中国经济持续稳定增长的主要来源（吴敬琏，2006；余泳泽，2015），工业化水平的提升也对经济增长具有显著的推进作用（雷钦礼，2007）。但随着经济的增长，人均收入的提高和产业结构升级以及对外贸易变化都有可能降低投资拉动经济增长的效应（蔡文龙，2015）。而工业化程度对经济增长速率的影响小于技术进步但大于制度变迁的影响，也体现了随着市场化程度的提高，产业结构变迁对经济增长的贡献呈现不断缩小趋势，逐渐让位于技术进步（刘伟等，2008），产业结构的升级无论是在增长质量的改善还是在经济增长的边际贡献上都高于经济制度变迁（刘元春，2003）。人力资本对经济增长速率的贡献较低，这与杨建芳（2006）、杜伟（2014）等实证分析的结论一致，虽然人力资本积累对经济增长的边际贡献较大，但物质资本积累速度较快，并且人力资本主要通过技术创新、技术模仿间接作用于经济增长导致人力资本对经济的贡献能力较弱，对经济增长的直接作用效果不显著。此外，对外开放程度对经济增长具有统计上不显著的正向作用，这主要受中国在国际贸易中长期发挥以廉价劳动力、资源要素为比较优势，长期处于低附加值的国际产业分工地位的制约，使得中国抵御全球经济危机的风险较弱，对外贸易战略对经济增长的影响机制有待进一步完善，同时，政府规模与城市化对经济增长具有反向作用，尽管统计上不显著，但也体现了我国政府规模对经济增长速率具有一定程度的约束作用。而城市化与工业化的失衡，过度城市化等经济结构调整问题也限制了经济增长的数量积累。

因此，从动态面板模型可以看出，表现为技术进步和制度环境的经济增长质量对经济数量的积累有显著的正向作用，通过释放经济增长潜力，构建有效的经济增长动力机制，有力地推进了中国从低收入阶段成功迈入中等收入阶段。

（四）基于面板门限模型的稳健性检验

为了进一步反映经济增长质量对经济增长数量影响机制的阶段性变化，本文采用面板门限回归模型估计技术进步、制度环境对经济增长速率的非线性关系。选择衡量发展阶段的人均 GDP 作为门限变量，考察上述解释变量的门限效应。首先检验门限效应的存在性，并在此基础上构建面板门限效应的估计模型。面板门限构建基于于 Hansen（1999）等对面板数据门限模型修正的基础上，基本方程为：

$$y_{it}=\mu_i+\beta_1' x_{it} I(q_{it}\leqslant\gamma)+\beta_2' x_{it} I(q_{it}>\gamma)+e_{it})$$

q_{it}为标量，x_{it}为 K 维向量，$e_{it}\sim \mathrm{iid}(0,\sigma^2)$，$\gamma$ 为未知门槛。$I(\cdot)$ 为指标函数，可以表示为：

$$y_{it}=\begin{cases}\mu_i+\beta_1' x_{it}+e_{it}, & q_{it}\leqslant\gamma\\ \mu_i+\beta_2' x_{it}+e_{it}, & q_{it}>\gamma\end{cases}$$

样本观察值被分为两个区域，当 $q_{it}\leqslant\gamma$ 时，$I(\cdot)=1$，反之为 0，可以得出误差平方和。门槛值则是根据使方程和取最小的 γ 来确定。

在实际估计门限值时，通常的做法是运用“格子搜索”寻找。于是首先对人均 GDP 进行升序排列，并根据 Hansen（2000）忽略掉前后各约 10% 的观测值，选择人均 GDP（PGDP）为门限值，逐一对模型进行估计，并获取其残差。最后利用残差平方和最小原则找到门限估计值后，再利用自主抽样法模拟似然比检验统计量及其临界值以进一步检验是否存在门限效应。具体结果如表 4 所示。

表 4　人均 GDP 为门限效应检验

变量	模型	Wald *F* 值	*P* 值	结论
人均 *GDP*	单一门限	61.69	0.000	拒绝原假设
	双重门限	28.68	0.066	拒绝原假设
	三重门槛	15.28	0.468	接受原假设

注：在确定了具体的门限值滞后，本文利用 Stata14 进行面板估计，具体结果如第 18 页表 5 所示。

在以人均 *GDP* 为门槛变量中，经过搜索到第一个门限值为 34500，其对应的残差平方和达到最小，且得到的 *F* 统计量的 *P* 值为 0.000，拒绝无门限效应的原假设，表明门限是真实有效的。于是，先固定第一个门限值，然后再寻租第二个门限变量，得到相应的门限值，分别为 31930 和 50160，其对应残差平方和也最小，进行门限检验，得到 *F* 统计量的 *P* 值为 0.066，依然小于 0.1，拒绝原假设。接受双重门限的存在，进一步进行三重门限检验，得到的 *F* 统计量的 *P* 值为 0.468，大于 0.1，因此，接受原假设，拒绝三重门限的存在，门限模型为双重门限模型，所得结果如表5所示。

表5　面板门限的估计结果

解释变量		被解释变量 DGDP（地区经济增长率）(1)	(2)	(3)	(4)	(5)
常数项		-30.22*** (-8.43)	-30.14*** (-8.43)	-9.716*** (-4.43)	-9.646*** (-4.42)	-38.36*** (-4.89)
TFP	(2048，31930]	14.691*** (6.45)	14.687*** (6.45)			23.786*** (3.24)
	[31930，50160]	17.005*** (6.64)	16.995*** (6.64)			26.579*** (3.46)
	(50160，118198]	7.342*** (2.93)	7.332*** (2.93)			18.770** (2.44)
NSO	(2048，31930]	4.192*** (5.66)	4.197*** (5.67)			25.844* (1.70)
	[31930，50160]	-2.628* (-1.79)	-2.613** (-1.78)			-11.996 (-0.85)
	(50160，118198]	7.394*** (3.54)	7.412*** (3.55)			35.276*** (2.85)
*TFP*NSO*	(2048，31930]			4.152*** (5.54)	4.156*** (5.55)	-21.24 (-1.41)
	[31930，47377]			0.364 (0.46)	0.371 (0.47)	9.45 (0.65)
	(47377，118198]			-2.099* (-2.50)	-2.089* (-2.49)	-30.513* (-2.38)
控制变量	*IND*	10.460** (3.69)	10.408*** (3.68)	12.67*** (4.39)	12.624*** (4.38)	10.872*** (3.86)
	LNHR	2.595*** (6.47)	2.590*** (6.46)	1.356*** (3.75)	1.351*** (3.74)	2.345*** (5.86)
	FAR	5.623*** (9.92)	5.625*** (9.93)	5.163*** (8.80)	5.166*** (8.82)	5.552*** (9.91)
	UBR	-15.04*** (-5.47)	-15.09*** (-5.49)	-10.04*** (-3.69)	-10.073*** (-3.71)	-13.877*** (-5.04)

续表

解释变量		被解释变量				
		DGDP（地区经济增长率）				
		(1)	(2)	(3)	(4)	(5)
控制变量	OPEN	3.590*** (5.08)	3.597*** (5.09)	4.097*** (5.65)	4.102*** (5.67)	3.466*** (4.93)
	GOV	-0.136 (-0.36)		-0.124 (-0.32)		-0.103 (-0.28)
Adj - R^2		0.593	0.598	0.553	0.552	0.537
F 检验值		67.72***	83.35***	77.08***	99.04***	72.27***

注：1. 样本区间为1996—2016；

2. ***，**，**分别表示在1%，5%和10%的统计意义上的显著。

从以上回归结果看，判定系数（Adj - R^2）介于0.5～0.6之间，说明模型解释力度较强，同时从回归系数来看，核心解释变量均存在较为明显的门限效应，表明技术进步与制度变迁对经济增长速率有着显著的阶段性差异。通过进一步分析发现，人均GDP达到31930元（约5136美元）、50160元（约为8050美元）分别为技术进步与制度变迁作用的两个拐点。一般来讲，人均GDP达到3000美元，约为18600元人民币，即跨入中等收入国家行列，根据世界银行的统计数据，2010年中国人均国内生产总值达到4400美元，进入中等偏上收入国家的行列。

可以看出，以全要素生产率为代表的技术进步对经济增长在各发展阶段均具有显著的正向作用，TFP对经济增长的贡献呈现先增加后减弱的趋势，当人均GDP小于31930元（约为5063美元）时，TFP对经济增长率的贡献约为14.6%，即在由低收入阶段向中等收入跨越的过程中，TFP的贡献较大。但在31930至50160阶段，即进入中高等收入国家后，TFP的贡献增至17%左右。但在人均GDP达到50160元后，TFP的贡献有所减弱，约为7%。在制度变迁方面，市场化改革对经济增长率的贡献也具有显著的阶段性变化，当人均GDP小于31930元时，市场化改革对经济增长率的贡献约为4.2%，仅为TFP贡献率的1/5，但在31930至50160阶段，即进入中高等收入阶段后，市场化改革对经济增长呈现不显著的微小负相关关系，但在人均GDP达到50160元后，其对经济增长又呈现出显著的正向作用，且贡献率与技术进步的贡献相似，约为7.3%左右。这表明，技术进步与制度变迁对经济增长的贡献机制随着经济发展阶段的变迁而变化。总体上来看，技术进步的贡献率高于市场化改革下制度变迁对经济增长速率的影响，在由中等收入阶段向中高等收入发展的过程中，TFP 对经济增长速率的贡献显著提升，而如果制度变迁相对滞后，则会对该阶段的经济增长产生一定的约束机制，也可能是导致经济增长陷入中等收入陷阱的重要原因。在对技术进步与制度变迁交互项的门限变化情况，人均 GDP 达到 31930 元和 47377 元，分别是两个拐点。总体来看，TFP 和市场化改革的交互影响对经济增长速率呈显著的正向作用，但随着经济速率的下滑，技术进步与制度变迁之间的正向反馈机制也逐渐缩小，甚至在中等收入阶段的后期出现了负相关。这表明，中国的技术进步与制度变迁为经济增长做出了巨大贡献，但是随着经济增长阶段的转变，技术进步与制度变迁中出现的非协同状况可能是制约当前经济发展的重要因素。魏枫（2010）也认为，当中国的技术水平处于较低阶段时，技术进步的推进形式以模仿为主，而且此时政府对市场的干预和扭曲会有利于经济增长，但随着技术水平不断接近世界技术前沿，技术进步的推动形式转而以自主创新为主，发挥市场机制在配置资源中发挥主导作用。此外，投资增长率、工业化水平、开放程度以及人力资本分别对经济增长速率形成显著的正向作用，贡献率依次降低。政府规模与城市化对经济增长速度造成不显著的负向作用，控制变量的回归结果与上一小节 SYS - GMM 估计结果基本一致，与大多数的理论与经验研究相一致。因此，随着经济增长阶段的变化，需要调整技术进步与制度变迁的路径，一方的滞后或两个反馈机制的弱化都会制约经济增长。

上述实证分析表明，技术进步对经济增长速率的正向作用会随着人均 GDP 的提升先增加，其中，在中等高收入阶段的贡献最大，随后有所下降。以市场主体多元化改革为代表的制度变迁对经济增长速率的正向作用会随着人均 GDP 的提升出现较大变动，特别是在迈入中等高收入阶段后，会对经济增长速率造成不显著的微小的负向作用。与此同时，技术进步与制度变迁之间的互动机制也随着中国经济增长速率的下降不断弱化。可以看出，迈入中等收入阶段以后，未能及时转变的技术进步与制度变迁的路径不仅降低了两者对经济增长的贡献，还通过弱化技术与制度互动反馈机制，进一步制约了经济增速，造成了双重约束机制。

五、政策启示

本文基于对各国在迈入中等收入阶段后技术进步和制度变迁的路径选择的差异化比较，分析了技术进步与制度变迁的不同经济阶段差异和发展要求，进而分析了经济增长质量与数量的阶段演进关系特征。利用1996年至2016年全国30个省的面板数据，采用动态面板模型的SYS－GMM方法，分析技术进步与制度变迁对经济增长速率的影响。同时，采用面板门限模型，分析了技术进步与制度变迁对经济增长数量作用路径的阶段性特征，以及技术进步与制度变迁的协同机制对经济增长数量的影响。研究表明，中国进入中等收入阶段以后要实现高质量的经济发展，不仅需要转变技术进步的路径，提升制度创新能力，还需要加强技术进步与制度变迁之间的协调互促机制，既要通过有效的激励机制释放经济增长潜力，也要健全约束机制降低经济增长的代价。不仅要通过完善的市场机制提高企业的自主创新能力，还需要有效的公共服务体系降低企业创新风险。迈入中等收入阶段以后，高质量发展需要培育企业自主创新能力，实施创新驱动战略，注重制度环境对创新驱动的支持作用，形成有效的技术进步与制度变迁的协调互促机制，释放更多的制度红利，有效提高经济增长质量，促进经济增长质量对经济增长数量形成正向反馈机制，保证高质量的经济发展。因此，本文的政策启示有以下方面：

第一，以创新驱动战略经济增长质量和数量的互动。在中国经济增长进入中等收入新阶段，优化经济增长质量对增长数量的正向反馈机制，实现高质量发展的过程中，应培育并发挥高效的创新驱动能力。因此，需要切实实施创新驱动发展战略，推进各领域的创新活动，形成新的经济增长极与高质量发展的动力源。具体来看，一是应在促进创新驱动战略实施过程中，充分发挥知识技术创新转化率的关键主体——企业，在创新活动中的主体作用，不仅要通过构建有效的要素价格体系促进要素自由流动，形成以市场为导向的企业决策机制，进一步完善创新激励和风险分担机制，激发企业自主创新活力，还应通过完善技术信息市场，为企业创新活动培育更多的创新要素、创新技术和创新产品的需求市场。二是在创新驱动发展的过程中，首先要有效利用后发优势，释放新的后发优势，增强对技术设备等的引进后的再创新和适用性转变水平。逐步从原有的直接引进技术设备，模仿式创新模式转变为创新理论的学习和突破以及国际联合研发合作的模式。其次应进一步提升我国自主研发和创新能力，注重知识与技术创新能力与产能转换水平，通过政府政策引导和扶持，产学研联合研发的自主创新机制，提高我国在核心技术和前沿技术领域的创新能力，以求在缩短与先进技术水平的差距的同时，为未来的超越奠定基础。因此，这不仅要求完善企业在决策、研发以及生产和销售等多个环境的微观创新系统，提升自主创新能力，提高科研成果的市场有效性，形成企业的核心竞争力。还应进一步加强创新主体间的相互协作，重视各创新主体间的相互协作，建立和完善产学研合作体系。一方面需要基于企业技术创新需求，整合高等院校、科研院所和企业的研发优势，促进科研机构和高等院校与企业方面开展多种形式的联合与协作，扩大产学研的范围，深化产学研的合作层次。另一方面要通过建立公共性的科研技术研发与服务平台，整合各方资源，促进具有技术关联的行业和产业进行联合创新，完善技术的扩散机制，协力突破企业面临的共同技术瓶颈。

第二，以技术进步与制度变迁的协调促进经济增长数量与质量的互动。技术进步与制度变迁的协调主要体现为能够形成良好的创新环境，为创新驱动战略提供有力的创新条件和完善的创新环境，其关键在于协同推进经济体制改革与社会体制改革，积极优化政府与市场的关系。因此，一是需要进一步深化供给侧结构性改革。不仅要通过体制机制改革和政策调整来改变要素所有者面临的激励和约束条件，推进传统要素跨部门跨地区的流动与配置，有效提升要素配置效率。还应通过有效的市场竞争机制，充分的市场竞争能够促使企业为了市场份额和利润，进行产能改造和产品创新，通过提升企业从技术创新、产品创新以及市场创新等各创新环境的效率和质量，不断优化企业生产组织方式和管理水平，优化要素配置结构，提高要素产出效率，突破边际产出递减，使得有效率高质量的企业实现规模生产，淘汰低效能高负债的僵尸企业，提高市场的运行效率。二是需要充分发挥政府的宏观调控和公共服务职能。在宏观调控方面，应逐步减少政府对经济活动的直接参与，尤其是对微观企业活动的直接干预，通过减少行政审批、减少要素和产品自由流动的障碍，降低经济活动的成本，激发市场主体的积极性，提高企业的生产决策能力。其次，应为实现区域城乡间要素市场和产品市场的一体化提供政策扶持和战略引导，通过城市圈与经济带等多种形式的区域协同发展战略，加快城市化进程，缩小地区差异，提升各地区的比较优势。再次，应通过“一带一路”的国际合作战略，构建稳定的国际贸易环境，扩大我国的外需市场，并提升我国产业结构内嵌于国际产业分工的水平，提高我国企业的国际竞争力，增强企业抵御风险能力。在政府的公共服务职能方面，除了进一步优化税收制度，通过税收补贴等政策保障各创新主体的创新活力，补偿创新外溢带来的利润损失，降低企业创新风险。还应优化完善医疗、教育和社会保障体系，提高经济增长的成果有效性，提升国民素质，优化经济增长的条件和要素质量，强化约束机制，加大对资源环境的保护力度以及对污染的治理能力和问责机制，约束企业的负外部性生产活动，降低经济增长的代价，提升经济增长的可持续能力。

第三，以经济增长的动力转换与效率提升实现经济增长质量与数量的互动。经济增长动力的转化和效率的提升，是应对经济新常态下传统要素红利衰减、经济结构调整、经济增速回落、前期刺激政策的负面效应等的发展困境的关键措施。从供给推动机制来看，应从单一动力机制转变为多元动力系统，协同发挥供给的推动机制和需求拉动机制。这需要进一步优化要素供给结构，除了发挥技术创新与技术进步在突破生产可能性边界，实现规模报酬递增或不变，实现可持续经济增长的作用，还应提高要素重置效率，重塑要素供给推动力，逐渐由劳动驱动、资本驱动转为创新驱动。特别是人力资本的培育和配置，不仅需要优化人口政策，完善教育体系，通过对职业技术教育的扶持，转变劳动力结构，适应产业结构优化的需求，为经济增长创造更多的“人才与知识红利”，逐渐替代“人口数量红利”的贡献作用，还应打破劳动力流动限制，化解劳动力市场的地区分割所导致的劳动力流动阻滞，统一城乡要素市场，缩小地区社会保障差异化，建立平等的社会保障机制，通过市场机制引导劳动力在产业间、城乡间、区域间的自由流动，提高劳动力的配置效率。在资本的配置效率方面，需要优化投融资环境、提高投资效率，通过金融市场改革，优化企业发展的融资渠道，释放民间投资增长活力，为中小企业的融资提供有力支持，并通过健全国有资本管理体制，提高国有资本的配置效率，有效推动国有企业改革。从需求拉动机制来看，关键是协调国内外需求，转变以外需为导向的消费战略，协调消费与投资关系，推进由投资主导向消费主导的转变，发挥消费需求对经济增长的拉动作用。因此，应加快完善收入分配制度，增加居民收入水平，提高居民的消费预期。在注重初次分配的效率同时提高农民和低收入群体增收，提高劳动报酬，增加职工初次分配收入，提高经济增长中收入分配的均等化水平，此外，除了应扩大政府在教育、医疗和卫生等公共服务的支出水平，还需要加大对贫困人口的政策扶持，实现经济增长的成果共享机制，提高居民的消费能力，降低对未来的不确定性。

参考文献

[1] HANSEN B E. Threshold Effects in Non – Dynamic Panels: Estimation, Testing, and Inference [J]. Journal of Econometrics, 1999, 93 (2): 345-386.

[2] 蔡文龙. 经济增长动力转型研究——基于 14 个新兴国家的发展经验分析 [J]. 宏观经济研究, 2015 (7).

[3] 钞小静，任保平. 中国经济增长质量的时序变化与地区差异分析 [J]. 经济研究, 2011 (4).

[4] 樊纲，王小鲁. 中国市场化进程对经济增长的贡献 [J]. 经济研究, 2011 (9).

[5] 高彦彦，苏炜. 政府规模与经济发展——基于世界面板数据的分析 [J]. 经济评论, 2011 (3).

[6] 刘伟，张辉. 中国经济增长中的产业结构变迁和技术进步 [J]. 经济研究, 2008 (11).

[7] 刘伟. 我国经济增长及失衡的新变化和新特征 [J]. 经济学动态, 2014 (3).

[8] 刘世锦. 进入增长新常态下的中国经济 [J]. 中国发展观察, 2014 (4).

[9] 刘元春. 经济制度变革还是产业结构升级——论中国经济增长的核心源泉及其未来改革的重心 [J]. 中国工业经济, 2003 (9).

[10] 李子联，华桂宏. 新常态下的中国经济增长 [J]. 经济学家, 2015 (6).

[11] 李富强，董直庆. 制度主导、要素贡献和我国经济增长动力的分类检验 [J]. 经济研究, 2008 (4).

[12] 李扬，张晓晶. “新常态”: 经济发展的逻辑与前景 [J]. 经济研究, 2015 (5).

[13] 吕朝凤，朱丹丹. 市场化改革如何影响长期经济增长——基于市场潜力视角的分析 [J]. 管理世界, 2016 (2).

[14] 雷钦礼. 中国经济结构的演化及其增长效应的测度分析 [J]. 统计研究, 2007

(11).
[15] 楼继伟. 中国经济的未来15年：风险、动力和调整 [J]. 比较，2010 (5).
[16] 马光远. 全面准确理解中国经济新常态 [N]. 经济参考报，2014-11-10 (1).
[17] 田国强. 中国如何跨越“中等收入陷阱”——基于制度转型和国家治理的视角 [J]. 学术月刊，2013 (5).
[18] 魏枫，樊士德. 中国经济持续增长的原因研究：技术进步路径的视角 [J]. 中国软科学，2010 (4).
[19] 王志刚，龚六堂. 地区间生产效率与全要素生产率增长率分解 (1978—2003) [J]. 中国社会科学，2006 (2).
[20] 王文举. 我国市场化改革对经济增长贡献的实证分析 [J]. 中国工业经济，2007 (9).
[21] 颜鹏飞，王兵. 技术效率、技术进步与生产率增长：基于DEA的实证分析 [J]. 经济研究，2004 (12).
[22] 杨建芳，龚六堂. 人力资本形成及其对经济增长的影响 [J]. 管理世界，2006 (5).
[23] 杨子晖. 政府规模、政府支出增长与经济增长关系的非线性研究 [J]. 数量经济技术经济研究，2011 (6).
[24] 余泳泽. 改革开放依赖中国经济增长动力转换的时空特征 [J]. 数量经济技术经济研究，2015 (2).
[25] 张德荣. “中等收入陷阱”发生机理与中国经济增长的阶段性动力 [J]. 经济研究，2013 (9).
[26] 张军，陈诗一. 结构改革与中国工业增长 [J]. 经济研究，2009 (7).
[27] 周业安，章泉. 参数异质性、经济趋同与中国区域经济发展 [J]. 经济研究，2008 (1).
[28] 郑秉文. “中等收入陷阱”与中国发展道路——基于国家经验教训的视角 [J]. 中国人口科学，2011 (1).
[29] 郑若谷，干春晖，余典范. 转型期中国经济增长的产业结构和制度效应——基于一个随机前沿模型的研究 [J]. 中国工业经济，2010 (2).
[30] 周文，孙懿. 中国面对“中等收入陷阱”问题的解构：本质、挑战与对策 [J]. 经济学动态，2012 (7).

[31] 赵志耘. 中国全要素生产率的测段与解释：1979—2009 [J]. 财经问题研究，2011 (9).

[32] 中国经济增长与宏观稳定课题组. 中国可持续增长的机制：证据、理论和政策 [J]. 经济研究，2008 (10).

[33] 中国经济增长前沿课题组. 中国经济增长的低效率冲击与减速治理 [J]. 经济研究，2014 (12).

第二章　中国经济增长质量的地区差异研究[*]

钞小静　任保平　许　璐[**]

摘　要　随着中国经济步入以中高速、优结构、新动力为主要特征的新常态，提高经济增长质量成为经济发展中迫切需要解决的重要问题。采用主成分分析法测算中国30个省市自治区1998—2012年间经济增长质量指数值，运用半参数个体时间异质模型对各地区增长质量的差距进行检验。检验结果表明：中国30个省市自治区的经济增长质量水平在1998—2012年间表现出收敛的趋势，且各地区经济增长质量差距的水平收敛假设被拒绝，地区经济增长质量的增长率在随着时间收敛。分地区再检验结果显示，中部地区和西部地区两个分组的经济增长质量差距呈条件收敛趋势，而东部地区的经济增长质量差距呈发散趋势。进一步，采用聚类方法检验发现30个省市自治区的经济增长质量水平存在1个趋同俱乐部。

关键词　经济增长质量；地区差异；半参数个体时间异质模型

一、引言与文献综述

改革开放以来，中国经济以年均10%的增长速度实现了长达40年的高速增

* 基金项目：教育部新世纪优秀人才支持计划（NCET－13－0952）；国家社科基金青年项目“我国要素收入分配结构对经济增长质量的影响及其调整对策研究”（13CJL012）；中国博士后科学基金面上资助项目“中国收入分配结构失衡与经济增长质量研究”（2012M521027）；中国博士后科学基金特别资助项目“中国要素收入分配结构对经济增长质量的影响研究”（2014T70493）。

** 钞小静，西北大学经济管理学院教授，主要从事经济增长质量问题研究；任保平，教育部人文社科重点研究基地——西北大学中国西部经济发展研究中心主任、西北大学研究生院院长，教育部长江学者特聘教授，教授、博士生导师，主要研究方向为中国经济增长质量与发展的政治经济学；许璐，南京大学经济学院博士研究生，主要从事产业结构升级问题研究。

长。但与此同时，各地区间经济增长的不平衡程度也呈现出显著扩大的趋势。党的十八届五中全会将“创新、协调、绿色、开放、共享”作为我国经济发展的核心理念。区域经济协调发展可以为实现中高速增长提供新的空间和增长点。对于中国地区经济增长差距的分析，一般是从经济增长数量视角，以人均 GDP 或劳均 GDP 作为反映地区经济增长水平的指标分别采用时间序列方法、非参数方法、非线性时变因子模型、空间计量方法等估计方法来分析中国的地区经济增长差距（姚树洁等，2008；何一峰，2008；周亚虹等，2009；潘文卿，2010；史修松等，2011）。近年来，一些学者开始将全要素生产率引入地区经济差距的分析，在对全要素生产率进行测算和分解的基础上，采用反事实收入分布法、非参数方法、核密度估计法等估计方法对其进行收敛检验（彭国华，2005；李静等，2006；傅晓霞等，2009；石风光，2012）。

上述研究对中国地区经济增长差距问题进行了卓有成效的探索，国际金融危机后，全球经济步入一个增速减缓与经济再平衡的调整时期，经济增长质量成为世界经济发展中不可忽视的重要问题。随着中国经济步入以中高速增长、结构优化升级、创新驱动为基本特征的新常态，提高经济增长质量成为我国经济发展新阶段迫切需要关注的重大现实问题之一。钞小静等（2011）的研究表明，在中国经济转型时期，经济增长数量与经济增长质量之间的变动趋势并不是始终一致的，仅在增长数量框架下考察我国各地区经济增长的差距并不能全面刻画出其真实状态。那么，从增长质量的视角来看，我国各地区之间经济增长的差距究竟有多大？对这一问题的回答，不仅能够帮助我们了解中国地区经济增长差距的现实状态，还可以为理解地区增长差距问题提供一个新的视角。

中国的经济问题具有很大的特殊性，目前中国正在经历着经济体制从传统计划经济体制转向现代市场经济体制、经济结构从二元经济结构对立状态转向二元经济结构消减状态的双重转型，地区的经济增长在横截面和时间维度上都存在较强的异质性，而传统研究地区经济差距的方法并没有充分考虑个体和时间的异质性对收敛速度的影响。Phillips et al.（2009）的研究结果表明就经济增长而言，人均收入的差异在极限分布时仍然存在，虽然有些经济体会出现收敛于均值，但是其他经济体会仍然脱离共同路径且并不收敛。当空间与时间维度均存在异质性时，即使最终都收敛，还是会存在无数条可能的变化路径。因此，可以使用半参数个体时间异质模型对地区差距进行检验去解决收敛速度和变化效应随时间变化而不同的异质性问题。

基于此，本文在现有研究的基础上主要进行了如下扩展：第一，现有文献集中在经济增长数量和全要素生产率的框架下研究中国地区经济增长的差距问题，而我们选择经济增长质量视角来进行讨论。第二，本文在充分考虑收敛速度和变化效应随时间变化而不同的异质性情况下，使用半参数个体时间异质模型对1998—2012年间中国各地区经济增长质量的差距进行检验。

本文其他部分的结构安排如下：第二部分采用主成分分析法对中国各地区1998—2012年间的经济增长质量水平进行评价。第三部分运用半参数个体时间异质模型对中国30个省市自治区经济增长质量的差距进行检验。第四部分是本文的主要结论。

二、中国各地区经济增长质量指数评价

研究中国地区经济增长质量差距首先需要解决的关键问题是对中国各地区经济增长质量的数量水平进行准确度量。本节我们在经济增长质量理论内涵基础上从条件、过程与结果三个层次构建地区经济增长质量的评价指数，并采用主成分分析法对中国各地区1998—2012年间的经济增长质量水平进行度量。

（一）经济增长质量的理论界定与指数构建

一个完整的经济增长的定义应该是数量和质量的统一，它外在表现为总数量的扩张，而内在表现为质量的提高。从与经济增长数量相对应的视角，我们认为经济增长质量是从经济增长内在的性质与规律上去刻画经济增长的，对其高低的判断既要从增长过程中来考察，也涉及经济增长的初始条件与最终结果问题。因此，我们分别从条件、过程和结果三个层次来界定经济增长质量的理论内涵：第一，从条件层次来看，经济增长质量反映的是国民经济有效运转的基础条件是否具备；第二，从过程层次来看，经济增长质量体现的是经济系统内要素间联结关系是否合理；第三，从结果层次来看，经济增长质量刻画的是资源利用效率的高低与生态环境成本的多少。

经济增长质量是一种全新的增长概念，一方面它涉及对经济增长优劣的认识，属于规范分析，另一方面，它包含了丰富的内容，不同的学者从不同的视角对其进行了不同的界定，以上因素都给我们的评价工作带来非常大的困难。考虑到经济增长质量是多种因素的综合反映，所以我们选择构建综合评价指标

体系来对其进行测算。在清晰界定经济增长质量理论内涵的基础上，我们分别从经济增长的条件、过程和结果三个层次，选择各维度具有较高代表性和可比性的核心指标作为基础指标，来构建中国各地区经济增长质量的评价指数（表1）。

表1　中国地区经济增长质量综合评价指标体系

方面指数	分项指标	基础指标	计量单位	指标属性		
				正指标	逆指标	适度指标
经济增长的条件	能力素质	教育支出/财政支出	%	√		
		人均受教育年限	年	√		
		专利申请受理量		√		
		人口抚养比	%		√	
	协调素质	一般公共服务支出/财政支出	%		√	
		社会保障支出/财政支出	%	√		
	交通条件	铁路货运量	万吨	√		
		铁路客运量	万人	√		
		公路货运量	万吨	√		
		公路客运量	万人	√		
	金融条件	金融机构存款余额/GDP	%	√		
		金融机构贷款余额/GDP	%	√		
经济增长的结构	产业结构	第三产业产值/第二产业产值	—	√		
		结构偏离的泰尔指数	—		√	
	消费投资结构	消费率	%			√
		投资率	%			√
	城乡二元结构	二元对比系数	—	√		
		二元反差指数	—		√	
	国际收支结构	进出口总额/GDP	—	√		
	收入分配结构	人口加权城乡收入比	—		√	
		劳动者报酬占比	—	√		
经济增长的结果	经济增长的效率	全要素生产率增长率	—	√		
		技术变动	—	√		
		技术效率变动	—	√		
	资源消耗	单位地区生产总值能耗			√	
		单位地区生产总值电耗			√	
	环境污染	单位产出大气污染程度	倍数		√	
		单位产出污水排放数	倍数		√	
		单位产出固体废弃物排放数	倍数		√	

经济增长的条件表现为一个国家长期有效地开发和利用各种资源创造国民财富的基本条件和能力，高质量的经济增长必然要求以高质量的国民经济素质为基础。这里，我们分别从能力素质、协调素质、交通条件、金融条件四个方面来进行评价。其中，能力素质主要反映经济运行的基础条件，我们选择教育支出占财政支出比重和人均受教育年限来表示人力资本，选择专利申请受理量来表示创新能力，选择人口抚养比来反映人口结构变化对经济增长的约束。协调素质主要体现政府在改善我国经济发展不平衡方面发挥的作用，我们选择一般公共服务支出占财政支出比重以及社会保障支出占财政支出的比重。交通条件的改善可以提高交易效率，促进分工，因此我们选择铁路与公路的货运量、客运量作为基础测度指标。金融的深化与发展可以为经济高质量增长提供金融支持，我们使用存款、贷款余额占 GDP 的比重作为金融发展规模的衡量指标。

经济增长结构是指经济系统内各要素之间的联结关系及要素数量之间的比例关系。合理的经济结构是经济高质量增长的前提，经济结构的转化可以有效改变经济增长的动力机制，因此我们分别从产业结构、消费投资结构、城乡二元结构、国际收支结构以及收入分配结构五个分项来进行测度。对于产业结构发展状况的测度，我们参考干春晖等（2011）的研究，从产业结构高级化与产业结构合理化两个方面来反映我国产业结构的变迁，其中产业结构高级化使用第三产业产值与第二产业产值之比来进行度量，而产业结构合理化选择重新定义的泰尔指数进行测度。消费投资结构属于适度指标类型，根据现有研究结果，现阶段我国消费率的合意区间为 38% ~45%，投资率的合意区间 38% ~45%（蔡跃洲等，2010；任保平等，2012），因此我们将消费率和投资率作为适度指标来刻画我国消费投资结构的变化情况。进一步，我们选择外贸依存度作为国际收支结构的测度指标，使用二元对比系数和二元反差指数来反映城乡二元结构。

经济增长终极价值判断的核心是人的发展，为了使经济发展更具包容性，经济增长要实现人的福利最大化不仅涉及居民整体福利水平的改善，而且必须关注社会福利分配的公平性。经济学研究收入分配有两个角度，一是收入在居民个人之间的分配，二是收入在生产要素之间的分配。对于居民收入分配结构的测度，由于我国收入分配的差距主要表现在城乡收入差距上，所以我们使用经城乡人口权重调整之后的城乡收入比作为度量指标。对于要素收入分配结构的测度，考虑到劳动收入份额提升的重要性和紧迫性，以及劳动与资本要素收入份额之间存在的此消彼长的关系，我们选择劳动者报酬占比作为基础指标。

经济增长的效率是指各种投入转化为产出有效性的高低。高生产率是高质量增长的根本保证，它的长期增长取决于技术进步和经济制度的效率。从经济增长效率测度指标的选择来看，生产率揭示了各种生产要素转化为产出的有效性，因此我们选择全要素生产率增长率、技术变动、技术效率变动作为效率的测度指标。资源环境代价是从成本视角考察经济增长是否以可持续的方式来使用资源。我们使用单位国内生产总值能耗、单位国内生产总值电耗、单位产出大气污染程度、单位产出污水排放数、单位产出固体废弃物排放数作为其基础测度指标。

（二）中国地区经济增长质量的测算

本文选择以 1998—2012 年作为样本区间，测算所使用的原始数据来源于历年《中国统计年鉴》《新中国 60 年统计资料汇编》《中国国内生产总值核算历史资料（1952—2004）》《中国人口年鉴》和《中国科技统计年鉴》。

对于综合评价指标体系的合成方法选择问题，现有经济增长质量测度的研究主要使用了相对指数法、层次分析法、熵值法、模糊评价法和主成分分析法等方法，为了保证评价结果的稳定性，我们首先使用主成分分析法来确定基础指标在方面指数中的权重，由此合成方面指数，并进而采用同样的方法合成经济增长质量总指数。为了更加精确地提取有效信息，我们对现有主成分分析法进行了如下改进：第一，将协方差矩阵作为主成分分析的输入。原始数据一般包含两种类型的信息：一种是各指标变异程度上的差异，这种信息由各指标的方差大小反映出来；另一种是各指标相互影响程度上的差异，这种信息包含在各指标所构成的相关系数矩阵中。从各指标的相关系数矩阵中提取主成分会导致各指标变异程度差异信息的丢失，而经过均值化处理的各指标数据所构成的协方差矩阵能全面反映原始数据中的两种信息。第二，采用均值化方法进行无量纲化处理。采用均值化后的协方差矩阵不仅可以消除量纲和数量级上的差异，还能保留各指标在离散程度上的特性，避免低估或夸大指标的相对离散程度。第三，采用第一主成分来确定基础指标权重。将第一主成分中各基础指标的系数作为其相应的权数，由此求得方面指数，再以同样的方法获得经济增长质量指数。

使用主成分分析法对中国各地区的经济增长质量指数值进行测算后发现1998—2012 年间我国 30 个省市自治区的经济增长质量水平都得到一定程度的提高，但是区域之间却存在较大差异。

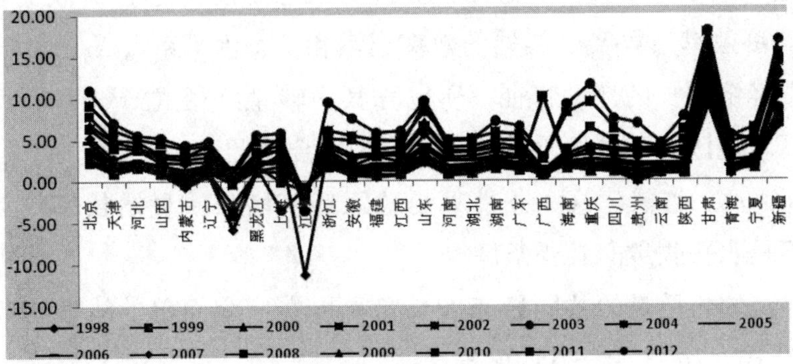

图 1　1998—2012 年中国地区经济增长质量水平

三、中国各地区经济增长质量差距的检验

在地区经济增长质量指数评价基础上，我们利用趋势机制的共同特征来创建检验地区经济增长质量差异的半参数个体时间异质模型。

（一）半参数个体时间异质模型

根据经济增长质量的理论界定，以 Phillips et al.（2009）的研究为基础，我们将经济增长质量的变化路径写成如下形式：

$$QEG_{it} = X_{it} + Y_{it}t \tag{1}$$

且有
$$X_{it} = QEG_i^* + EF_{i0} + （QEG_{i0} - QEG_i^*）e^{-\beta_{it}t} \tag{2}$$

其中，QEG_{it}表示第 i 个地区在时期 t 的经济增长质量指数值，QEC_{i0}是初始经济增长质量水平，QEG_i^* 代表相应的稳态水平。EFF_{i0}为初始的经济效率，Y_{it}为随着时间和地区变化的经济效率增长率。

在式（2）中，当 $t\to\infty$ 成立时，X_{it}是一个衰减模型形式，$e^{-\beta_{it}t}$衰减至零，$X_{it}\to QEG_i^* + EFF_{i0}$。当 t 足够大时，经济增长质量的水平 QEG_{it}最终沿着 $Y_{it}t$ 这一项所决定的长期路线变动。

我们假定 $Y_{it}t$ 中的某些因素是所有个体共有的，令 μ_t 代表每个地区都能或多或少受益的促进经济增长质量提高的共同因素，例如生态环境改善。

我们将式（1）写成如下形式：

$$QEG_{it} = \frac{X_{it} + Y_{it}t}{\mu_t}\mu_t = Z_{it}\mu_t \tag{3}$$

这里 Z_{it} 衡量了个体 i 在共同趋势 μ_t 中的受益程度，它反映了一个地区的变化路径向由 μ_t 所决定的共同稳态路径收敛的状态，在变化中 Z_{it} 取决于收敛速度系数 β_{it}，经济效率系数 Y_{it}、初始的效率禀赋和稳态水平系数 X_{it}。由于 Z_{it} 体现了转型经济中经济增长的变动特征，所以称其为转型路径（Transitional Path）。这里，我们要求地区经济增长质量差异的收敛需要满足条件：对于所有个体 i，当 $t \to \infty$ 时，$Y_{it} \to Y$。当然，这一条件只是地区经济增长质量增长率收敛的必要条件，它并不是水平收敛的必要条件。

假定经济增长质量的共同稳态增长路径可由一个简单的线性趋势来表示 $\mu_t = t$，则根据式（1）和式（3）可得：

$$Z_{it} = Y_{it} + \frac{X_{it}}{t} \tag{4}$$

进一步，在收敛条件下，对于所有个体 i，当 $t \to \infty$ 时，我们有

$$Z_{it} = Y_{it} + \frac{X_{it}}{t} \to Y_i$$

由此，Y_i 决定了经济个体 i 稳态时的增长率，而 Z_{it} 的取值则表示了转型参数。

根据 Phillips et al.（2009）的研究，我们构建一个能够充分体现个体和时间异质性的半参数模型，假定 Z_{it} 可表示成：

$$Z_{it} = Z_i + \frac{\sigma_i \xi_{it}}{L(t)\ t^{\alpha}} \tag{5}$$

其中，Z_i 是固定的，ξ_{it} 在横截面上是独立同分布的而在时序与 t 上是弱相依的，$L(t)$ 是一个缓慢变化的函数，这个函数要求当 $t \to \infty$ 时，$L(t) \to \infty$，比如它可以是 $\log(t)$ 这样的形式，参数 α 决定了横截面变量随着时间在转型过程中向 0 衰减的速度。当 $t \to \infty$ 时，在函数 $L(t) \to \infty$ 满足的条件下，只要 $\alpha \geqslant 0$，则 $Z_{it} \to Z_i$。进一步，如果能够保证对于 $i \neq j$，有 $Z_i = Z_j$ 成立，那么对于横截面 i 随着时间变化的异质性甚至是发散的趋势就会变得更加具体化。

由此，对地区经济增长质量差距的检验就转化为对以下假设的检验：

原假设 H_0：$Z_i = Z$ 且 $\alpha \geqslant 0$

备择假设 H_0：对于所有经济个体，在 $\alpha < 0$ 时 $Z_i = Z$；抑或在 $\alpha \geqslant 0$ 或 $\alpha < 0$

时，至少存在一个 i，使得 $Z_i \neq Z$。

我们设经济个体的变化路径 H_{it} 可以用第 i 个地区的经济增长质量水平占横截面上所有地区经济增长质量平均水平的相对比重来衡量：

$$H_{it} = \frac{QEG_{it}}{\frac{1}{N}\sum_{i=1}^{N} QEG_{it}} = \frac{Z_{it}}{\frac{1}{N}\sum_{i=1}^{N} Z_{jt}} \tag{6}$$

对于在长期收敛的情况下，$H_{it} \to 1$，此时 H_{it} 的横截面方差趋于零，即当 $t \to \infty$ 时我们有：

$$H_t = \frac{1}{N}\sum_{i=1}^{N} (H_{it} - 1)^2 \to 0 \tag{7}$$

由此，我们对中国各地区经济增长质量差异进行检验，具体检验过程如下：

首先，当 $t \to \infty$，令衰变模型式（5）有如下约束形式：

$$H_t \sim \frac{A}{L(t)^2 t^{2\alpha}} \quad (A > 0) \tag{8}$$

其次，令 $L(t) = \log t$，对式（9）进行回归：

$$\log(H_1/H_t) - 2\log L(t) = \theta + \gamma \log t + u_t \quad t = [Tr], [Tr]+1, \cdots, T \tag{9}$$

这里，对于 $r > 0$ 我们假设初始观测期 t 是 Tr 的整数部分，r 是与观测期 t 相对应的样本 T 的一部分。因此，在经验回归过程中，对 $\log t$ 其实是舍弃了最初 $r\%$ 的数据。根据 Phillips et al.（2009）的研究，我们令 $r = 0.3$。

在式（9）左侧的第二项 $-2\log L(t)$ 作用是罚函数和提高可选择情况下的检验精度。例如，在可选的俱乐部收敛问题中，当 $t \to \infty$ 时，H_t 收敛于一个正值，惩罚因子就可以在总体收敛与俱乐部收敛之间进行识别。

再次，使用 $\alpha \geqslant 0$ 的单侧 t 检验。在收敛的原假设成立的情况下，点估计的参数 γ 依概率成比例收敛于参数 2α。相应地，在该回归方程中的 t 统计量就可以根据 HAC 标准误差构建出来，当 $\alpha < 0$ 时，这一 t 值将发散到正无穷大，而当 $\alpha = 0$ 时，t 值将会弱收敛于一个标准正态分布。这样的话，对于地区经济增长质量差异收敛性的检验就转变为 $\alpha \geqslant 0$ 的单侧 t 检验。在地区经济增长质量差异是发散还是俱乐部收敛的选择中，不管 α 的真值为多少，若点估计的参数 γ 收敛于 0，其对应的 t 值将向负无穷大发散，因此使用单侧 t 检验可以避免这种无法区别的情况。

（二）中国地区经济增长质量差距的检验

由于西藏数据质量非常低且在样本区间内存在数据缺失问题，所以本文基于中国大陆除西藏外的30个省市自治区的面板数据，使用半参数个体时间异质模型对中国1998—2012年地区经济增长质量的差距进行检验。

在经验研究中，我们首先使用平滑滤波WHP（Whittaker-Hodrick-Prescott）分离出趋势成分，并将平滑参数设为100。针对只保留趋势部分的地区经济增长质量数据，我们计算出 H_1/H_t，使用半参数个体时间异质模型对中国各地区经济增长质量的差距进行检验，检验结果如表2所示：

表2　地区经济增长质量差距的检验结果

样本对象	样本时期	$\hat{\theta}$	$\hat{\gamma}$
情形1：地区经济增长质量差距的面板数据检验			
30个地区	1998—2012	-0.2872 (0.1621)	0.2410 (0.0732)
情形2：东中西部经济增长质量差距的面板数据检验			
东部地区	1998—2012	-0.0621 (0.2114)	-0.6104* (0.0955)
中部地区	1998—2012	7.1522* (0.4001)	1.3343 (0.1808)
西部地区（无西藏）	1998—2012	-0.4803 (0.2216)	0.0150 (0.1001)

注：表格后两列分别为参数 θ 和 γ 的点估计值，回归系数括号内为对应的HAC标准误差值，* 表示在5%显著性水平下显著。

由表2可以看出，从整个样本区间来看，拟合系数 $\hat{\gamma}=0.2410$ 为正，大量异质的横截面个体的检验数据表明在1998—2012年整个样本区间内中国各地区经济增长质量的差距是收敛的。Phillips et al.（2009）的研究认为，我们不只需要关注 $\log t$ 的参数 γ 是否等于 2α，同时还要重视 γ 值的大小，因为它度量了 Z_{it} 的收敛速度。因此，如果 $\gamma\geq2$，共同趋势 μ_t 是一个带漂移的随机游走过程或稳定趋势，那么如此大的 γ 值将意味着收敛于水平经济增长质量指数值；如果 $0\leq\gamma<2$，那么这样的收敛速度对应的是条件收敛，比如经济增长质量的增长率随着时间在收敛。这里 $\hat{\gamma}$ 的值小于2，因此我们可以拒绝地区经济增长质量差距的水平收敛。进一步，我们来检验东中西部是否存在地区内部的收敛，如第37页表3所示，对于东部地区拟合系数 $\hat{\gamma}=-0.6104$，这意味着东部地区的经济增

长质量水平是发散的。对于中部地区的拟合系数 $\hat{\gamma}=1.3343$ 为正，因此我们接受收敛的原假设，该值远大于全国 30 个地区的拟合值，但是因为该值同样是小于 2 的，所以我们还是拒绝中部地区经济增长质量差距水平收敛的假设。对于西部地区的拟合系数 $\hat{\gamma}=0.0150$，该系数值为正，虽然经检验它并不是显著异于 0 的，但是根据半参数个体时间异质模型的检验规则西部地区的经济增长质量水平并不能拒绝收敛的原假设。

为了比较我国地区经济增长差距在数量视角与质量视角中的不同表现，我们选择实际人均 GDP 作为经济增长数量的度量指标，采用半参数个体时间异质模型对中国地区经济增长数量的差距进行检验，结果如表 3 所示：

表 3　地区经济增长数量差距的检验结果

情形 1：地区经济增长数量差距的面板数据检验			
样本对象	样本时期	$\hat{\theta}$	$\hat{\gamma}$
31 个地区（含西藏）	1998—2012	0.1311 (0.1316)	-0.5872* (0.0595)
30 个地区（无西藏）	1998—2012	0.1060 (0.1359)	-0.5716* (0.0614)
情形 2：东中西部经济增长数量差距的面板数据检验			
东部地区	1998—2012	-0.0730 (0.1486)	-0.4015* (0.0671)
中部地区	1998—2012	0.3416* (0.0793)	-0.7105* (0.0359)
西部地区（含西藏）	1998—2012	1.1356* (0.0232)	-1.3509* (0.0105)
西部地区（无西藏）	1998—2012	1.0936* (0.0300)	-1.3273* (0.0136)

注：表格后两列分别为参数 θ 和 γ 的点估计值，回归系数括号内为对应的 HAC 标准误差值，* 表示在 5% 显著性水平下显著。

从经济增长数量视角入手的研究成果大都认为中国地区经济增长从整体上来看并不存在收敛趋势。表 3 采用半参数个体时间异质模型检验的结果显示，对于不管是以全国整体作为样本对象还是分别以东中西部作为样本对象，拟合系数 $\hat{\gamma}$ 的值均显著为负，而且标准误差的值非常小，这表明中国地区经济增长数量差距收敛的原假设将被拒绝，不管是从全国整体层面来看，还是从东中西部区域来看，经济增长数量差距均是发散的，并不存在收敛趋势。

通过对比第36页表2与第37页表3的检验结果，我们可以发现中国地区经济增长质量差距与经济增长数量差距的变动趋势并不是一致的：第一，以1998—2012年间中国30个地区经济增长质量指数值为样本检验的结果显示，各地区经济增长质量差距存在条件收敛，不存在水平收敛。但是以1998—2012年间中国30个地区人均GDP为样本检验的结果表明，各地区的经济增长数量差距是发散的。第二，将全国样本分为东中西部子样本进行分析，结果表明，从经济增长质量视角来看，中部地区和西部地区是条件收敛的，而东部地区未呈现出明显的收敛趋势。

（三）聚类方法与趋同俱乐部的经验研究

我们进一步采用Phillips et al.（2009）的聚类方法来寻找趋同俱乐部，该方法具体步骤如下：

首先，根据最后一个时期各地区经济增长质量指数均值的大小来对各个地区由大到小进行排序，均值计算公式如下且一般选取 $a=1/2$ 或 $2/3$：

$$\overline{QEG_i} = (T-[Ta])^{-1}\sum_{t=[Ta]+1}^{T} QEG_{it}$$

其次，从排序最高的观测值开始，依次加入一个地区来进行log$t$检验，直到计算出来的t统计量首次小于临界值-1.81为止。然后在这k个观测值中计算出核心组的成员。核心组成员的数目k^*应满足下列准则：

$$k^* = \text{argmax}_k\ \{t_k\},\ \text{s.t.}\ \min\ \{t_k\} > -1.81$$

如果当$k=2$，$\min\ \{t_k\} > -1.81$不能满足，则去掉第一个个体，从第二个个体开始重复上述步骤。如此反复，直到倒数第二个仍不能满足，则称经济中不存在趋同俱乐部。

再次，在核心组成员的基础上每次加入一个未成形趋同俱乐部成员，进行log$t$检验，以一定的显著性水平来确定趋同俱乐部的成员。Phillips通过数值模拟推荐，对于样本为20和50的情形一般选择50%的显著性水平，以0为临界值来确定趋同俱乐部的成员，即统计量的值小于0，不包含在这个趋同俱乐部内，反之则包含在内。

最后，去掉第一个收敛俱乐部成员，对剩下所有的成员进行log$t$检验，如果满足收敛条件，则认为所有成员可划分为两个趋同俱乐部。如果不满足收敛条件，则重复上述步骤。

我们选择 $a=2/3$，对2008—2012 年中国30 个地区经济增长质量指数的均值大小进行排序，采用上述聚类方法对各地区经济增长质量的俱乐部趋同问题进行检验，所得结果如表4 所示。

表4　基于经济增长质量指数的俱乐部趋同检验结果

最初分组		最终趋同俱乐部成员
Club1 [30]	0.240988* (0.073244)	甘肃、新疆、北京、山东、重庆、浙江、海南、天津、湖南、陕西、四川、宁夏、广东、河北、安徽、上海、贵州、江西、青海、湖北、福建、海南、黑龙江、辽宁、云南、内蒙古、广西、吉林、江苏

注：* 表示在5% 显著性水平下拒绝收敛的原假设。表中所列地区从左到右按照2008—2012 年中国30 个地区经济增长质量指数的均值大小进行排序。

根据表4，log$t$ 检验的拟合系数显著为正，这表明我们不能拒绝收敛的原假设，而且由于该值小于2，所以我们拒绝中国地区经济增长质量差距水平收敛的假设，地区经济增长质量的增长率在随着时间收敛，该结果与我们采用半参数个体时间异质模型进行检验的结果是一致的。进一步，我们采用同样的方法来检验中国各地区的人均GDP 之间是否存在趋同俱乐部，所得结果如表5 所示。

表5　基于人均GDP 的俱乐部趋同检验结果

最初分组		聚类分组合并				最终分组	
Club1 [13]	−0.113786 (−0.08927)	Club1 +2 −0.198763* (0.08848)				Club1 [13]	−0.113786 (−0.08927)
Club2 [2]	3.170916 (−1.214891)		Club2 +3 −0.641113* (0.036191)			Club2 [2]	3.170916 (−1.214891)
Club3 [10]	−0.03682 (−0.091621)			Club3 +4 −0.350553* (0.051145)		Club3 [10]	−0.03682 (−0.091621)
Club4 [2]	2.923348 (−0.913703)				Club4 +5 −0.351048* (0.090018)	Club4 [2]	2.923348 (−0.913703)
Club5 [4]	−0.101664 (−0.124053)					Club5 [4]	−0.101664 (−0.124053)

注：表格后两列为参数的点估计值，回归系数括号内为对应的HAC 标准误差值。* 表示在5% 显著性水平下拒绝收敛的原假设，这意味着地区差异收敛于水平经济增长质量指数值。

在第 39 页表 5 中，第一列汇报的是我们采用聚类方法所得的最初分组结果，对中国 31 个地区的人均 GDP 进行聚类检验可将其分为 5 个趋同俱乐部。通过观察这 5 个趋同俱乐部 log*t* 检验的拟合系数可以发现，俱乐部 1、3、5 的拟合系数为负但不显著，因此我们不能拒绝收敛的原假设，而俱乐部 2 和 4 的拟合系数分别为 $\hat{\gamma}=3.170916$ 和 2.923348，为正且数值大于 2，所以我们接受经济增长数量差距存在水平收敛的假设，认为俱乐部 2 和 4 收敛于水平经济增长数量指数值。进一步，我们对相邻分组合并后进行 log*t* 检验，由此来判断是否可以对最初分组进行合并形成趋同俱乐部。第 39 页表 5 第二列汇报的是我们对相邻分组合并进行检验的结果，通过观察拟合系数可以发现，各合并分组的拟合系数均显著为负。因此，5 个趋同俱乐部各自形成一个单独的俱乐部，最终基于人均 GDP 的聚类检验可将中国 31 个地区分为 5 组，具体结果如第 39 页表 5 第 3 列所示，各组成员详细内容如表 6 所示。

表 6　人均 GDP 最终趋同俱乐部成员

名称	趋同俱乐部成员
Club1 [13]	上海、天津、北京、江苏、浙江、广东、辽宁、福建、山东、内蒙古、黑龙江、吉林、河北
Club2 [2]	湖北、重庆
Club3 [10]	海南、河南、山西、湖南、陕西、四川、安徽、广西、青海、新疆
Club4 [2]	江西、宁夏
Club5 [4]	云南、西藏、甘肃、贵州

注：表中所列地区从左到右按照 2008—2012 年中国 31 个地区实际人均 GDP 的均值大小进行排序。

通过对比第 39 页表 4 与表 6 的检验结果，我们可以发现中国地区经济增长质量差距与经济增长数量差距的变动趋势并不是一致的：以中国 30 个地区经济增长质量指数值为样本进行聚类检验的结果显示，各地区经济增长质量差异存在条件收敛，可形成 1 个趋同俱乐部。但是基于中国 31 个地区人均 GDP 检验的结果却表明，从经济增长数量来看，中国 31 个地区可形成 5 个趋同俱乐部。

四、结论与政策建议

本文从经济增长质量的视角出发，采用主成分分析法测算中国30个省市自治区1998—2012年间经济增长质量的指数值，并运用半参数个体时间异质模型对各地区增长质量的差距进行检验，得出以下结论：第一，对整体各地区经济增长质量差距检验的结果表明，中国地区经济增长质量差距在整个样本区间内表现出条件收敛的趋势。第二，对东中西部地区再检验的结果显示，中部地区和西部地区两个分组的经济增长质量差距呈条件收敛趋势，而东部地区的经济增长质量差距呈发散趋势。第三，聚类检验结果说明，中国30个省市自治区的经济增长质量水平确实可以形成1个趋同俱乐部。第四，采用半参数个体时间异质模型和聚类方法进行检验的结果均表明，中国地区经济增长质量差距与经济增长数量差距的变动趋势并不是一致的。根据以上结果，本文提出以下政策建议：

第一，重视区域经济增长数量与质量的协调发展。区域经济协调发展可以为实现中高速增长提供新的空间和增长点。在中国经济发展过程中，各地区经济增长数量差距与质量差距的变动趋势并不是一致。同样的经济增长数量的背后是不同的物质和人力消耗、是不同的资源环境代价、是不同的福利分配状态、是不同的经济功能协调能力。因此，在制定区域发展政策的过程中，不仅需要考虑各地区经济增长数量的发展水平，同时还要兼顾各地区经济增长质量的状态，从而实现我国东中西三大区域间的平衡发展。

第二，充分重视经济结构的调整优化。经济增长结构是影响地区经济增长质量差距的重要因素，由于人口老龄化趋势不断显现、传统工业化结束以及资源环境硬约束等方面的原因，我国经济出现结构性减速趋势。积极促进传统产业与新兴产业相互支持梯次升级，激励产业层面和企业层面的自主创新，进一步提高劳动的生产率，从投入性增长转变为效率性增长，健全推动结构优化的财税政策将有利于我国经济结构的优化升级和经济增长质量的提高，从而缩小各地区经济增长质量的差距。

第三，高度关注资源环境改善问题。中国过去粗放型的增长方式与今天能源资源、生态环境问题的严重性密不可分，目前资源环境约束已经成为制约我国经济发展的硬约束。资源利用效率和生态环境状况体现的是经济增长的成本与代价，对经济增长质量的高低有重大影响。在未来中国经济发展过程中，需要认真总结数量型增长所取得的经验，高度关注经济增长与生态环境的关系，依靠科技创新提高资源能源的利用效率，同时加大生态环境保护力度，避免未来中国模式落入“增长的极限”，从而提高经济增长质量，缩小地区经济增长质量的差距。

参考文献

[1] PHILLIPS PCB, SUL D. Economic Transition and Growth [J]. Journal of Applied Econometrics, 2009, 67 (12): 1153-1185.

[2] 钞小静，任保平．中国经济增长质量的时序变化与地区差异分析［J］．经济研究，2011（4）：26-40.

[3] 钞小静，任保平．城乡收入差距与中国经济增长质量［J］．财贸研究，2014（5）：1-9.

[4] 钞小静，沈坤荣．城乡收入差距、劳动力质量与中国经济增长［J］．经济研究，2014（6）：30-43.

[5] 干春晖，郑若谷，余典范．中国产业结构变迁对经济增长和波动的影响［J］．经济研究，2011（5）：4-16.

[6] 蔡跃洲，王玉霞．投资消费结构影响因素及合意投资消费区间——基于跨国数据的国际比较和实证分析［J］．经济理论与经济管理，2010（1）：24-30.

[7] 任保平，魏婕．中国经济增长中数量和质量的不一致性及其理论解释［J］．社会科学研究，2012（3）：6-10.

[8] 钞小静，惠康．中国经济增长质量的测度［J］．数量经济技术经济研究，2009（6）：75-86.

[9] 何一峰．转型经济下的中国经济趋同研究——基于非线性时变因子模型的实证分析［J］．经济研究，2008（7）：39-51.

[10] 周亚虹，朱保华，刘俐含．中国经济收敛速度的估计［J］．经济研究，2009（6）：40-51.

[11] 刘强．中国经济增长的收敛性分析［J］．经济研究，2001（6）：70-77.

[12] 王小鲁，樊纲．中国地区差距的变动趋势和影响因素［J］．经济研究，2004（1）：33-44.

[13] 邹薇，周浩．中国省际增长差异的源泉的测算与分析（1978—2002）——基于“反事实”收入法的经验研究［J］．管理世界，2007（7）：37-46.
[14] 许召元，李善同．近年来中国地区差距的变化趋势［J］．经济研究，2006（7）：106-116.
[15] 滕建州，梁琪．中国区域经济增长收敛吗？——基于时序列的随机收敛和收敛研究［J］．管理世界，2006（12）：32-41.

第三章 中国省际经济增长数量和质量收敛机制空间效应的比较研究*

师 博 任保平**

摘 要 本文基于 Metafrontier 的方向性距离函数测度 1992—2015 年中国省际经济增长质量指数，经验分析地区间策略性竞争行为在经济增长数量和质量收敛机制中的空间效应。实证结果显示，省际经济增长数量并未趋同，而经济增长质量却具有显著收敛特征。忽略空间交互效应会高估经济增长数量收敛性，经济增长质量年均收敛速度则会被低估 41.5%。内生交互效应反映地区经济增长数量和质量间存在策略性权衡。外生交互效应支持、邻近地区经济发展水平对本地区经济质量增长率具有正向空间溢出效应。收敛方程因素分解表明，其他地区会对本地财政支出变动做出策略性反应，并通过空间反馈效应作用于本地经济增长数量，由于收入能力的差异，策略性竞争行为导致地区间财政支出差距拉大、经济增长数量难以收敛。策略性竞争行为也会引发有偏的财政支出结构，进而财政支出占比上升将抑制经济增长质量。

关键词 收敛性；SDM；直接效应；反馈效应

---

* 国家社科基金重大项目“新常态下地方经济增长质量和效益的监测预警系统和政策支撑体系构建研究”（15ZDA012）；教育部人文社科基金“新常态下中国经济增长数量和质量多维互动机制研究”（17XJA790004）。

** 师博，河南原阳人，西北大学中国西部经济发展研究中心、西北大学经济管理学院教授，硕士生导师；任保平，教育部人文社科重点研究基地——西北大学中国西部经济发展研究中心主任、西北大学研究生院院长，教育部长江学者特聘教授，教授、博士生导师，主要研究方向为中国经济增长质量与发展的政治经济学。

一、引　言

改革开放之初，“先富带动后富，最终实现共同富裕”成功释放了中国经济的活力，经过四十年快速发展，中国经济总量和居民收入均卓有成效地实现了多次倍增。新古典增长理论的“收敛铁律”（Barro，2012）表明，发达经济体和欠发达经济体间人均 GDP 差距将以年均 2% 的速度缩减，基于对共同富裕的向往以及用经济增长理论解释中国奇迹的探索，众多经济学家长期关注着中国经济快速增长过程中的收敛性（魏后凯，1997；蔡昉等，2000；沈坤荣等，2002；林毅夫，2002；刘树成等，2007；周业安等，2008；Barro，2016）。1992—2015 年中国地区人均实际 GDP 的基尼系数呈现倒 U 型变动特征，由 1992 年 32.6% 降至 2015 年 30.4%，简单来看地区间的差异趋于缩减。然而更多的研究证据显示，20 世纪 90 年代中期后中国经济增长并未趋同。已有文献从渐进式改革、劳动力流动以及地区工业化程度不平衡等视角解释中国经济增长的非收敛性特征。值得注意的是自 1994 年财政分权以来，面对晋升激励地方政府发展经济的积极性被充分调动，地方政府间竞争行为在很大程度上促进了经济增长（周业安等，2004）。并且地方政府往往会竞争性对标邻近地区或者发展水平相近地区，形成空间上的竞争格局，而 Elhorst et al.（2010）研究发现忽略空间交互效应会导致对收敛速度的有偏估计，那么纳入空间效应的地区间策略性竞争行为会对经济增长收敛机制产生怎样的影响？

中国经济快速增长的同时也衍生了环境污染、收入差距拉大以及创新不足等“副产品”，进而引发了对经济增长质量的思考（Barro，2002；钞小静等，2011；陈诗一，2012；郝颖等，2014）。相较于经济增长数量，经济增长质量内涵更为丰富已成为理论界的共识，其囊括了效率、分配和环境等因素。借鉴新古典增长理论中边际报酬递减导致经济增长收敛的思想，本文认为在理论机理上，环境治理和缩减城乡收入差距的公共品供给存在边际成本递增以及技术进步的天花板效应会引致经济增长质量的趋同。代表性研究中林伯强等（2011）、江春等（2016）以及白俊红等（2009）分别发现省际碳排放、城乡收入差距和技术进步存在收敛性。综合来看，中国经济增长质量是否也具有收敛性特征？此外数量和质量作为经济增长“硬币”的两面，二者间的空间分布有所差异。以四大直辖市为例，北京、上海、天津和重庆 2013 年经济增长质量在全国排名分别为第 1、3、6 和 11 位，而经济增长数量排名仅为第 15、10、17 和 22 位（任保平等，2016）。但也不可否认，经济增长数量和质量必然存在内在关联。经济增长质量对经济增长数量可能具有两种截然相反的作用机制，一方面经济增长质量提升会借助技术进步以及绿色而公平的发展环境促进长期数量型增长；另一方面，改进经济增长质量意味在需要增加研发支出、环保投入以及农村公共产品供给，从而替代经济建设投资，导致经济增长数量短期下滑。更进一步分析，数量和质量的相互作用是否会影响经济增长收敛机制？新常态的经济结构性减速背景下，中国经济增长率已由 2010 年的 10.3% 降至 2015 年的 6.3%，东、西部地区平均增长率也分别从 12.6% 和 13.9% 滑至 7.2% 与 8.5%，投资驱动型模式的增长潜能已释放殆尽，地区间“为增长而竞争”亟须向“为增长效益和质量而竞争”转型。地区间最终需要通过塑造“空间新竞争格局”带动经济向高质量水平收敛，从而摆脱中等收入陷阱、迈向经济增长新阶段。

本文与已有研究的不同之处在于，首先在投入—产出的分析框架下使用基于 Metafrontier 的方向性距离函数，测度涵盖环境污染、城乡收入差距和技术效率信息的省际狭义经济增长质量指数。进而比较分析省际经济增长数量和质量收敛特征的异同，并理清二者的互动机制。其次，基于地区空间竞争格局的分析视角，采用 SDM 模型分解出经济增长数量和质量收敛方程中各因素的直接效应和空间溢出效应，并围绕直接效应估计中国经济增长收敛速度。余下的结构安排为：第二部分综述经济增长收敛性以及经济增长质量研究的相关文献；第三部分对经济增长收敛回归模型和数据进行说明；第四部分报告实证结果；最后是主要结论和政策建议。

二、文献综述

新古典增长理论问世以来，围绕落后经济体能否追赶发达经济体的收敛性研究（Barro et al.，1992），一直激发着经济学家的研究兴趣。先后涌现出大量测算美国、加拿大、印度、巴西以及非洲等地区经济增长收敛性的研究（Baumol，1986；Coulomber et al.，1993；Cashin et al.，1995；Magalhaes et al.，2000；Rodrik，2014）。伴随增长理论的发展，新的分析视角被广泛地引入收敛性研究。Barro（2013）系统分析了教育、法律和秩序等现代化因素与增长收敛的关系，Enamorado et al.（2014）研究犯罪对增长收敛性的作用，Delgado et al.（2014）

分析专业化、产业集聚对增长收敛性的影响，Barro（2016）以及 Arunachalam et al.（2017）探讨贫困性陷阱与经济趋同的关系。

对中国地区间经济增长收敛性研究的成果也十分丰富，学者从不同角度展开分析得到了收敛性结论。蔡昉等（2000）基于人力资本研发、吸收新产品和新思想以及外溢效应的视角，经验分析发现中国地区间存在显著的条件收敛。沈坤荣等（2002）认为中国各地区存在条件收敛，由于市场化改革在空间上由东向西逐级推进，引发了地区间的俱乐部收敛。林毅夫等（2003）从经济增长需要遵循比较优势原则出发，指出采用与本地禀赋结构相吻合的技术结构实现中国地区间条件收敛。赵伟等（2005）研究经济增长收敛的微观机制，发现1978—2002 年技术收敛机制较好地发挥了作用，劳动生产率机制和资本收敛机制仅在 1978—1989 年间发挥了收敛效应。

还有研究发现中国经济增长收敛性具有阶段性特征。魏后凯（1997）指出1985 年之前农村人口占比较大的低收入地区从以农村为导向的改革中获得了较大实惠，实现了地区间增长收敛。1985 年之后经济体制改革的重点主要向城市和东部沿海地区转移，导致地区发展差距拉大。刘强（2002）结合渐进式改革与劳动力流动的分析视角也得到阶段性收敛的证据。刘夏明等（2004）认为经济、地理和历史因素使得沿海地区发展占优，而地区发展战略、政府政策、全球化和要素市场扭曲使得地区间发展差距拉大，造成中国经济增长在 20 世纪 80 年代趋于收敛，但在 20 世纪 90 年代却开始发散。

更多学者证实了 20 世纪 90 年代中期后中国地区间经济趋于发散。沈坤荣等（2005）发现较大规模的劳动力转移会引发经济增长先发散后收敛的动态变化，指出 20 世纪 90 年代中期后劳动力大规模转移导致中国经济增长出现发散特征。许召元等（2008）研究表明劳动力跨区域流动在资本和知识的外部性以及拥挤效应的作用下扩大了地区差距。彭国华（2015）应用匹配理论模型分析表明，东部地区引进了相对更多的高技术型工作岗位，当劳动力流动限制放松，中西部技能型劳动力向东部流动拉大了地区发展差距。此外，马拴友等（2003）认为虽然中央从 20 世纪 90 年代中后期提出了缩小地区差异和西部大开发战略，但因为结构性问题转移支付没有达到缩小地区差距的效果，中国经济增长并未出现收敛。戴觅等（2015）指出工业部门劳动生产率在省与省之间表现出稳健的绝对收敛特性，但由于非工业部门劳动生产率不收敛以及各地区工业化程度不平衡，工业部门的收敛没有导致整体经济的收敛。

值得注意的是，现有文献在实证层面研究发现俱乐部收敛多发生在地理空间聚集的地区（Borsi et al.，2015），理论层面分析认为地理因素往往会通过影响要素流动、技术外溢和市场整合而作用于收敛机制（朱国忠等，2014）。随着空间计量经济学的完善，研究逐渐将空间计量技术应用于增长收敛性分析（Rey et al.，1999；Ertur et al.，2007；Olejnik，2008；吴玉鸣，2006；张晓旭等，2008；刘生龙等，2009；潘文卿，2010；Elhorst et al.，2010）。

近年来随着全球气候变化加剧、生态环境破坏以及收入分配的不平衡，对于经济增长的研究开始更多关注质量问题。Barro（2002）从预期寿命、生育率、环境条件、收入公平性、政治制度以及宗教信仰等角度对经济增长质量进行了探讨。温诺·托马斯（2001）认为经济增长质量应该在发展速度的基础上涵盖机会分配、环境可持续性以及全球性风险管理等因素。钞小静等（2011）则从经济增长的结构、稳定性、收入分配以及生态环境代价等4个维度研究中国经济增长质量。Mlachila et al.（2014）认为对发展中国家而言，增长率更高、更持久的社会友好型增长是高质量的增长，并将增长质量分解为增长的基本面和社会成果。在对经济增长质量界定和测算的基础上，学者从经济结构、产业发展、经济开放性、政府官员行为以及企业投资等宏观和微观层面对经济增长质量的影响因素和作用机制展开研究（毛其淋，2012；郝颖等，2014；刘燕妮等，2014；何强，2014；高艳红等，2015；魏婕等，2016）。而就增长质量收敛性的研究相对较少，钞小静等（2016）使用半参数个体时间异质模型研究显示，地区经济增长质量的增长率随时间收敛，中西部地区增长质量差距具有条件收敛特征，而东部增长质量差距呈发散趋势。肖攀等（2016）运用相对收敛模型实证检验发现，中国经济增长质量整体不具有收敛性，但存在5个收敛俱乐部。Mlachila et al.（2014）使用跨国数据发现1990—2011年93个发展中国家经济增长质量存在收敛性。

增长质量作为解释和分析经济增长的重要视角，受到的学术关注日益增高。地区间的增长质量必然呈现出差异化动态特征，收敛性能够保证各个地区都以较高质量实现发展的趋同。现有对经济增长质量收敛性的研究相对较少，并且由于测算方法的限制，钞小静等（2016）和肖攀等（2016）未采用Barro et al.（1992）的经典收敛模型，并且研究结果也不尽相同。本文尝试使用经典研究框架比较分析 1992—2015 年中国省际经济增长数量和质量的收敛性，考虑到增长质量的环境、收入分配等因素更易受到空间地理的影响，我们纳入空间计量模型，在地区空间竞争格局的分析视角下经验分析经济结构等因素在收敛机制中的空间交互效应。

三、模型设定与数据说明

（一）收敛模型设定

新古典增长理论给定边际报酬递减规律，得到经济增长具有稳态的结论，在经济体趋向稳态的过程中，经济增长率与初始产出水平负相关。从时点 0 和 T 之间，人均产出的平均增长率可表示为（Barro et al.，1992）：

$$(1/T)\cdot\ln(y_{i,T}/y_{i,0}) = x - [(1-e^{\beta T})/T]\cdot\ln(y_{i,0}) + [(1-e^{\beta T})/T]\cdot\ln(\hat{y}_i^*) + \mu_{i0,T} \tag{1}$$

其中，y 为人均产出，$\hat{y}^*$ 是稳态时人均产出水平，x 代表技术进步率。上式纳入了 $[(1-e^{\beta T})/T]\cdot\ln(\hat{y}_i^*)$，即经济增长率不仅取决于初始人均产出，还受产出的稳态水平的影响。换言之，经济体将以稳态为条件，经济增长率与初始的人均产出水平负相关。如果不考虑稳态条件，则 T 期人均产出的绝对收敛表征如下：

$$(1/T)\cdot\ln(y_{i,T}/y_{i,0}) = \alpha - [(1-e^{\beta T})/T]\cdot\ln(y_{i,0}) + \omega_{i0,T} \tag{2}$$

由于稳态产出水平在现实中无法准确估计，我们在式（2）的基础上构建条件收敛方程：

$$(1/T)\cdot\ln(y_{i,T}/y_{i,0}) = \alpha - [(1-e^{\beta T})/T]\cdot\ln(y_{i,0}) + \gamma S_{i,0} + \omega_{i0,T} \tag{3}$$

其中，S 代表一组结构变量，通过控制经济结构因素考察地区间经济增长数量和质量的条件收敛方程：

$$g_{i,t+T} = \alpha + \beta\ln(y_{i,t}) + \gamma S_{i,t} + \varepsilon_{i,t} \tag{4}$$

$$eg_{i,t+T} = \alpha + \beta\ln(QEG_{i,t}) + \gamma S_{i,t} + \varepsilon_{i,t} \tag{5}$$

$g_{i,t+T}$ 和 $eg_{i,t+T}$ 分别表示 T 期内 i 地区劳均产出的平均增长率①和经济增长质量的平均增长率。由于数据的可得性以及 1992 年社会主义市场经济开始建立，本文选取的样本涵盖 1992—2015 年中国 30 个省、市、自治区。考虑到经济结构

① Rodric（2013）和戴觅等（2015）认为不存在失业是劳均 GDP 和人均 GDP 是等价的，但使用劳均 GDP 衡量失业时的劳动生产率更为合适。

因素对经济增长的作用存在滞后期，并且为剔除经济波动的影响，我们借鉴许召元等（2006）的处理方法，将整个样本期划分为 8 个时间段，每个时间段跨度为 3 年，相应地，每个时间段 t 分别为 1992、1995、1998、2001、2004、2007、2010 和 2013 年。

空间地理因素对要素的流动性和政策实施具有一定影响，并且中国地方政府间存在“为增长而竞争”的关系，我们分别基于空间计量经济学的空间滞后模型（SAR）和空间杜宾模型（SDM）构建空间收敛回归方程：

$$g_{i,t+T} = \alpha + \beta\ln(y_{i,t}) + \rho\sum_{j=1}^{N}[w_{i,j}\ln(g_{j,t+T})] + \gamma S_{i,t} + \varepsilon_{i,t} \tag{6}$$

$$gq_{i,t+T} = \alpha + \beta\ln(QEG_{i,t}) + \rho\sum_{j=1}^{N}[w_{i,j}\ln(gq_{j,t+T})] + \gamma S_{i,t} + \varepsilon_{i,t} \tag{7}$$

$$\begin{aligned} g_{i,t+T} = {} & \alpha + \beta\ln(y_{i,t}) + \gamma S_{i,t} + \rho_1\sum_{j=1}^{N}[w_{i,j}\ln(g_{j,t})] \\ & + \rho_2\sum_{j=1}^{N}[w_{i,j}\ln(y_{j,t})] + \rho_3\sum_{j=1}^{N}(w_{i,j}S_{j,t}) + \varepsilon_{i,t} \end{aligned} \tag{8}$$

$$\begin{aligned} qg_{i,t+T} = {} & \alpha + \beta\ln(QEG_{i,t}) + \gamma S_{i,t} + \rho_1\sum_{j=1}^{N}[w_{i,j}\ln(qg_{j,t})] \\ & + \rho_2\sum_{j=1}^{N}[w_{i,j}\ln(QEG_{j,t})] + \rho_3\sum_{j=1}^{N}(w_{i,j}S_{j,t}) + \varepsilon_{i,t} \end{aligned} \tag{9}$$

SAR 仅纳入了内生交互效应，而 SDM 则进一步分析了外生交互效应。式（6）和（7）分别为依据 SAR 构造的经济增长数量和质量收敛方程，式（8）和（9）则是基于 SDM 的收敛方程。w_{ij} 为空间权重矩阵元素，为保证研究结果的稳健性，本文借鉴邵帅等（2016）和范欣等（2017）设定 3 种空间权重矩阵：地理距离权重矩阵（W_1）①，用省会间铁路里程倒数测度；经济距离权重矩阵（W_2），以地区间人均实际 GDP 年均值的绝对差值的倒数表征；地理经济距离权重矩阵（W_3），$W_3 = \varphi W_1 + (1-\varphi) W_2$，简化分析起见令 $\varphi = 0.5$，即地理距离和经济距离具有同等重要性。三组空间权重都进行了标准化处理。

（二）变量与数据说明

经济增长质量（QEG）。现有研究的共识是经济增长质量涵盖多重因素，其测算更为复杂、内涵更为丰富。本文认为经济增长数量和质量是“产出”的两面，即通过投入得到相应产出的数量和质量，研究增长数量和质量需要遵循“投入—产出”分析框架，因而将各地区按照东、中和西部分组，采用基于共同

---

① 我们也测算了地理相邻权重矩阵，两地区地理位置相邻取 1，否则取 0，回归结果与地理距离权重矩阵非常接近，限于篇幅，我们只报告了其他三类权重矩阵的实证结果。

边界（Metafrontier）[①] 的 SBM 方向性距离函数对经济增长质量的增长率进行测度。Barro（2002）提出了内涵极为丰富的广义经济增长质量指数，但为了使研究更为聚焦，这里借鉴钞小静等（2011）从经济增长的结构、稳定性、成果分配以及生态环境代价四个维度评价经济增长质量的思想，我们认为狭义经济增长质量应涵盖技术效率、成果分配和生态环境代价三个层面。经济增长的结构和稳定性是增长过程而非结果，同时结构和稳定性也不具备方向性，并且涵盖指标过多会导致经济增长质量的解释力模糊，因此将其剔除。由于使用方向性距离函数仅能测度经济增长质量的增长率指标，鉴于已有研究认为 20 世纪 90 年代中期后中国地区经济增长才趋于发散，1992 年中国开始建立社会主义市场经济体制，这里假定 1991 年各地区经济增长质量趋同为 1，之后历年增长质量按照各地区经济增长质量的增长率测算。

表 1　变量定义说明和统计性描述

变量名称	变量解释	均值	标准差	观察值
ln*y*	实际劳均产出的自然对数	8.8833	0.7984	720
ln*QEG*	经济增长质量的自然对数	-0.0035	0.0867	720
g	劳均产出增长率	0.0987	0.0391	720
qg	经济增长质量的增长率	0.9964	0.0263	720
Fis	财政支出占 GDP 的比重	0.1635	0.0849	720
IS	第三产业增加值与第二产业增加值之比	0.9297	0.4033	720
Fix	固定资产投资占 GDP 的比重	0.4993	0.2181	720
Open	进出口与 FDI 占 GDP 比重的加权值	0.1742	0.2205	720
Urban	城镇人口占总人口比重	0.4333	0.1660	720

测度经济增长质量投入指标有资本存量、劳动力和能源，3 个产出指标包括实际 GDP、CO_2 排放量以及用城镇人均可支配收入与农村人均纯收入差值衡量的收入分配指标[②]。其中，实际 GDP、资本存量和城乡收入差距均按 1978 年不变价格计算。资本存量来自单豪杰（2008），并按照其方法测算了 2006—2015

① 传统 DEA 方法测度效率问题往往忽略了不同评价单位的异质性，用相同的前沿面测算差异化单位的效率，导致评价结果失真。为弥补传统方法的不足共同边界方法通过组群分类，首先构建组群边界（Group Frontier）计算组群内部效率，其次在组群边界的基础上构造共同边界并评价其效率，两组效率相比得到相应指数。

② 我们曾考虑纳入衡量要素分配的劳动力报酬，但其与 GDP 相关性过高，因而未将其纳入投入—产出分析。

年省际资本存量。CO_2 排放量采用分品种能源消费和水泥生产的碳排放量之和计算。其中分品种能源消费的碳排放量按照杨翔等（2015）方法测算，水泥生产的碳排放量按照师博等（2013）的方法获得。产出变量中实际 GDP 为期望产出，而 CO_2 排放量和城乡收入差距均为非期望产出。

收敛回归方程中，控制的经济结构变量分别为：（1）财政支出占 GDP 比重（*Fis*），用以衡量政府直接影响和干预经济增长的主要方式与手段；（2）产业结构高级化（*IS*），第三产业与第二产业增加值之比；（3）固定资产投资占 GDP 比重（*Fix*），表征投资驱动型增长模式；（4）经济开放度（*Open*），将进出口和 FDI 占 GDP 比重加权获得，并按照变异系数法确定权重；（5）城市化（*Urban*），用城镇人口占总人口的比重作为代理变量。

上述数据除特别说明外，其余均来自《新中国 60 年统计资料汇编》、历年《中国统计年鉴》以及《中国能源统计年鉴》。

四、实证分析

（一）不包含空间效应的收敛性分析

表 2　不包含空间效应的收敛性检验

变量	增长数量 FE	增长质量 FE	增长数量 FE	增长质量 FE	增长数量 FE	增长质量 FE
	(1)	(2)	(3)	(4)	(5)	(6)
lny	-0.0106*** (-3.73)		-0.0197 (-1.13)		-0.0204 (-1.21)	-0.0456** (-2.14)
ln*QEG*		-0.0013 (-0.08)		-0.0415** (-2.12)	-0.0250 (-0.48)	-0.0301*** (-3.28)
Fis			0.1240** (2.14)	-0.0889** (-2.59)	0.1189* (1.96)	-0.1099*** (-3.85)
IS			0.0973 (1.37)	0.0247 (0.80)	0.1047 (1.46)	0.0230 (0.68)
Fix			0.0842*** (5.29)	-0.0030 (-0.29)	0.0831*** (5.18)	0.0078 (0.78)
Open			-0.0139 (-0.57)	0.0010 (0.16)	-0.0135 (-0.55)	0.0044 (0.80)

续表

变量	增长数量 FE	增长质量 FE	增长数量 FE	增长质量 FE	增长数量 FE	增长质量 FE
	(1)	(2)	(3)	(4)	(5)	(6)
Urban			-0.0911* (-1.84)	-0.0285 (-1.13)	-0.0849 (-1.59)	-0.0129 (-0.49)
C	0.1905*** (7.74)	0.9964*** (1009.58)	0.2289 (1.58)	1.0051*** (68.16)	0.2305 (1.61)	1.2300*** (19.07)
Obs	240	240	240	240	240	240
Year			Yes	Yes	Yes	Yes
组内 R^2	0.0624	0.0000	0.3936	0.1642	0.3950	0.2134
Hausman	3.90	10.11	26.69	19.54	29.58	32.17

注：*，**和***表示分别通过10%，5%和1%的显著性检验。

我们首先考察不包含空间效应的经济增长数量和质量的收敛性。由于使用了时间非连续型的面板数据，表2模型（1）至（6）依据Hausman检验选择固定效应或者随机效应模型，对收敛方程（4）和（5）进行实证检验。模型（1）和（2）均未加入控制变量表明，经济增长数量具有显著的绝对β收敛特征，而经济增长质量的绝对收敛特征不明显。由于中国30个地区经济发展的环境和条件差异较大，不纳入控制变量的实证检验可能会得到有偏差的结果，我们在模型（3）至（6）进一步加入经济结构的控制变量，同时控制了时间效应。由于可能存在无法观测到的跨期个体异质性，这里采用了基于聚类修正标准误差对实证模型进行了调整。模型（3）表明，中国经济增长数量收敛性并不显著，仅符合弱条件收敛的特征，与现有研究发现20世纪90年代后中国经济增长并未出现收敛性的研究结论相似。从经济结构的控制变量来看，财政支出占比和固定资产投资占比均能显著提升数量上的经济增长率，然而城市化却会产生显著的反向作用。模型（4）显示，中国经济增长质量具有显著的条件收敛特征。财政支出占比则会显著降低经济增长质量增长率，其余变量均为通过10%的显著性检验。

考虑到经济增长数量和质量存在相互影响，在模型（5）和（6）分别纳入经济增长质量指数和劳均GDP，发现增长数量和质量的收敛性特征以及控制变量的影响基本未发生变化。劳动 GDP 的提升会显著降低经济增长质量的增长率，而经济增长质量对经济增长数量增长率的影响却不显著。

（二）空间效应的收敛性分析

在第 52 页表 2 模型（3）至（6）的基础上，第 55 页表 3 和第 56 页表 4 进一步采用空间计量技术，考察空间效应对中国经济增长收敛性的影响。第 52 页表 2 中模型的 Hausman 检验均支持固定效应，Elhorst（2005）认为使用固定效应连续研究区域中邻近单位的空间—时间数据更合适，本文研究样本包含了中国大陆除西藏外的所有地区，第 55 页表 3 和第 56 页表 4 使用基于空间面板数据的固定效应分析方法①。第 55 页表 3 模型（7）和（8）选取仅包含内生交互效应的 SAR 模型，并以地理距离为权重。结果显示，经济增长数量和质量均具有显著的收敛特征，产业结构的高级化能够显著提升经济增长数量和质量的增长率，而城市化进程会显著降低经济数量增长率，其余控制变量的作用和不包含空间效应的计量结果基本一致。内生交互效应（$w \cdot g$ 和 $w \cdot qg$ 的系数）显示，相近地区经济数量增长率会显著提升本地区经济增长，而地区间经济增长质量却不存在交互影响。

保罗·埃尔霍斯特（2015）认为仅考察一种类型交互效应的 SAR 模型过于局限，对空间计量经济学的研究重点应转移到包含两种交互效应的 SDM 模型。因此模型（9）和（10）采用同时包含内生交互效应和外生交互效应的 SDM 模型，考虑到已有研究认为 20 世纪 90 年代中后期政策的地区差异导致中国增长数量非收敛性以及政府行为对经济增长的显著影响，重点分析劳均 GDP、经济增长质量指数以及财政支出占比的外生交互效应。与不包含空间效应的收敛性分析一致，经济增长数量的收敛性较弱，而经济增长质量显著收敛。控制变量和内生交互效应对经济增长数量和质量增长率的影响保持不变，外生交互效应没有通过显著性检验。模型（11）和（12）将空间权重矩阵设置为经济距离，仅劳均产出对经济数量增长率的作用方向由负转为正，但依然不显著，其余变量系数符号未发生变化。

---

① 使用固定效应分析 SDM 模型，控制时间效应后将无法进行后文的直接效应与间接效应分析。我们在第 55 页表 3 和第 56 页表 4 的空间效应收敛性检验中，分别考察了包含与不包含时间效应的结果，发现是否控制时间效应并不影响各因素的作用方向和显著性，而控制时间效应会得到相对较高的估计系数，囿于篇幅我们仅汇报了不控制时间效应后的收敛性检验。

表 3　空间效应的收敛性检验 I

变量	增长数量 SAR 地理距离	增长质量 SAR 地理距离	增长数量 SDM 地理距离	增长质量 SDM 地理距离	增长数量 SDM 经济距离	增长质量 SDM 经济距离
	(7)	(8)	(9)	(10)	(11)	(12)
lny	-0.0138* (-1.86)		-0.0118 (-0.78)		0.0009 (0.06)	
ln*QEG*		-0.0470*** (-2.73)		-0.0485*** (-2.78)		-0.0480*** (-2.74)
Fis	0.0766* (1.68)	-0.0742*** (-3.00)	0.1285** (2.11)	-0.0666** (-2.14)	0.0918 (1.53)	-0.0834*** (-2.87)
IS	0.0797* (1.89)	0.0417** (2.08)	0.0826* (1.92)	0.0462** (2.15)	0.0780* (1.68)	0.0450** (2.16)
Fix	0.0662*** (4.08)	0.0005 (0.07)	0.0696*** (4.26)	0.0005 (0.06)	0.0611*** (3.41)	-0.0003 (-0.04)
Open	-0.0041 (-0.26)	0.0023 (0.29)	-0.0032 (-0.21)	0.0024 (0.30)	-0.0018 (-0.11)	0.0030 (0.38)
Urban	-0.0967** (-2.36)	-0.0087 (-0.57)	-0.0843** (-2.00)	-0.0025 (-0.13)	-0.0084* (-1.94)	-0.0121 (-0.69)
w · *g*	0.7627*** (11.21)		0.7724*** (11.62)		0.5040*** (6.27)	
w · *qg*		0.1873 (1.14)		0.1652 (0.97)		0.1002 (0.97)
w · lny			0.0033 (0.21)		-0.0198 (-1.23)	
w · ln*QEG*				-0.0340 (-0.49)		-0.0451 (-1.04)
w · *Fis*			-0.1716 (-1.48)	-0.0413 (-0.57)	-0.0057 (-0.06)	-0.0123 (-0.25)
log*L*	569.83	732.01	570.92	732.18	555.93	732.56
组内 R^2	0.0401	0.1165	0.0408	0.1182	0.1198	0.1201

注：*，**，*** 表示分别通过 10%，5%，1% 的显著性检验。

第 56 页表 4 中纳入了经济增长数量和质量的相互影响以及非线性因素。模型（13）和（14）显示，经济增长质量依然显著收敛，劳均产出的提升会显著降低经济质量的增长率，经济增长质量对经济数量增长率的影响却不显著。外生交互效应表明，经济发展水平相近地区劳均产出会促进本地区经济质量增长率。考虑到城市化水平对经济数量增长率有非预期的显著负面影响，模型（15）和（16）进一步纳入城市化水平的二次项，考察其对经济增长的非线性作用，结果表明城市化率对经济数量增长率具有显著的倒 U 型作用机制。

表 4　空间效应的收敛性检验Ⅱ

变量	增长数量 SDM 经济距离	增长质量 SDM 经济距离	增长数量 SDM 经济距离	增长质量 SDM 经济距离	增长数量 SDM 经济地理	增长质量 SDM 经济地理
	(13)	(14)	(15)	(16)	(17)	(18)
ln*y*	-0.0010 (-0.07)	-0.0207*** (-2.75)	-0.0004 (-0.02)	-0.0206*** (-2.74)	-0.0059 (-0.39)	-0.0227*** (-2.94)
ln*QEG*	0.0026 (0.07)	-0.0497*** (-2.88)	0.0030 (0.08)	-0.0498*** (-2.88)	-0.0053 (-0.16)	-0.0496*** (-2.89)
Fis	0.0998 (1.65)	-0.0979*** (-3.37)	0.0953 (1.58)	-0.0987*** (-3.40)	0.0891 (1.47)	-0.0969*** (-3.16)
IS	0.0721 (1.51)	0.0336 (1.47)	0.0858* (1.80)	0.0356 (1.55)	0.0942*** (2.05)	0.0343 (1.48)
Fix	0.0632*** (3.49)	0.0042 (0.48)	0.0543*** (2.96)	0.0032 (0.36)	0.0623*** (3.53)	0.0034 (0.39)
Open	-0.0034 (-0.21)	0.0031 (0.38)	0.0070 (0.41)	0.0043 (0.52)	0.0053 (0.32)	0.0038 (0.46)
Urban	-0.0831* (-1.78)	-0.0165 (-0.73)	0.0426 (0.60)	-0.0016 (-0.05)	0.0292 (0.44)	-0.0010 (-0.03)
Urban2			-0.1707** (-2.36)	-0.0202 (-0.59)	-0.1549** (-2.23)	-0.0174 (-0.50)
w·*g*	0.4970*** (6.14)		0.4610*** (5.51)		0.6697*** (8.09)	
w·*qg*		0.0981 (0.95)		0.0977 (0.95)		0.1295 (0.89)

续表

变量	增长数量 SDM 经济距离	增长质量 SDM 经济距离	增长数量 SDM 经济距离	增长质量 SDM 经济距离	增长数量 SDM 经济地理	增长质量 SDM 经济地理
	(13)	(14)	(15)	(16)	(17)	(18)
$w \cdot \ln y$	-0.0186 (-1.15)	0.0234*** (3.02)	-0.0182 (-1.14)	0.0235*** (3.03)	-0.0102 (-0.64)	0.0264*** (3.30)
$w \cdot \ln QEG$	0.0842 (0.59)	-0.0326 (-0.76)	0.0917 (1.04)	-0.0322 (-0.75)	0.1863 (1.43)	-0.0546 (-0.83)
$w \cdot Fis$	0.0290 (0.28)	-0.0294 (-0.58)	0.0650 (0.63)	-0.0260 (-0.51)	0.0796 (0.61)	-0.0533 (-0.79)
$\log L$	556.38	737.09	559.15	737.27	569.42	738.20
组内 R^2	0.1345	0.1542	0.1851	0.1555	0.1641	0.1627

注：*，**和***表示分别通过10%，5%和1%的显著性检验。

进一步我们将空间权重设置为经济地理矩阵形成模型（17）和（18），其结论与之前模型基本相同，表明本文的实证研究具有稳健型。鉴于经济地理空间权重矩阵兼具经济和地理信息，我们重点围绕模型（17）和（18）结果展开报告。中国经济增长数量并未表现出收敛性特征，这与绝大多数研究结论相同，经济增长质量则具有显著的条件性收敛，与钞小静等（2016）的研究结果一致。经济增长质量收敛性的原因可能在于，随着增长质量的提升地区技术水平越接近前沿面、技术进步的潜力衰减，而边际报酬递减规律使得为缩减城乡收入差距和缓解环境污染的边际成本增加，最终导致地区间经济增长质量趋同。值得注意的是，经济增长质量对经济数量增长率影响却不显著，现阶段增长质量的改进对促进地区经济增长未产生积极作用，在“以GDP论英雄”的激励机制下，地方政府提升经济增长质量的动力不足。本地劳均GDP的攀升会显著降低经济质量增长率，提升经济增长质量具有一定成本，并且经济质量增长率不能显著影响经济数量增长率，部分地区策略性地选择以牺牲经济增长质量为代价，实现了短期数量型经济增长。从内生交互效应看，经济发展水平或者地理接近地区经济数量增长率能够显著刺激本地区经济增长加速，而地区间经济增长质量却没有显著的相互影响，进一步证明地区间仅“为增长数量而竞争”，缺乏“为增长质量而竞争”。外生交互效应显示，相邻或相近地区劳均GDP越高有助于提升本地区经济质量增长率，经济发达省份具有相对成熟的市场化水平、制度环境以及合理的经济结构，从而能够对周边地区经济增长质量产生正向空间溢出效应。

产业结构高级化能够显著提升经济数量增长率，但对经济增长质量的影响却不显著。干春晖等（2011）研究认为产业结构高级化的演进对中国经济增长具有正面作用，但二者间的关系却不稳定，这可能是其对经济增长数量和质量差异化影响的原因所在，并且在不包含空间效应的收敛模型以及模型（13）和（14）中产业结构高级化对经济增长的影响也未通过10%的显著性水平。固定资产投资能够显著提升经济数量增长率，这与我国投资驱动型发展模式的特征相吻合。城市化率与经济数量增长率呈倒U型关系，短期内城市人口占比的相对快速扩张通过拓展市场规模带动经济增长，但在长期如果教育、医疗和公共交通等公共产品供给不能与之匹配，将诱发拥挤效应，进而抑制经济增长。财政支出占比对经济质量增长率具有显著的负面影响，并且这一结论在所有的模型中均成立，说明政府的过度干预可能会导致经济增长质量的损失。

（三）直接效应和空间溢出效应分析

表5　各因素对经济增长影响效应分解

变量	直接效应	空间溢出效应	直接效应	空间溢出效应
	增长数量	增长数量	增长质量	增长质量
$\ln y$	-0.0077 (-0.52)	-0.0432 (-1.38)	-0.0227*** (-3.02)	0.0270*** (3.23)
$\ln QEG$	0.0124 (0.31)	0.5629 (1.22)	-0.0503*** (-2.90)	-0.0685 (-0.86)
Fis	0.1034* (1.85)	0.4119 (1.12)	-0.0970*** (-3.41)	-0.0768 (-1.00)
IS	0.0991** (2.03)	0.2029 (1.42)	0.0336 (1.46)	0.0051 (0.61)
Fix	0.0674*** (3.32)	0.1393 (1.59)	0.0037 (0.40)	0.0007 (0.26)
Open	0.0055 (0.31)	0.0107 (0.28)	0.0038 (0.45)	0.0008 (0.35)

续表

变量	直接效应	空间溢出效应	直接效应	空间溢出效应
	增长数量	增长数量	增长质量	增长质量
Urban	0.0323 (0.46)	0.0568 (0.38)	-0.0003 (-0.01)	-0.0001 (-0.01)
Urban2	-0.1675** (-2.28)	-0.3253* (-1.75)	-0.0185 (-0.53)	-0.0027 (-0.28)

注：*，**和***表示分别通过10%，5%和1%的显著性检验。

当具有空间交互效应时，某个影响因素的变化不仅会作用于本地区经济增长，同时也会对邻近地区经济增长产生影响，并通过循环反馈机制引起一系列的变化。进一步可以将各因素对经济增长的影响分解为直接效应和空间溢出效应：某因素变动对本地区经济增长的总体影响为直接效应，其中包括空间反馈效应，即某因素变动通过影响其他地区经济增长，其他地区经济增长又反过来影响本地经济增长；空间溢出效应为某因素变动对其他地区经济增长的影响。

表5汇报了第56页表4模型（17）和（18）各因素对经济增长影响效应的分解结果，我们重点分析通过显著性检验的变量。经济增长质量指数对经济质量增长率的直接效应为-0.0503，其估计系数为-0.0496，即经济增长质量指数的反馈效应为-0.0007，为直接效应的1.4%。需要指出的是，Mlachila et al.（2014）估计了1990—2011年93个发展中国家经济增长质量收敛系数为-0.066，与本文估计的直接效应较为接近。本文采用基于共同边界（Metafrontier）的方向性距离函数，通过构造分地区前沿面，测度各地的相对经济增长质量指数。换言之，某地增长质量指数上升，也必然意味其他地区经济增长质量相对下滑。测算技术层面的原因导致地区间经济增长质量指数的相互作用及反馈效应，因此其反馈效应相对较小。劳均产出对经济质量增长率的直接效应为-0.0227，不存在反馈效应。但劳均产出的间接效应即空间溢出效应是0.027，与其在模型（18）中的外生交互效应估计系数0.0264较为接近，本地区经济发展水平也会对其他地区经济增长质量产生正向空间溢出效应。此外我们可以根据收敛方程的估计系数β，对比分析是否包含空间效应时收敛速度的差异，第52页表2模型（6）给出了不包含空间效应时β为-0.0301，表5包含空间效应时增长质量指数的直接效应达-0.0503。收敛速度（λ）测算方法为β=-［1-

$(1-\lambda)^T]^T$，当 $T=3$ 时可知，不包含空间效应时经济增长质量将以年均 3.1% 的速度收敛，而纳入空间效应时收敛速度将提升至年均 5.3%。因此，忽略空间交互效应会导致经济增长质量年均收敛速度被低估 2.2 个百分点，占直接效应收敛速度的 41.5%。虽然无论是否包含空间效应都无法得到经济增长数量趋同的证据，但我们依然能够比较空间效应对经济增长数量收敛性的影响。第 52 页表 2 模型（6）显示在不分析空间效应时，经济增长数量的收敛性系数为 -0.0204（t 检验为 -1.21），而第 58 页表 5 经济增长数量收敛的直接效应仅为 -0.0077，并且 t 检验也降至 -0.52，遗漏空间交互效应会高估经济增长数量的收敛性。这里与 Elhorst et al.（2010）发现忽略空间交互效应会导致对收敛速度有偏估计的结论一致。

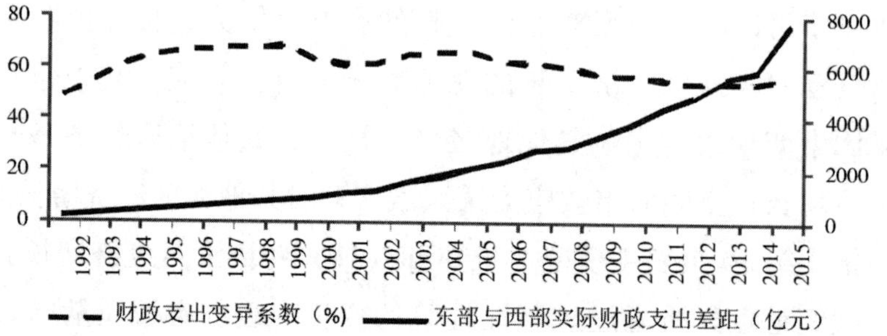

图 1　1992—2015 年中国省级财政支出变异系数及东、西部财政支出差距

财政支出占比对经济数量增长率的直接效应为 0.1034，反馈效应达 0.0143，占直接效应的 13.8%。虽然财政支出占比对经济数量增长率的作用系数没有通过显著性检验，但由于其他地区会对本地财政支出占比变动做出策略性反应，最终通过反馈效应对本地经济增长数量产生显著影响。财政支出占比对经济质量增长率的直接效应为 -0.0970，反馈效应为 -0.0001 相对较小。李永友等（2008）的研究表明，面对政治晋升辖区间的竞争将由税价竞争向财政支出竞争演化，但由于收入能力的限制欠发达地区在支出来源上更依赖非税收入，并对其经济增长产生抑制效应。与此同时为提高竞争力，地方政府增加经济建设支出、减少社会性支出成为占优策略。我们认为正是地区财政支出的策略性竞争，造成财政支出占比的直接效应低于模型（5）不包含空间效应时对其的估计系数（0.1189），并且由于收入能力的差异导致发达地区与欠发达地区财政支出水平的拉大、地区间经济增长难以收敛。如图 1 所示，1992—2015 年中国省际实际

财政支出的变异系数呈倒U型，财政支出的变异系数由1992年的49%攀升至2015年的57%。以1978年不变价格衡量的东、西部实际财政支出差距由1992年的247.23亿元增至2015年的7587.53亿元，地区间财政支出能力的差距逐步拉大，印证了本文的判断。东部和西部地区经济建设财政支出占比分别由1997年的11%和8.2%变动为2011年的8.2%和9.7%，欠发达地区更易于产生经济建设偏向型的财政支出结构。此外，结构偏向性的财政支出竞争也会抑制经济质量的增长率（魏婕等，2016），表现为财政支出占比对经济增长质量具有显著的直接效应。

产业结构高级化对经济增长数量的直接效应为0.0991，反馈效应为0.0049，占直接效应的4.9%。地方政府间的竞争也表现为“招商引资大战”“政绩工程”，形成产业模仿与结构趋同，但长期内地区产业结构相对稳定，产业结构高级化的反馈效应也相对较小。固定资产投资对经济增长数量的直接效应为0.0674，反馈效应为0.0051，是直接效应的7.6%。城市化进程二次项对经济增长数量的反馈效应是-0.0126，占直接效应的7.5%，空间溢出效应达-0.3253超过了直接效应。教育、医疗以及公共交通等公共产品供给不能满足人口城市化时，人口跨区域流动导致城市病在地区间蔓延，因此无法忽视地区间拥挤效应的反馈机制。

五、主要结论及政策建议

中国省际经济增长收敛性关系共同富裕目标的实现，并且在经济快速增长过程中，经济增长质量的重要性日渐突出，在统一的框架内分析经济增长数量和质量的收敛性，不仅能够借鉴历史发展经验，更能为未来经济增长模式的选择提供启示。我们在测算1992—2015年省际经济增长质量指数的基础上，遵循Barro et al.（1992）的经典收敛分析框架，分别使用普通面板计量模型和空间面板计量模型考察经济增长数量和质量的收敛性。主要结论如下：第一，中国省际经济增长数量并未收敛，而经济增长质量却表现出显著的收敛性特征。第二，经济数量增长率上升会显著降低经济质量增长率，即部分地区以牺牲经济增长质量为代价，实现了数量型的经济增长。而经济质量增长率却未能对经济数量增长形成有效影响。第三，内生交互效应显示，经济发展水平或者地理接近地区经济数量增长率能够显著刺激本地区经济增长加速，而地区间经济增长质量却鲜有互动，地区间仅“为增长数量而竞争”，缺乏“为增长质量而竞争”。第四，外生交互效应表明，相邻或相近地区经济发展水平越高对提升本地区经济质量增长率产生了正外部性。第五，对影响因素的分解发现，虽然财政支出占比对经济数量增长率的作用系数没有通过显著性检验，但由于其他地区会对本地财政支出变动做出策略性反应，最终通过反馈效应对本地经济增长数量产生显著影响。并且由于收入能力的差异，地方政府间策略化竞争行为导致发达地区与欠发达地区财政支出水平的拉大、地区间经济增长难以收敛。第六，城市化对经济数量增长具有倒 U 型作用机制，并且过度人口城市化造成的拥挤效应会通过空间溢出效应传递到其他地区，对经济增长造成显著负面影响，相应的拥挤效应的反馈机制也难以忽视。

经济增长数量和质量是观察和解释经济增长的不同角度，二者间应形成有效的良性互动机制，然而通过收敛性分析不难发现，现阶段地区间的策略性竞争导致了以牺牲增长质量为代价实现了数量的攀升，经济增长质量也未能给予经济数量增长有力的支撑。基于此，本文提出如下政策建议：首先，亟须形成地方政府间“为增长质量而竞争”激励机制。地方政府在发展过程中需要“既看经济指标，又看人文环境指标”，从单纯追求经济增长数量，向综合考量经济增长、环境质量、城乡收入差距、全要素生产率，构筑“为增长质量而竞争”的空间新竞争格局，实现经济增长数量和质量的协调发展。进而在新常态的阵痛期坚持创新驱动、优化经济结构，通过提升经济增长质量和效益助推经济持续增长，在“腾笼换鸟”中实现“凤凰涅槃”。其次，有效平衡政府投资和民间投资的关系。弱化投资尤其是政府主导型投资对经济增长的拉动力，减少政府对资源的直接配置，防止地方政府间策略性竞争所导致的过度干预行为。同时，以供给侧结构性改革降低民营企业投融资成本，借助市场机制激发民间投资活力，有效平衡政府投资与民间投资的数量关系和作用领域，使增长成果更广泛地惠及居民部门，实现共同富裕。最后，建立政府作用和市场机制有机结合的创新驱动体制。一方面发挥市场竞争激励创新的根本性作用，营造公平、开放、透明的市场环境，解放创新潜能。另一方面政府加大研发的专利保护和创新补贴，激发研发创新的正外部性，通过知识外溢促进发达地区和欠发达地区经济增长数量和质量共同收敛，缩小地区发展差距。

参考文献

[1] ARUNACHALAM R, SHENOY A. Poverty Traps, Convergence, and the Dynamics of Household Income [J]. Journal of Development Economics, 2017, 126: 215-230.

[2] BADINGER H, MLLER W, TONDL G. Regional Convergence in the European Union, 1985—1999: A Spatial Dynamic Panel Analysis [J]. Regional Studies, 2004, 38: 241-253.

[3] BARRO R J, SALA – I – MART X. Convergence [J]. Journal of Political Economy, 1992, 100: 223-251.

[4] BARRO R J. Quality and Quantity of Economic Growth [R]. Working Paper from Central Bank of Chile, 2002.

[5] BARRO R J. Convergence and Modernisation [J]. The Economic Journal, 2013, 125: 911-942.

[6] BARRO R J. Economic Growth and Convergence, Applied Especially to China [R]. NBER Working Paper, No. 21872, 2016.

[7] BAUMAL W J. Productivity Growth, Convergence, and Welfare: What the Long – Run Data Show [J]. American Economic Review, 1986 , 76: 1072-1085.

[8] BORSI M T, METIU N. The Evolution of Economic Convergence in the European Union [J]. Empirical Economics, 2015, 48: 657-681.

[9] CASHIN P, SAHAY R. Paradise Lost? Growth, Convergence and Migration in the State of India [R]. IMF Working Paper, No. 28, 1995.

[10] COULOMBER S, LEE F C. Regional Economic Disparities in Canada [D]. Ottawa: University of Ottawa, 1993.

[11] DELGADO M, PORTER M E, STERN S. Clusters, Convergence, and Economic Performance [J]. Research Policy, 2014, 43: 1785-1799.

[12] ELHORST P. Unconditional Maximum Likelihood Estimation of Linear and Log – linear Dynamic Models for Spatial Panels [J]. Geographical Analysis, 2005, 37: 62-83.

[13] ELHORST P, PIRAS G, ARBIA G. Growth and Convergence in a Multiregional Model with Space – Time Dynamics [J]. Geographical Analysis, 2010, 42: 338-355.

[14] ENAMORADO T, LPEZ - CALVA L F, RODR GUEZ - CASTEL N C. Crime and Growth Convergence: Evidence from Mexico [J]. Economic Letters, 2014, 125: 9-3.

[15] ERTUR C, KOCH W. Growth, Technological Interdependence and Spatial Externalities: Theory and Evidence [J]. Journal of Applied Econometrics, 2007, 22: 995-1152.

[16] MAGALHAES A, GEOFFREY H, CARLOS R A. Spatial Dependence and Regional Convergence in Brazil [D]. Urbana - Champaign: University of Illinois at Urban - Champaign, 2000.

[17] MLACHILA M, TAPSOBA R, TAPSOBA S J A. A Quality of Growth Index for Developing Countries: A Proposal [R]. IMF Working Paper, No. 172, 2014.

[18] REY S J, MONTOURI B D. US Regional Income Convergence: A Spatial Econometric Perspective [J]. Regional Science, 1999, 33: 143-156.

[19] RODRIK D. Unconditional Convergence in Manufacturing [J]. Quarterly Journal of Economics, 2013, 128: 165-204.

[20] RODRIK D. An African Growth Miracle? [R]. NBER Working Paper, No. 20188, 2014.

[21] YAO Y, MELVYN W. Province Income Convergence in China, 1953—1997: A Panel Data Approach [D]. Cambridge: University of Cambridge, 2000.

[22] 白俊红，江可申，李婧. 中国地区研发创新的相对效率与全要素生产率增长分解 [J]. 数量经济技术经济研究，2009 (3).

[23] 蔡昉，都阳. 中国地区经济增长的趋同与收敛——对西部开发战略的启示 [J]. 经济研究，2000 (10).

[24] 钞小静，任保平. 中国地区经济增长质量的时序变化与地区差异分析 [J]. 经济研究，2011 (4).

[25] 钞小静，任保平，许璐. 中国经济增长质量的地区差异研究——基于半参数个体时间异质模型的检验 [J]. 江西财经大学学报，2016 (1).

[26] 陈诗一. 中国各地区低碳经济转型进程评估 [J]. 经济研究，2012 (8).

[27] 戴觅，茅锐. 产业异质性、产业结构与中国省际经济收敛 [J]. 管理世界，2015 (6).

[28] 范欣，宋冬林，赵新宇. 基础设施建设打破了国内市场分割吗? [J]. 经济研

究，2017（2）.
[29] 高艳红，陈德敏，张瑞. 再生资源产业替代如何影响经济增长质量［J］. 经济科学，2015（1）.
[30] 干春晖，郑若谷，余典范. 中国产业结构变迁对经济增长和波动的影响［J］. 经济研究，2011（5）.
[31] 郝颖，辛清泉，刘星. 地区差异、企业投资与经济增长质量［J］. 经济研究，2014（3）.
[32] 何强. 要素禀赋、内在约束与中国经济增长质量［J］. 统计研究，2014（1）.
[33] J. 保罗·埃尔霍斯特. 空间计量经济学：从横截面数据到空间面板［M］. 北京：中国人民大学出版社，2015.
[34] 李永友，沈坤荣. 辖区间竞争、策略性财政政策与 FDI 增长绩效的区域特征［J］. 经济研究，2008（5）.
[35] 林伯强，黄光晓. 梯度发展模式下中国区域碳排放的演化趋势［J］. 金融研究，2011（12）.
[36] 林毅夫. 发展战略、自身能力与经济收敛［J］. 经济学（季刊），2002（1）.
[37] 林毅夫，刘明兴. 中国的经济增长收敛与收入分配［J］. 世界经济，2003（8）.
[38] 刘强. 中国经济增长的收敛性分析［J］. 经济研究，2001（6）.
[39] 刘生龙，张捷. 空间经济视角下中国区域经济收敛性再检验——基于 1978—2007 年省级数据的实证研究［J］. 财经研究，2009（12）.
[40] 刘树成，张晓晶. 中国经济持续高增长的特点和地区经济差异的缩小［J］. 经济研究，2007（10）.
[41] 刘夏明，魏英琪，李国平. 收敛还是发散？——中国区域经济发展争论的文献综述［J］. 经济研究，2004（7）.
[42] 刘燕妮，安立仁，金田林. 经济结构失衡背景下的中国经济增长质量［J］. 数量经济技术经济研究，2014（2）.
[43] 江春，司登奎，苏志伟. 中国城乡收入差距的动态变化及影响因素研究［J］. 数量经济技术经济研究，2016（2）.
[44] 马拴友，于红霞. 转移支付与地区经济收敛［J］. 经济研究，2003（3）.
[45] 毛其淋. 二重经济开放与中国经济增长质量的演进［J］. 经济科学，2012（2）.

[46] 潘文卿．中国区域经济差异与收敛［J］．中国社会科学，2010（1）．
[47] 彭国华．技术能力匹配、劳动力流动与中国地区差距［J］．经济研究，2015（1）．
[48] 任保平，魏婕，郭晗．中国经济增长质量发展报告 2016［M］．北京：中国经济出版社，2016．
[49] 单豪杰．中国资本存量 K 的再估算：1952—2006 年［J］．数量经济技术经济研究，2008（10）．
[50] 邵帅，李欣，曹建华，等．中国雾霾污染治理的经济政策选择——基于空间溢出效应的视角［J］．经济研究，2016（9）．
[51] 师博，沈坤荣．政府干预、经济集聚与能源效率［J］．管理世界，2013（10）．
[52] 沈坤荣，马俊．中国经济增长的“俱乐部收敛”特征及其成因研究［J］．经济研究，2002（1）．
[53] 沈坤荣，唐文健．大规模劳动力转移条件下的经济收敛性分析［J］．中国社会科学，2006（5）．
[54] 魏后凯．中国地区经济增长及其收敛性［J］．中国工业经济，1997（3）．
[55] 魏婕，许璐，任保平．财政偏向行为、地方政府行为和经济增长质量［J］．经济科学，2016（3）．
[56] 温诺·托马斯，等．增长的质量［M］．北京：中国财经出版社，2001．
[57] 吴玉鸣．中国省域经济增长趋同的空间计量经济分析［J］．数量经济技术经济研究，2006（12）．
[58] 肖攀，李连友，苏静．中国省域经济增长质量测度及其收敛性分析［J］．财经理论与实践，2016（4）．
[59] 许召元，李善同．近年来中国地区差距的变化趋势［J］．经济研究，2006（7）．
[60] 许召元，李善同．区域间劳动力迁移对地区差距的影响［J］．经济学（季刊），2008（1）．
[61] 杨翔，李小平，周大川．中国制造业碳生产率的差异与收敛性研究［J］．数量经济技术经济研究，2015（12）：3-20．
[62] 张晓旭，冯宗宪．中国人均 GDP 的空间相关与地区收敛：1978—2003［J］．经济学（季刊），2008（2）．

[63] 赵伟，马瑞永. 中国经济增长收敛性的再认识——基于经济增长收敛微观机制的分析 [J]. 管理世界，2005（11）.

[64] 朱国忠，乔坤元，虞吉海. 中国各省经济增长是否收敛? [J]. 经济学（季刊），2014（3）.

[65] 周业安，冯兴元，赵坚毅. 地方政府的竞争与市场秩序的重构 [J]. 中国社会科学，2004（1）.

[66] 周业安，章泉. 参数异质性、经济趋同与中国区域经济发展 [J]. 经济研究，2008（1）.

第四章　宏观经济增长质量的评价与短期预测

——基于互联网数据和统计数据的研究

徐邦华　茹少峰

摘　要　本文利用统计数据和互联网数据两类不同的数据实现了经济增长质量的评价和预测。分别从增长效率、经济结构、经济稳定性、生活水平、生态环境等五个方面评价经济增长质量的变化，并利用主成分分析法，将指标体系中多指标合成为基于统计数据的评价指数，对2007—2016年经济增长质量进行评价；将关键词库中众多关键词合成为基于互联网数据的评价指数，对2007年第一季度至2017年第四季度经济增长质量进行评价；最后再将两种指数合成为综合指数。并选择MIDAS混频数据抽样模型，将高频互联网数据与低频统计数据直接带入模型当中，避免了数据同频化处理造成的信息损失问题，预测了2017年和2018年的经济增长质量综合指数。研究结果表明，我国经济增长质量当前处在稳步提升当中，五个评价维度的评价指数整体向好，生态环境与经济稳定性两项指数低于总指数值，成为制约我国经济增长质量提升的短板。未来经济发展当中，在保持其他指标不断提升的基础上，应更加重视经济稳定性的提高与生态环境的保护，提高经济发展净收益与可持续性，从而实现经济增长质量与数量的共同提高。

关键词　增长质量评价；增长质量预测；互联网数据；混频数据模型

一、引　言

自改革开放以来，我国GDP增长十分迅速，取得了举世瞩目的成就。然而过去几十年我国的经济增长表现出明显的增长数量与质量不一致的特征，出现了经济增长质量落后于经济增长数量的问题。如何提高经济增长质量成为政府和学者关注的一个问题，“质量第一”与“质量强国”同时被写入党的十九大报告中，进一步体现出我国当前对于增长质量的重视。

目前我国学者在宏观经济增长质量评价与预测方面的研究并不充分。传统的经济增长质量评价及预测数据都来自政府报告、统计年鉴等，这就存在两点问题：第一，统计局的统计数据存在滞后性，导致经济增长质量评价结果发布大大滞后于现实；第二，评价指标的选取受限于数据可得性，所建指标体系可能并不能准确反映现实。这两大问题限制了现有评价指标体系的准确性和模型预测能力的提升。因数据本身的缺陷对评价、预测结果产生的影响，仅仅依靠改进方法与模型是无法有效解决的。从这一角度分析，拓展数据来源，对提高评价与预测的准确性有着更大的作用。

随着互联网时代的到来，搜索引擎成为人们获取数据的新渠道。截至 2017 年 12 月，我国网民规模达到 7.72 亿，搜索引擎的用户规模达 6.4 亿，使用率为 82.8%，成为最重要的信息入口。人们通过互联网搜索引擎获取信息的同时，搜索引擎也记载了他们的查询和浏览记录，这些搜索数据能够反映人们的关注点，直观地显示人们对于某一社会问题的关注程度或是反映人们在未来一段时期内可能的行为变化。将这些互联网搜索数据利用起来，无疑可以拓展经济增长质量评价时所需的数据来源，提升评价与预测的准确性，同时，互联网数据具有实时更新的特点，利用互联网数据评价经济增长质量的变化，其评价时效性将远优于仅利用统计数据的评价方式。

基于以上分析，本文将主要研究如何将互联网数据与统计数据相结合。通过利用统计数据与互联网数据构建评价指标体系和评价关键词库，实现经济增长质量的评价，弥补现有研究中的不足。

二、经济增长质量的评价维度分析

经济增长质量的评价与经济增长数量的测度并不相同，数量可直接通过统计调查等方式获取，而质量涉及价值判断问题。增长数量的测度是为考察经济增长的源泉与动力是否健康，探究经济增长速度是否合理；经济质量的评价则是为评判经济增长的前景、结果与可持续性，是对经济增长情况的综合判断，及时发现经济增长中的问题，以便进行政策调整改进。因为质量型经济增长的影响因素错综复杂，数量因素与非数量因素相互交叉，尚未建立起统一研究范式，对于该从哪些维度评价经济增长质量，目前不同学者有不同的标准。根据现有研究来看主要分为狭义和广义两种评价方式。狭义上的评价主要是考察生产效率，强调的是测度资源配置效率以及全要素生产率的提高；而广义上的评价则是涵盖了经济增长中的众多关键因素。相较于狭义上的评价，广义上的评价体现了覆盖范围的全面性和普遍性。

本文认为，经济增长质量作为价值判断问题，具有丰富的内涵，并不是一个单纯的经济范畴概念，仅从狭义上用生产率评价经济增长质量存在一定的局限性，评价结果可能会与现实情况产生偏差，这也就意味着经济增长质量应从社会经济及人民生活等多个方面综合考量。必须是由多方面、多个指标或关键词所构成的指标体系与关键词库，才能全面把握经济增长质量的波动变化，对经济增长质量进行评价，任何一个单一指标的波动是不足以代表整体经济增长质量的变化。高的经济增长质量首先在增长方式应该是集约型而非粗放型，其次在增长过程中应是稳定、协调并且可持续的，最后是增长结果应该实现经济效益与社会发展水平的共同提高，经济增长潜能的提升。因此，本文将经济增长质量分为增长效率、经济结构、经济稳定性、生活水平、生态环境等五个评价维度，这五个方面总体取得提高，经济增长质量才能实现稳步提升，与之对应，这五个维度指标出现下降，则可能是经济增长出现问题的标志。

增长效率维度评价的是生产效率以及资源利用效率两项。增长效率是影响经济增长质量高低的一个重要因素。增长效率表现的是各种投入要素转化为产出的效率，即相同要素投入产出的多少。现有研究表明，特定时间内生产效率可以反映出不同的经济发展模式，要素生产率持续超过某临界值，则可能代表着经济发展模式的转变升级，即高的要素生产率代表着由粗放型经济增长向集约型经济的转变，因而高的要素生产率对应着高的经济增长质量，因此，评价时必须加入要素生产率指标。

经济结构维度评价产业结构、金融结构、投资消费结构、国际收支结构以及城乡二元结构。经济结构与经济增长质量直接相关。经济结构优化是我国经济增长的动力源泉之一，合理的经济结构是高质量发展的前提与必要因素，合理的经济结构状况也是高质量发展的表现之一。经济结构转变升级是改变我国增长动力的方法之一，在新常态背景下也要求调整优化经济结构，大力发展服务业和新兴产业，经济体更具发展潜力。

经济稳定性维度应评价价格波动、就业波动以及产出波动等三项。经济稳定性是衡量经济增长质量的重要维度。经济稳定发展增长质量的提升前提，没有稳定的经济增长，经济增长质量的提升将难以保障。经济的剧烈波动会对经济增长产生很大危害，一方面会对产业内部门间生产协调产生负面影响，造成要素利用效率及生产效率的降低，甚至可能影响到持续发展；另一方面，剧烈波动还常常带来过高失业率与恶性通货膨胀问题，为进一步发展埋下了隐患。而经济平稳增长则有利于生产要素配置利用，并有助于熨平经济周期波动，防止生产要素利用的无效率，降低经济运行的不确定性，减少了潜在的经济运行风险，从而提高经济增长质量。

生活水平维度评价发展的成果分配和福利变化两项。经济增长的目的是提高全体成员的生活水平，质量的提升离不开福利的增加和成果的公正分配。经济增长必须是有利于全体居民生活水平的提升，只有全体成员的生活状况都有了明显的进步，才是真正达到了经济发展的目的，脱离人民生活水平的提高谈论经济发展是没有意义的。在福利及整体收入水平提高的同时，成果分配是否合理同样重要，将会影响到长期经济增长的质量，经济发展的成果如果只被少数人获取，这样的发展是不合意，也是难以持续的，只有绝大多数人都能享有发展带来的福利时，经济发展才能保持稳定持续。

生态环境维度评价环境保护和污染排放两项。生态环境这一维度考察经济发展是否具有可持续性。居民健康生活离不开良好的生活环境，生态环境同时也是经济发展的基础。生态环境对经济增长有着负反馈机制，严重的环境污染必然导致生产活动效率的下降，进而降低经济增长的速度与质量。并且污染、破坏的环境恢复代价也极大，甚至可能恢复的代价大于高污染生产所带来的经济收入，使得高污染换取的经济发展常常得不偿失。环境的恶化也会影响人们的生活健康水平，这是与发展目的背道相驰的，同时，人们的健康得不到保障，将会降低生产效率。因此，保护生态环境、降低环境污染与生态成本，是增长质量的提升内在要求。

三、经济增长质量评价指标体系与关键词库的构建

（一）评价指标体系的构建

本文在对增长质量理论评价维度界定的基础上，将构建基于统计数据的经

济增长质量评价指标体系。从增长效率、经济结构、经济稳定性、生活水平、生态环境等五个方面作为评价的维度，确定指标体系的基础指标。根据指标体系的构建原则，指标并非越多越好，只要选取较为核心的、有代表性的指标即可保证评价的有效性，过多指标可能因为降低核心指标的权重，反而降低指标体系评价的准确性。总之，基础指标的选取应综合考量理论和实际因素，使得所建评价体系有其使用价值。具体指标如表 1 所示：

表 1 经济增长质量评价的指标体系

方面指标	分项指标	基础指标	单位	指标属性
增长效率	生产效率	资本生产率	-	正指标
		劳动生产率	-	正指标
	资源利用效率	单位 GDP 电耗	千瓦时/万元	逆指标
		单位 GDP 能耗	吨标准煤/万元	逆指标
经济结构	产业结构	工业化率	%	正指标
		第一产业比较劳动生产率	-	正指标
		第二产业比较劳动生产率	-	正指标
		第三产业比较劳动生产率	-	正指标
	金融结构	机构存款/GDP	-	正指标
		机构贷款/GDP	-	正指标
	投资消费结构	投资率	%	适度指标
		消费率	%	适度指标
	国际收支结构	进出口总额/GDP	-	正指标
	城乡二元结构	二元对比系数	-	正指标
		二元反差指数	-	逆指标
经济稳定性	价格波动	消费者物价指数	-	适度指标
		生产者物价指数	-	适度指标
	就业波动	城镇登记失业率	%	逆指标
	产出波动	经济波动率	%	逆指标
生活水平	成果分配	城乡收入比	-	逆指标
		基尼系数	-	逆指标
	福利变化	城镇人均住宅建筑面积	平方米	正指标
		农村人均住房面积	平方米	正指标
		城镇居民家庭恩格尔系数	%	逆指标

续表

方面指标	分项指标	基础指标	单位	指标属性
生活水平	福利变化	农村居民家庭恩格尔系数	%	逆指标
		城镇人均可支配收入	元	正指标
		农村人均纯收入	元	正指标
生态环境	环境保护	工业污染治理完成投资	万元	正指标
		环境污染治理投资总额	亿元	正指标
		森林面积	万公顷	正指标
	污染排放	废气排放量	亿立方米	逆指标
		污水排放量	万吨	逆指标
		固体废物排放量	吨	逆指标

本文所建统计指标体系共计 5 项一级指标、14 项二级指标、33 项三级指标，下面将对基础指标选取及计算方法进行说明：

增长效率反映的是各类要素投入转化为产出效率，因此本文统计指标采用资本生产率以及劳动生产率衡量经济增长质量的效率。资源利用效率采用单位 GDP 电量消耗和单位 GDP 能源消耗两项指标衡量；从经济结构的理论分析来看，经济结构需要考察产业结构、投资消费结构、金融结构、国际收支结构、城乡二元结构等方面内容。通常选择产业结构理论中的三类产业比较劳动生产率、工业化率等数据作为评价指标；二元经济结构本文则选择二元对比系数和二元反差指数作为评价指标；根据消费和投资相关的理论，投资消费结构的主要评价指标有增量资本产出率、投资率、消费率等，本文选择投资率、消费率来评价经济增长质量；金融结构利用存款余额和贷款余额占 GDP 的比重衡量；国际收支结构则利用进出口总额占 GDP 的比重衡量；经济稳定性一般是从产出、物价、就业等角度评价考察，本文也将从这几个方面来评价经济稳定性，基于统计数据的可能性考虑，基础指标选取消费者物价指数、生产者物价指数、城镇登记失业率和经济波动率等四项指标；生活水平维度的评价主要是研判人民的生活水平是否得到改善，发展成果分配是否公平合理。因此本文从居民收入、人均住房情况以及消费情况等方面进行评价，用城镇人均住宅建筑面积、恩格尔系数及可支配收入等指标衡量。成果分配中，利用基尼系数来衡量居民收入差距，此外，作为发展中国家，我国城镇化水平较低且城乡差距较大，因此考虑将城乡收入比指标加入指标体系当中，反映发展成果分配的情况；生态环境维度评价指标从环境保护和污染排放两方面来选择，本文对于污染排放用废气排放量、污水排放数、固体废物排放数衡量。对于环境保护则用工业污染治理完成投资、环境污染治理投资总额以及森林面积来衡量。

其中部分指标计算方法如下：

工业化率 = 工业增加值/第一产业增加值

$$\text{第一产业比较劳动生产率} = \frac{\text{第一产业附加值/国内生产总值}}{\text{第一产业劳动力数/总劳动力数}}$$

投资率 = 投资总额/国内生产总值

二元对比系数 = 农业部门比较生产率/非农部门比较生产率

二元反差指数 = ｜非农与农业产值比重 - 非农与农业劳动力比重｜

经济波动率 = ｜当期 GDP 增速 - 前期 GDP 增速｜

城乡收入比 = 城镇人均可支配收入/农村人均纯收入

恩格尔系数 = （食品消费支出额/消费支出总额）×100%

（二）评价关键词库的构建

经济增长质量评价的互联网关键词库的构建，依据理论分析同样从增长效率、经济结构、经济稳定性、生活水平、生态环境等五个方面作为评价的维度，并经过小组讨论法确定评价关键词库的基础关键词。

在获取基础关键词后，本文将利用关键词挖掘工具获得拓展关键词，进一步扩充关键词考察范围。关键词选择的科学、准确与否，将会对到评价预测结果的准确性产生影响，因此挖掘出更多与经济增长质量相关的关键词，尽可能全面地涵盖网民搜索某一事件时可能输入的搜索关键词，进而建立关键词库，是利用互联网搜索数据评价预测宏观经济增长质量的第一步，也是最为重要的一步。

关键词挖掘工具是通过分析海量的用户搜索行为，总结归纳出搜索近似关键词。使用这种推荐工具时，当用户输入所要检索的关键词时，与检索关键词近似的关键词会被挖掘工具显示给用户，方便研究者获取更多的相似关键词。常用的有如下两类关键词挖掘工具：

第一类为第三方网站提供的百度搜索关键词挖掘工具。以爱站网为例，通过分析百度用户的搜索数据进行关键词挖掘，在爱站网 SEO 查询中提供了关键词挖掘模块，可以挖掘到网页搜索量中目标关键词的相近关键词，并提供了近期百度指数、长尾词数量、收录数的显示，方便使用者对关键词进行选择。

第二类为百度官方提供的关键词挖掘工具。在百度指数网站中，进入百度指数需求谱图模块，本模块为使用者提供了与所查询的关键词相关的热门搜索，如搜索关键词“雾霾”，需求图谱模块中能够看到在不同的时间段中与雾霾相关的信息，并用不同颜色表明该关键词近期搜索趋势，简洁直观。

剔除其中重复推荐的关键词、长尾关键词以及搜索量较少或数据缺失的关键词，并利用小组讨论法对所得相关关键词进行筛选和拓展，再结合经验判断改进，从而构成本文经济增长质量评价所需的关键词库。本文从五个维度出发，筛选所得基础关键词及拓展关键词共计157个，所建经济增长质量评价的互联网关键词库如表2所示：

表2　经济增长质量评价的关键词库

评价维度	基础关键词	拓展关键词表
增长效率	劳动效率、技术进步、自动化、工程师、机械、专利、研发、回收、资源	自动化设备、办公自动化、工业自动化、自动化生产线、自动化养猪设备、收割机、高级技工、高级工程师、专利申请、专利查询、专利检索、国家专利局、知识产权、科研经费管理办法、科技企业孵化器、产品研发、高新企业认定条件、废物回收、资源利用、水资源等
经济结构	存款、贷款、投资、消费、出口、产业、工厂、服务业、城乡	工厂招聘、利息、存款利息、股权投资、天使投资、风险投资、金融投资、投资项目、投资理财、理财产品、贫富差距、城镇化、城乡差距、外贸、出口退税、服务业、产业结构、第二产业、第三产业等
经济稳定性	政策、货币、物价、经济、就业	货币政策、财政政策、货币供给、广义货币、经济政策、经济增长、经济体制改革、经济学家、汇率、加息、中国经济、中国经济发展、中国经济发展状况、中国经济问题、经济泡沫、经济下滑、经济衰退、经济危机、泡沫经济、物价指数、猪肉价格、农产品价格、CPI、房价、物价上涨、物价指数、求职、失业保险、求职简历等

续表

评价维度	基础关键词	拓展关键词表
生活水平	买房、收入、出国、食品、旅游、低保、心脑血管疾病、健身	买房贷款、买房注意事项、房贷计算器、装修、买房合同、盖房、出国留学、出国旅行、汽车保养、绿色食品、进口食品、奢侈品牌、健身器材、慢跑等
生态环境	空气、废气、污水、垃圾、环保、绿化、污染	空气质量、空气净化器、口罩、汽车尾气净化器、废气处理、污水处理设备、污水处理费、污水处理工艺、垃圾分类、固体废物处理、环境保护、植树造林等

增长效率维度中，互联网数据基础关键词为“技术进步”“自动化”“工程师”“机械”“研发”“专利”“资源”“回收”。这些词分别涵盖了生产率、资源利用效率等方面。“资源”“回收”等词搜索量的上升，代表着人们及企业对于资源高效利用的重视，代表着未来资源利用效率可能提升；“研发”“专利”等词搜索量的提高，表示着经济主体对于技术的重视，有助于技术进步，进而影响生产率的提高，“自动化”“工程师”“机械”等关键词搜索量的上升，则是经济主体对于人才、机械使用需求的增加，机械化、自动化水平的提高，以及高技术人才的增多，则会直接提高生产的效率。

经济结构维度中的互联网数据基础关键词为“存款”“贷款”“投资”“消费”“出口”“产业”“工厂”“城乡”。这些关键词分别反映着经济增长的结构中产业结构、金融结构、投资消费结构、进出口结构以及城乡二元结构等方面。如“贷款”关键词搜索量增加，意味着需要贷款的个人或企业数量可能增加，对金融结构有一定影响；“产业”“工厂”反映着产业结构的变化；“出口”则反映着企业出口意愿的高低，进而可以反映出我国出口的变化情况；“城乡”反映出城乡二元结构的变化，若城乡差距较大，二元结构问题严重，则会引起更多人的关注，搜索量也就会因此提高，因此这类关键词属于逆向关键词，与逆向指标相同，需做正向化处理。

经济稳定性维度中，以“政策”“货币”“物价”“经济”“就业”“求职”作为基础关键词，分别反映着政策稳定性、物价稳定性，就业稳定性等。倘若政策频出，人们对于“政策”关键词的搜索则会上升；“就业”“求职”等搜索量上升，说明有更多人在寻找工作，反映出一定时期内尚待就业人数的上升，可以侧面反映出失业率的高低，这类关键词也属于逆向关键词，搜索量高代表经济发展不合意；在物价相对稳定的情况下，人们并不会经常关注物价的变化，在物价频繁发生变动时，“物价”关键词的搜索量则会上升，反映出价格波动的加大，即经济增长的稳定性下降。

生活水平维度中，基础关键词还有“买房”“收入”“出国”“食品”“旅游”“低保”。心脑血管疾病是当前人类头号健康杀手，因此选其作为疾病指数的关键词作为逆向关键词，而适度运动对身体健康有明显促进作用，因此选择“健身”作为健康指数关键词；关键词“买房”搜索量的提高，反映出近期内买房人数的上升；“低保”关键词反映着社会保障制度的建设情况，低保是支付转移的重要手段，是控制社会贫富差距扩大工具，有利于发展成果的公正分配；而“出国”“旅游”等关键词的上升，则反映出我国居民收入水平的提高以及消费能力上升，只有当人们收入足够高，才能有足够的闲暇选择旅游及出国。

生态环境维度中，互联网搜索指数选取关键词“污染”“空气”“废气”“废水”“垃圾”“环保”“绿化”。“环保”“绿化”等关键词反映着人们对于环保的重视。而“污染”“废气”等词搜索量的提升，即人们对于污染问题的关注度的上升，往往是因为生态环境的恶化，因此搜索量的高低能反映出环境污染的情况，搜索量越高，则代表经济增长质量的下降，这类关键词同样属于逆向关键词，需正向化处理。

四、经济增长质量的评价

（一）经济增长质量的评价方法

本文对于经济质量的评价将选择主成分分析法，来合成综合评价指数。本文对于经济增长质量的评价利用了统计数据和互联网数据两种类型数据。并分别利用统计数据、互联网数据及两种类型数据相结合的方式，实现对经济增长质量的评价，如第 78 页图 1 所示。

利用统计数据评价经济增长质量的高低变化，是通过建立综合评价指标体系并合成综合指数实现的，利用互联网数据评价经济增长质量则是通过建立关键词库的方法实现的。两种类型数据相结合的评价方式，则是利用统计数据及互联网数据计算所得结果，对两种数据赋予相应权重，加权计算求得。

在构建经济增长质量评价指数时，首先利用主成分分析法计算合成各维度

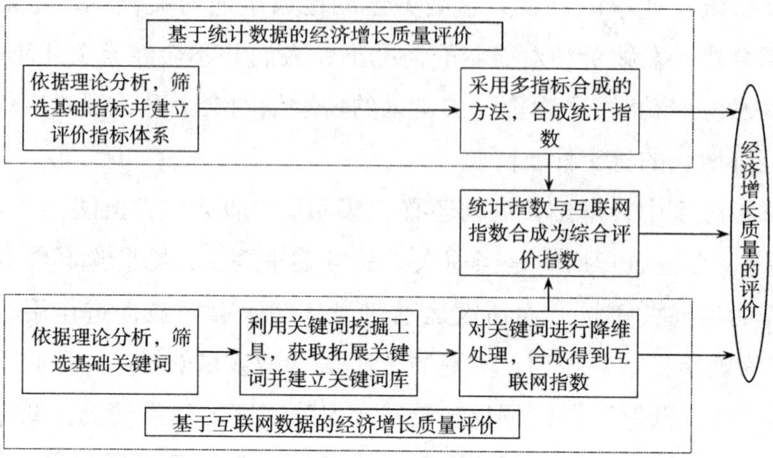

图1 经济增长质量的评价

增长质量指数，对经济增长质量的各个维度进行评价，进而采用同样的方法，将各维度增长质量指数进一步合成为经济增长质量综合指数，对总质量进行评价。

本节将进一步利用主成分分析的方法，得到统计指数与互联网指数相结合的各维度指数值，从而评价经济增长质量。

（二）原始数据处理

在经济增长质量评价指数合成之前，首先对获取的原始数据进行处理。获取的原始数据难免有数据噪音存在，同时可能还有数据空缺或数据中出现异常值等因素。为了提高评价与预测的准确性，获取的数据经过处理才可使用，否则可能所得结果并不准确，甚至可能得到与现实相悖的结论，因此这一步骤必不可少，通常数据处理需如下几步：

第一步，剔除原始数据中大于相邻均值正负三个标准差的极端值，空缺值用线性插值法进行替换，以便观测时间序列长期趋势。

第二步，指标的统一化处理。在本文所建立的指标体系中，同时包含有正向、逆向及适度指标，需要将逆指标与适度指标转化为正向指标。本文采用较为常用的取倒数的方法将逆向指标正向化。本文参考相关学者的研究成果，确定两项适度指标的最佳值。其中，投资率最佳值为38%，消费率最佳值为60%，计算方法如下，其中 x_i 为原始值，$\bar{x}_i$ 为适度值：

$$Z(x_i) = \frac{1}{|x_i - \bar{x}_i|}$$

第三步，本文所构建指标体系是从增长效率、经济结构、经济稳定性、生活水平、生态环境等五个维度的指标汇总而成的，获取的数据并没有统一的计量单位，不同类型数据之间不可避免地存在量级差异，如果直接采用原始指标对经济增长质量进行计算，可能会造成不同单位指标的权重赋予不合理，各指标之间不可简单相加和比较。因此在主成分分析前需处理数据，现有研究中无量纲化最常使用的是标准化方法。本文则采用 Z - score 标准化公式对数据进行处理，公式如下：

$$Z(x) = \frac{x-\bar{x}}{s(x)} = \frac{x-\bar{x}}{\sqrt{\frac{(x-\bar{x})^2}{n}}}$$

通过无量纲化之后，各项时间序列均值为0，标准差为1。

（三）主成分分析结果

篇幅所限，因此仅列出统计数据与互联网数据合成测度的测度结果，如表3所示：

表3　统计数据与互联网数据合成测度结果

年度	经济结构	经济稳定性	生活水平	生态环境	增长效率	经济增长质量综合指数
2007	-1.22	-0.34	-1.07	-0.61	-1.33	-1.15
2008	-0.99	-1.83	-1.00	-0.46	-1.10	-1.23
2009	-0.88	0.46	-0.99	-0.31	-1.00	-0.74
2010	-0.58	-0.71	-0.76	-0.24	-0.64	-0.70
2011	-0.31	-1.03	-0.44	0.01	0.01	-0.41
2012	-0.10	-0.33	0.02	0.04	0.20	0.02
2013	0.16	0.74	0.67	0.17	0.25	0.49
2014	0.99	0.86	0.79	0.13	0.88	0.93
2015	1.45	1.21	1.14	0.46	1.23	1.34
2016	1.49	0.96	1.64	0.81	1.49	1.44

上表中指数值为互联网数据与统计数据合成评价所得的经济增长质量指数，该指数同样为相对数值，数字越大，则经济增长质量越高。观察数值可知，2007年至2016年经济结构与生活水平两维度表现较好，一直处在稳定上升当中，说明近年来我国经济结构不断优化提升，人民生活水平不断提高，是拉升

经济增长质量的重要原因；增长效率维度在2011至2013年间出现短暂上升停滞，而在2014年之后恢复增长，当前增速与经济增长总质量保持一致；经济稳定性与生态环境两维度表现较差，在2007年至2012年间经济稳定性维度出现较大波动，个别年份经济稳定性甚至出现下降，生态环境维度的计算结果显示该维度近年来改善速度缓慢，生态环境提升速度低于其他维度，成为制约经济增长质量提升的短板，评价结果与统计数据评价及互联网数据评价结果相似，表明当前我国环境污染问题形势严峻，需要引起足够重视。

五、经济增长质量的预测

（一）预测模型

本文将使用统计数据和互联网数据两大类数据相结合的方式对经济增长质量进行预测。统计数据以年为频率更新，而互联网数据则是采用季度数据，两类数据的更新频率并不一致。固然可以将不同更新频率的原始数据进行同频化处理，但改变原始数据频率难免造成信息的损失。若要将两种数据结合实现预测经济增长质量的目的，则涉及混频数据的建模问题。因此，本文将利用MIDAS模型实现混频数据的预测。将统计数据与互联网数据两类更新频率不一致的模型相结合，对经济增长质量做出预测。

MIDAS（m，K）混频数据抽样模型最初是由Ghysel et al.（2004）提出，该模型演变自PDL模型，是对其的拓展。MIDAS模型在对数据进行分析时，可以输入不同频率数据，并由NLS估计法实现对模型参数的估计，通过将高频数据权重参数化直接对低频数据进行回归建模。MIDAS（m，K）模型的基本形式表示为：

$$y_t = \beta_0 + \beta_1 W(L^{1/m};\theta)x_t^{(m)} + \varepsilon_t^{(m)}$$

其中，被解释变量是y_t低频数据；解释变量$x_t^{(m)}$是高频数据。m表示被解释变量与解释变量之间更新频率的差别，本文低频被解释变量为年度数据，高频解释变量为季度数据，因此可以得到$m=4$。

式中，$W(L^{1/m};\theta)$为权重后多项式，表达式为$W(L^{1/m};\theta) = \sum_{k=0}^{K} w(k;\theta)L^{k/m}$，$L^{1/m}$为高频滞后算子，则$L^{1/m}x_t^{(m)} = x_{t-1/m}^{(m)}$。在MIDAS（m，K）模型中，对于参数$W(L^{1/m};\theta)$数值确定是应用MIDAS模型的重要问题，因为$x_t^{(m)}$的更新频率高

于y_t，实际问题的处理中带入滞后项可能出现过度参数化的问题，因此必须想出一种办法对数据进行适度的简化。Ghysel et al.（2007）给出了四种不同函数可以实现简化的目的，四种多项式各有优缺点，同时刘金全等（2010）则研究认为每种函数权重之和应为1。各种重多项式的具体分析表述如下：

Almon 滞后多项式：$w(k;\theta)=\dfrac{\theta_0+\theta_1 k+\theta_2 k^2+\cdots+\theta_p k^p}{\sum_{k=1}^{K}(\theta_0+\theta_1 k+\theta_2 k^2+\cdots+\theta_p k^p)}$

指数 Almon 滞后多项式：$w(k;\theta)=\dfrac{\exp(\theta_0+\theta_1 k+\theta_2 k^2+\cdots+\theta_p k^p)}{\sum_{k=1}^{K}\exp(\theta_0+\theta_1 k+\theta_2 k^2+\cdots+\theta_p k^p)}$

这种方法是一种较为便捷的赋权方法，此外，并不需要许多参数就能够获得各样的权重函数。这种方法所得到的权重必为非零或非负数，是在研究中经常被使用的一种权重多项式。

Beta 多项式：$w(k;\theta_1,\theta_2)=\dfrac{f(k/K,\theta_1;\theta_2)}{\sum_{k=1}^{K}f(k/K,\theta_1;\theta_2)}$

其中，$f(x,a,b)=\dfrac{x^{a-1}(1-x)^{b-1}\Gamma(a+b)}{\Gamma(a)\Gamma(a)},\Gamma(a)=\int_0^{\infty}\mathrm{e}^{-x}x^{a-1}\mathrm{d}x$

Beta 多项式仅含有两项参数，但它也能构造不同形式的权重。这种多项式函数一般常用在预测金融市场的波动。

步函数多项式：$w_i(\theta_1,\cdots,\theta_p)=\theta_1 I_{i\in[a_0,a_1]}+\sum_{p=2}^{P}\theta_p I_{i\in[a_{p-1},a_p]}$

其中，$a_0=1<a_1<\cdots<a_p=N,I_{i\in[a_{p-1},a_p]}=\begin{cases}1,a_{p-1}\leqslant i\leqslant a_p\\0,a_{p-1}\geqslant i,i\geqslant a_p\end{cases}$

这种多项式可根据研究内容的需要定义P值。

基础的 MIDAS 模型并不具备样本外的预测能力，因此，下面将介绍两种改进型的 MIDAS 模型。

h向前预测的 MIDAS 模型：MIDAS(m,K,h)模型的参数简单，也无须多模型组合，可对输入一组被解释变量，一组或多组解释变量时间序列进行预测，并且该模型能直接将不同频率的数据y_t和$x^{(m)}$通过的权重参数$W(L^{1/m};\theta)$多项式转变为一个模型的预测方程。加入h步向前参数后，MIDAS 模型表达式如下：

$$y_t=\beta_0+\lambda y_{t-h}+\beta_1 W(L^{1/m};\theta)(1-\lambda L^h)x_{t-h}^{(m)}+\varepsilon_t^{(m)}$$

带有自回归项的h向前预测的 MIDAS 模型：宏观经济变量往往存在着自相关关系，因此在模型中经济增长质量的历史数据来预测。Watson et al.（2003）

的研究也认同这个观点，在其实证研究中加入自回归项的预测模型所得到的预测结果，优于未加自回归项模型的预测结果。因此，作为基础 MIDAS 模型的一个拓展，将自回归（AR）引入 MIDAS 模型中建立含有自回归项的 MIDAS（m，K，h）－AR（p）模型。

（二）数据与模型参数说明

本文进行经济增长质量预测时，以经济增长质量互联网指数作为高频解释变量，以经济增长质量综合指数作为低频被解释变量。所使用数据更新频率差别如图 2 所示。

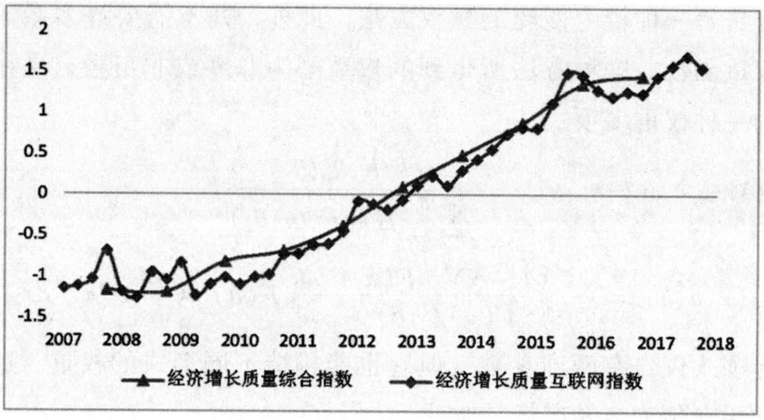

图 2　预测模型中的混频数据图形

本文低频被解释变量为年度数据，高频解释变量为季度数据，被解释变量与解释变量的更新频率相差四倍，因此，两种 MIDAS 模型中参数 m＝4，而模型的滞后阶数 K 值的确定将利用 AIC 最小值原则。

通过对模型依次输入不同的滞后阶数参数，对比不同滞后阶数时模型的 AIC 值，当 AIC 值达到最小时，此时的滞后阶数 K 即为最佳的滞后阶数。

MIDAS(m,K,h)－AR(p) 模型与 MIDAS(m,K,h) 模型在预测过程，使用 Almon 滞后多项式，对模型参数 $W(L^{1/m};\theta)$ 数值确定。并且随着季度数据的更新，可以对被解释变量的预测结果进行校正。例如，当高频解释变量数据更新至 2017 年第四季度时，则可对利用第三季度数据预测的预测结果进行更新。而具体利用哪一期的数据预测则由模型中参数 h 决定，如令 $h=0$，则可以利用第四季度及之前的互联网数据预测 2017 年当年的经济增长质量综合指数，并对利用第三季度预测的 2017 年结果进行更新；令向前步数 $h=1$，可以利用第三季度及之前的互联网数据预测当年的经济增长质量综合指数，以此类推。当令 $h>3$ 时，则可对 2018 年经济增长质量综合指数进行预测。

下面本文利用 MIDAS(m,K,h) – AR(p) 模型对 2017 年和 2018 年两年经济增长质量的综合指数进行预测。2017 年及 2018 年经济增长质量各维度值预测结果如表 4 所示：

表 4　2017 年、2018 年经济增长质量各维度预测值

年度	h	经济结构	经济稳定性	生活水平	生态环境	增长效率	增长质量综合指数
2017 年预测值	0	1.62	1.08	2.16	1.15	1.88	1.71
	1	1.61	1.11	1.96	1.23	1.76	1.61
	2	1.58	1.05	1.88	1.25	1.75	1.59
	3	1.63	1.02	1.76	1.21	1.69	1.51
	均值	1.61	1.07	1.94	1.21	1.77	1.60
2018 年预测值	4	1.65	1.12	2.55	1.26	2.11	1.79
	5	1.68	1.15	2.38	1.33	2.05	1.70
	6	1.62	1.01	2.15	1.35	1.96	1.73
	7	1.66	0.92	2.20	1.34	2.01	1.68
	均值	1.65	1.05	2.32	1.32	2.03	1.73

由于互联网季度数据获取截至 2017 年第 4 季度，因此，当 $h=1$，2，3 时，无 2018 年预测数值；当 $h>3$ 时，可得到 2018 年预测值，同时随着向前步数的提高，2017 年预测结果准确性降低，因此并未列出 $h>3$ 时的结果。从经济增长质量预测结果可以看出：利用 2017 年 1 季度互联网数据预测 2017 年经济增长质量为 1.51；利用 2017 年上半年互联网数据预测 2017 年经济增长质量为 1.59；利用 2017 年前三季度互联网数据预测 2017 年经济增长质量为 1.61；利用 2017 年全年互联网数据预测 2017 年经济增长质量为 1.71。从预测结果上看，随着高频解释变量数据的更新，低频被解释变量数值不断被修正提高，说明 2017 年年内随着时间的推进，我国经济增长质量与日俱增。从预测均值来看，2017 年经济增长质量全年预报均值为 1.60，2018 年经济增长质量预测均值为 1.73，2018 年预测值高于 2017 年，说明我国 2018 年可能实现经济增长质量的进一步提升。

从各细分维度来看，对比 2017 年和 2018 年预测结果，在 2018 年经济结构指标可能会稳步上升；经济稳定性可能维持不变；而增长效率、生活水平、生态环境三项指标可能会有较大水平的提高。

六、结果分析

结合我国经济增长质量的评价预测结果来分析，近年来我国经济增长质量处在稳步上升阶段，多数指标整体向好，表明我国在提高经济增长质量方面的工作取得了一定成效，社会经济发展不断优化提升，如图 3 所示，其中 2007—2016 年数值来自统计数据与互联网数据合成评价分析结果，2017—2018 年数值来自 2017—2018 年经济增长质量各维度预测值。

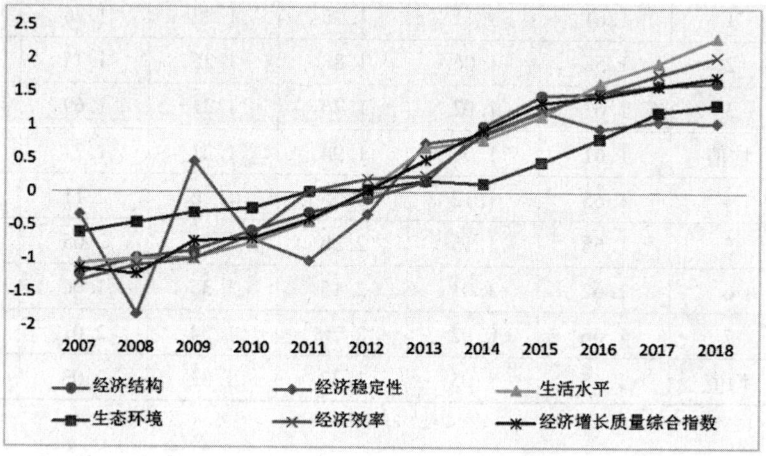

图 3　经济增长质量各维度指数值

从各细分维度来看，经济稳定性方面近年来我国表现并不理想，指标由于受到金融危机影响，在 2008 年至 2011 年四年间稳定性指数较低，表明经济发展出现较大波动，反映出我国经济对外依赖度高、应对国际经济危机能力不强，在今后发展中，我国需要增强经济稳定性，将经济的波动情况保持在可控范围之内，增强发展的抗干扰水平；增长效率维度，在 2011 年之前，我国经济增长的效率一直处于快速提升状态，但到 2011 至 2015 年间，效率提升的速度开始放缓，近年又有所提升，未来如何保持经济增长的效率稳步提升，是我国经济发展中的一个重要问题；从生活水平维度来看，在 2009 年之后这项指标取得了快速增长，表明近年来我国开始重视全民的福利水平和收入差距问题，福利与收入分配作为最受人们关注的话题，当前表现还不够好，未来政府应投入更多努力进行改善；经济结构指标基本处于逐年递增的态势，说明近年来我国一直重视经济结构的调整，并取得了较好的成果；生态环境指标在 2014 年之前，一直处在缓慢提升状态，是经济增长质量五个评价维度中提升幅度最小的一项指标，2015 年开始虽然环境改善速度有所提高，但目前与其他几项指标相比仍较差，是制约我国经济增长质量提升的短板。说明当前生态保护与环境污染问题形势仍不容乐观。

七、结　语

本文在研究归纳国内外学者对于经济增长质量评价的方法后，在借鉴前人研究的理论基础上，创新性的将互联网搜索数据引入对经济增长质量的评价当中，拓展了评价所需的数据来源，弥补了仅利用统计数据评价经济增长质量中所存在的缺陷。在研究的过程中发现，互联网搜索数据与传统统计数据在不同方面各有优缺。互联网数据因统计的不严谨，就数据可靠性来说，是劣于统计数据的；另一方面，互联网数据往往包含了传统统计调查数据所没有的其他信息，并且互联网数据实时更新，时效性强于统计数据。因此，二者并不构成相互替代，而是互为补充。未来增长质量的评价与预测应该可以考虑将互联网数据作为新的数据来源，提高经济增长质量评价与预测的时效性与准确性。由于经济增长质量的评价、预测以及互联网数据应用，在目前尚处于探索阶段，需要进一步研究的问题还很多，本文构造的经济增长质量评价指标体系与预测准确性在未来还有较大提升空间。尽管如此，当前所取得的成果仍然是很有意义的。笔者也会对本文研究中的不足不断改进，研究更多互联网数据的处理和使用方法，力争未来对于我国经济增长质量的评价与预测更加准确和具有科学性。

参考文献

[1] CHOI H, VARIAN H. Predicting the Present with Google Trends [J]. Economic Record, 2012, 88 (s1): 2-9.

[2] FRANCESCO D. Predicting Unemployment in Short Samples with Internet Job Search Query Data [R]. Mpra Paper, 2009.

[3] PREIS T, REITH D, STANLEY H E. Complex Dynamics of Our Economic Life on

Different Scales: Insights from Search Engine Query Data [J]. Philosophical Transactions, 2010, 368 (1933): 5707.

[4] ASKITAS N, ZIMMERMANN K F. The Internet as a Data Source for Advancement in Social Sciences [J]. International Journal of Manpower, 2015, 36 (1): 2-12.

[5] BARREIRA N, GODINHO P, MELO P. Nowcasting Unemployment Rate and New Car Sales in South - western Europe with Google Trends [J]. Netnomics, 2013.

[6] GHYSELS E, SANTA - CLARA P, VALKANOV R. The MIDAS Touch: Mixed Data Sampling Regressions [R]. Cirano Working Papers, 2004, 5 (1): 512-517.

[7] GHYSELS E, SINKO A, VALKANOV R. MIDAS Regressions: Further Results and New Directions [J]. Econometric Reviews, 2007, 26 (1): 53-90.

[8] CLEMENTS M P. Macroeconomic Forecasting With Mixed - Frequency Data [J]. Journal of Business & Economic Statistics, 2008, 26 (4): 546-554.

[9] 卡马耶夫. 经济增长的速度与质量 [M]. 武汉：湖北人民出版社，1983.

[10] 赵英才，张纯洪，刘海英. 转轨以来中国经济增长质量的综合评价研究 [J]. 吉林大学社会科学学报，2006 (3): 27-35.

[11] 钞小静，惠康. 中国经济增长质量的测度 [J]. 数量经济技术经济研究，2009 (6): 75-86.

[12] 钞小静，任保平. 中国经济增长质量的时序变化与地区差异分析 [J]. 经济研究，2011 (4): 26-40.

[13] 魏婕，任保平. 中国各地区经济增长质量指数的测度及其排序 [J]. 经济学动态，2012 (4): 27-33.

[14] 任保平. 经济增长质量：理论阐释、基本命题与伦理原则 [J]. 学术月刊，2012 (2): 63-70.

[15] 刘涛雄，徐晓飞. 互联网搜索行为能帮助我们预测宏观经济吗？[J]. 经济研究，2015 (12): 68-83.

[16] 张崇，吕本富，彭赓，等. 网络搜索数据与 CPI 的相关性研究 [J]. 管理科学学报，2012, 15 (7): 50-59.

[17] 孟雪井，孟祥兰，胡杨洋. 基于文本挖掘和百度指数的投资者情绪指数研究 [J]. 宏观经济研究，2016 (1): 144-153.

[18] 刘汉，刘金全. 中国宏观经济总量的实时预报与短期预测——基于混频数据预测模型的实证研究 [J]. 经济研究，2011 (3): 4-17.

第五章　我国各省域绿色经济超效率 SBM 环境效率及其分类影响分析

王竹君　任保平*

摘　要　本文运用非期望超效率 SBM 模型对我国省域绿色发展效率进行比较测算，根据绿色发展效率的测算值重新将省域划分为高环境型（海南、青海、宁夏、内蒙古）、高效率型（北京、天津、上海、广州）、效率增长型（江苏、福建、江西、浙江、吉林、重庆、辽宁、甘肃、广西、黑龙江、山东）、效率落后型（安徽、新疆、陕西、湖南、河南、贵州、山西、湖北、云南、四川、河北）四种类型，并分析不同类型省域绿色发展效率的空间溢出效应。主要结论：高环境型省域绿色发展效率提升主要来源于技术效率改善，其他省域绿色发展效率提升均来源于技术进步；实证分析表明，空间溢出效应是我国地区绿色发展效率不可忽视的重要影响因素；产业结构、外资依存度、能源结构、政府和企业环境管理能力、环境水平对不同类型省域的绿色发展效率也有不同程度的影响。

关键词　超效率 SBM；绿色发展效率；Malmquist – Luenberger 指数；空间杜宾面板模型

一、引　言

党的十九大提出“加快生态文明体制改革，建设美丽中国”并强调“推进

* 王竹君，西北大学经济管理学院西方经济学博士生，研究方向为经济增长；任保平，教育部人文社科重点研究基地——西北大学中国西部经济发展研究中心主任、西北大学研究生院院长，教育部长江学者特聘教授，教授、博士生导师，主要研究方向为中国经济增长质量与发展的政治经济学。

绿色发展”，需要在促进经济持续增长、经济效率不断提高的同时，实行最严格的生态环境保护制度，形成绿色发展方式和生活方式。强调实现生产发展、生活富裕、生态良好的发展共赢，就需要在实现“绿色发展”的同时促进经济效率的提高，即需要实现绿色发展效率的不断提升。绿色发展效率是在经济增长中考虑资源环境约束，对经济效率的测算中加入资源投入与环境污染产出，实现节约资源、保护环境的同时，经济又好又快发展。我国地域辽阔，省域间资源禀赋差异较大，同时地方经济发展是国民经济发展的关键所在，因此要实现全国层面的绿色发展效率提升，就需要从我国省域层面进行分析。

因此，本文通过测算省域绿色发展效率，对省域效率水平进行划分，一方面通过对环境全要素生产率的测算分析绿色发展效率出现差异的动态因素，另一方面从空间角度研究影响绿色发展效率的因素，分析地区绿色发展效率的空间溢出效应。

二、文献回顾与评价

近年来，越来越多的学者将环境因素纳入经济效率的分析框架中对中国经济进行实证分析（胡鞍钢等[1]，2008；王兵等[2]，2010；张伟等[3]，2011；杨龙等[4]，2010；刘瑞翔等[5]，2012；朱承亮等[6]，2012；钱争鸣等[7]，2013；常建新等[8]，2011）。胡鞍钢等[1]（2008）在1999—2005年中国省级数据基础上，在考虑环境因素情况下对省级技术效率进行了重新排名。王兵等[2]（2010）测度了考虑资源环境因素下中国30个省份1998—2007年的环境效率、环境全要素生产率及其成分，并对影响环境效率和环境全要素生产率增长的因素进行了实证研究。这些研究开辟了对环境效率研究的视角，但不能长期、全面地了解资源环境约束下我国经济效率的动态演变情况。

刘瑞翔等[5]（2012）利用1995—2010年省际投入产出数据，分析研究资源环境约束下中国经济增长绩效的区域差异及动态演化过程，研究发现能源消耗和污染排放导致我国整体环境无效率，在分析期间我国环境无效率呈现出中间低、两端高的特点。钱争鸣等[7]（2013）对1996—2010年我国各省域环境效率进行测算，分析了东部、中部和西部环境效率的区域差异。朱承亮等[6]（2012）对节能减排约束下我国西部地区经济增长效率及其影响因素进行了研究。以上文献基于SBM方法对环境效率进行测算，优化传统DEA方法不能同时从多角度对效率进行测度的缺陷，提高环境效率测度的准确性。但这个方法仍然存在不足：当存在多个有效决策单元，却无法进一步对此进行比较。

钱争鸣等[9]（2014）运用超效率 SBM 模型，通过对我国各省域绿色经济效率静态水平和动态变动进行测度，深入分析省域差异、收敛性以及影响因素。其中刘瑞翔等[5]（2012）、朱承亮等[6]（2012）、钱争鸣等（2013[7]，2014[9]）这些文献主要是从东中西区域来分析环境效率的不同，均得出环境效率存在东中西部差异，呈现出中间低、两端高的特点。

综合以上文献研究状态，本文将对现有研究做出以下几点扩展：第一，本文主要研究省域绿色发展效率，主要运用超效率 SBM 模型测度中国 30 个省域 2000—2014 年绿色发展效率，并对绿色发展效率相近省域进行划分；第二，利用 Malmquist - Luenberger 指数测度中国 30 个省份 2001—2014 年环境全要素生产率以及技术进步与技术效率，分析不同类型省域效率变动的动态因素；第三，对不同省域影响绿色发展效率增长的因素进行实证分析，并分析不同类型区域绿色发展效率的空间溢出效应。

三、研究方法

（一）超效率 SBM

在测算方法的选取上，由于数据包络分析（Data Envelopment Analysis，DEA）具有不需要假设函数形式、可以对生产率进行分解等优点，胡鞍钢等[1]（2008）、陈诗一[10]（2010）、涂正革[11]（2008）等均采用 DEA 方法计算方向性距离函数。然而 Tone[12]（2001）指出这种方法没有考虑投入松弛变量，导致输入值减少不会增加超效率这一缺陷，即当存在投入过度或产出不足，即存在投入或产出的非零松弛（Slack）时，DEA 效率测度会高估评价对象的效率。

为了解决投入要素的松弛问题，Tone[12]（2001）提出了一种非径向的 DEA 模型——基于松弛变量的 SBM 模型（Slacks-based Measure），该模型直接将松弛变量加入目标函数，其结果不再仅仅是效益比例的最大化，而是实际利润的最大化。这种方法与传统 DEA 在对决策单元的相对效率进行评价时，其效率值在（0，1）区间分布，有效的决策单元其效率值为 1，因此当存在多个有效的决策单元时，无法做出进一步比较。

为了实现效率值为 1 的有效单元之间的比较，Tone[13]（2002）提出超效率

SBM 模型弥补了这方面的缺陷，超效率 SBM 模型不仅可以更恰当地处理非期望产出，而且可以在有效的决策单元中进一步做出比较，因而更加准确严谨。

假设每个省域是一个生产决策单元（DMU），每个省域都有 m 种投入要素（包括“好”投入和“坏”投入）、S_1 种期望产出和 S_2 种非期望产出，用向量可表示成 $x \in R^m, y^g \in R^{S_1}$，以及 $y^b \in R^{S_2}$。定义矩阵 $X = [x_1, \cdots, x_2] \in R^{m+n}$、$Y^g = [y_1^g, \cdots, y_n^g] \in R^{s_1 \times n}$、$Y^b = [y_1^b, \cdots, y_n^b] \in R^{s_2 \times n}$，其中，$x_i > 0, y_i^g > 0$，$y_i^b > 0$。将非期望产出放入超效率 SBM 模型（Tone，2002）中得到生产可能性集合，即环境技术集合为：

$$\bar{P} = P/(x_0, y_0)$$
$$= \{(\bar{x}, \bar{y}^g, \bar{y}^b) \mid \bar{x} \geqslant \sum\nolimits_{j=1,\neq 0}^{n} \lambda_j x_j, \bar{y}^g \leqslant \sum\nolimits_{j=1,\neq 0}^{n} \lambda_j y_j^g, \bar{y}^b \geqslant \sum\nolimits_{j=1,\neq 0}^{n} \lambda_j y_j^b,$$
$$\bar{y}^g \geqslant 0, \lambda \geqslant 0\}$$

其中 λ 是权重向量，若其和为 1 表示生产技术为规模报酬可变的（VRS），否则表示规模报酬不变的（CRS）。

构造非期望产出超效率 SBM，可以通过 Charnes et al.[14]（1978）的方法将非线性规划问题转换成线性规划问题。结合 Tone（2002[13]，2004[15]）提出的方法，考虑非期望产出的超效率 SBM 模型可写成：

$$\delta^* = \min \frac{\frac{1}{m}\sum\nolimits_{i-1}^{m} \frac{\bar{x}_i}{x_{i0}}}{\frac{1}{S_1 + S_2}\left(\sum\nolimits_{r=1}^{S_1} \frac{\bar{y}_r^g}{y_{r0}^g} + \sum\nolimits_{r=1}^{S_2} \frac{\bar{y}_r^b}{y_{r0}^b}\right)}$$

$$\text{s.t.} \begin{cases} \bar{x} \geqslant \sum\limits_{j=1,\neq 0}^{n} \lambda_j x_j \\ \bar{y}^g \leqslant \sum\limits_{j=1,\neq 0}^{n} \lambda_j y_j^\theta \\ \bar{y}^b \geqslant \sum\limits_{j=1,\neq 0}^{n} \lambda_j y_j^b \\ \bar{x} \geqslant x_0, \bar{y}^g \leqslant y_0^g, \bar{y}^b \geqslant y_0^b, \lambda \geqslant 0 \end{cases}$$

其中，λ 是权重向量。目标函数 δ^* 的值一定不小于 1，且 δ^* 越大表明该单元越有效率。

（二）Malmquist – Luenberger 指数

Chung et al.[16]（1997）定义融入非期望产出的全要素生产率指数

（Malmquist - Luenberger Index，ML 指数）为：

$$ML_t^{t+1}=\left[\frac{(1+\overrightarrow{D}_0^t\ (x^t,\ y^t,\ b^t,\ -b^t))}{(1+\overrightarrow{D}_0^t\ (x^{t+1},\ y^{t+1},\ b^{t+1};\ y^{t+1},\ -b^{t+1}))}\right.$$
$$\left.\frac{(1+\overrightarrow{D}_0^{t+1}\ (x^t,\ y^t,\ b^t,\ -b^t))}{(1+\overrightarrow{D}_0^{t+1}\ (x^{t+1},\ y^{t+1},\ b^{t+1};\ y^{t+1},\ -b^{t+1}))}\right]^{1/2}$$

ML 指数进一步分解为技术效率变化指数（MLEFFCH）和技术进步指数（MLTECH）两部分，如下所示：

$$MLEFFCH_t^{t+1}=\frac{1+\overrightarrow{D}_0^t\ (x^t,\ y^t,\ b^t,\ -b^t)}{1+\overrightarrow{D}_0^{t+1}\ (x^{t+1},\ y^{t+1},\ b^{t+1};\ y^{t+1},\ -b^{t+1})}$$

$$MLTECH_t^{t+1}=\left[\frac{\{1+\overrightarrow{D}_0^{t+1}\ (x^t,\ y^t,\ b^t,\ -b^t)\}}{\{1+\overrightarrow{D}_0^t\ (x^t,\ y^t,\ b^t,\ -b^t)\}}\right.$$
$$\left.\frac{\{1+\overrightarrow{D}_0^{t+1}\ (x^{t+1},\ y^{t+1},\ b^{t+1};\ y^{t+1},\ -b^{t+1})\}}{\{1+\overrightarrow{D}_0^t\ (x^{t+1},\ y^{t+1},\ b^{t+1};\ y^{t+1},\ -b^{t+1})\}}\right]^{1/2}$$

$$ML_t^{t+1}=MLEFFCH_t^{t+1}\cdot MLTECH_t^{t+1}$$

ML 指数、MLEFFCH 指数和 MLTECH 指数大于（小于）1 分别表示全要素生产率增长（下降），技术效率改善（恶化）、技术进步（退步）。

四、绿色发展效率省域差异与动态分析

（一）数据来源

根据本文研究需要，我们使用 2002—2016 年我国 30 个省、自治区和直辖市的“好”产出、“坏”产出以及相应的“好”投入与“坏投入”数据（缺西藏数据）。所有数据均来自历年的《中国统计年鉴》《中国环境统计年鉴》和《中国能源统计年鉴》。

第一，“好”产出。本文以各省（直辖市、自治区）实际地区生产总值（GDP）作为产出，实际 GDP 以 2000 年不变价格为基期进行换算。

第二，“坏”产出。“坏”产出即非期望产出，指经济发展中产生的环境污染物。本文选取单位产出废水排放量、单位产出二氧化硫排放量、单位产出固体废弃物排放量，“三废”指标度量“坏”产出。

第三，资本投入。资本投入采用永续盘存法并以 2000 年不变价为基期核算 30 个省（直辖市、自治区）的资本存量数值。经济折旧率 δ 运用单豪杰[18]（2008）测算的结果 10.96%。

第四，劳动投入。考虑到人力资源状况而进行相应调整，通过各地区就业人员受教育结构数据对就业人数进行调整，得到各地区有效劳动力数据作为劳动投入。

第五，“坏”投入。“坏”投入并不是不好的投入，而是在考虑环境因素时对“坏”产出相应的投入，环境污染物主要来自资源的投入，因此，本文用能源消费总量考量“坏”投入。

（二）省域绿色发展效率分析

运用第三部分介绍的方法以及得到的数据，本文构造了资源环境约束下每一年各省的绿色发展效率，并通过分析各个省份的环境全要素生产率的动态变化，以寻求绿色发展效率差异的源泉。

1. 绿色发展效率省域差距分析

绿色发展效率采用 MaxDEA6. 16 软件利用非期望超效率 SBM 模型，对我国 30 个省（直辖市、自治区）2002—2016 年的绿色发展效率进行测度。各省域的绿色发展效率水平值越大表示考虑环境代价与资源约束下的经济效率水平越高。当效率值小于 1 时，表明该省域经济缺乏绿色发展效率，存在继续改进的空间；当效率值大于等于 1 时，表明该省域在全国范围内是相对有效的，即该省域处于全国的生产前沿面上，不存在资源投入过多、污染物排放过度以及好产出生产不足的情况，而此时的效率值越大则表示与所有相对有效率的省域相比，该省域仍具有较高的效率水平。

各个省域的绿色发展效率表现出显著的区域差异性，对其效率均值进行排序（第 93 页图 1），按照绿色发展效率均值可将 30 个省域大致分为四类：绿色发展效率较高的省域包含两种类型，其中北京、上海、天津、广东四个经济较发达省域为一类，“国际旅游岛”海南以及青海、宁夏、内蒙古等人口密度低、环境压力较小的省域为第二类，这类省份在传统效率指标测算中属于低效率类型，可见传统效率指标忽略了地区的自然资源禀赋与所具备的自然地理条件（钱争鸣等[9]，2014），从而忽视了资源利用和环境质量对经济效率的积极作用；第三类是绿色发展效率中等的省份，包括江苏、福建、江西、浙江、吉林、重庆、辽宁、甘肃、广西、黑龙江、山东等 11 个省份，这些省份主要集中在沿海地区，其绿色发展效率均值的分布区间为（0. 48，0. 65），除江苏省近年来绿色发展效率达到 1 以外，其他省份历年绿色发展效率呈现大幅增长的趋势，且

2016 年绿色发展效率均超过 0.62，表明这些城市具有很大的绿色发展效率提升潜力，属于较易取得绿色发展效率成果的省份；第四类是绿色发展效率较差的省份，其中包括安徽、新疆、陕西、湖南、河南、贵州、山西、湖北、云南、四川、河北等 11 个中西部省份，其中湖南、山西、湖北、四川等省份绿色发展效率明显低于传统效率值，说明在综合考虑资源、环境因素后这些省份经济效率水平反而更低（钱争鸣等[9]，2014），同时，这 11 个省份历年绿色发展效率均处于较低水平，应重视资源利用与环境保护，在政策指导和资金支持下加大力度提高绿色发展效率。

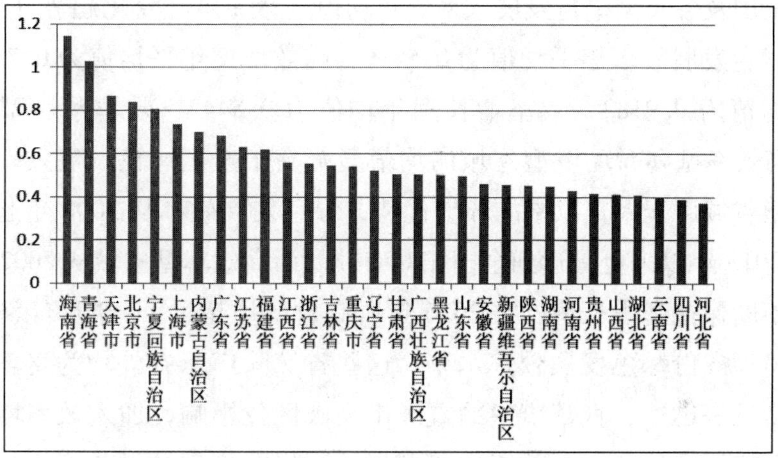

图 1　2002—2016 年间各省份绿色发展效率均值

通过对各个省份绿色发展效率的分析，本文根据均值的差距将全国 30 个省域划分为四大类：第一类包括北京、天津、上海、广东四大绿色发展效率较高且经济发达省域，命名为高效率类型；第二类为海南、青海、宁夏、内蒙古四大绿色发展效率较高、经济发展水平较低的省份，命名为高环境类型；第三类包括江苏、福建、江西、浙江、吉林、重庆、辽宁、甘肃、广西、黑龙江、山东 11 个绿色发展效率持续增长的省份，命名为效率增长类型；第四类包括安徽、新疆、陕西、湖南、河南、贵州、山西、湖北、云南、四川、河北 11 个绿色发展效率较低的省份，命名为效率落后类型。

高效率型省域包含我国经济发展水平龙头的城市，为我国综合实力最强的省域，其中“北上广”为我国综合性门户省域，这些省域经济发达物质丰富，市场化程度高、对外开放程度高，使绿色发展效率领先于其他省域；高环境型省域除海南省外均分布于我国西北部地区，这些省域投入少产出效率高，并且环境污染少，因此绿色发展效率突出，并提升了西部地区绿色发展效率表现；效率增长型省域大部分为沿海城市，凭借区位优势，利用国际市场，扩大出口、引进外资，通过国际市场的技术与资本输入带动当地经济发展，提高资源配置效率；效率落后型省域集中于我国中西部地区，这些省域主要以资源型省域为主，资源浪费、环境污染、产业结构不合理等因素严重影响绿色发展效率。四大类型在区位上有很强的关联性，本文以此分类为依据展开分析，解答省域之间绿色发展效率差异产生的原因。

观察全国及各类型绿色发展效率历年均值（表1）与变化趋势（第95页图2），全国绿色发展效率年平均值为0.5810，高效率型年平均值为0.7805，高环境型年平均值为0.9182，效率增长型年均值为0.5442，效率落后型年均值为0.4225。高效率型和高环境型省域的均值显著高于全国绿色发展效率均值。其中高环境型省域由于一直以来的环境优势，绿色发展效率从2002年起就保持高水平，在2015年以来更是达到全国相对有效。而高效率型省域从2002年相对较高的水平不断保持高增长率，在2016年所有省域均超过1，借助经济高效发展达到高环境型省份绿色发展效率水平，这些省域除广东省外均为直辖市，足见我国直辖市发展迅速，直辖市中的重庆市突破区位影响，加入效率增长型省域行列也充分说明了这一点。效率增长型省域则保持稳定的增长率，与全国绿色发展效率变动保持一致，且在2013年以来达到全国平均水平。而效率落后型省域绿色发展效率值明显落后于其他省域，且绿色发展效率增长缓慢，与其他省域的效率差距在不断拉大。

表1　2000—2014年全国及各类型绿色发展效率平均值

年份	全国	高效率型	高环境型	效率增长型	效率落后型
2002	0.4804	0.5534	0.8918	0.4251	0.3595
2003	0.4918	0.5721	0.9048	0.4433	0.3608
2004	0.4837	0.5872	0.8614	0.4349	0.3576
2005	0.4826	0.6144	0.8217	0.4376	0.3562
2006	0.4903	0.6340	0.8403	0.4434	0.3576
2007	0.4921	0.6467	0.7986	0.4529	0.3636
2008	0.5136	0.7211	0.7986	0.4743	0.3738

续表

年份	全国	高效率型	高环境型	效率增长型	效率落后型
2009	0.5432	0.7925	0.8187	0.5017	0.3939
2010	0.5952	0.8560	0.9878	0.5293	0.4236
2011	0.6048	0.8617	0.9465	0.5604	0.4315
2012	0.6626	0.8982	1.1486	0.6130	0.4499
2013	0.6640	0.9343	0.9120	0.6599	0.4797
2014	0.6911	0.9701	0.9520	0.6805	0.5054
2015	0.7351	0.9762	1.0015	0.7326	0.5530
2016	0.7840	1.0901	1.0883	0.7749	0.5713
平均值	0.5810	0.7805	0.9182	0.5442	0.4225

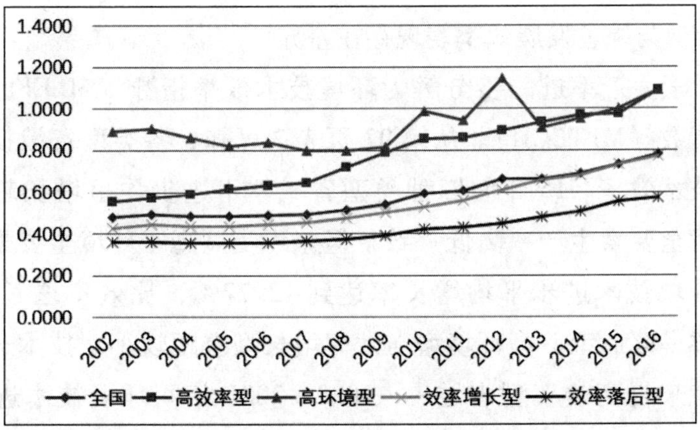

图 2　2000—2014 年全国及各类型绿色发展效率年平均值变化趋势

2. 省域绿色发展效率差异原因的动态分析

绿色发展效率测度了既定时期各省域与生产边界的相对关系，是一种静态的分析。Malmquist – Luenberger 指数是一种动态分析，它可以分析每个省域与生产边界的相对位置变化（效率变化）以及生产边界的移动（技术进步）（王兵等[2]，2010）。本文采用 MaxDEA6.16 软件测算我国 30 个省份 2002—2016 年环境全要素生产率指数（ML）、环境技术效率变化指数（MLEFFCH）以及环境技术进步指数（MLTECH）。第 97 页表 2 是 2002—2016 年全国及各类型环境全要素生产率指数及其分解的历年均值。

从第 97 页表 2 可以看出，我国的环境全要素生产率只在 2003—2004 年期间有所下降（ML 指数小于 1），其余年份的环境全要素生产率均呈现增长态势（ML 指数大于 1），特别是在 2009—2010 年环境全要素生产率的增长幅度达到峰值 8.97%，其中 13.29% 的贡献源于技术进步。总体而言，2002—2016 年间环境全要素生产率的增长率达到 4.07%，其中主要贡献源于技术进步，技术效率不但没有做出贡献，甚至起负向作用。

对不同类型省域环境全要素生产率进行测算以及分解，进一步了解各个类型绿色发展效率差异的作用机理。2002—2016 年间四种类型省域的环境全要素生产率均呈增长态势，增长率由高到低分别为高效率型、效率增长型、效率落后型以及高环境型。历年均值中高效率型省域各个年份均保持增长趋势，效率增长型省域仅在 2003—2004 年间出现下降，效率落后型省域在 2003—2004 连续两年出现下降，高环境型省域有五年都存在下降趋势，下降年份比例与增长率高低排序一致但与绿色发展效率表现存在差异。

环境全要素生产率进一步分解为环境技术效率指数（MLEFFCH）以及环境技术进步指数（MLTECH）。从第 97 页表 2 可知，各类型省域技术进步的贡献明显高于技术效率。15 年间四种类型省域技术进步均呈增长趋势，增长率的高低与环境全要素生产率高低一致，但差距明显高于环境全要素生产率，其中高效率型省域技术进步平均增长率达到 12.77%，比效率增长型高出 7.18 个百分点，效率落后型、高环境型与效率增长型差距较小，技术进步历年均值中的最高值就来自高效率型省域——2002—2003 年间环境技术进步增长率达到 68.52%。

技术效率在总均值中对环境全要素生产率有负向作用，各个类型省域中也只有高环境型省域呈增长趋势，增长率达到 0.39%，其余三种类型省域的技术效率均有所下降，指数由高到低分别为效率增长型、效率落后型与高效率型，其中效率增长型与效率落后型的差距较小且接近有效水平。技术效率历年均值中的最高值来自高环境型省域——2012—2013 年间环境技术效率增长率达到 12.98%。

表 2　2002—2016 年我国全国及各类型 Malmquist – Luenberger 指数及其分解

年度	全国			高效率型			高环境型			效率增长型			效率落后型		
	ML 指数	MLEFFCH 指数	MLTECH 指数	ML 指数	MLEFFCH 指数	MLTECH 指数	ML 指数	MLEFFCH 指数	MLTECH 指数	ML 指数	MLEFFCH 指数	MLTECH 指数	ML 指数	MLEFFCH 指数	MLTECH 指数
2002 – 2003	1.0249	0.9784	1.1214	1.0343	0.8084	1.6852	1.0107	1.1087	0.9401	1.0454	1.0133	1.0396	1.0060	0.9580	1.0639
2003 – 2004	0.9899	0.9951	1.0063	1.0270	1.0708	0.9745	0.9617	0.9875	0.9801	0.9846	0.9496	1.0446	0.9920	1.0159	0.9891
2004 – 2005	1.0025	0.9603	1.0838	1.0462	0.8434	1.4792	0.9622	1.0552	0.9150	1.0079	0.9484	1.0694	0.9959	0.9802	1.0159
2005 – 2006	1.0139	0.9847	1.0309	1.0318	0.9918	1.0413	1.0201	0.9360	1.0951	1.0143	0.9954	1.0189	1.0048	0.9891	1.0158
2006 – 2007	1.0140	1.0636	0.9923	1.0210	0.9947	1.0270	0.9680	0.8513	1.1891	1.0231	1.1069	0.9501	1.0191	1.1225	0.9504
2007 – 2008	1.0438	0.9877	1.0686	1.1102	1.0099	1.0988	1.0061	1.0892	0.9279	1.0483	0.9752	1.0847	1.0289	0.9552	1.0925
2008 – 2009	1.0579	0.9923	1.0674	1.0963	0.9704	1.1307	1.0297	0.9975	1.0376	1.0578	0.9988	1.0592	1.0542	0.9918	1.0633
2009 – 2010	1.0897	0.9789	1.1329	1.0767	0.9909	1.0871	1.2405	0.9866	1.3304	1.0548	0.9721	1.0970	1.0744	0.9785	1.1137
2010 – 2011	1.0293	0.9965	1.0326	1.0156	1.0129	1.0050	0.9712	0.9848	0.9834	1.0583	1.0083	1.0500	1.0263	0.9831	1.0432
2011 – 2012	1.0833	0.9843	1.1039	1.0458	0.9926	1.0540	1.1873	0.9085	1.3015	1.0979	1.0206	1.0741	1.0445	0.9726	1.0799
2012 – 2013	1.0449	1.0131	1.0355	1.0443	1.0278	1.0200	0.9087	1.1298	0.8055	1.0727	0.9837	1.0879	1.0668	0.9946	1.0724
2013 – 2014	1.0472	1.0014	1.0461	1.0422	0.9936	1.0489	1.0513	1.0089	1.0437	1.0414	1.0046	1.0368	1.0534	0.9982	1.0551
2014 – 2015	1.0699	0.9959	1.0784	1.0090	1.0176	0.9923	1.0506	0.9995	1.0536	1.0754	0.9712	1.1154	1.0936	1.0114	1.0818
2015 – 2016	1.0584	0.9941	1.0651	1.1176	0.9772	1.1434	1.0805	1.0111	1.0694	1.0553	1.0009	1.0554	1.0320	0.9871	1.0448
平均值	1.0407	0.9947	1.0618	1.0513	0.9787	1.1277	1.0320	1.0039	1.0480	1.0455	0.9964	1.0559	1.0351	0.9956	1.0487

环境技术效率指数反映环境管理方法和管理结构的优劣，以及环境决策的正确与否等问题，而环境技术进步指数则反映环境改善技术的进步情况。由此判断，15 年来各个类型省域环境改善技术均有不同程度的进步，其中高效率型省域比较突出，这些城市经济发展水平高、国际化程度强，更加密切接触新兴科技，因此比其他城市技术进步水平高。高环境型与效率落后型省域主要位于我国的中西部地区，由于区位劣势以及区域竞争，造成这些地区对新兴技术的吸引力不足，拉大了与高效率型省域的差距。在环境管理与环境决策方面，高环境型省域由于其本身的环境优势，在绿色发展效率方面明显超越其他类型省域，而高效率型省域绿色发展效率的下降也主要来自环境管理方法的不足、管理结构的不合理以及环境决策的失误。

五、我国省域绿色发展效率差异因素分析

绿色发展效率的高低将全国30个省份划分成了四类，是什么作用造成省域间绿色发展效率差异？本章通过分类型具体分析影响绿色发展效率的因素，说明形成绿色发展效率省域差异的原因，并为不同类型省域提升绿色发展效率提供相应政策建议。

（一）数据选取与描述性统计

本文使用全国2002—2016年的省域数据分析绿色发展效率的影响因素，本文根据绿色发展效率相关的决定理论、前人的研究以及自己的思考确定因素选取。为了检验绿色发展效率与影响因素的关系，本文利用面板数据模型进行回归。

影响因素包括：第一，发展水平：Grossman et al.[19]（1991）研究发现人均GDP和环境污染指标间呈现倒“U”型关系，本文用不变价格人均GDP的对数以及人均GDP对数的平方，用来考察绿色发展效率和人均GDP之间的二次型关系；第二，产业结构：已有研究发现产业结构对绿色发展效率有显著影响（王兵等[2]，2010；朱承亮[6]，2012），因此本文用工业增加值占GDP比重表示产业结构，分析各类型省域产业结构对绿色发展效率的影响；第三，能源结构：我国当前大力提倡“节能减排”工作，其中以煤炭为主体的能源结构优化也是各地方政府实现“节能减排”工作的措施之一（朱承亮[6]，2012），本文用折合标准煤的煤炭消费量占能源消费量比重表示能源结构，考察地区能源结构对绿色发展效率的影响；第四，外资依存度：中国加入WTO以来，外资引进不断增长，同时引入的先进技术与管理经验都对经济增长形成巨大拉动作用，而这些作用对当地环境污染是正向改进作用还是存在负向——“污染天堂”假说（Copeland et al.[20]，1994）？本文用实际利用外资占GDP比重表示外资依存度，以检验外资增长对环境的影响作用；第五，环境管理能力：中国经济发展过程中伴随有巨大的环境代价，因此需要重视环境管理，环境管理主要来自政府与企业，对这两者的研究有利于认清两者在环境治理中的作用，本文用排污费收入占工业增加值比重表示政府的环境管理能力，工业二氧化硫去除率表示企业的环境管理能力；第六，环境水平：环境水平作为外部因素对绿色发展效率有直接影响，为了防止内生性，本文选取与生活、生产息息相关同时与经济效率

无关的空气质量指标，考虑数据可得性最终选取省会城市 PM10 作为省域环境水平的代表。

本文数据来源于 2003—2017 年《中国统计年鉴》《中国环境统计年鉴》《中国能源统计年鉴》以及各省域历年统计年鉴。具体变量统计描述见表 3。

表 3　各变量统计描述

变量名	变量含义	具体计算方法	均值	标准差	最小值	最大值
lnpgdp	地区人均 GDP 对数值	地区实际人均 GDP 取对数值	9.8556	0.7924	7.9226	11.5639
plnpgdp	地区人均 GDP 对数平方	地区实际人均 GDP 取对数值平方	97.7600	15.6107	62.7680	133.7241
industry	产业结构	工业增加值/地区 GDP	39.4294	7.9659	13.3746	53.0361
fdi	外资依存度	实际利用外资/地区 GDP	36.0286	30.4846	1.0569	176.9565
energy	能源结构	折合标准煤的煤炭消费量/能源消费量	95.7595	33.9134	25.4215	199.3838
govern	政府环境管理能力	排污费收入/工业增加值	14.1051	9.8291	0.8821	88.1201
company	企业环境管理能力	工业 SO_2 去除量/（去除量 + 排放量）	42.9069	22.6532	3.5955	86.0943
environment	环境水平	省会城市 PM10	108.7444	32.5353	30	305

（二）结果分析

本文运用面板数据回归，分别从全国层面以及四种类别省域进行回归，分析不同层面绿色发展效率的影响因素，由此知晓绿色发展效率差异的形成原因，便于为改进绿色发展效率提出有针对性的政策指导，具体估计结果见表 4。

表 4　不同类型省域绿色发展效率影响因素

	(1) 全国	(2) 高效率型	(3) 高环境型	(4) 效率增长型	(5) 效率落后型
lnpgdp	−1.2967*** (−9.24)	−2.1153*** (−5.29)	−1.0494*** (−3.37)	−1.6241*** (−3.88)	−1.0685*** (−7.28)

续表

	(1) 全国	(2) 高效率型	(3) 高环境型	(4) 效率增长型	(5) 效率落后型
plnpgdp	0.0732*** (10.22)	0.1115*** (5.38)	0.0612*** (3.93)	0.0900*** (4.30)	0.0618*** (8.20)
industry	-0.1215*** (-2.93)	0.2610* (1.97)	-0.1791** (-2.17)	-0.2502*** (-2.99)	-0.1720*** (-3.55)
fdi	0.0066 (0.82)	0.0599** (2.70)	0.0020 (0.15)	0.0210 (1.04)	0.0016 (0.17)
energy	-0.0383 (-1.24)	0.0465 (0.81)	-0.1692** (-2.56)	-0.0403 (-0.63)	-0.0157 (-0.42)
govern	-0.0224* (-1.94)	-0.0961*** (-2.86)	-0.0357 (-1.07)	0.0080 (0.29)	-0.0305** (-2.27)
company	0.0158* (1.70)	-0.0197 (-0.83)	-0.0141 (-0.47)	0.0553*** (2.98)	0.0019 (0.16)
environment	-0.0052 (-0.22)	-0.1999** (-2.42)	0.0043** (2.23)	-0.0077 (-0.16)	-0.0510* (-1.87)
cons	6.8181*** (10.82)	10.4204*** (5.98)	6.4485*** (4.35)	8.6419*** (4.32)	6.058*** (9.47)
N	450	60	60	165	165
F/Wald	969.52***	19.27***	275.74***	230.87***	639.42***
Within R^2	0.7005	0.8751	0.9121	0.6274	0.8290
Hausman	9.50	19.27	8.90	15.42	4.77
备注	随机效应	固定效应	随机效应	随机效应	随机效应

注：() 中为 t 值检验值，*，**，*** 代表显著性水平为 10%，5%，1%。

第一，绿色发展效率与经济增长存在明显的正“U”型曲线，并且现阶段经济增长对绿色发展效率具有明显抑制作用。全国层面与四大类型省域对人均GDP 的回归结果均显著为负，对人均 GDP 平方的回归结果均显著为负。“库兹涅茨倒 U 型曲线”表示环境污染指标与人均 GDP 的关系，不同于污染指标绿色发展效率为正向指标，因此本文的正“U”型曲线恰好能够证明“环境库兹涅茨曲线”假说。说明现阶段经济增长还是以绿色发展效率降低为代价，一旦达到拐点，经济增长将有利于绿色发展效率的提高。

第二，产业结构对高效率型省域的绿色发展效率具有促进作用，对其他省域以及全国层面具有抑制作用。这表明在节能减排约束下的产业结构调整能够显著提高绿色发展效率。自 2002 年以来，高效率型省域工业产业占比呈明显下降趋势，高环境型、效率增长型与效率落后型省域在 2012 年以前呈上升趋势，之后出现小幅下降。截止到 2016 年，高效率型省域工业产业占比明显低于其他省域。可见我国各省域仍需加大对产业结构的调整力度。

第三，外资依存度在高效率型省域对绿色发展效率具有显著促进作用，在其他省域并不显著。“污染天堂”假说认为，发达国家的环境规制水平严格高于发展中国家，因此存在大量 FDI 集中到发展中国家的污染密集型部门；但也有一些学者认为，FDI 的投入主要受东道国经济、政治以及法律的影响，环境规制政策几乎没有影响。本文的研究结果发现，FDI 对绿色发展效率具有显著的正向作用，这与王兵等[2]（2010）的结论一致。同时，这个正向影响主要作用于高效率型省域，这些省域的外贸依存度显著高于其他省域，外国投资的增加会带来更多先进的技术与管理理念，可以有效促进绿色发展效率的提升，由此可见，高效率型省域较高的绿色发展效率水平与外贸依存度的优越不无关系。

第四，能源结构对绿色发展效率的影响在高环境型省域中具有显著负影响，在其他省域中作用不显著。这类型省域中内蒙古与宁夏的煤炭消费结构突出，因此，这两个城市需要大力发展新型能源，改善以煤炭为主的能源结构，提高节能减排效果，保持本地区的高绿色发展效率发展。

第五，政府环境管理能力与绿色发展效率负相关，其中全国层面、高效率型以及效率落后型省域影响显著。说明政府对环境污染的管理急需改进，需要对现有排污费政策进行重新设计和改革。其中效率增长型省域政府环境管理能力与绿色发展效率有促进作用但不显著，以浙江、福建、广西为代表，政府加大环境污染治理力度，对绿色发展效率提高产生积极效果。可见，加大政府的环境治理强度对绿色发展效率提高有重要意义。

第六，企业环境管理能力对绿色发展效率有促进作用，在全国层面与效率增长型省域中影响显著。意味着企业的管理能力对绿色发展效率有显著影响，相较于政府环境管理能力的负向影响，企业的环境管理作用是至关重要的，因此在今后的节能减排中，各地区应该大力发挥企业环境管理的积极性。

第七，环境水平对绿色发展效率的作用不同，主要呈现负向作用，其中高效率型和效率落后型省域作用显著，仅有高环境型省域对绿色发展效率有显著促进作用，这个结果与高环境型省域绿色发展效率突出有直接关系。2013 年以来，“雾霾”一词进入中国人的视野，当年在北京仅有 5 天不是雾霾天。有报告显示，中国 500 个大中型城市中，只有不到 1% 的城市达到世界卫生组织推荐的空气质量标准，与此同时，世界上污染最严重的 10 个城市有 7 个在中国，因此空气质量的提高迫在眉睫。

六、我国省域绿色发展效率空间差异因素分析

在对中国 30 个省域的分类中，效率增长型与效率落后型有显著的空间关联性，因此本文运用空间杜宾面板模型分析这两类省域绿色发展效率空间差异。本文采用 2002—2016 年面板数据，建立静态空间与动态空间杜宾面板模型，分别考察全国层面、效率增长型与效率落后型发展水平、产业结构、外贸依存度、能源结构、政府与企业的环境管理能力以及环境水平对绿色发展效率的作用机制。

（一）模型构建与变量选取

静态分析，采用空间杜宾面板模型：

$$SBM_{it} = \beta X_{it} + \delta WX_{it} + \alpha_i + v_t + \varepsilon_{it}$$

Elhorst[21]（2015）指出动态空间模型中空间和时间上滞后的误差模型无短期效应与间接效应，动态空间误差模型无间接效应，动态空间杜宾模型则都包含，因此，本文采用动态空间杜宾面板模型：

$$SBM_{it} = \gamma SBM_{it-1} + \beta X_{it} + \delta WX_{it} + \alpha_i + v_t + \varepsilon_{it}$$

其中 i 表示省份，t 表示时间，α_i 为个体固定效应，v_t 为时间固定效应，误差 ε_{it} 项服从 N（0，σ^2）分布，W 为空间权重矩阵，本文选取空间距离权重矩阵 $\omega_{ij} = \begin{cases} 1/d^2 & i \neq j \\ 0 & i = j \end{cases}$，其中 d 为两地区地理中心位置之间的球面距离。SBM_{it} 与 SBM_{it-1} 表示当期与滞后一期的绿色发展效率值，X_{it} 表示研究的影响因素，与第五部分一致。

（二）空间自相关性检验

第 103 页表 5 给出了 2002—2016 年历年绿色发展效率（SBM）的莫兰指数

(Moran's I) 检验结果。结果显示，在 2002—2016 年省域绿色发展效率的 Moran's I 值均为正值且均通过了显著性检验，这意味着省份之间的绿色发展效率存在非常显著的空间相关性，说明考虑地理距离差异来分析绿色发展效率尤为重要。

表 5 SBM 空间自相关性检验

	Moran's I	z		Moran's I	z
2002	0.383***	3.049	2010	0.301***	2.566
2003	0.207**	1.854	2011	0.276***	2.375
2004	0.277***	2.378	2012	0.105*	1.372
2005	0.297***	2.462	2013	0.243**	2.099
2006	0.254**	2.127	2014	0.226**	1.963
2007	0.140*	1.391	2015	0.180 *	1.629
2008	0.264**	2.335	2016	0.164*	1.511
2009	0.348***	2.98			

注：*，**，***分别表示通过了 10%，5%，1% 水平下的显著性检验。

（三）空间估计结果与分析

本文通过空间静态与动态面板模型研究绿色发展效率的空间影响因素，分别对全国层面、效率增长型省域以及效率落后型省域的绿色发展效率进行分析。如第 104 页表 6 所示，静态与动态空间面板模型的估计结果——系数符号与显著性方面基本相似，这说明考虑地理距离和空间溢出效应对绿色发展效率因素分析是有必要的。需要说明的是，静态空间面板模型中的空间溢出系数 ρ 显著高于动态空间面板的空间溢出系数，尤其在考虑绿色发展效率一阶滞后变量后，滞后一阶在三个模型中均通过了 10% 水平下的显著性检验且都为正值。这说明静态空间面板模型忽视了绿色发展效率本身的影响效果，原因在于绿色发展效率的一阶滞后项能将影响绿色发展效率的因素，从空间结构因素的影响中分离出来，从而使静态空间面板模型带来的偏差得以矫正，也反映了各个省域绿色发展效率的动态性、连续性特征。因此，本文着重解释动态空间面板模型。

表 6　空间杜宾面板模型估计结果

SBM	全国		效率增长型		效率落后型	
	静态	动态	静态	动态	静态	动态
SBM_{-1}		0.2282**		0.3567*		1.4581**
		(2.08)		(1.70)		(2.61)
ln*pgdp*	-1.0203***	-1.1848***	-1.3055***	-0.9752***	-0.4389*	-0.5757***
	(-5.57)	(-5.86)	(-8.45)	(-4.84)	(-1.72)	(3.03)
*p*ln*pgdp*	0.0590***	0.0676***	0.0737***	0.0555***	0.027*	0.0327***
	(6.39)	(6.47)	(10.34)	(5.41)	(-1.72)	(-3.03)
industry	-0.1024**	-0.1828***	-0.1269***	-0.1283**	-0.01723	-0.1301***
	(-2.08)	(-3.73)	(-2.79)	(-2.21)	(-0.35)	(3.18)
fdi	0.0015	0.0097	0.0281***	0.0169***	-0.0055	-0.0223***
	(0.18)	(1.01)	(-2.73)	(-2.69)	(-0.92)	(-3.22)
energy	-0.0355	-0.034	0.002	0.0381	-0.0221	-0.0564**
	(-1.14)	(-0.96)	(0.06)	(1.05)	(0.92)	(-2.40)
govern	-0.0461***	-0.042***	-0.0005	-0.0538***	-0.0173*	-0.0239**
	(-3.77)	(-2.78)	(-0.05)	(-3.51)	(1.77)	(-2.20)
company	0.0382***	0.0504***	0.0294**	0.0289**	0.0047	0.0099
	(3.78)	(4.17)	(2.03)	(2.61)	(0.71)	(1.23)
environment	-0.0533*	-0.0282	-0.0068	-0.0572***	-0.0324**	-0.0694***
	(-1.89)	(-0.98)	(-0.34)	(-3.03)	(2.06)	(3.73)
W＊ln*pgdp*	-0.6183*	-833.1295*	-0.7296**	-21482.08***	-1.5794*	-29271.9***
	(-1.77)	(1.89)	(-2.00)	(4.59)	(-1.72)	(-5.18)
W＊*p*ln*pgdp*	0.0306*	27.7538*	0.0398**	1094.90***	0.0905*	1551.265***
	(1.74)	(-1.71)	(2.14)	(-4.29)	(1.69)	(5.46)
W＊*industry*	-0.0081	-2755.17*	-0.1013	-7839.41**	-0.2341	-1788.69**
	(0.07)	(-1.74)	(-1.09)	(-2.07)	(-0.57)	(-2.28)
W＊*fdi*	0.0450**	291.4156	0.0350*	2403.8***	-0.0064	-112.2844
	(2.08)	(0.71)	(1.87)	(-3.04)	(-0.42)	(0.39)
W＊*energy*	-0.0257	-850.642	-0.0023	-11662.9	-0.1112*	-365.111***
	(-0.29)	(0.67)	(-0.04)	(-0.29)	(-1.81)	(-4.29)
W＊*govern*	-0.0931***	-635.328**	-0.086**	-5545.19***	-0.0098	-923.873**
	(-3.76)	(-2.25)	(-2.32)	(-3.18)	(-0.52)	(-2.11)

续表

SBM	全国		效率增长型		效率落后型	
	静态	动态	静态	动态	静态	动态
*W * company*	0.0349	28.4895	0.0503*	2051.222**	0.0113	683.844
	(1.49)	(-0.08)	(1.81)	(2.41)	(0.49)	(-1.43)
*W * environment*	0.1099**	198.7960	0.0982*	3322.447**	0.0614**	279.171
	(2.49)	(-0.03)	(1.91)	(2.48)	(-2.29)	(0.59)
ρ	0.3732***	5.53e-07***	0.3411***	4.52e-07***	0.2841***	4.49e-07***
	(5.32)	(7.05)	(3.74)	(5.83)	(2.90)	(-3.82)
$Adj\ R^2$	0.7071	0.7080	0.8449	0.8864	0.8597	0.8702
Log*L*	516.2100	559.6278	294.8744	327.3855	208.3736	326.6676
观测值	450	450	165	165	165	165

注：*，**，*** 分别表示通过 10%，5%，1% 水平下的显著性检验；括号内为 t 统计量。

如表 6 所示，空间回归与非空间回归结果影响效果基本一致，考虑空间因素后，影响因素的显著性更高。其中外资依存度的作用方向与非空间回归结果相反，非空间回归中高效率省域的外资依存度对绿色发展效率有显著促进作用，空间回归中效率增长型省域与高效率型省域结果一致，然而效率落后型省域的外资依存度对绿色发展效率存在显著负向作用。三种省域的影响差距，说明国外投资的产业选取随着省域之间的经济发展水平、产业发展阶段等因素差异而有所区别，因此在经济发展水平相对落后、产业结构发展不合理的这些省域依旧存在“污染天堂”假说，国外投资在高污染产业集中，因此导致绿色发展效率的降低。

空间权重的加入有利于考察地区之间的影响：第一，相邻省份的人均 GDP 对本地区绿色发展效率影响显著，且支持“环境库兹涅茨曲线”假说，即相邻省份的人均 GDP 与本地区绿色发展效率呈“U”型曲线，非空间回归中同样证明人均 GDP 与绿色发展效率满足“环境库兹涅茨曲线”假说，因此说明地区间绿色发展效率存在正向促进作用；第二，相邻省份的产业结构对本地区绿色发展效率有显著负影响，环境污染在地区间传播，相邻地区工业发展带来的环境污染会影响到本地区环境状况，但工业发展带来的效率提升并不便于传播，因此相邻地区产业不断发展，本地区绿色发展效率下降；第三，相邻省份的外资依存度对本地区绿色发展效率有显著影响，其中全国层面与效率增长型省域有促进作用，对绿色发展效率的促进作用大于其他区域对绿色发展效率的抑制作用，效率增长型省域存在显著抑制作用，由于国外投资作用于产业结构，因此与产业结构变动带来的影响一致，效率落后型省域的影响并不显著，这是由于效率落后型省域拥有较低外资依存度；第四，在效率落后型省域中，相邻省份能源结构对本地区绿色发展效率有显著抑制作用，由于其中大部分省域拥有丰富的能源存储，能源开采对环境极易造成损害，环境污染物的传播性，造成他们对临近省域绿色发展效率的显著影响；第五，相邻省域政府环境管理能力对本地区绿色发展效率有显著抑制作用，由于全国各地政府决策的相似性，造成了空间效果与非空间效果的一致性；第六，在效率增长型省域中相邻省域企业环境管理能力对本地区绿色发展效率有显著促进作用，这些省域凭借较强发展潜力，吸引较多优秀企业入驻，不断促进本地区绿色发展效率提升，同时技术、环境的跨区域传播，使临近地区绿色发展效率也同步提升；第七，相邻省域的环境水平对本地区绿色发展效率有显著促进作用，空气环境特殊的传播性，更易于影响绿色发展效率的高低。

七、结论与政策建议

本文运用非期望超效率 SBM 模型对我国 30 个省域 2002—2016 年的绿色发展效率进行测算，绿色发展效率均值由高到低将 30 个省域划分为高环境型（海南、青海、宁夏、内蒙古）、高效率型（北京、天津、上海、广州）、效率增长型（江苏、福建、江西、浙江、吉林、重庆、辽宁、甘肃、广西、黑龙江、山东）、效率落后型（安徽、新疆、陕西、湖南、河南、贵州、山西、湖北、云南、四川、河北）四类省域，通过测算 Malmquist - Luenberger 指数及其分解，分析这四类省域绿色发展效率出现差异的原因，最后运用非空间面板回归、静态与动态空间杜宾面板模型，考察了各个不同类型省域的发展水平、产业结构、能源结构、外资依存度、环境管理能力等因素对绿色发展效率的影响。

不同类型省域的研究结果：第一，高效率型省域以直辖市为主，有政策的优先发展带来绿色发展效率高速增长，在 2016 年均达到生产前沿面，对绿色发展效率的推动主要来源于技术进步。这些省域产业结构、外资依存度对绿色发展效率具有促进作用，政府环境管理能力与环境水平对绿色发展效率具有显著抑制作用。第二，高环境型省域凭借优异的环境水平，促使绿色发展效率一直以来保持高水平发展，不同于其他类型省域，该类型省域技术进步不足，绿色发展效率的提高主要来源于技术效率。这些省域只有环境水平对绿色发展效率有促进作用，产业结构与能源结构对绿色发展效率存在显著抑制作用。第三，效率增长型省域主要分布在沿海地区，凭借地理优势，吸引外资带动技术进步，助力绿色发展效率以高增长率不断提升。这些省域外资依存度、企业环境管理能力对绿色发展效率具有促进作用，产业结构、政府环境管理能力与环境水平对绿色发展效率具有显著抑制作用，环境水平在地区间有促进作用。第四，效率落后型省域分布于中西部地区，由于沿海地区对环境保护的重视，高能耗、高污染产业逐渐向中西部地区转移，加大这些区域的环境压力，促使绿色发展效率增长缓慢。这些地区产业结构、外资依存度、能源结构、政府环境管理能力以及环境水平对绿色发展效率都有显著抑制作用。

为了提高不同地区的绿色发展效率，实现地区生态环境与经济增长效率的协调发展，对不同地区提出以下建议：

首先，北京、天津、上海、广州作为高效率型省域，一是应保持技术进步、产业结构优化、外资依存度高带来的经济快速发展；二是凭借自身区位优势，带动周边地区绿色发展效率同步提高，北京、天津带动京津冀地区，上海带动长三角地区，广州带动珠三角地区，扩大高效率型省域范围。但是，当前高效率型省域面临严重的空气污染问题，并且政府对环境污染治理不够，因此需要提高政府环境治理的能力，政府需要对现有的排污费政策进行重新设计和改革，并且强化民众环境保护意识，促进环境改善。

其次，海南、青海、宁夏、内蒙古作为高环境型省域，首要任务是保护当地环境现状，这些省域应以环境保护为重，经济发展以“增绿”“护蓝”为基础，为子孙后代留下可持续发展的“绿色银行”；其次大力发展第三产业，并规范第三产业发展，在带动经济增长的同时加大环境保护力度，协调好经济发展与环境保护的关系；最后宁夏与内蒙古应减少资源开采，优化资源使用结构，减少污染排放。

再次，主要分布在沿海地区的效率增长型省域，一是利用地理资源优势，吸引扩大外资流入，合理有效提高外资利用率，结合当地外资投入，优化地区产业结构，使环境有效提升；二是转变政府职能，为企业发展提供便利，并鼓励企业提高环境保护投入，重视企业在节能减排中的作用，加强对企业污染物排放的管制，提高企业管理污染物排放的能力。

最后，位于中西部地区的效率落后型省域，一是重视产业结构调整，加快产业结构升级，促进第三产业发展，同时工业化省域应强化实施新型工业化道路，发展先进制造业，降低工业化对绿色发展效率的影响；二是重视资源环境代价问题，以节能减排为重点，注重对能源的保护以及对能源的集中利用，在提高能源使用效率的同时，大力发展新型能源，减少对煤炭资源的利用，以实现对能源结构的优化，达到节能减排的目标；三是政府应加强对国外投资的筛选与管理，不应盲目吸引国外投资，应更加注重国外投资与产业政策调整、市场资源配置等因素的相互促进。

参考文献

[1] 胡鞍钢，郑京海，高宇宁，等. 考虑环境因素的省级技术效率排名（1999—2005）[J]. 经济学（季刊），2008（4）：933-960.

[2] 王兵，吴延瑞，颜鹏飞. 中国区域环境效率与环境全要素生产率增长 [J]. 经济研究，2010（5）：95-109.

[3] 张伟，吴文元. 基于环境绩效的长三角都市圈全要素能源效率研究 [J]. 经济研究，2011（10）：95-109.

[4] 杨龙，胡晓珍. 基于 DEA 的中国绿色经济效率地区差异与收敛分析 [J]. 经济学家，2010（2）：46-54.

[5] 刘瑞翔，安同良. 资源环境约束下中国经济增长绩效变化趋势与因素分析——基于一种新型生产率指数构建与分解方法的研究 [J]. 经济研究，2012（11）：34-47.

[6] 朱承亮，安立仁，师萍，等. 节能减排约束下我国经济增长效率及其影响因素——基于西部地区和非期望产出模型的分析 [J]. 中国软科学，2012（4）：106-116.

[7] 钱争鸣，刘晓晨. 中国绿色经济效率的区域差异与影响因素分析 [J]. 中国人口·资源与环境，2013，23（7）：104-109.

[8] 常建新，姚慧琴. 西部地区环境－经济效率实证研究——基于非期望产出的 SBM 模型分析 [J]. 内蒙古农业大学学报（社会科学版），2011，13（5）：83-86.

[9] 钱争鸣，刘晓晨. 我国绿色经济效率的区域差异及收敛性研究 [J]. 厦门大学学报（哲学社会科学版），2014（1）：110-118.

[10] 陈诗一. 中国的绿色工业革命：基于环境全要素生产率视角的解释（1980—2008）[J]. 经济研究，2010（11）：21-34.

[11] 涂正革. 环境、资源与工业增长的协调性 [J]. 经济研究，2008（2）：93-105.

[12] TONE K. A Slacks - based Measure of Efficiency in Data Envelopment Analysis [J]. European Journal of Operational Research, 2001, 130（3）：498-509.

[13] TONE K. A Slacks - based Measure of Super - efficiency in Data Envelopment Analysis [J]. European Journal of Operational Research, 2002, 143（1）：32-41.

[14] CHARNES A, COOPER W W, RHODES E. Measuring the Efficiency of Decision Making Units [J]. European Journal of Operational Research, 1978（2）：331-332.

[15] TONE K. Dealing with Undesirable Outputs in DEA: A Slacks - based Measure (SBM) Approach [R]. 日本オペレーションズ? リサーチ学会春季研究発表会アブストラクト集，2004.

[16] CHUNG Y H, F? RE R, GROSSKOPF S. Productivity and Undesirable Outputs: A Directional Distance Function Approach [J]. Journal of Environmental Management, 1997（51）：229-240.

[17] 张军，吴桂英，张吉鹏. 中国省际物质资本存量估算：1952—2000 [J]. 经济研究，2004（10）：35-44.

[18] 单豪杰. 中国资本存量 K 的再估算：1952—2006 年 [J]. 数量经济技术经济研究，2008，25（10）：17-31.

[19] GROSSMAN G M, KRUEGER A B. Environmental Impacts of a North American Free Trade Agreement [R]. NBER Working Papers, 1991, No. W3914.

[20] BRIAN R, COPELAND M, TAYLOR S. The Quarterly Journal of Economics [J]. North - South Trade and the Environment, 1994, 109（3）：755-787.

[21] ELHORST J P. 空间计量经济学——从横截面数据到空间面板 [M]. 肖光恩，译. 北京：中国人民大学出版社，2015：134-139.

第六章 转换成本、晋升激励和经济增长质量

李 勇 任保平*

摘 要 本文从经济增长质量的角度探讨了转换成本、晋升激励和高质量发展之间的关系。通过一个理论模型证明：转换成本对于经济增长质量的提高具有阻碍作用。除此之外，转换成本对于经济增长质量的阻碍作用还受到晋升激励的影响。当转换成本较大时，晋升激励对经济增长质量的促进作用较小；反之，则较大。进一步，本文还构建了转换成本的指标，并借助2000—2016年中国257个地市级非平衡面板数据对转换成本与地方增长质量的关系进行了实证检验，结果证实了以上结论。因此，识别各地区经济增长质量的约束条件，降低地方政府的转换成本，才是提升增长质量，摆脱质量困局的关键。

关键词 转换成本；不一致性；晋升激励；增长质量

一、引 言

十九大报告指出，中国的经济发展进入了新时代，其基本特征就是我国已由高速增长阶段转向高质量发展阶段①。而从高质量发展的内涵来看，转变增长

* 李勇，四川南充人，西北大学经济管理学院副教授，经济学博士，博士后，研究方向为经济增长与转型；任保平，教育部人文社科重点研究基地——西北大学中国西部经济发展研究中心主任、西北大学研究生院院长，教育部长江学者特聘教授，教授、博士生导师，主要研究方向为中国经济增长质量与发展的政治经济学。

① 在最近召开的十九大和中央经济工作会议上，习近平总书记明确指出："中国的经济发展已经进入了新时代，基本特征就是我国经济已由高速增长阶段转向高质量发展阶段，必须坚持质量第一、效益优先，以供给侧结构性改革为主线，推动经济发展质量变革。"

方式，提高增长质量无疑是推动发展质量变革，实现高质量发展的重要途径（任保平，2018）。目前，中国各地区的经济增长质量有了一定程度的提高，但在总体上还远远低于经济增长数量。不仅如此，中国各地区的经济增长质量还存在着较大差异，东部地区的经济增长质量较高，中西部则较低（钞小静等，2011；魏婕等，2012）。可以看出，中国经济增长的数量和质量具有"不一致"性，表现出明显的"高数量、低质量"特征（刘海英等，2006；任保平等，2012）。尽管党和政府在尽管党和政府在众多的正式和非正式场合强调了转变增长方式，提高经济增长质量的必要性，但提高经济增长质量，实现经济增长方式从粗放型向集约型的转变仍然存在着"理论上重要、实践中滞后"的不对称情形①。那么，回顾过去的经济增长"奇迹"，分析制约经济增长质量提高的关键因素，便成为摆在政府和学术界面前的一个棘手问题。

一个普遍的观点是：分权和晋升激励是理解中国改革开放以来快速经济增长的重要原因。与苏联的垂直机会管理模式不同（U 型经济结构），中国的计划经济管理模式是"条—块"结合的管理模式（M 型经济结构）（Qian et al.，1993）。在 M 型经济结构下，中央政府向地方政府的"分权"不仅硬化了中央政府对国有企业的预算约束，还为地方政府提供了市场化激励，保证和促进了地区市场化进程，是中国和俄罗斯经济的改革绩效出现巨大差异的重要原因（Qian et al.，1997；Qian et al.，1998），相关的实证研究（Lin et al.，2000；Jin et. al，2005）等也证实了财政分权对与经济增长所起的积极作用。然而，财政分权在促进地方经济增长的同时，还同时引起了"重复建设""市场分割"和"地方保护"等负面效应题，地方政府也从"援助之手"变成了"攫取之手"（陈抗等，2002）。Blanchard et al.（2001）发现，与俄罗斯的经济分权不同，中国的经济分权与政治集权相结合。在这种模式下，地方政府拥有管理辖区事物的财权和事权，中央政府则拥有通过政绩考核来任命、奖惩地方官员的绝对权力，这创造了一个类似于"晋升锦标赛"的激励结构，极大地促进了地方官员

① 在理论和政策层面，转变增长方式，提高经济增长质量得到了政府和学界的足够重视。早在"九五"规划的制定时期，政府便明确提出要转变增长方式，实现经济从粗放型向集约型的转变。自此以后，党和政府多次在正式和非正式场合提高转变增长方式，提高增长质量的重要性。与此形成鲜明对比的是：提升增长质量在实践层面的推进还较为缓慢，以绿色 GDP 的推行为例，2004 年 9 月 1 日国家环保总局（今环境保护部）便发出公告，中国绿色 GDP 的核算体系框架已初步建立，在 2006 年 9 月 7 日，国家环保总局（今环境保护部）和国家统计局联合发布了《中国绿色国民经济核算研究报告（2004）》，但至此之后便再未发布。

推动经济增长的积极性（周黎安，2007）。沿着这个思路，更多的研究文献（Cai et al.，2004；Li et al.，2005）还发现，经济上的分权还不足以构成地方经济发展的全部激励，经济上的分权和政治上的集权才能发挥分权所带来的经济收益并限制地方保护主义。经济分权和政治集权对地方政府最重要的影响渠道是标尺竞争。与西方国家地方政府“自下而上”的标尺竞争不同，中国的地方政府不是对下负责，而是对上负责。在政治集权和政绩考核机制下，中央政府拥有奖惩地方官员的权力，这使得地方政府每年不仅要保证 GDP 的高增长，还要关注根据 GDP 等相关指标的排名，这为地方政府促进经济增长提供了极大的激励，在客观上形成了一种基于上级政府评价的“自上而下”的标尺竞争，是 1978 年以来中国经济快速增长的又一重要原因（周黎安，2004；王永钦等，2007）。

通过对上述文献的梳理可以发现，财政分权和晋升激励对于理解过去的经济增长“奇迹”是十分重要的，但一个不容忽视的事实却是：中国的快速经济增长是在传统的“粗放型”增长模式下取得的，具有要素价格扭曲、资源配置抵消、技术进步贡献和发展质量较低等问题（吴振球等，2013；赵文军等，2014）[①]。那么随之而来的一个疑问便是：分权和晋升激励（Young，2000；Li et al.，2005；Chen et. al，2005；周业安，2003；刘瑞明，2007；徐现祥等，2007）既然可以提高经济增长速度，却为什么不能提高经济增长质量呢？部分文献分析了分权和晋升激励对于经济增长的负面效应，其结论认为，财政分权造成了中央政府和地方政府的利益“不一致”，地方政府官员为了在晋升锦标赛中可以胜出，常常是通过“以邻为壑”（而不是合作）的方式争夺经济资源，进一步使得地区市场被“零碎化”和“细分化”，这不仅导致了严重的市场分割，还同时使得经济增长具有不可持续性。从增长质量看，韩晶、张新闻（2016）发现，就全国层面而言，GDP 增长仍然是官员晋升的主要因素。分地区而言，东部地区的官员晋升则开始受到绿色增长目标（发展质量）的影响，且相较于

① 还有学者分析了经济增长（发展）质量提高的原因。例如，钞小静等（2008）通过实证研究发现，体现经济转型的市场化率、城市化率和工业化率与经济发展质量之间存在着正相关关系，陈丹丹等（2010）也发现，有效的制度变迁与经济发展质量之间存在着长期均衡关系。然而，从时间维度看，我国的经济转型和制度变迁是在不断推进的，但经济发展质量却在进入新常态以来提升缓慢；从截面维度看，如果转型和制度变迁是重要的，那么经济发展质量和增长数量应该是同步提高的，不会出现“不一致”性。因此，转型和制度变迁对经济发展质量的解释是存在着缺陷的。

GDP 增长的影响更为显著。究其原因，魏婕等（2016）认为，由于任期限制，地方政府官员会在有限时间内对政治激励——“晋升激励”做出强烈的反应，其基本手段是通过利用财政倾斜来提高经济增长的数量，从短期和显性释放体现自身能力的信号以获取竞争优势，而对着眼于长期的经济发展质量缺乏兴趣。因此，地方政府官员的“财政偏向”激励越高，发展质量越低①。以上文献从“分权”和“晋升激励”的角度对中国经济的“高数量、低质量”进行了解读，可以成为理解中国经济发展质量为什么较低的逻辑基础。但我们应该注意到，中国各地区的发展质量还是存在着差异的。既然每个地方政府面临着相同财政偏向激励，均具有牺牲长期（质量）目标实现短期（增长）目标的冲动，那么各地区的经济发展质量又为什么存在着差异？

一个可行的思路便是转换成本。其中，转换成本被定义为地方政府放弃传统增长方式，并通过提升增长质量的方式来实现晋升收益时所需支付的成本②。由于地方政府提升经济增长质量的初始条件面临着差异，这导致地方政府提升经济增长质量的转换成本也同时存在着差异，进一步决定了地方政府提升增长质量的努力水平存在着“异质性”。本文通过一个理论模型证明，如果转换成本不存在差异，晋升激励可以很好地提升地方增长质量。与之相对应，当转换成本存在差异时，转换成本越大的地区，通过提升地方增长质量来实现晋升收益的努力水平越小，最终所实现的经济增长质量也越低。因此，转换成本（而不是财政偏向激励）才是提升地方增长质量的关键。这个研究视角不仅可以解释经济增长数量与质量的“不一致”性，还可以分析经济增长质量的地区差异。

本文剩余的部分安排如下：第二部分通过构建理论模型证明转换成本对于地方增长质量的影响；第三部分利用相关数据构建转换成本的指标，并对转换成本与地方增长质量的关系进行实证检验；第四部分得出结论和相应的启示。

二、理论模型

在分权和晋升激励的背景下，中央政府和地方政府通过“委托—代理”方

① “财政偏向”激励被定义为地方政府通过牺牲长期（质量）目标换取短期（增长）目标的激励。

② 早在 20 世纪 80 年代，经济学家便注意到转换成本对企业市场竞争所产生的影响。当一名消费者结束当前供应商关系，而转向新的供应商时，转换成本便产生了。根据尹威等（2016）对已有研究的回顾，转换成本可以分为转移成本、学习成本、利益丧失成本、关系丧失成本、不确定性成本和心理成本六类。而从提升增长质量的角度来看，转换成本源于投资的不可逆性（沉淀成本）、学习成本、不确定性成本和利益丧失成本等方面。

式构成提升地方增长质量的主体。由于提升增长质量面临的初始条件存在着差异，这导致地方政府提升增长质量的转换成本和努力水平也同时存在着差异。那么，在信息不对称的前提下，提升地方增长质量不仅面临着“激励”问题，还同时面临着“信息”问题。

（一）模型初始环境描述

本文考虑如下的经济环境：首先，中央政府委托地方政府进行生产，进而实现 q 单位的经济增长质量，中央政府从 q 单位的经济增长质量中获得效用 $S(q)$，且满足 $S'>0$，$S''<0$。其次，地方政府提升经济增长质量面临着转换成本。其中，转换成本函数（C）被定义为：$C(\theta,e)=\theta eq(\theta,e)$。其中，$\theta$ 和 e 分别为边际转换成本和努力水平。再次，由于存在着信息不对称，中央政府无法观察到地方政府提升经济增长质量的转换成本和努力程度，但以下事实是双方的共识，即：$\theta\in[\underline{\theta},\bar{\theta}]$，$e\in[\underline{e},\bar{e}]$，其累计分布函数为 $F=F(\theta,e)$，概率密度则为 $f(\theta,e)>0$，且满足 $\frac{\partial f(\theta,e)}{\partial\theta}\leqslant 0$，$\frac{\partial f(\theta,e)}{\partial e}>0$ ①；（3）地方增长质量（q）被定义为：$q=(\theta,e)$。最后，地方政府的效用函数（U）被定义为：$U=U(\theta,e)=t[q(\theta,e)]-\theta eq(\theta,e)$。其中，$t[q(\theta,e)]$ 为地方政府提升经济增长质量的晋升收益。

根据图 1 所示，此博弈的时间线为：在阶段 1，地方政府首先获取了提升经济增长质量的边际转换成本（θ）（构成了地方政府的私人信息）；随后在阶段 2 和 3，中央政府提供一组晋升契约 $\{\tilde{t}(q)\}$，供地方政府选择；在阶段 4，地方政府根据中央政府提供的激励契约执行努力水平 e，并最终在阶段 5 实现增长质量，进一步获得相应的晋升收益 $t(q)$。

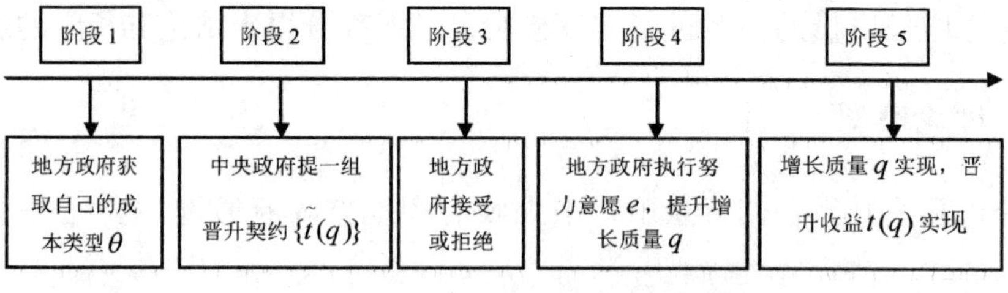

图 1　地方政府提升增长质量的博弈结构

① 这个假定说明：提升经济增长质量的转换成本越大，努力水平越低，实现高质量增长的可能性便越小。

在连续情形下，地方政府提升经济增长质量的参与约束可以被表示为：

$$U(\theta,e) \geqslant 0 \tag{1}$$

假设存在着一个真实的显示机制 $\{q(\tilde{\theta},\tilde{e}),t(\tilde{\theta},\tilde{e})\}$，那么式（2）成立，即：

$$\{\tilde{\theta},\tilde{e}\} \in \operatorname{argmax}\{t[q(\tilde{\theta},\tilde{e})] - \theta eq(\tilde{\theta},\tilde{e})\}\ \forall(\theta,\tilde{\theta}) \in \Theta^2,(\tilde{e},e), \in \Omega^2 \tag{2}$$

根据式（2），可以解得真实显示机制的一阶条件：

$$\begin{cases} \dfrac{\partial t(\tilde{\theta},\tilde{e})}{\partial \tilde{\theta}} - \theta e \dfrac{\partial q(\tilde{\theta},\tilde{e})}{\partial \tilde{\theta}} = 0 \\ \dfrac{\partial t(\tilde{\theta},\tilde{e})}{\partial \tilde{e}} - \theta e \dfrac{\partial q(\tilde{\theta},\tilde{e})}{\partial \tilde{e}} = 0 \end{cases} \tag{3}$$

为了使真实的显示机制成为最优的机制，对于所有的 θ 和 e，还必须满足：

$$\begin{cases} \dfrac{\partial t(\theta,e)}{\partial \theta} - \theta e \dfrac{\partial q(\theta,e)}{\partial \theta} = 0 \\ \dfrac{\partial t(\theta,e)}{\partial e} - \theta e \dfrac{\partial q(\theta,e)}{\partial e} = 0 \end{cases} \tag{4}$$

同时，局部的二阶条件仍然是必要的，即：

$$\frac{\partial^2 t(\theta,e)}{\partial \theta^2} - \theta e \frac{\partial^2 q(\theta,e)}{\partial \theta^2} \leqslant 0 \tag{5}$$

对式（4）求微分，还可以得到：

$$\frac{\partial q(\theta,e)}{\partial \theta} \leqslant 0 \tag{6}$$

式（6）说明，转换成本与对经济增长质量具有抑制作用，转换成本越高，增长质量越低。同时，式（4）和（6）构成了一个局部的激励相容约束，它确保了地方政府在局部上会真实显示自己的偏好。利用式（3）和（4）还可以证明：

$$\{t[q(\theta,e)] - \theta eq(\theta,e)\} - \{t[q(\tilde{\theta},\tilde{e})] - \theta eq(\tilde{\theta},\tilde{e})\}$$

$$= \theta[q(\tilde{\theta},\tilde{e}) - q(\tilde{\theta},e)] + q(\tilde{\theta},e)(\theta - \tilde{\theta}) - \int_{\tilde{\theta}}^{\theta} q(\theta,e)\mathrm{d}\theta \geqslant 0, \forall \theta \in (\underline{\theta},\bar{\theta}),$$

$$e \in (\underline{e},\bar{e}) \tag{7}$$

这保证了局部的激励相容约束同时还是全局的激励相同约束。因此，式（4）和（6）便构成了最终的激励相容约束。

进一步，我们使用 $U = U(\theta,e) = t[q(\theta,e)] - (\theta + e)q(\theta,e)$ 代替转移支付，

局部的激励相容可以被表示为：

$$\frac{\partial^2 U(\theta,e)}{\partial\theta\partial e} = -q(\theta,e) = e\frac{\partial q(\theta,e)}{\partial\theta} \tag{7}$$

在利用 $U(\bar{\theta},\underline{e}) = U(\bar{\theta}) = U(\underline{e}) = 0$，可以解得：

$$U(\theta,e) = \int_{\underline{e}}^{e} eq(\theta,e)\mathrm{d}e\text{(且满足}\frac{\partial U(\theta,e)}{\partial\theta} \leqslant 0\text{ 和}\frac{\partial U(\theta,e)}{\partial e} \geqslant 0\text{)} \tag{8}$$

$$t(\theta,e) = \theta eq(\theta,e) + \int_{\underline{e}}^{e} eq(\theta,e)\mathrm{d}e\text{(且满足}\frac{\partial t(\theta,e)}{\partial\theta} \leqslant 0\text{ 和}\frac{\partial t(\theta,e)}{\partial e} \geqslant 0\text{)} \tag{9}$$

因此，地方政府的激励相容约束便可以被表示为：

$$\begin{cases}\dfrac{\partial^2 U(\theta,e)}{\partial\theta\partial e} = -q(\theta,e) - e\dfrac{\partial q(\theta,e)}{\partial\theta} \\ \dfrac{\partial q(\theta,e)}{\partial\theta} \leqslant 0\end{cases} \tag{10}$$

那么，中央政府的优化问题便可以被表述为：

$$\max_{\{U(\cdot),q(\cdot)\}}\int_{\underline{\theta}}^{\bar{\theta}}\int_{\underline{e}}^{\bar{e}}\{S[q(\theta,e)] - \theta eq(\theta,e) - U(\theta,e)\}f(\theta,e)\mathrm{d}\theta\mathrm{d}e$$

$$\text{s.t.}\ \frac{\partial^2 U(\theta,e)}{\partial\theta\partial e} = -q(\theta,e) - e\frac{\partial q(\theta,e)}{\partial\theta} \tag{11}$$

$$\int_{\underline{e}}^{e}\frac{\partial q(\theta,e)}{\partial\theta}f(\theta,e)\mathrm{d}e \leqslant 0 \tag{12}$$

$$U(\theta,e) \geqslant 0 \tag{13}$$

首先利用式（11）和（12）求解上述规划问题，构造 Hamilton 函数：

$$\begin{aligned}H(q,U,\lambda,\theta,e) = &\{S[q(\theta,e)] - \theta eq(\theta,e) - U(\theta,e)\}f(\theta,e)\\ &-\lambda[q + e\frac{\partial q(e,\theta)}{\partial\theta}]\end{aligned} \tag{14}$$

其中，λ 为共状态变量，U 为状态变量，q 为控制变量。

由最优化控制原理，得：

$$\dot{\lambda} = \frac{\partial H}{\partial U} = f(\theta,e)\text{(且满足横截面条件 }\lambda(\underline{\theta},\bar{e}) = 0\text{)} \tag{15}$$

对式（15）积分，得：

$$\lambda(\theta,e) = \int_{\underline{\theta}}^{\theta}\int_{\underline{e}}^{\bar{e}} f(\theta,e)\mathrm{d}\theta\mathrm{d}e \tag{16}$$

对 $q(\cdot)$ 求导，则再利用式（16），则最优化条件为：

$$\frac{\partial S[q^{SB}(\theta,e)]}{\partial q} = \theta e + \frac{\int_{\underline{\theta}}^{\theta}\int_{\underline{e}}^{\bar{e}} f(\theta,e)\mathrm{d}\theta\mathrm{d}e}{f(\theta,e)}\left(且满足\frac{\partial q(\theta,e)}{\partial \theta} \leqslant 0 和\frac{\partial q(\theta,e)}{\partial e} \geqslant 0\right) \tag{17}$$

而在不存在转换成本差异的条件下，最优条件则退化为：

$$\frac{\partial S[q^{SB}(e)]}{\partial q} = e + \frac{\int_{\underline{e}}^{\bar{e}} f(e)\mathrm{d}e}{f(e)}\left(且满足\frac{\partial q(e)}{\partial e} \geqslant 0\right) \tag{18}$$

相应的保留效用和转移支付水平为：

$$U(e) = \int_{\underline{e}}^{e} eq(e)\mathrm{d}e\left(且满足\frac{\partial U(e)}{\partial e} \geqslant 0\right) \tag{19}$$

$$t(e) = eq(e) + \int_{\underline{e}}^{e} eq(e)\mathrm{d}e\left(且满足\frac{\partial t(e)}{\partial e} \geqslant 0\right) \tag{20}$$

通过式（8）、（9）、（19）和（20）可以发现：第一，在不存在边际转换成本差异的条件下，“激励”问题成为地方增长质量提升的核心问题，地方政府努力提升经济增长质量，获得晋升收益。且晋升收益越大，地方政府提升经济增长质量的效用越强，努力水平也越高（$\frac{\partial U(e)}{\partial e} \geqslant 0$ 和 $\frac{\partial t(e)}{\partial e} \geqslant 0$），最终实现的经济增长质量也越高（$\frac{\partial q(e)}{\partial e} \geqslant 0$），即：$t\uparrow \to U\uparrow \to e\uparrow \to q\uparrow$。

第二，如果提升经济增长质量的边际转换成本存在着差异，提升经济增长质量将不仅面临着“激励”问题，还同时面临着“信息”问题。随着边际转换成本的增大，地方政府提升经济增长质量的转移支付和效用水平减小[①]（$\frac{\partial U(\theta,e)}{\partial \theta} \leqslant 0$ 和 $\frac{\partial t(\theta,e)}{\partial \theta} \leqslant 0$），从而导致地方政府提升经济增长质量的努力水平较低（$\frac{\partial t(\theta,e)}{\partial \theta} \geqslant 0$ 和 $\frac{\partial U(\theta,e)}{\partial e} \geqslant 0$），最终导致实现的经济增长质量也较低（$\frac{\partial q(\theta,e)}{\partial e} \geqslant 0$ 和 $\frac{\partial q(\theta,e)}{\partial \theta} \leqslant 0$），即：$\theta\uparrow \to U\downarrow \to t\downarrow \to e\downarrow \to q\downarrow$。

根据式（6）和以上讨论可以发现：转换成本与经济增长质量间存在着负相关系。如果不考虑地方政府提升经济增长质量的转换成本，通过提供晋升收益

① 边际转换成本越大意味着花费相同的努力，实现高水平的增长质量的概率较低，即：地方政府提升经济增长质量的风险较高。

将提高地方政府提升经济增长质量的努力水平，并最终实现合意的经济增长质量；与之相对应，在转换成本存在着差异的前提下，转换成本的差异性决定了地方政府质量激励的“异质性”。随着边际转换成本的增大，地方政府提升经济增长质量的效用水平和转移支付越低，地方政府改善经济增长质量的意愿也较小，最终导致所实现的地方经济增长质量较低。当边际转换成本较大时，充分有效的激励（晋升激励）也不会提高地方增长质量。

根据以上讨论，本文提出以下可供验证的研究命题：

命题1：地方政府提升增长质量的转换成本越大，地方增长质量也越低。

命题2：当转换成本较小时，晋升激励对地方增长质量的促进作用较高；反之，晋升激励对地方增长质量的促进作用较小。

三、实证分析

（一）变量定义和数据来源

本文主要讨论转换成本、晋升激励和发展质量之间的关系。为了证明第二部分的研究命题，我们筛选的样本为2000—2015年全国257个地市级的非平稳面板数据进行实证检验。其中，经济发展质量，转换成本以及控制变量的相关数据来源于2001—2015年的《中国城市统计年鉴》，市委书记和市长的资料来源于人民网的“各地副省级、地级城市（地区、州、县、盟）”领导库资料、信美网的“中国地市领导简历库”、军政在线网的“各地区历任书记库”以及通过百度、谷歌搜索整理的市级领导简历和地方工作报告整理而得。所有数据均以2000年为基期，将相关指标的价格指数进行了剔除，具体的核算方法如下表所示：

表1　指标选取、变量定义和具体计算方法

变量性质	变量名称	变量含义	具体计算方法
被解释变量	*Qua*	经济增长质量	使用ML指数核算GTFP。其中，投入指标为资本、劳动力和能源投入，“好”产出为GDP，“坏”产出为SO_2和COD。
核心解释变量	*Compe*	晋升竞争强度	官员更替比例折算
	Co－getter	晋升激励虚拟变量	虚拟变量，未来没有晋升作为参照组

续表

<table>
<tr><th>变量性质</th><th colspan="2">变量名称</th><th colspan="2">变量含义</th><th colspan="3">具体计算方法</th></tr>
<tr><td rowspan="8"></td><td rowspan="8">Tc</td><td rowspan="3">Etc</td><td rowspan="8">转换成本</td><td rowspan="3">要素转换成本</td><td>Ktc</td><td>资本/GDP</td><td rowspan="8">利用主成分分析方法核算出最后的转换成本分指数和总指数</td></tr>
<tr><td>Ltc</td><td>城镇年末单位从业人员/GDP</td></tr>
<tr><td>Etc1</td><td>能源消费量/GDP</td></tr>
<tr><td rowspan="2">Gtc</td><td rowspan="2">政府转换成本</td><td>Soe1</td><td>国有单位固定资产投资额/固定资产投资额</td></tr>
<tr><td>Soe2</td><td>国有单位就业人数/职工总人数</td></tr>
<tr><td rowspan="3">Stc</td><td rowspan="3">结构转换成本</td><td>Tx</td><td>固定资产投资率/消费率</td></tr>
<tr><td>Gap</td><td>非农部门劳均生产率/农业部门劳均生产率</td></tr>
<tr><td>Indop</td><td>第三产业产值/第二产业产值</td></tr>
<tr><td rowspan="5">控制变量</td><td colspan="2">Hc</td><td colspan="2">人力资本投资</td><td colspan="3">普通高校人数/总人口</td></tr>
<tr><td colspan="2">Highway</td><td colspan="2">交通基础设施</td><td colspan="3">（公路＋铁路货运量）总货运量</td></tr>
<tr><td colspan="2">Ubr</td><td colspan="2">城市化水平</td><td colspan="3">非农人口数/总人口</td></tr>
<tr><td colspan="2">Open</td><td colspan="2">开放度</td><td colspan="3">进出口总额/GDP</td></tr>
<tr><td colspan="2">Pergdp</td><td colspan="2">人均 GDP</td><td colspan="3">人均 GDP 取对数</td></tr>
</table>

选取的变量包括：

1. 被解释变量

本文的被解释变量为经济增长质量（Qua），通过绿色全要素生产率（GTFP）表示，选取该变量的理由如下：第一，从增长方式转变的定量文献来看，部分学者（吴振球等，2013；赵文军等，2014）利用全要素生产率（TFP）来衡量经济增长方式转变。由于增长方式转变和提高增长质量具有一致性，故可以使用 TFP 来衡量经济增长质量。第二，从经济增长质量的内涵来看，对于经济增长质量的度量有广义和狭义之分，狭义的经济增长质量主要指经济增长效率（卡马耶夫，1977；沈利生等，2005），广义的经济增长质量则包含了更广泛的内容，除了经济增长效率外，还包括经济增长结构、经济增长稳定性、福利变化与成果分配、生态环境代价和国民素质等五个方面（钞小静等，2011）。尽管近来的学者（Barro，2002；刘树成，2007；魏婕等，2016）更多从广义的角度出发定义经济增长质量，但本文主要从政府和企业的角度出发，故从狭义视角定义经济增长质量是较为合适的。第三，传统增长方式的资源环境代价较大，使用GTFP来衡量经济发展质量有利于消除资源环境对于TFP的"高估"。因此，本文参照王兵等（2010）研究学者的方法，利用ML（Malmquist - Luenberger）指数计算GTFP。在利用ML指数计算GTFP时，投入指标包括资本[1]、劳动力和资源投入［采用能源消费量（万吨标准煤）表示］，"好"产出为GDP，"坏"产出则遵循了王兵等（2010）和朱承亮等（2012）的研究，选取了SO_2和COD。

2. 核心解释变量

（1）晋升激励：主要包括晋升竞争强度（Compe）和晋升激励虚拟变量（Co - getter）两个指标。具体来说：第一，晋升竞争强度（Compe）：在中国独特的"晋升锦标赛"模式下，政府官员之间的更换频率是非常高的。更换越频繁，地方官员的晋升压力便越大，其便越有可能提升经济增长质量。因此，晋升竞争强度是反映晋升激励的一个重要变量。对于地市级晋升竞争强度变量的构造，我们采用了刘佳等（2012）的研究做法，具体为：对某年某市级政府官员而言，如果该市当年没有发生官员替换，那么该官员感受到的晋升激励竞争强度便可以被表示为当年所在省份市级政府官员更换总人数除以全省市级政府官员总人数；与之相对应，如果该市当年发生了官员更替，晋升激励强度可以被表示为当年所在省份市级官员更替总人数减去所在市官员更换人数，再除以全省市级政府官员总人数。而从"晋升锦标赛"的激励范围来看，上一级政府均是将下一级政府的党政"一把手"作为激励对象（王贤彬等，2008，2010），故本文构造的样本只考虑市委书记和市长，那么全省市级官员人数应该是该省所辖市的2倍。具体为：假定某省下辖市数量为N，第t年该省下辖的i市官员更替人数为X_{it}，那么在第t年该省下辖的第i市官员的晋升激励强度便可以被表示为：$Compe_{it} = \frac{\sum_{i=1}^{N} X_{it} - X_{it}}{2N}$。第二，晋升激励虚拟变量（Co - getter）：晋升收益的实现需要以实现晋升为前提，因此，我们选取晋升激励虚拟变量进行反映。具体做法为：从某市某年来看，如果当时的政府官员在未来成功晋升，我们便将该市在这一年赋值为1，否则为0。在这里我们还需要对市委书记和市长的晋升进行界定：当市委书记成为省长、副省长、省委常委或省长助理时，我们视

① 资本投入的基础数据为各地市每年的固定资本形成总额，并使用"永续盘存法"进行计算。

该市委书记成功晋升；当市长成为市委书记、省直部门、直属机构或局负责人时，我们视该市长得到晋升。但需要注意的是，当市长晋升为省人大、政协主席和顾问委员会主任等职务时，这种职务晋升更多是一种“荣誉”肯定（退居二线），故我们视这种情况为没有晋升。

（2）转换成本：转换成本被定义为地方政府放弃传统增长方式，提升经济增长质量所需要投入的成本。根据相关文献的讨论，我们主要构造了要素、政府和结构转换成本三个二级指标后，再利用主成分分析方法（PCA）进行合成，最终核算出转换成本指标，具体来说：第一，要素转换成本。普遍的观点（彭宜钟等，2014；曾铖等，2015）认为，传统的增长方式是粗放型的经济增长方式，具有高投入、高消耗、高污染和低效率等特点。那么，转变增长方式主要是实现增长方式由粗放型向集约型的转变，完成经济从高投入、高消耗、高污染和低效率向低投入、低消耗、低污染和高效率的转变。根据这个理解，我们使用资本产出比、劳动产出比和能源产出比这三个指标进行衡量[①]。第二，政府转换成本。在传统的增长模式下，政府控制着大量资源，在政绩考核和增加税收的激励下，政府会偏好税收高、GDP 成效明显的重化工产业，间接产生了“重复建设”和地区市场分割。因此，经济增长方式转变的核心在于转变政府职能（吴敬琏，2004；杜传忠，2006）。基于这个理解，我们使用国有经济比重衡量政府转换成本，具体使用国有经济固定资产比重和国有经济就业比重两个指标进行衡量。第三，结构转换成本。从宏观的层面看，增长方式的转变还包括结构转型。于是，本文使用二元经济结构（具体用二元对比系数进行衡量）、产业高级化程度和投资消费结构三个变量反映结构转换成本。其中，二元对比系数和投资消费结构为正指标，产业高级化程度为负指标。

3. 控制变量

本文选取的控制变量为人力资本（Hc）、开放度（Open）、交通基础设施（Highway）、城市化水平（Ubr）和人均 GDP（Pergdp）五个指标，以分别控制人力资本、开放因素、基础设施和需求因素对于经济增长质量的影响。

本文样本为 2000—2015 年全国 257 个地市级的非平稳面板数据。其中，经济增长质量，转换成本以及控制变量的相关数据来源于 2001—2015 年的《中国

① 即：资本、劳动和能源产出比越高，要素转换成本越大。

城市统计年鉴》，市委书记和市长的资料来源于人民网的“各地副省级、地级城市（地区、州、县、盟）”领导库资料、信美网的“中国地市领导简历库”、军政在线网的“各地区历任书记库”，以及通过百度、谷歌搜索整理的市级领导简历和地方工作报告整理而得。所有数据均以 2000 年为基期，将相关指标的价格指数进行了剔除，相关变量的描述性统计结果如表 2 所示：

表 2　描述性统计结果

变量名称	均值	标准差	最大值	最小值
Qua	6. 5521	10. 0921	18. 1827	-11. 0721
Etc	0. 8318	2. 3177	1. 0633	0. 2511
Gtc	1. 8936	3. 1841	2. 5794	0. 6112
Stc	2. 1718	3. 1623	5. 3611	0. 9634
Tc	2. 7749	3. 4899	4. 2022	0. 4622
Compe	0. 4725	0. 1819	0. 7147	0. 2052
Co - getter	0. 4214	0. 4018	1	0
Hc	0. 5874	0. 1824	0. 7042	0. 4923
Highway	0. 2832	0. 0418	0. 3824	0. 2172
Ubr	0. 1258	0. 0273	0. 1127	0. 0302
Open	0. 4216	0. 2897	0. 7417	0. 2629
Pergdp	7. 2413	5. 8804	18. 9217	6. 0651

（二）检验模型

1. 静态面板模型

我们首先构造静态面板模型证明转换成本对经济增长质量的影响，具体为：

$$y_{it} = \mu_i + \alpha_i X_{it} + \sum_j \alpha_j * Control_{jt} + \varepsilon_{it} \tag{21}$$

式（21）中，y_{it}为被解释变量（经济增长质量），μ_i 为不随时间变化的不可观测效应（具体包括固定效应和随机效应两种类型，可以通过 Hauseman 检验判定），X_{it}为核心解释变量（转换成本），$Control_{jt}$为影响被解释变量的其他控制变量，ε_{it}为参差。

2. 面板门槛回归模型

为了证实晋升激励对于经济增长质量的影响，本文利用面板门槛回归模型进行估计，具体为：

$$y_{it} = \mu_i + \theta_1 x_{it} I_t(q_i \leqslant \gamma) + \theta_2 x_{it} I_i(q_i > \gamma) + \sum_{j=1}^{n} \alpha_j Control_{jt} + \varepsilon_{it} \tag{22}$$

其中，x_{it}为核心解释变量晋升竞争强度（Compe）和晋升激励虚拟变量（Co－getter），q_i门槛变量转换成本（Tc），γ为门槛值并将上述样本分割为两组，$I_i(\gamma)=\{q_i\leqslant\gamma\}$为指示函数，当$q_{1i}\leqslant\gamma$时，$I_i(\gamma)=1$，否则为0，$\theta_1$、$\theta_2$和$\alpha_j$门限值$\gamma$分别为待估参数。

（三）实证分析

1. 转换成本与经济增长质量的关系检验

通过构造的相关指标，本文利用式（21）首先检验转换成本与经济增长质量的关系，具体结果如表3所示：

表3　转换成本与经济增长质量的估计结果

	Qua					
	(1)	(2)	(3)	(4)	(5)	(6)
Etc	－0.4824		－0.2688***		－0.1177***	
Gtc	－0.5174		－0.3392***		－0.2124***	
Stc	－0.4402		－0.3382***		－0.2087***	
Tc		－0.8617		－0.7902***		－0.4021***
Hc			0.0274**	0.0413***	0.0102**	0.0117***
Highway			0.1423***	0.1321***	0.1288***	0.1255***
Ubr			0.2017**	0.4421**	0.1022***	0.0988***
Open			－0.0247	－0.0129	－0.0112	－0.0029
Pergdp			0.0821**	0.1207**	0.0332***	0.0127***
L_ Qua			0.2107**	0.2249***	0.1029***	0.1142**
Cons	0.6637	2.1128	1.0521*	－0.8892	1.6728***	5.8209***
时间效应	no	no	no	no	no	no
地区效应	yes	yes	yes	yes	yes	yes
Within R^2	0.3374	0.4127	0.6638	0.7013		
F Test	100.24***	98.21***	112.08***	101.92***		
Hauseman Test	68.38***	56.25***	70.28***	78.17***		
Sargan Test	24.66	(1.000)	26.29	(1.000)		
AR（1）Test	5.8748	(0.0473)	8.2274	(0.0273)		
AR（2）Test	0.6738	(0.6122)	0.4299	(0.7911)		
估计模型	FE	FE	FE	FE	SYS－GMM	SYS－GMM

注：***，**，*分别代表1%，5%和10%的显著性水平。

我们首先估计了方程（1）和（2）。通过 F 检验和 Hauseman 检验，本文选择了固定效应模型。从模型的估计系数来看，要素转换成本（Etc）、政府转换成本（Gtc）、结构转换成本（Stc）和转换成本（Tc）的估计系数均不显著。鉴于此，本文进一步加入控制变量估计了方程（3）和（4）（以避免“遗漏变量”引起的“内生性”），反映转换成本 3 个指标的估计系数在 1% 的水平上显著为负。最后，为了剔除“双向因果关系”所产生的内生性，我们加入了地方增长质量的滞后项，并以核心解释变量（转换成本）的滞后一期和二期为工具变量借助 GMM 模型估计了方程（5）和（6）。由于模型中使用了多个工具变量，故我们首先利用 Sargan 检验模型中是否存在“过度识别”问题。Sargan 检验的 P 值为 1.00，说明模型中不存在过度识别，故选取的工具变量是较为合理的。AR（1）和 AR（2）检验模型中存在一阶自相关，但不存在二阶自相关，可以接受扰动项无自相关的原假设，使用 SYS - GMM 的估计结果是较为可信的。仔细观察核心解释变量的估计系数，可以发现其在 1% 的水平上显著为负，说明转换成本对于提升经济增长质量具有阻碍作用（转换成本每增加 1 个单位，将导致经济增长质量下降 0.7902 个单位），这说明要素价格的程度越严重，矫正要素价格，提高增长质量的转换成本便越大，进一步导致地方政府提升增长质量的晋升收益和努力程度降低，最终所实现的地方增长质量也较低，即：命题 1 得证。

控制变量的回归结果中，人力资本（Hc）、交通设施（Highway）、城市化水平（Ubr）和人均收入水平（Pergdp）等对地区增长质量的提升具有正向作用。其中，人力资本和交通设施反映了供给因素对于增长质量的正向影响，城市化水平、人均收入反映了需求因素对于经济增长质量提升的正向影响。开放度的系数则不显著，说明长久以来我们的贸易模式仍然没有走出“加工贸易”的模式，其对增长质量产生了负面的影响。

2. 晋升激励对经济增长质量的门槛效应检验

通过第二部分的分析，本文还发现，转换成本的存在使得晋升激励对提升经济增长质量具有门槛效应，故我们利用式（22）进行门槛效应检验。

在估计门槛回归方程前，首先具有估计门槛值（γ）。门槛值的估计估计方法为“格子搜索法”（Grid Search）。具体做法为：第一步，对计算出的转换成本（Ltc、Ktc 和 Tc）指标进行升序排列，并忽略到前后 10% 的估计值；第二步，选取经过升序排列后的转换成本指标作为门槛变量，进一步利用式（22）进行回归方程估计，并获取其残差；第三步，利用“自助抽样法”（Boostrap）进行门槛效应检验（本文重复次数为 3000 次），借此确定门槛效应是否存在，具体如下表所示：

表 4　门槛效应检验

变量	H_0	H_1	Wald F 统计量	LR 统计量	结论
Compe (*Etc*)	无门槛效应	1 个门槛	28.471 (0.000)	3.264 (0.027)	拒绝 H_0
	1 个门槛	2 个门槛	16.151 (0.047)	4.832 (0.039)	拒绝 H_0
	2 个门槛	3 个门槛	4.357 (0.364)	20.327 (0.241)	接受 H_0
Co－getter (*Etc*)	无门槛效应	1 个门槛	30.274 (0.000)	2.673 (0.014)	拒绝 H_0
	1 个门槛	2 个门槛	20.147 (0.007)	5.012 (0.049)	拒绝 H_0
	2 个门槛	3 个门槛	4.661 (0.293)	21.387 (0.258)	接受 H_0
Compe (*Gtc*)	无门槛效应	1 个门槛	23.832 (0.000)	3.081 (0.024)	拒绝 H_0
	1 个门槛	2 个门槛	18.992 (0.031)	4.185 (0.043)	拒绝 H_0
	2 个门槛	3 个门槛	4.263 (0.207)	23.114 (0.276)	接受 H_0
Co－getter (*Gtc*)	无门槛效应	1 个门槛	30.261 (0.000)	1.827 (0.011)	拒绝 H_0
	1 个门槛	2 个门槛	20.364 (0.002)	3.028 (0.020)	拒绝 H_0
	2 个门槛	3 个门槛	6.274 (0.124)	18.326 (0.107)	接受 H_0
Compe (*Stc*)	无门槛效应	1 个门槛	26.332 (0.000)	1.702 (0.010)	拒绝 H_0
	1 个门槛	2 个门槛	22.729 (0.001)	2.883 (0.019)	拒绝 H_0
	2 个门槛	3 个门槛	7.043 (0.092)	17.306 (0.101)	接受 H_0
Co－getter (*Stc*)	无门槛效应	1 个门槛	28.983 (0.000)	1.428 (0.009)	拒绝 H_0
	1 个门槛	2 个门槛	24.632 (0.000)	2.635 (0.016)	拒绝 H_0
	2 个门槛	3 个门槛	7.361 (0.089)	20.383 (0.151)	接受 H_0
Compe (*Tc*)	无门槛效应	1 个门槛	32.118 (0.000)	2.335 (0.014)	拒绝 H_0
	1 个门槛	2 个门槛	18.363 (0.017)	3.442 (0.027)	拒绝 H_0
	2 个门槛	3 个门槛	5.286 (0.188)	21.386 (0.204)	接受
Co－getter (*Tc*)	无门槛效应	1 个门槛	28.354 (0.000)	2.883 (0.019)	拒绝 H_0
	1 个门槛	2 个门槛	16.254 (0.021)	4.862 (0.038)	拒绝 H_0
	2 个门槛	3 个门槛	2.174 (0.326)	28.669 (0.304)	接受

通过门槛效应检验可以发现，在转换成本的影响，晋升竞争强度（Compe）、晋升激励虚拟变量（Co－getter）和经济增长质量（Qua）存在着明显的门槛效

应，说明我们利用面板门槛模型进行估计是较为合理的。具体的门槛估计值为：

表5 门槛估计值汇总

方程	门槛估计值	方程	门槛估计值
(7)	(0.17，0.38)	(11)	(0.22，0.47)
(8)	(0.23，0.46)	(12)	(0.37，0.58)
(9)	(0.33，0.46)	(13)	(0.28，0.56)
(10)	(0.46，0.67)	(14)	(0.22，0.48)

在估计出具体的门槛估计值后，便可以得出门槛回归方程，具体为：

表6 门槛回归估计结果

		Qua							
		(7)	(8)	(9)	(10)	(11)	(12)	(13)	(14)
Cons		4.221**	3.88	6.031**	4.561	2.087*	3.092**	2.998***	
Compe (*Etc*)	(0.03, 0.17]	0.143**							
	(0.17, 0.38]	0.062**							
	(0.38, 0.76]	0.038							
Co-getter (*Etc*)	(0.03, 0.33]		0.287***						
	(0.33, 0.46]		0.114*						
	(0.46, 0.76]		-0.062						
Compe (*Gtc*)	(0.05, 0.33]			0.337***					
	(0.33, 0.46]			0.142					
	(0.46, 0.82]			0.075					
Co-getter (*Gtc*)	(0.05, 0.46]				0.439**				
	(0.46, 0.67]				0.226*				
	(0.67, 0.82]				0.081				
Compe (*Stc*)	(0.07, 0.22]					0.324**			
	(0.22, 0.47]					0.245			
	(0.47, 0.73]					0.057			
Co-getter (*Stc*)	(0.07, 0.37]						0.347***		
	(0.37, 0.58]						0.261*		
	(0.58, 0.73]						0.173		

续表

		Qua							
		(7)	(8)	(9)	(10)	(11)	(12)	(13)	(14)
Compe (*Tc*)	(0.06, 0.28]							0.314***	
	(0.28, 0.56]							0.162**	
	(0.56, 0.83]							-0.103	
Co-getter (*Tc*)	(0.06, 0.22]								0.289***
	(0.22, 0.48]								0.201*
	(0.48, 0.83]								-0.102
控制变量	*Hc*	0.012***	0.026***	0.014***	0.054***	0.032***	0.042***	0.037***	0.022**
	Highway	0.137**	0.131***	0.132***	0.136***	0.161***	0.158***	0.103**	0.121**
	Ubr	0.471**	0.442***	0.326***	0.253*	0.337**	0.215**	0.438***	0.221***
	Open	-0.028	-0.143	-0.207	-0.332	-0.146	-0.201	-0.114	-0.121
	Pergdp	0.236***	0.361***	0.176**	0.119***	0.172***	0.073**	0.039**	0.201**
时间效应		No	no	No	no	no	no	no	no
地区效应		yes	yes	yes	yes	yes	yes	yes	yes
Adj R^2		0.624	0.673	0.702	0.725	0.742	0.712	0.664	0.527
F Test		80.82***	90.31***	68.78***	72.89***	60.98***	65.66***	63.81***	62.96***
Hauseman Test		23.88***	30.28***	35.15***	42.01***	32.01***	30.17***	33.92***	31.74***

表6列示了晋升激励与经济增长质量的门槛估计结果。我们首先以要素转换成本（Etc）为门槛变量估计了方程（7）和（8），根据估计结果可以发现：当要素转换成本较小时，晋升激励强度（Compe）和晋升激励虚拟变量（Co－getter）的估计系数在5%的水平上显著为正，说明此时提高晋升激励是可以提升地区经济增长质量；随着要素转换成本的增大，估计系数虽然仍然显著（估计精度有所下降），但晋升激励对于经济增长的正向促进作用有所下降（Compe的估计系数从0.143减小至0.062，Co－getter的估计系数由0.287降低至0.114）；随着要素成本的进一步增大，要素转换成本处于最高区间时（方程（7）的要素转换成本高于0.38，方程（8）高于0.46），Compe和Co－getter的估计系数便不再显著了，这主要是因为当要素转换成本较大时，地方政府要实现既定的质量水平需要付出更多的努力，巨大的转换成本不仅降低了地方政府的收益，进一步制约了地方政府的努力程度，故晋升激励在此时“无效”。不仅

如此，我们还以政府转换成本（Gtc）、结构转换成本（Stc）和总转换成本（Tc）为门槛变量重复方程（7）和（8）的估计，估计系数的变化趋势与方程（7）和（8）的变化趋势是相似的，从而说明当转换成本较大时，晋升激励对于增长质量的促进作用较小；反之，则较大，即：命题 2 得证。

3. 稳健性检验

官员任期也是晋升激励的一个重要变量（张军等，2007），故本文重复刘佳等（2012）构造官员任期的方法构造了官员任期的变量，以检验官员任期对于经济增长质量的影响。官员任期变量的构造方法如下：由于政府官员更替并没有固定的时间，故为了确保官员与年度数据相匹配，我们参照刘佳等（2012）的做法，认为如果官员在一年中的 1—6 月份上任，我们将该年记为该官员任职的第一年，如果官员在一年中的 7—12 月份上任，我们将该年的下一年记为该官员任职的第一年。

表 7 稳健性检验估计结果

		Qua			
		(7)	(8)	(9)	(14)
Cons	0.081	2.102*	1.992***	0.992	
Year (*Etc*)	(0.03, 0.26]	0.348**			
	(0.26, 0.54]	0.217***			
	(0.54, 0.76]	−0.157			
Year (*Gtc*)	(0.05, 0.39]		0.422***		
	(0.39, 0.61]		0.132*		
	(0.61, 0.76]		−0.098		
Year (*Stc*)	(0.07, 0.37]			0.319***	
	(0.37, 0.60]			0.112**	
	(0.60, 0.73]			0.049	
Year (*Tc*)	(0.06, 0.42]			0.257***	
	(0.42, 0.66]			0.104*	
	(0.66, 0.82]			0.057	
控制变量		控制	控制	控制	控制
时间效应		no	no	no	no
地区效应		yes	yes	yes	yes

续表

	Qua			
	(7)	(8)	(9)	(14)
Adj R^2	0.438	0.524	0.673	0.612
F Test	50.39***	80.21***	43.88***	44.74***
Hauseman Test	25.65***	32.74***	23.96***	33.25***

根据估计结果可以发现：当转换成本较低时，较长任期的政府官员更愿意提高经济增长质量；但随着转换成本的增加，官员任期对于经济增长质量的正面影响逐渐降低。随着转换成本的进一步提高，官员任期的估计系数便不再显著，与之前的分析结果一致。

四、结论及其启示

长久以来，转变增长方式，提高增长质量一直是困扰政府和学术界的棘手难题。从已有研究来看，在充分界定了经济增长质量的理论内涵和核算体系后，尽管我们对经济增长质量低下这一事实有了充分的认识，但引起经济增长质量低下的原因是什么，又应该如何破解现阶段的“质量困局”，进一步实现高质量发展呢？针对这个问题，本文从一个新的视角探讨了转换成本与经济增长质量的关系。通过构建理论模型我们发现：转换成本对提升增长质量具有阻碍作用。在转换成本的影响下，晋升激励对于经济增长质量还具有门槛效应：当转换成本较大时，晋升激励对于经济增长质量的促进作用较小（乃至失效），反之，则较大。进一步，我们还利用主成分分析方法构造了转换成本指标，对以上两个研究命题进行了实证检验，结果很好地证明了我们的结论，随后的稳健性分析也说明了本文研究结论的可信性。本文的结论为分析经济增长质量的制约因素提供了一个逻辑自洽的分析框架，可以很好地解释中国经济增长的“高数量、低质量”特征：从时间趋势来看，分权和晋升激励提高了地方政府提升经济增长的热情，推进了地区市场化进程，与改革开放之初的状态相比，转换成本已经有了很大程度的降低。因此，分权和晋升激励对于提升增长质量具有一定的积极作用。从地区特征来看，由于地区经济发展的差异，使得地方政府提升经济增长质量的初始条件存在着差异，进一步决定了提升增长质量的转换成本存在着差异。因此，地区增长质量表现出“东部高、中西部低”的区域特征。

回顾以往有关经济增长质量的研究结论可以发现，更多的结论通常将“低质量”的增长与经济发展阶段和我国经济发展的转型特征联系起来，认为随着发展阶段的跨越和市场化改革的逐步推进，经济增长质量的提升将是一个自然而然的过程，也同时决定了提升增长质量这一任务的长期性和艰巨性。对于这一理解固然没有争议，但在短期内我们应该做什么呢？从过去的经验来看，用刺激经济增长的方式（晋升激励）来提升经济增长质量仍然是中央政府促使地方政府推进经济增长质量的重要手段。但从本文的研究结论来看，当一个地区的转换成本较大时，晋升收益将因为巨大的转换成本被“稀释”，这将导致这些地区推进经济增长质量的热情不高，进而使得这一传统的“激励”方式失效。如果政府继续执着于这一方式（不是做对“成本”，而是做对“激励”），我们有理由预见在不远的将来增长质量也会出现“高者愈高，低者愈低”的质量“分化”趋势，这势必会对我们正在进行的“小康”社会和“现代化”建设形成严重的冲击。那么，随之而来的一个问题便是：应该如何克服转换成本，进而实现经济的高质量发展呢？首要的任务应该是转变发展观念，实现从“做对激励”向“做对成本”的转变。做对激励无疑是高速增长阶段的典型特征，但从近年来经济发展的实践来看，仅仅做对激励无助于经济增长质量的提高，反而会使落后地区的地方政府面临“以质量换速度”的巨大诱惑，这显然无助于高质量发展目标的实现。只有做对成本，实现在包含了转换成本后的“激励相容”，地方政府（尤其是落后地区的地方政府）才有意愿去提高增长质量。其次，从政府自身来看，应该明确政府职能，将“有为政府”落到实处。从过去的发展模式来看，政府往往热衷于为企业提供引导和激励（支持），从而实现经济发展数量。然而，在提高增长质量的过程中，转换成本主要存在于公共产品和外部性较大的领域，单单依靠“激励”和市场还不足以消除这些领域的转换成本。因此，政府职能必须明确，在公共产品和外部性较强的不能仅限于提供引导和激励，真正做到“有为”，唯有如此才能推动质量变革，实现高质量发展。

参考文献

[1] BARRO R J. Quantity and Quality of Economic Growth [R]. Working Papers from

Central Bank of Chile, 2002.
[2] BLANCHARD O, SHLEIFER A. Federalism with and without Political Centralization: China versus Russia [R]. IMF Staff Papers, 2001, 48: 171-179.
[3] CAI H, TREISMAN D. Did Government: Decentralization Cause China' s Economic Miracle [J]. World Politics, 2006, 58 (4): 505-535.
[4] JIN H, QIAN Y, WEINGAST B. Regional Decentralization and Fiscal Incentives: Federalism, Chinese Style [J]. Journal of Public Economics, 2005 (89): 1719-1742.
[5] LI H, ZHOU L. Political Turnover and Economic Performance: the Incentive Role of Personnel Control in China [J]. Journal of Public Economics, 2005, 89 (9/10): 1743-1762.
[6] LIN J Y, LIU Z. Fiscal Decentralization and Economic Growth in China [J]. Economic Development and Cultural Change, 2000, 49 (1): 1-21.
[7] QIAN Y Y, XU C G. Why China' s Economic Reforms Differ: the M – form Hierarchy and Entry/Expansion of the Non – State Sector [J]. The Economics of Transition, 1993, 1 (2): 135-170.
[8] QIAN Y, ROLAND G. Federalism and the Soft Budget Constraint [J]. American Economic Review, 1998, 77: 265-284.
[9] QIAN Y, BARRY R W. Federalism As a Commitment Preserving Market Incentives [J]. Journal of Economic Perspectives, 1997, 11: 83-92.
[10] QIAN Y, ROLAND G. Federalism and the Soft Budget Constraint [J]. American Economic Review, 1998, 88: 1143-1162.
[11] YE C, LI H, LI Z. Relative Performance Evaluation and the Turnover of Provincial Leaders in China [J]. Economic Letters, 2005, 88 (3): 421-425.
[12] YOUNG A. The Razor' s Edge: Distortions and Incremental Reform in the People' s Republic of China [J]. Quarterly Journal of Economics, 2000, 115 (4): 1091-1135.
[13] 钞小静，任保平. 中国的经济转型与经济增长质量 [J]. 当代经济科学，2008 (2).
[14] 钞小静，任保平. 中国经济增长质量的时序变化和地区差异 [J]. 经济研究，2011 (4).

[15] 陈丹丹，任保平. 制度变迁与经济增长质量 [J]. 当代财经，2010 (1).
[16] 陈抗，HILLMAN A L，顾清扬. 财政集权与地方政府行为变化 [J]. 经济学(季刊)，2002 (3).
[17] 杜传忠. 经济增长方式转变的核心问题是转变政府职能 [J]. 社会科学辑刊，2006 (6).
[18] 卡马耶夫. 经济增长的速度和质量 [M]. 武汉：湖北人民出版社，1977.
[19] 刘海英，张纯. 中国经济增长质量提高和规模扩张非一致性实证研究 [J]. 经济科学，2006 (2).
[20] 刘佳，吴建南，马亮. 地方政府官员晋升与土地财政 [J]. 公共管理学报，2012 (2).
[21] 刘瑞明. 晋升激励、产业同构与地方保护一个基于政治控制权收益的解释 [J]. 南方经济，2007 (6).
[22] 刘树成. 论又好又快发展 [J]. 经济研究，2007 (6).
[23] 彭宜钟，童健，吴敏. 究竟什么推动了经济增长方式转变 [J]. 数量经济技术经济研究，2014 (6).
[24] 任保平. 我国经济从高速增长转向高质量发展的理论阐释与实践取向 [J]. 学术月刊，2018 (3).
[25] 任保平，魏婕. 中国经济增长中数量和质量的不一致性及其解释 [J]. 社会科学研究，2012 (3).
[26] 沈利生，王恒. 增加值率下降意味着什么 [J]. 经济研究，2005 (3).
[27] 王兵，吴延瑞，颜鹏飞. 中国区域环境效率与环境全要素生产率增长 [J]. 经济研究，2010 (5).
[28] 王贤彬，徐现祥. 地方官员来源、任期、去向与经济增长 [J]. 管理世界，2008 (3).
[29] 王贤彬，徐现祥. 地方官员晋升竞争与经济增长 [J]. 经济科学，2010 (6).
[30] 王永钦，张晏，章元，等. 中国的大国发展道路——论分权式改革的得失 [J]. 经济研究，2007 (1).
[31] 魏婕，任保平. 中国各地区经济增长质量指数的测度及其排序 [J]. 经济学动态，2012 (4).
[32] 魏婕，许璐，任保平. 财政偏向激励，地方政府行为与经济增长质量 [J]. 经济科学，2016 (3).

[33] 吴敬琏. 政府转型：转变你今年估计增长方式的唯一道路 [J]. 江南论坛, 2014 (12).
[34] 吴振球, 王建军. 地方政府竞争与经济增长方式转变：1998—2010 [J]. 经济学家, 2013 (1).
[35] 徐现祥, 李郇, 王美今. 区域一体化、经济增长与政治晋升 [J]. 经济学 (季刊), 2007 (4).
[36] 尹威, 刘晓星, 唐宝庆. 转换成本理论及其在银行业中的应用研究综述 [J]. 金融评论, 2016 (3).
[37] 曾铖, 郭兵, 罗守贵. 企业家精神与经济增长方式转变关系的文献述评 [J]. 上海经济研究, 2015 (2).
[38] 张军, 高原. 官员任期、异地交流与经济增长 [J]. 经济研究, 2007 (11).
[39] 赵文军, 于津平. 市场化进程与我国经济增长方式转变——基于省际数据的实证研究 [J]. 南开经济研究, 2014 (3).
[40] 周黎安. 晋升博弈中政府官员的激励与合作：兼论我国地方保护主义和重复建设问题长期存在的原因 [J]. 经济研究, 2004 (6).
[41] 周业安. 地方政府竞争与地区经济增长 [J]. 中国人民大学学报, 2003 (1).
[42] 朱承亮, 安立仁, 师萍, 等. 节能减排约束下我国经济增长效率及其影响因素——基于西部地区和非期望产出模型的分析 [J]. 中国软科学, 2012 (4).

第二编

创新与经济增长

第七章　房价上涨，短期超额回报对中国低技术锁定

魏　婕*

摘　要　本文在一个逻辑自洽的理论框架下探讨了房地产迅猛发展和中国本土企业创新困局。通过构建了一个企业个体权衡将资金配置于短期高回报房地产还是长期研发投入的演化博弈模型，发现：在房价快速上涨的大背景下，企业个体均采取策略为使大量资本逃离实体经济，积极涉足房地产业务，从而使得企业创新倾向减弱和强度降低，发生了房价快速上涨对企业研发投入的“挤出”现象。同时基于2007—2015年上市公司的微观数据和35个大中城市数据进行匹配进行的实证检验证实了上述猜想。所以对于房地产发展对实体经济，特别是着眼于未来创新的“抽血效应”需要警醒，关键要明确房地产产业之于整个国民经济的意义，特别是要形成房地产经济与整个国民经济发展的良性互动，破解房地产“绑架”中国经济特别是中国创新翅膀的困局。

关键词　研发；企业创新；房价；短期超额回报；挤出效应

一、引　言

回顾中国过去经济增长轨迹，多年的高速增长总是被称道。2010年中国名义GDP超过日本，顺理成章地成为世界第二大经济体。但中国这种高增长的模

* 魏婕，西北大学经济管理学院，本文受到国家自然科学基金（项目号：71372036）国家社科基金青年项目（项目号：15CTJ007）、中国特色社会主义经济建设协同创新中心的资助。

式持续被诟病，主要依靠粗放式的投入来推动经济增长，长期自主创新能力不足为中国经济持续发展带来了隐忧。我们不断在拷问中国企业为什么创新能力持续不足，且中国创新为什么长期处在“理论上重要实践中滞后”的局面（高帆，2008），学者们针对中国特殊的国情以及转轨过程中的不健全机制探索了抑制中国企业创新的因素。

然而我们注意到，中国背景下房地产价格的快速走高以及房地产市场持续火爆，正成为制造业的“悲哀”[①]。我们利用中国的数据绘出2000—2014年R&D的经费增速与平均房价的时间趋势图（第139页图1），发现R&D投入增速不断下降的同时我国的房价却呈现持续攀升的特点，所以对于近些年我国企业创新陷入瓶颈的回答，不得不联系上近些年中国发展迅猛的房地产行业。中国1998年全面推行住房商品化后，房地产进入了快速发展的阶段。房地产开发投资发展的特点以2000年为界，特别是2000年以后房地产开发投资增长比较平稳，2000—2013年年均增长24.3%（许宪春等，2015）。房地产业投资规模持续增长源于该行业高的回报率，吕江林（2010）基于上市公司的数据计算出2008年房地产企业的平均利润率高达28.7%，而工业企业仅为7.4%。房地产投资的高额利润吸引了大量制造业企业进军房地产业。2009年浙江百强民营企业中有70%涉足房地产业，2010年温州市百强企业中有50家涉足房地产业[②]，这其中最主要在于房地产投资的增多会对诸如创新等非房地产投资造成不可忽视的负面影响。

众所周知“联想”是一家营业额达460亿美元的世界500强公司，联想公司主营业务包括个人电脑、工作站、服务器以及一系列移动互联产品等。2001年联想公司成立了融科智地房地产股份有限公司，是一家专事房地产业务的公司，截至2015年2月底在全国已布局有北京、天津、重庆、武汉等15个城市，50个项目，土地储备近650万平方米。同样以服装为主营业务的雅戈尔集团，2013年地产开发营业收入占总营业收入的65%。实现净利润占86%，而当年地产开发成本达到研发支出的143倍。另外中国毛纺行业内生产规模最大、科技含量最高、技术装备最好的企业江苏阳光，面对纺织业这类传统产业利润有限的

① 最近一则新闻引起大家对房地产过热侵害国家经济机体进行了反思和讨论：上市公司＊ST宁通B挂牌将出售西城区两套超过140平方米的房产，这两套2004年购入的房产，12年后竟大赚16倍。如果房子能成功出售的话，将可能大幅增加＊ST宁通B全年扭亏的概率，为成功“保壳”加码。

② 数据来源于《民间资本偏好：房地产仍是上佳之选》，载于《21世纪经济报道》，2011年8月18日。

现实，近些年大规模注资旗下的阳光置业进行房地产投资，使得阳光置业当年注册资本仅有6000万元的小公司成长为现在江苏房地产开发企业20强。

综上所述，在房地产迅猛发展的洪流下，类似“联想”“雅戈尔”“江苏阳光”等的中国大中型企业面对多重的选择，涉足房地产业务的普遍程度可见一斑。对于企业来说，投资规模是一定的，若将投资重心或是大量的资金转向房地产，势必会影响主营业务的研发投入。鉴于此，本文试图提供一个逻辑自洽的框架来解释房地产投资增长所引起的社会资金对创新投入减少的“挤出效应”的现象，为中国企业长期创新动力不足提供一个可能的解释视角。

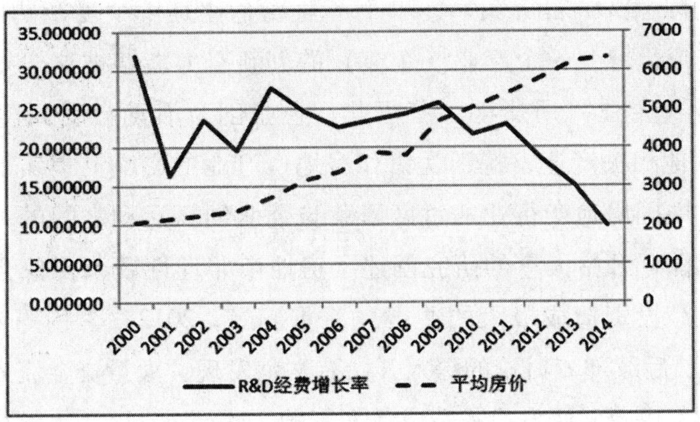

图1　中国R&D经费与房价之间的关系示意图

数据来源：中经网统计数据库。

二、文献综述

R&D投入及其在此基础上的自主创新是一国实现持续、健康发展的重要条件（Romer，1990；Grossman et al.，1991；Aghion et al.，1992）。对于影响企业研发的因素研究众多，研究是随着对实践的观察不断慢慢推进的，最初的研究认为企业内部因素，即企业自身的特征和企业家的特征，如企业技术能力、人力资本特征、规模、战略以及企业家自身特质（背景、冒险精神、年龄等）（Laforet，2008；Claver et al.，1998；Jefferson et al.，2006；Barker et al.，2002；周黎安，2005）是影响企业创新活动的关键因素。后续发现企业所在市场环境，即市场的竞争程度的强弱、市场结构的不同（Cohen et al.，1989；Malerba et al.，2007）都会对影响企业创新投入。

进一步发现企业创新活动更大程度受宏观因素的影响，特别是诸如通货膨胀等宏观环境（Lederman et al.，2003；Jaumotte et al.，2005）、政府政策（如补贴政策，Aschhoff，2009；Ozcelik et al.，2008）、金融发展（Aghion et al.，2005；Brown et al.，2009，2011；Hall et al.，2010）、开放程度和 FDI 水平（Schiff et al.，2002；Hoekman et al.，2005；王红领等，2007；范承泽等，2008）、要素市场的扭曲（高帆，2008；张杰等，2011）、知识产权保护不完善（李平等，2007；代中强，2010）以及所有制的缺陷（戴静等，2013；杨洋等，2015）等因素的影响。

实际上结构经济学告诉我们：单个产业或企业是一个复杂的经济（产业）系统的有机组成部分，一个产业（企业）的创新努力能够被这个复杂系统（整理）其他产业（企业）所影响。鉴于此，企业创新活动会受到整个产业（经济）系统中其他相关产业，特别是诸如房地产产业的影响。事实上，近些年开始有文献关注中国房地产行业的过度繁荣与企业创新活动之间的关系。随着中国房价快速上涨，开始大量的研究阐述了房地产非理性繁荣现象会对中国制造业以及非房地产投资造成极大的冲击（王重润等，2012；李畅等，2013；Chen et al.，2015），后续随着讨论的深入开始有文献发现，大量资金流入房地产行业会对企业的技术更新和研发投入造成负面影响。Miao et al.（2012）构建了一个两部门的内生模型阐述了企业受资产泡沫吸引，会发生资金的重配，有限的资金流入有泡沫的生产部门，而创新投入势必减少，但这并没有得到实证支持。后续王文春等（2014）利用 1999—2007 年全国 35 个大中城市规模以上工业企业数据，研究了房价上涨对工业企业新产品产出和研发投入的影响，实证上支持了房价上涨越快，当地企业的创新倾向越弱。余静文等（2015）认为王文春等（2014）衡量企业研发用的是新产品作为代理变量，且使用全样本等缺陷，采用 2005—2007 年工业企业数据匹配 35 个大中城市，从高房价角度为中国企业“低技术锁定”现象提供了一个解释。张杰等（2016）则是更进一步将金融体系贷款期限结构纳入分析框架，采用中国省级数据实证证明了随着房地产投资增长加快，中国金融体系通过房地产贷款期限结构的偏向效应会对创新活动造成明显的抑制效应。

综上所述，可以发现现有的文献不论从理论层面的解读和实证支持对中国房地产业发展与企业创新行为进行了有意的初探。但在已有文献基础上改进的方向也非常明确：首先，已有文献多偏重于通过数据来实证房价上涨对创新的阻碍作用，缺少一个框架清晰地理论模型。王文春等（2014）曾认为房地产快速发展对企业创新活动影响这一问题与“房地产泡沫影响企业投资规模”的文献关系密切（Gan，2006；Chaney et al.，2010），同时也承认房地产问题和企业投资方向改变文献相对不足。实际上对于房价上涨与创新关系的理论模型构建关键在于探讨房地产快速发展和企业资金配置方向转变与这一问题，企业资金配置决策的确定，到底是“短期”还是“长期”视角，是“赚快钱”还是“赚未来”一直缺乏理论层面系统的分析，这就给本文通过充分考虑企业资金配置决策来构建一个博弈模型来解释房地产价格快速上涨对企业研发有明显“挤出”效应的现象提供了广阔的空间。其次，王文春等（2014）和余静文等（2015）采用工业企业数据库，工业企业数据库具有样本量大的优势，但其样本匹配、指标缺失、指标异常等等问题（聂辉华等，2012），所以采用中国上市公司的数据与35个城市样本进行匹配来重新在实证层面来支持本文的观点和猜想显得必要和可行，同时也是对上述研究者的支持和补充。

鉴于此，本文尝试在第三部分基于演化博弈的方法构建一个企业在短期房产投资还是长期研发投入中进行决策的理论模型，阐述企业在投资决策中为什么会选择短期高回报的房地产而抛弃长期视角的研发；后续第四部分采用2007—2015年中国上市公司数据与35个城市数据进行匹配来进行实证检验，以期获得有意义且可靠可信的结论、建议和启示。

三、理论模型：企业资金配置决策的演化博弈模型

1998年，国务院《关于进一步深化城镇住房制度改革加快住房建设的通知》明确指出，从1998年下半年开始，停止住房实物分配，逐步实行住房分配货币化和住房供应体系商品化，标志着我国住房制度改革全面展开。由此引致的对商品房的消费性和投资性需求极大地活跃了房地产市场（况伟大，2010）。特别是进入21世纪以来，房地产被视为中国经济增长强劲的“发动机”，2004—2013年，房地产开发投资对GDP增长的年平均贡献率为7.8%（许宪春等，2015），可以肯定是房地产市场的迅猛发展为促进经济发展发挥了不可忽视的作用，同时房地产行业本身也获取了巨大的利润，这对中国企业造成了巨大挑战：房地产行业具有低门槛、高利润的特征，企业纷纷将资金从实体经济中抽离出

来，改变资金配置的方式，更加看重短期“快钱”的房地产行业，而有限的资金投入利润高企的地产行业，会对制造业的其他方面产生挤出效应，最为深刻的影响是会对企业长期研发投入产生抑制作用，使企业丧失创新升级的动力。面对房价的持续上涨使房地产行业在一段时期维持着较高的回报率，企业在房地产投入和研发投入如何进行决策选择，到底是看重短期的回报，还是倾向于长期的研发成功的预期高回报，在此需要通过一个演化博弈模型来形式化企业资金配置决策的逻辑。

（一）模型的基本假设

假设市场上有若干个同类产品的企业在相互竞争，此时将企业群抽象是两个共生的单位，即企业个体 M 和企业个体 N，两个企业在面对有限的资金进行配置时都有两种策略选择：创新投入和房地产投资。当企业个体 M 倾向于将资金更多配置在企业创新方面，即该企业认为创新是企业持续发展的内生动力，是企业着眼于长期的明智之选；当企业个体 M 倾向于将更多资金投入房地产开发，即企业认为相比着眼于长期且风险大见效慢的创新，短期对利润的追求更重要。同理，企业个体 N 也秉持同样的策略。但在这个过程中均是以当前确定的资金投入换取未来不确定的产出，所以在这个不确定性特别强的决策中信息具有重要的作用。但同时在此过程中信息是不完备的，不论是企业个体 M 还是 N 在进行资金配置决策时会考虑企业群体中其他企业的策略和自身在这个过程中的适应性，通过不断试错并逐步调整自己的策略，并取向最终稳定的状态。由此可见，企业资金配置决策是一个学习演化的过程。

假设：①在当下大背景下，企业个体进行房地产投资总可以成功，可以稳定的获得收益 R_i。但收益受企业自身的特征 K_i，如经营规模等的影响，以及宏观经济环境状况 s 的影响。一般来讲，企业的素质越好，自身能力越强，经营房地产获益就越高；同理，宏观经济状况越好，经营收益就越高。即有：$\partial R_i/\partial K_i>0$，$\partial R_i/\partial s>0$。

②企业个体将资金重点配置在创新时，会稳定的获得正常收益 R_i（与投资房地产收益相等），同时假设创新成功后会获得超额利润 π_i。另外由于创新有诸多费用的支出，如人力资本培训等一系列费用（进行开发房地产与此相比具有“较低”成本，在此可抽象为0），所以企业在选择创新投入策略时会有成本的支出 C_i。

③当其中一方企业倾向将资金转向房地产投资时，而另一方却固守坚持创新行为，这样坚持将更多资金配置在创新的企业会错失短期迅速盈利机会而需要付出一个额外的机会成本 $\overline{C}$。

另外，α、β 分别为企业个体 M 和 N 选择将资金投入创新的比例，$1-\alpha$，$1-\beta$ 则分别为企业个体 M 将更多资金投向房地产开发的比例。于是把企业个体 M 和 N 的各种可能情形的收益归纳为表 1：

表 1 企业个体不同策略选择的可能收益矩阵

		企业个体（N）	
		投入创新（β）	投资房地产（$1-\beta$）
企业个体（M）	投入创新（α）	$R_M(K_i, s)+\pi_M-C_m$，$R_N(K_i, s)+\pi_N-C_N$	$R_M(K_i, s)+\pi_M-C_M-\overline{C}$，$R_N(K_i, s)$
	投资房地产（$1-\alpha$）	$R_M(K_i, s)$ $R_N(K_i, s)+\pi_M-C_N-\overline{C}$	$R_M(K_i, s)$，$R_N(K_i, s)$

（二）基本博弈模型分析

1. 企业个体的收益分析

A. 企业个体 M 的投资收益分析

当企业个体 M 选择将更多资金配置在创新时，其收益为：

$$U_{M1}=\beta(R_M+\pi_M-C_M)+(1-\beta)(R_M+\pi_M-C_M-\overline{C}) \tag{1}$$

当企业个体 M 选择将更多资金投向房地产开发时，其收益为：

$$U_{M2}=\beta R_M+(1-\beta)R_M \tag{2}$$

因此，企业个体 M 的平均收益为：

$$\overline{U}_M=\alpha U_{M1}+(1-\alpha)U_{M2} \tag{3}$$

可得企业个体 M 进行资金配置决策时的复制动态方程：

$$\begin{aligned}\frac{\mathrm{d}\alpha}{\mathrm{d}t}&=\alpha(U_{M1}-\overline{U}_M)=\alpha(1-\alpha)(U_{M1}-U_{M2})\\&=\alpha(1-\alpha)(\beta\overline{C}+\pi_M-C_M-\overline{C})\end{aligned} \tag{4}$$

B. 企业个体 N 的投资收益分析

同上述企业个体 M 的收益分析过程类似，于是可得企业个体 N 进行资金配置决策时的复制动态方程：

$$\frac{d\beta}{dt}=\beta\ (U_{N1}-\overline{U}_N)\ =\beta\ (1-\beta)\ (U_{N1}-U_{N2})$$
$$=\beta\ (1-\beta)\ (\alpha\overline{C}+\pi_N-C_N-\overline{C}) \tag{5}$$

2. 模型均衡稳定点分析

将企业个体 M 和企业个体 N 的复制动态方程联立构成方程组，从而可以求解出系统的5个局部均衡点，分别为 $O(0,\ 0)$，$A(1,\ 0)$，$B(0,\ 1)$，$C(1,\ 1)$，$D(\frac{C_N+\overline{C}-\pi_N}{\overline{C}},\ \frac{C_M+\overline{C}-\pi_M}{\overline{C}})$。另外，可依据雅克比矩阵的稳定性判定方法（Friedman，1991）来判断均衡点的稳定性，即 $\frac{d\alpha}{dt}$ 和 $\frac{d\beta}{dt}$ 分别对 α 和 β 求偏导，则上述系统的雅克比矩阵 J 为：

$$J=\begin{bmatrix}(1-2\alpha)\ (\beta\overline{C}+\pi_M-C_M-\overline{C}) & \alpha\ (1-\alpha)\ \overline{C}\\ \beta\ (1-\beta)\ \overline{C} & (1-2\beta)\ (\alpha\overline{C}+\pi_N-C_N-\overline{C})\end{bmatrix} \tag{6}$$

进一步分析得到5个均衡点的结果如表2所示：

表2　演化博弈稳定性分析①

均衡点	Det J	符号	Tr J	符号	结果
$O\ (0,\ 0)$	$(\pi_M-C_M-\overline{C})\ *\ (\pi_N-C_N-\overline{C})$	+	$(\pi_M-C_M-\overline{C})\ +\ (\pi_N-C_N-\overline{C})$	−	稳定点（ESS）
$A\ (1,\ 0)$	$-\ (\pi_M-C_M-\overline{C})\ *\ (\pi_N-C_N)$	+	$-\ (\pi_M-C_M-\overline{C})\ +\ (\pi_N-C_N)$	+	不稳定点
$B\ (0,\ 1)$	$-\ (\pi_M-C_M)\ (\pi_N-C_N-\overline{C})$	+	$(\pi_M-C_M)\ +\ (\pi_N-C_N-\overline{C})$	+	不稳定点
$C\ (1,\ 1)$	$(\pi_M-C_M)\ (\pi_N-C_N)$	+	$-\ (\pi_M-C_M)\ -\ (\pi_N-C_N)$	−	稳定点（ESS）
$D\ (\frac{C_N+\overline{C}-\pi_N}{\overline{C}},\ \frac{C_M+\overline{C}-\pi_M}{\overline{C}})$	$-\frac{(C_N+\overline{C}-\pi_N)}{\overline{C}}\ (\pi_N-C_N)\ *\ \frac{(C_M+\overline{C}-\pi_M)}{\overline{C}}\ (\pi_M-C_M)$	−	0	不	鞍点

① 由于 $0<\frac{C_N+\overline{C}-\pi_N}{\overline{C}}<1$ 和 $0<\frac{C_M+\overline{C}-\pi_M}{\overline{C}}<1$ 要成立，所以可得 $\pi_M-C_M-\overline{C}<0$，$\pi_M-C_M>0$；$\pi_N-C_N-\overline{C}<0$，$\pi_N-C_N>0$。

在五个局部均衡点中，通过分析可以得到两个均衡点（ESS）具有稳定性，即（投入创新，投入创新），（投资房地产，投资房地产），这也就表明当系统达到稳定均衡时，两类企业均将资金配置在创新方面或者都转向房地产投资。如图2所示，图中O，A，B，C及D分别为上述的均衡点，系统最终的演化稳定性均衡点为O或C点。另外从图中也可知，图右上方区域，双方行为会使得系统收敛到帕累托最优的均衡点C（1，1），而图左下方区域，双方行为会使得系统收敛到帕累托最优的均衡点O（0，0）。

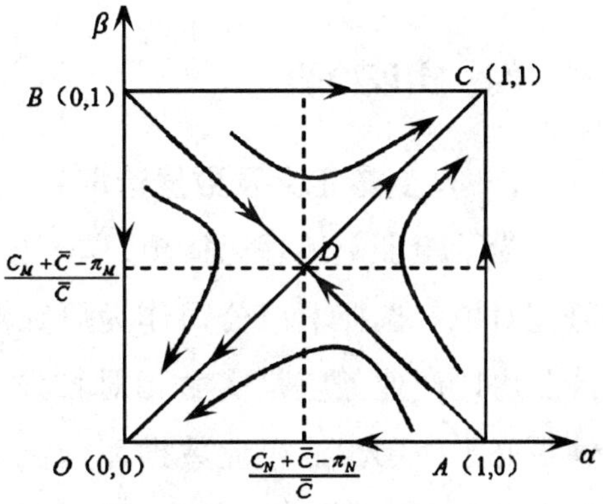

图2　企业个体之间演化的相位图

进一步对影响企业个体之间演化稳定性影响因素进行分析：根据泡沫资产理论，包括房地产在内的泡沫对实体经济产生两方面的影响，即流动性效应和杠杆效应。我们会发现随着2003年以来房地产市场快速膨胀，房地产市场杠杆效应非常明显。究其原因，就在于房地产市场的快速发展使房地产产业成为暴力行业，房地产上市公司从1998—2010年利润率最低为9%，最高达到21%。而工业企业的平均利润率最高仅为8%（基于35个城市规模以上企业数据计算得出），与房地产上市公司动辄两位数的利润率形成很大反差，由此可知大量的企业“嗅到”了房地产市场巨大的利润，此时若还坚持长期视角将更多的资金投入企业的研发部门，将会因错失短期获利的时机付出高额的机会成本$\overline{C}$。同时利润驱动的假说还意味着，与创新未来预期的超额利润$\pi_i - C_i$（不确定性更高）相比，转而投资房地产回报率会在短期更高。此时我们会发现，不断增大的机会成本$\overline{C}$（d（$\frac{C_i+\overline{C}-\pi_i}{\overline{C}}$）/d$\overline{C}>0$）和不确定性的$\pi_N - C_N$（d（$\frac{C_i+\overline{C}-\pi_i}{\overline{C}}$）/d（$\pi_i - C_i$）<0），会有使$\alpha^*$，$\beta^* \in \left\{\frac{C_i+\overline{C}-\pi_i}{\overline{C}}, 1\right\}$，即落入图中右上方的概率增加，企业个体之间博弈行为的结果不断向均衡点C(1，1）收敛。换句话说，随着房价的不断上涨，投资房地产行业可获得短期高额的回报，而这会导致以利润为导向的企业个体均采取策略为使大量资本逃离实体经济，逃离研发投入，而都

转向涉足房地产开发和经营（骥强，2010）。

综上所述，企业发现预期研发回报率的不稳定，同时与现有房地产回报率有差距，特别是短期房地产有超高的回报，其会非常容易使企业放弃研发投入转而进入房地产，所以一些企业在年报中用“改善企业盈利能力”来解释为什么进入房地产业。据此，我们提出本文的命题：在房价快速上涨的大背景下，企业凭借自身优势改变资金配置的方向，积极涉足房地产业务，从而使得企业创新倾向减弱和强度降低，发生了房地产的快速发展对企业研发投入的“挤出”现象。

四、实证检验

（一）变量定义及数据选取

为了验证上述理论猜想，本文选取 2007—2015 年上市公司的微观数据作为研究对象。选择上市公司作为研究对象，主要原因在于企业要在主营业务之外涉及房地产业务应是实力相对较强、资金雄厚的企业，而上市公司的企业代表性更好于中国工业企业数据库内涵的各种企业类型。本文所有的数据来源于国泰安 CSMAR 数据库，特别是有关上市公司研发数据来源于“中国上市公司专利研究数据库”，其他有关上市公司的相关指标均来自“中国上市公司财务报告数据库”“中国上市公司财务指标分析数据库”“中国上市公司首次公开发行研究数据库”和“中国上市公司财务报表附注数据库”等数据库。另外，有关各城市特别是 35 个大中城市①和各省（自治区）房地产数据来自中经产业数据库中的房地产行业相关数据。本文对样本中的异常值进行了剔除，剔除了研发数据无数据或较少数据的企业样本，最终得到了中国 404 家的企业样本。而这 404 家企业报告的研发数据相对比较连贯，也从一个侧面说明这些企业是目前中国研发较为活跃的企业的代表，所以以此作为一个群体样本来考察房价对中国企业创新的影响具有典型性。

具体变量方面，被解释变量：企业创新的强度指标，包括技术创新的资本投入与人力资本投入，技术创新的资本投入用企业研发内部支出测评，在此依

① 35 个大中城市包括：北京、天津、石家庄、太原、呼和浩特、济南、青岛、沈阳、大连、长春、哈尔滨、上海、南京、杭州、宁波、福州、厦门、广州、深圳、郑州、合肥、武汉、长沙、南昌、南宁、海口、重庆、成都、贵阳、昆明、西安、兰州、银川、西宁、乌鲁木齐。

据传统文献的做法，本文选择上市公司研发支出作为对创新强度的衡量（房地产投资也主要"挤出"的是创新的资金投入），其中两个具体指标研发支出的对数（ln*RD*）和研发投入占总资产的比重（*RDasset*）。

解释变量：对于房地产投资高回报的衡量最为恰当的是房地产价格，由于数据可得的限制，在此选择商品住宅平均价格的对数值（ln*House*）作为关键解释变量。在此将企业样本和35个大中城市数据进行匹配，同时个别上市公司所在城市非35个城市则选择邻近的35个城市或是该省的商品住宅价格数据进行添补。

依据既有的企业创新理论和实证文献，本文选择以下变量作为控制变量：（1）企业的规模（*Size*）。企业规模和企业研发投入之间的关系得到了国内外学者的持久关注（Cohen et al.，1996；Segerstrom，2007；安同良等，2006），二者之间的关系并未得到一致的结论。熊彼特认为，进行技术创新的一个基本条件是企业拥有相当的资源禀赋，而这在一定程度上依赖于企业的规模。企业规模不同，其自身实力及对创新的态度将不同。（2）企业的年龄（*Age*）。年龄是影响企业创新研发活动的重要因素（Yasuda，2005）。新进入的企业更善于创新，还是生存年龄较长的企业更注重创新仍存在争议（成力为等，2012）。（3）流动性（*Liquidity*）。在此借鉴周亚虹等（2012）和余静文等（2015），选择"（流动资产－流动负债）/总资产"作为企业流动性的衡量，该指标反映的是企业研发面对的融资约束（张杰等，2010），较强流动性意味着企业面对融资约束较低，反之亦然。（4）企业盈利能力（*Profit*）。企业创新活动需要大量的资金投入，一般来讲利润率越高的企业越有能力进行创新研发活动。所以在此选择企业净利润增长率作为对企业盈利能力的反映。（5）企业所有制类型、行业类型和所在地区。首先，企业所有制类型对研发影响研究由来已久（安同良等，2006），不论是从产权结构清晰和市场充分竞争视角（吴延兵，2007，2009），还是从融资约束视角（申慧慧等，2012；张杰等，2012），或者从预算软约束能补贴创新的外部性（Hussinger，2008；程强等，2015），都证明了不同的所有制类型影响着企业研发投入和水平，所以在此加入企业是否为国有企业（Soe＝1）、民营企业（Private＝1）、外资企业（包括外商投资企业、港澳台企业，Foreign＝1）的虚拟变量，来控制不同所有制类型企业创新的差异。其次，安同良等（2006）证明了行业是影响企业研发行为的最主要因素之一，产业间要素禀赋的不同以及产业演化的动态影响使企业研发行为呈现出内生化的行业差异。在此加入行业虚拟变量（D1 = 公用事业、D2 = 综合、D3 = 工业、D4 = 商业、D5 = 房地产）[①]。最后，地区因素，中国东部和中西部地区由于地理区位、开放水平以及经济发展水平巨大差异，会导致不同地区企业 R&D 投入存在明显差异，在此加入地区虚拟变量（East = 1，东部地区则为 1，中西部为 0）。

表 3　变量描述性统计

变量含义	具体计算方法	均值	标准差	最小值	最大值
LOG（研发投入）（ln*RD*）	研发支出的对数	16.371	1.779	9.433	22.293
研发投入/总资产（*RDasset*）	研发支出/总资产	0.011	0.0169	$1.57*10^{-6}$	0.240
房价（*House*）	商品住宅平均价格	10983.21	6456.30	2136	36466.43
企业规模（*Size*）	总资产的对数	21.832	1.251	18.666	26.961
企业年龄（*Age*）	被调查年 - 企业上市年份	12.782	5.793	0	32
流动性（*Liquidity*）	（流动资产 - 流动负债）/总资产	0.262	0.268	-0.724	0.972
企业盈利能力（*Profit*）	企业净利润增长率	1.649	54.778	-201.534	2507.12
国有企业（*Soe*）	国有企业为 1，否则为 0	0.426	0.495	0	1
民营企业（*Private*）	民营企业为 1，否则为 0	0.540	0.499	0	1
外资企业（*Foreign*）	外资企业为 1，否则为 0	0.035	0.183	0	1
公用事业（*D1*）	公用事业行业为 1，否则为 0	0.200	0.400	0	1
综合（*D2*）	综合为 1，否则为 0	0.047	0.212	0	1
工业（*D3*）	工业为 1，否则为 0	0.730	0.444	0	1
商业（*D4*）	商业为 1，否则为 0	0.015	0.121	0	1
房地产（*D5*）	房地产为 1，否则为 0	0.008	0.086	0	1
东部地区（*East*）	东部为 1，否则为 0	0.653	0.476	0	1

（二）检验模型及方法

对于面板数据的估计，首先我们设估计方程如下所示：

---

① 由于本文使用的上市公司数据，中国证监会公布的《上市公司分类与代码》把上市公司的行业分为六大类：金融、公用事业、房地产、综合、工业和商业，另还有细分的行业分类，在此行业分类也选择六大类分类作为控制变量，但由于 404 家公司没有金融行业企业，所以本文只有五大行业。

$$Y_{it} = c + \beta_i House_{it} + \sum_{i=1}^{n} \gamma_i Control_{it} + \mu_{it} \quad (7)$$

$$Y_{it} = c + \beta_i House_{it} + \sum_{i=1}^{n} \gamma_i Control_{it} + \alpha_i + \mu_{it} \quad (8)$$

其中，Y_{it}为表示研发投入的对数和研发投入占总资产的比重，$Control_{it}$为一系列控制变量，下标i和t分别表示第i个企业和第t年，μ_{it}为残差项。首先在模型中采取Pool－OLS的估计方法，模型设定如式（7）所示；其次，本文面板数据的特点，采用固定效应模型，如式（8）所示的形式进行估计，a_i为模型取固定效应时各地区不随时间变化的效应。另外，β_i，γ_i为待估参数。

（三）估计结果

为了直观看房地产高的回报价值和企业创新投入的关系，描绘了两个被解释变量和解释变量（房价增长率）之间的散点图和拟合曲线，可以看出呈现出明显的负向关系，这初步印证了前述的逻辑，房地产的生机勃勃的发展和房价的快速上涨“挤出”了企业创新动力。

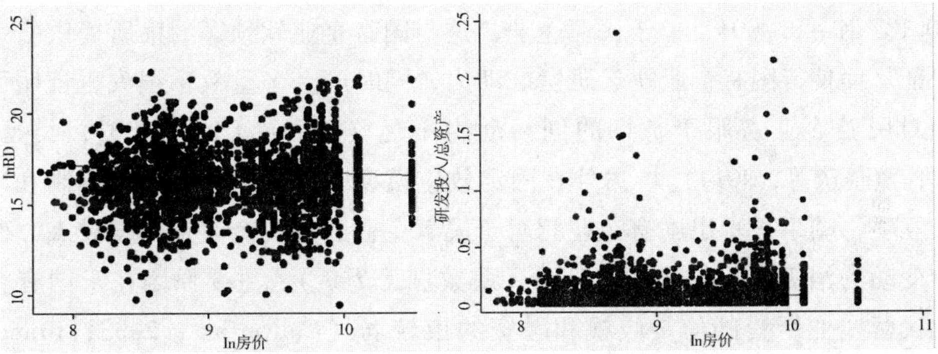

图3　房价增长率与研发投入之间散点图

为了验证结果的可靠性，我们进一步利用计量模型进行初步的检验，结果如第151页表4所示。从具体回归结果来看，不论被解释变量是研发投入的对数还是研发投入占总资产比重，也不论是OLS模型还是FE模型，房价的系数均显著为负，说明当房地产投资成为短期主要获利方式和渠道的时候，企业对这种“快富”偏爱就不言而喻，从而削减不确定性高且回报时间较长的研发投入，大量转向房地产投资。另外混合OLS和FE估计相比，固定效应估计系数更大，这也说明面板数据在考虑了固定效应，特别是考虑企业不随时间变化的信息估计结果更准确，从而后文主要以固定效应估计的结果为讨论的重点（余静文等，

2015）。在控制变量方面：第一，企业规模与研发投入对数、研发投入占总资产比重呈显著的正向相关的关系，说明企业规模越大，企业研发投入绝对量和比重也越大，这支持了熊彼特假说（企业规模可以促进企业创新活动），与安同良等（2006）阐释的与小公司相比，大公司更多地会进行持续性研发活动且研发支出经费也相对较多的结论是一致的。第二，企业年龄所有模型均在1%显著水平与研发投入正相关，这个结果说明中国企业的生存年限越长其创新能力越强（周亚虹等，2012；张杰等，2011）。第三，以流动性衡量的融资约束对研发投入影响显著在固定效应模型中（FE）为负，这证明了随着融资约束的强化会不利于企业的研发投入，佐证了“银行信贷仍是中国本土企业从事创新活动的主要外部资金来源，当前不健全的要素市场使得我国企业在利用银行信贷进行创新活动时面临着普遍信贷约束，从而导致R&D投入不足和创新能力不高”的观点。第四，以利润率衡量的企业盈利能力的系数，多数模型通过了显著检验，这与已有文献的研究结果相同，企业自身的成长性和盈利能力能保证研发投入的持续性。第五，在所有制方面，国有企业在研发投入动力方面要显著（-0.187和-0.0001）差于民营企业，这与国有企业软预算约束所提供的“利润保证”而使得国有企业缺乏研发的动力，同时国企多重效率损失也证明了国企相对民营企业着眼于长期的创新动力不足（Zhang et al.，2003；吴延兵，2012；董晓庆等，2014）。[①] 另外在固定效应模型中，我们加入了所有制和房价的交互项，结果显示出国有企业相对于民营企业、外资企业在研发投入方面受房价变动的消极影响程度略为严重（系数显著为负），主要原因在于国有企业相比民营企业所受的信贷歧视和融资约束较弱（Cull et al.，2003；Brandt et al.，2003），有充足资金保证的国有企业也更倾向于回报率高而时间短的投资，其不光关心利润的问题甚至更多是声誉和品牌。[②] 第六，在行业方面，以房地产业为基准组，发现工业和公共事业行业相比其他行业对研发投入明显更多，所以不同行业的技术水平、创新环境以及产品需求等因素仍是造成行业之间研发差距的主因。在地区方面，东部地区研发投入显著多于中西部，与传统

① 张杰、周晓燕（2011）利用1998—2007年中国大中型制造业企业数据测算，其结果发现：民营企业的创新研发投入强度平均为2.66%，而国有企业的创新研发投入强度平均为1.7%。

② 2009年，中化方兴以40.6亿元摘下北京广渠路15号地块；保利地产以38.1亿元夺得重庆鸿恩寺地块等案例都证明了拥有充裕流动资金的国企在各地土地竞拍市场中“大获全胜”，不少国企成了新“地王”。2009年上半年全国主要城市成交总价排行前10名的高价地块中，有60%是有国资背景的企业获得。

研究结论是一致的。①

表 4 计量结果：混合 OLS 和固定效应

	LOG（研发投入）				研发投入/总资产			
	(1) OLS	(2) OLS	(3) FE	(4) FE	(5) OLS	(6) OLS	(7) FE	(8) FE
Ln 房价	-0.092** (-2.763)	-0.073** (-2.587)	-0.221* (-2.392)	-0.287* (-2.256)	-0.002*** (-3.480)	-0.002** (-3.62)	-0.007** (-2.856)	-0.006*** (-3.082)
企业规模	0.651*** (19.930)	0.665*** (19.817)	0.526*** (5.885)	0.528*** (5.912)	0.002*** (4.770)	0.002*** (4.850)	0.003*** (3.750)	0.003*** (3.740)
企业年龄	0.045*** (5.938)	0.043*** (5.638)	0.120*** (5.000)	0.114*** (4.682)	0.0003*** (4.180)	0.003*** (4.200)	0.001*** (4.940)	0.001*** (4.840)
流动性	0.302 (1.791)	0.201 (1.153)	-0.607** (-2.865)	-0.673** (-3.107)	0.003 (0.940)	0.003 (1.153)	-0.006** (-2.520)	-0.006** (-2.500)
企业盈利能力	0.0001 (0.175)	0.0001* (2.184)	0.0006* (1.919)	0.0003* (2.169)	$1.57*10^{-6}$ (0.254)	$1.73*10^{-6}$ (0.280)	$1.15*10^{-6}$* (1.820)	$1.15*10^{-6}$** (2.137)
基准组：民营企业国有企业		-0.187* (-2.164)				-0.0001*** (-2.986)		
外资企业		-0.274* (-2.156)				-0.005* (-2.400)		
基准组：民营企业								
国有企业*房价增速				-0.002* (-1.998)				$-3.82*10^{-6}$* (-2.452)
外资企业*房价增速				-0.005 (-0.463)				$3.48*10^{-6}$ (0.440)
行业虚拟变量	是	是	否	否	是	是	否	否
地区虚拟变量（东部地区=1，其他=0）	是	是	否	否	是	是	否	否
年份虚拟变量	是	是	是	是	是	是	是	是
企业虚拟变量	否	否	是	是	否	否	是	是

① 篇幅有限，有关行业和地区的计量结果并未报告，若需要可向作者索要。

续表

	LOG（研发投入）				研发投入/总资产			
	(1) OLS	(2) OLS	(3) FE	(4) FE	(5) OLS	(6) OLS	(7) FE	(8) FE
常数项	2.560*** (3.524)	2.365** (3.211)	3.548* (1.988)	3.641* (1.996)	0.046*** (6.300)	0.048*** (6.430)	0.074*** (3.950)	0.074*** (3.960)
N	3636	3636	3636	3636	3636	3636	3636	3636
R^2	0.193	0.195	0.177	0.178	0.050	0.053	0.030	0.030

注：***，**，*分别代表1%，5%和10%的显著性水平。括号为t值。

上述计量结果表明，房价增速的加快会明显导致企业研发投入的减少，然而遗漏变量、测量误差和互为因果关系会导致上述估计的内生性，如房价上涨和研发投入减少是源于一些不可观测的地区因素，例如地方政府的政策引导（王文春等，2014）。所以上述回归系数的可信度不足，应对内生性在此选择工具变量的方法来解决。工具变量的基本思想是寻找一个外生的、通过且仅通过内生变量（房价）而影响被解释变量（企业研发）的变量。本文认为，城市的土地供应状况是房价合适的工具变量。

参考已有研究，选择两个和城市土地供应状况相关的工具变量：一是借鉴陈斌开等（2013）和余静文等（2015）的做法，采用滞后一期的35个城市土地开发面积①的对数值作为房价的工具变量，首先建设用地指标受中央管制，使得土地开发面积满足外生性，同时它反映了土地供给政策会直接影响房地产价格（陈斌开等，2013），论证两者呈现负向关系，土地开发面积增长率越高，住房价格增长率越低，但其与企业研发行为和研发投入多寡却没有任何直接影响，所以是一个合适的工具变量；二是借鉴陆铭等（2015）的方法，认为某一城市上一年度的人均土地出让面积②的对数值，作为该城市当年房价的工具变量。另外我们绘出房价与两个反映土地供应变量的图形，也发现这两个反映土地供应的变量与房价呈现明显的负相关关系（相关系数分别为－0.272和－0.369），所以是两个合适的工具变量，则进一步采取两阶段最小二乘法，具体结果如第153页表5所示。

① 数据根据《中国国土资源年鉴》中“住宅用地面积”的数据整理并计算而来。

② 数据根据《中国国土资源年鉴》中的“土地出让面积”数据整理并计算而来。

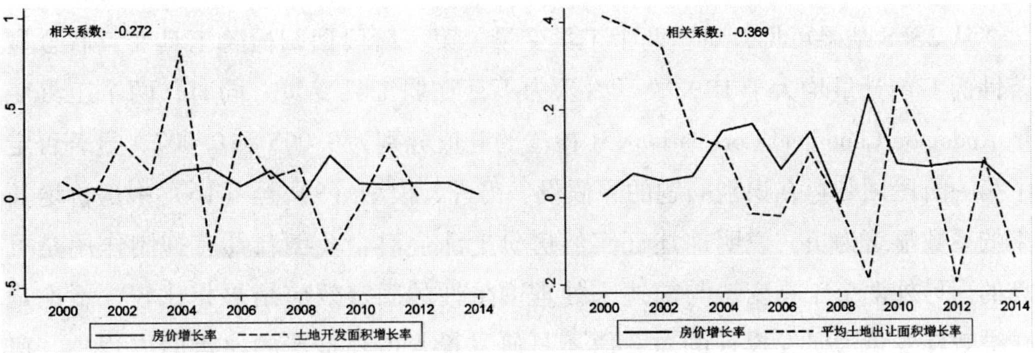

图4 房价与土地开发面积、土地出让面积之间关系

表5 计量结果：2SLS

	IV1：滞后一期的土地开发面积的对数值				IV2：人均土地出让面积的对数值			
	LOG（研发投入）		研发投入/总资产		LOG（研发投入）		研发投入/总资产	
	(9)	(10)	(11)	(12)	(13)	(14)	(15)	(16)
Ln 房价	-0.379*** (-2.747)	-0.406** (-2.418)	-0.015* (-1.981)	-0.017** (-2.531)	-0.255** (-2.211)	-0.311*** (-2.764)	-0.020*** (-2.998)	-0.013** (-2.452)
企业规模	0.512*** (5.387)	0.518*** (5.246)	0.003*** (3.357)	0.003** (3.278)	0.499*** (3.871)	0.502*** (3.266)	0.004*** (2.990)	0.006** (2.281)
企业年龄	0.059** (2.417)	0.075* (2.036)	0.001* (1.950)	0.001* (2.321)	0.051* (2.088)	0.068* (2.111)	0.002 (1.450)	0.001* (2.118)
流动性	-0.630** (-2.849)	-0.694** (-2.955)	-0.006* (-2.397)	-0.006* (-2.392)	-0.598*** (-3.001)	-0.600** (-2.742)	-0.005* (-1.999)	-0.004 (-1.797)
企业盈利能力	0.0004* (2.135)	0.0003** (2.538)	$1.33*10^{-6}$* (2.047)	$1.20*10^{-6}$*** (2.863)	0.0003 (1.635)	0.0002** (2.558)	$1.22*10^{-6}$* (2.008)	$1.29*10^{-6}$** (2.799)
时间虚拟变量	是	是	是	是	是	是	是	是
企业虚拟变量	是	是	是	是	是	是	是	是
常数项	3.562** (2.741)	3.606** (2.835)	0.071*** (3.484)	0.071*** (3.440)	4.893*** (3.178)	5.283** (2.676)	2.456** (2.701)	3.213*** (2.999)
R^2	0.180	0.186	0.047	0.048	0.197	0.198	0.056	0.057

第一阶段的回归结果

IV1：滞后一期的土地开发面积	-0.0021** (2.675)	R2 = 0.361	一阶段 F 值：19.872	Anderson canonical correlation LR test（P 值）：19.670（0.005）
IV2：人均土地出让面积	-0.0038* (2.031)	R2 = 0.401	一阶段 F 值：28.018	Anderson canonical correlation LR test（P 值）：17.670（0.007）

从2SLS结果可见，对于两个工具变量，第一阶段回归检验工具变量联合显著性的F统计量均大于10，故可以认为不存在弱工具变量。同时，两个工具变量Anderson Canonical Correlation LR检验的P值分别为0.005和0.007，显著否定了第一阶段回归存在识别问题的原假设。另外，模型（9）至（16）中房价增长率的系数显著为负，说明前述证实的房价上涨会对企业创新具有抑制作用是可靠的。另外两个工具变量与前述未处理内生性的固定效应结果相比较，不论是在被解释变量为研发投入的对数值还是研发投入占总资产的比重的方程中，房价的系数绝对值要更大，这说明前述未处理内生性的结果低估了这种“挤出效应”，其余控制变量系数与上述结果是类似的。

（四）稳健性检验

为了考虑研究结果的稳健性，采用不同处理内生性的方法SYS－GMM，并对以上结果做了如下的稳健性分析：一是对于创新倾向考察很多文献采用专利申请量（Griliches，1990；Acs et al.，1989），国泰安“中国上市公司专利研究数据库”提供了上市公司发明、实用新型和外观设计的专利数据，所以在稳健性检验方面，我们将企业研发倾向的基本衡量变换成企业专利数据；二是借鉴王文春等（2014）方法，将解释变量滞后一期，同时用房价相对上一年的变化率作为房地产回报率的度量。房地产回报率也是企业进行投资决策时需要充分考虑的依据，特别是上一期房价变动是可以预测当期价格（Wu et al.，2010），而企业根据上一期房价上涨的幅度来做出资金配置的决策。具体见表6所示，重新选用专利申请量作为被解释变量，而房价前的系数依然显著为负，符合预期，可见上述结果是稳健的。

表6 稳健性检验结果：系统GMM

	被解释变量：专利申请量			
	(13)	(14)	(15)	(16)
Ln 房价	−1.596*** (−3.747)	−1.487** (−2.520)		
Ln 房价$_{t-1}$			−1.012** (−2.391)	−0.912* (−1.991)
控制变量	显著	显著	显著	显著
年份、企业虚拟变量	否	是	是	是

续表

	被解释变量：专利申请量			
	（13）	（14）	（15）	（16）
Sargan	0.9871	0.9765	0.9721	0.9652
AR（1）	0.0006	0.0031	0.0009	0.0010
AR（2）	0.1638	0.1982	0.1223	0.1875

注：（1）括号中的数字为 z 值；（2）***，**，*分别表示该估计量在 1%，5%，10% 的水平上显著。

五、结论与政策启示

随着中国宏观经济的“换挡减速”时期的到来，传统依靠要素和投资驱动的增长方式走到了尽头，依靠创新转换发展动力来实现“弯道超车”显得必要且紧迫。但长期来说中国本土企业的创新能力严重滞后于经济发展的现实需求，特别是近些年导致我国本土企业研发投入不足的现象十分突出，企业自主创新困局越发难解。究其原因，本文联系到近些年房地产发展迅猛发展的大背景，构建了企业在有限的资金约束下，在短期高回报的房地产投资和长期的研发投入进行决策选择的演化博弈模型，发现利润导向的中国企业，在房价快速上涨的大背景下，权衡预期研发回报率的不稳定与现有房地产回报率之间的差距，积极转变投资方向，涉足门槛低、回报高、占资金量大的房地产业务，从而使得企业创新倾向减弱和强度降低，发生了房地产的快速发展对企业研发投入的“挤出”效应。后续采用中国上市公司的数据很好验证了上述逻辑和我们的猜想，房地产发展对实体经济，特别是着眼于未来创新的“抽血效应”让人警醒。本文的研究结论有如下政策启示：

第一，过去多年高速的经济增长有赖于房地产的蓬勃发展，但时至今日房地产经济的消极作用凸显，对此要有清醒的认识和必要的防范，房地产高回报率不会持久，一旦出现泡沫破裂将会对企业延误研发活动造成不可挽回的负面影响。所以破解房地产“绑架”中国经济特别是中国创新翅膀的困局：明确房地产产业之于整个国民经济的意义，以日本 20 世纪 90 年代房地产泡沫为基本参考，促进房地产经济合理增长，形成房地产经济与整个国民经济发展的良性互动。其中关键在于抑制企业偏废主业的投资冲动，根本在于有效控制房价上涨，并需要维持房价长期的稳定。

第二，房地产大量的泡沫是地方政府和房地产商利益共同体的结果，特别是地方政府的“土地财政”这种“寅吃卯粮”的短期行为对于眼前绩效的过多关注从而导致过度依赖房地产发展，土地财政垄断制度是维持房地产暴利机制的主因。所以未来强调政府的归位，转变政府主导的增长机制，政府应该合理回归最基本的教育和健康服务以及最基本的社会保障中的支付责任，尽量少参与具体经济活动，让基本经济活动归位市场，让市场自发作用成为增长核心机制。

第三，今天有高利润的房地产“挤出”创新明天会有其他新的热点行业“挤出”创新，所以对于企业创新活动这种具有“正外部性”的行为政府必须多伸“援助之手”，全面贯彻创新驱动发展的国家战略，探索多种形式对不同企业的创新补贴，同时加强各个层面对政府创新补贴实施的内部和外部监督，同时通过强化知识产权保护制度，保护企业创新活动的正常收益，让“辅助之手”松绑中国企业的创新“翅膀”。

参考文献

[1] 安同良，施浩，L ALCORTA. 中国制造业企业 R&D 行为模式的观测与实证——基于江苏省制造业企业问卷调查的实证分析 [J]. 经济研究，2006 (2).

[2] 陈斌开，杨汝岱. 土地供给、住房价格与中国城镇居民储蓄 [J]. 经济研究，2013 (1).

[3] 成力为，戴小勇. 研发投入分布特征与研发投资强度影响因素的分析——基于我国 30 万个工业企业面板数据 [J]. 中国软科学，2012 (8).

[4] 代中强. 实际知识产权保护、模仿创新与自主创新 [J]. 经济评论，2010 (6).

[5] 戴静，张建华. 金融所有制歧视、所有制结构与创新产出——来自中国地区工业部门的证据 [J]. 金融研究，2013 (5).

[6] 董晓庆，赵坚，袁鹏伟. 国有企业的创新效率损失 [J]. 中国工业经济，2014 (2).

[7] 范承泽，胡一帆，郑红亮. FDI 对国内企业技术创新影响的理论与实证研究 [J]. 经济研究，2008 (1).

[8] 高帆. 什么粘住了中国企业自主创新能力提升的翅膀 [J]. 当代经济科学，

2008 (2).
[9] 况伟大. 预期、投机与中国城市房价波动 [J]. 经济研究，2010 (9).
[10] 李平，崔喜君，刘建. 中国自主创新中研发资本投入产出绩效分析——兼论人力资本和知识产权保护的影响 [J]. 中国社会科学，2007 (2).
[11] 陆铭，张航，梁文泉. 偏向中西部的土地供应如何推升了东部的工资 [J]. 中国社会科学，2015 (5).
[12] 吕江林. 我国城市住房市场泡沫水平的度量 [J]. 经济研究，2010 (6).
[13] 聂辉华，江艇，杨汝岱. 中国工业企业数据库的使用现状和潜在问题 [J]. 世界经济，2012 (5).
[14] 申慧慧，于鹏，吴联生. 国有股权、环境不确定性与投资效率 [J]. 经济研究，2012 (7).
[15] 王红领，李稻葵，冯俊新. FDI 与自主研发：基于行业数据的经验研究 [J]. 管理世界，2006 (2).
[16] 王文春，荣昭. 房价上涨对工业企业创新的抑制影响研究 [J]. 经济学（季刊），2014 (1).
[17] 王重润，崔寅生. 房地产投资挤出效应及其对经济增长的影响 [J]. 现代财经：天津财经大学学报，2012 (9).
[18] 吴延兵. 中国哪种所有制类型企业最具创新性？[J]. 世界经济，2012 (6).
[19] 吴延兵. 企业规模、市场力量与创新：一个文献综述 [J]. 经济研究，2007 (5)：125-138.
[20] 吴延兵. 中国工业 R&D 投入的影响因素 [J]. 产业经济研究，2009 (6)：13-21.
[21] 许宪春，贾海，李皎，等. 房地产经济对中国国民经济增长的作用研究 [J]. 中国社会科学，2015 (1).
[22] 杨洋，魏江，罗来军. 谁在利用政府补贴进行创新？——所有制和要素市场扭曲的联合调解效应 [J]. 管理世界，2015 (1).
[23] 余静文，王媛，谭静. 房价高增长与企业“低技术锁定”——基于中国工业企业数据库的微观证据 [J]. 上海财经大学学报，2015 (10).
[24] 张杰，芦哲，郑文平，等. 融资约束、渠道与企业 R&D 投入 [J]. 世界经济，2012 (10).
[25] 张杰，杨连星，新夫. 房地产阻碍了中国创新么？——基于金融体系贷款期

限结构的解释［J］. 管理世界，2016（5）.
［26］张杰，周晓艳，李勇. 要素市场扭曲抑制了中国企业 R&D？［J］. 经济研究，2011（8）.
［27］周黎安，罗凯. 企业规模与创新：来自中国省级水平的经验证据［J］. 经济学（季刊），2005（2）.
［28］周亚虹，贺小丹，沈瑶. 中国工业企业自主创新的影响因素和产出绩效研究［J］. 经济研究，2012（5）.
［29］ASCHHOFF B. The Effect of Subsidies on R&D Investment and Success. Do Subsidy History and Size Matter［R］. ZEW Discussion Paper, 2009, No. 032, Mannheim.
［30］HOEKMAN B M, MASKUS K E, SAGGI K. Transfer of Technology to Developing Countries: Unilateral and Multilateral Policy Options［J］. World Development, 2005, 33（10）: 1587-1602.
［31］BRANDT L, LI H. Bank Discrimination in Transition Economics: Ideology, Information or Incentives?［J］. Journal of Comparative Economics, 2003, 31（3）: 387-413.
［32］BROWN J R, FAZZARI S M, PETERSON B C. Financing Innovation and Growth: Cash Flow, External Equity and the 1990' s R&D Boom［J］. Journal of Finance, 2009, 6（4）: 151-185.
［33］BROWN J R, MARTINSSON G, PETERSON B C. Do Financing Constraints Matter for R&D? New Tests and Evidence［R］. ASSA Annual Meeting Paper, 2011.
［34］CHANEY T, SRAER D, THESMAR D. The Collateral Channel: How Real Estate Shocks Affect Corporate Investment［R］. NBER Working Paper, 2010.
［35］CHEN T, LIU L X, ZHOU L A. The Crowding Out Effects of Real Estate Shocks – Evidence from China［Z］. Available at SSRN 2584302, 2015.
［36］COHEN W M, KLEPPER S. Firm Size and the Nature of Innovation within Industries: The Case of Process and Product R&D［J］. Review of Economics & Statistics, 1996, 78: 232-43.
［37］CULL R., XU L. Who Gets Credit? The Behavior of Bureaucrats and State Banks in Allocating Credit to Chinese State – Owned Enterprises［J］. Journal of Development Economics, 2003, 71（2）: 533-559.

[38] CLAVEr E, LLOPIS J, GARCIA D, et al. Organizational Culture for Innovation and New Technological Behavior [J]. Journal of High Technology Management Research, 1998, 9 (1): 55-68.

[39] JAUMOTTE F, PAIN N. From Ideas to Development: The Determinants of R&D and Patenting [R]. OECD Economics Department Working Papers, 2005, No. 457.

[40] MALERBA F, NELSON R, ORSENIGO L, et al. Demand, Innovation and the Dynamics of Market Structure: the Role of Experimental Users and Diverse Preferences [J]. Journal of Evolutionary Economics, 2007, (17): 371-399.

[41] GAN J. Collateral Debt Capacity and Corporate Investment: Evidence from a Natural Experiment [J]. Journal of Financial Economics, 2006, 85 (3): 709-734.

[42] JEFFERSON G H, BAI H, GUAN X, et al. R&D Performance in Chinese Industry [J]. Economics of Innovation and New Technology, 2006, 15 (4/5): 345-366.

[43] GRILICHES Z. Patent Statistics as Economic Indicators: a Survey [J]. Journal of Economic Literature, 1998, 28 (12): 1661-1707

[44] HALL B H, LERNER J. The Financing of R&D and Innovation [M] // Handbook of the Economics of Innovation. North Holland: Elsevier, 2010.

[45] HUSSINGER K. R&D and Subsidies at the Firm – level: An Application of Parametric and Semi – parametric Two – step Selection Model [J]. Journal of Applied Econometrics, 2008, 23 (1): 729-747.

[46] LEDERMAN D, MALONEY W F. R&D and development [R]. World Bank Policy Research Working Paper, 2003, No. 3024.

[47] SCHIFF M, OLARREAGA M, WANG Y. Trade – Related Technology Diffusion and the Dynamics of North – South and South – South Integration [J]. Social Science Electronic Publishing, 2002, 23 (7): 80-86.

[48] MIAO J, WANG P. Sectoral Bubbles and Endogenous Growth [R]. Meeting Papers: Society for Economic Dynamics, 2012.

[49] OZCELIK E, TAYMAZ E. R&D Support Programs in Developing Countries: the Turkish Experience [J]. Research Policy, 2008, 37 (2): 258-275.

[50] ACHION P, BANERJEE A V, ANGELETOS G M, et al. Volatility and Growth: Credit Constraints and Productivity – Enhancing Investment [R]. NBER Working Paper, 2005, No. W11349.

[51] LAFORET S. Size, Strategic and Market Orientation Effects on Innovation [J]. Journal of Business Research, 2008, 61 (7): 753-764.

[52] BARKER V L, MUELLER G C. CEO Characteristics and Firm R&D Spending [J]. Management Science, 2002, 48 (6): 782-802.

[53] COHEN W M, LEVINTHAL D A. Innovation and Learning: The Two Faces of R&D [J]. Economic Journal, 1989, 99 (397): 569-96.

[54] YASUDA T. Firm Growth, Size, Age and Behavior in Japanese Manufacturing [J]. Small Business Economics, 2005, 24 (1): 1-15.

[55] ACS Z J, AUDRETSCH D B. Patents as A Measure of Innovative Activity [J]. Kyklos, 989, 42 (2): 171-180.

[56] ZHANG A, ZHANG Y, ZHAO R. A Study of the R&D Efficiency and Productivity of Chinese Firms [J]. Journal of Comparative Economics, 2003, 31 (3): 444-464.

第八章　语言特质、技术扩散与长期经济增长*

刚翠翠**

摘　要　本文选取89个国家和地区1990—2010年面板数据，利用随机前沿分析方法（SFA）就语言难度对国家间增长效率的影响机理进行理论分析与经验检验。研究表明：语言难度的差异是语言的本质特征，它通过作用于人力资本水平的吸收能力影响一国技术效率；较低的语言难度有助于人力资本对于国际间技术的吸收与追赶，从而带来一国增长效率的显著提高。考虑研究结论的稳健性，本文以各国托福考试成绩作为语言难度指标，并在控制语言难度等级与人均收入水平的条件下分别进行分组回归检验，结论进一步说明简单语言更易促进国家间技术效率的提高。因此，为促进经济平稳发展，有必要提高本国居民语言能力水平，并在保持本国文化的前提下，有效降低本国语言难度，为技术进步水平的提高提供良好的语言环境，最终通过语言红利的创造实现一国经济长期发展的宏观目标。

关键词　语言难度；人力资本；技术效率；随机前沿分析

一、引　言

内生经济增长理论认为，以技术进步为标志的经济效率的提高是经济增长

* 本文得到国家统计局科学研究一般项目“基于DFM模型的中国供给侧结构性改革绩效评价研究”（2017LY42）；陕西省社科基金项目“基于DFM模型的陕西省供给侧结构性改革绩效评价及其提升路径研究”（2017D029）；陕西省软科学研究计划面上项目“‘新常态’背景下陕西政府治理能力提升经济增长质量的机制与政策研究”（2017KRM128）资助。

** 刚翠翠，经济学博士，西安理工大学经济与管理学院讲师，主要研究方向：经济发展、文化经济。

的决定因素，国家间增长效率的差异会造成经济表现的不同，三次工业革命的历史经验和近代的经济发展史告诉我们，科技进步是立国之本。对于发展中国家来说，在开放经济条件下，一国技术进步水平的提高除了依赖于本国的研发创新，也需要国际间技术以及知识溢出带来的技术效率的提高。而这种技术或者知识由技术领先国创造，并扩散到周边发展中国家的过程容易受到诸多隐性成本的影响，其中既有来自追赶国人力资本水平的影响[1]，也与该国相应的人力资本吸收能力大小有关。然而现实的情况是，即使有些国家具有同样较高的人力资本水平，其经济增长效率也会存在较大差距，尤其是在企业本身制度因素和外界环境因素相互作用下，企业往往不能充分有效的使用现有先进技术，造成了技术无效率的存在，这为此后学者基于制度环境对经济效率的分析提供了依据[2]。

基于制度对经济效率的研究，学者开始关注语言制度安排对于技术、经济效率的影响，如 Caselli et al. 较早关注了经济主体双语能力对于技术吸收能力的影响[3]，Gandal 选取加拿大居民的网络数据进行实证分析，强调了居民双语能力对于技术扩散的积极影响[4]。也有学者在研究发展中国家 ICT 技术扩散时，发现了经济主体语言差异对于新技术应用的显著影响，并强调了发展中国家语言难度较高时更需要高水平的人力资本与之相匹配[5-6]。对上述文献进行梳理就会发现，现有研究主要是以共同语言作为解释变量，分析经济主体语言差异对一国技术进步与增长效率的影响，而较少考察不同语系之间语言难度差异与增长效率之间的量化关系，而且上述研究在选取样本的过程中主要考虑欧洲英语语系内部语言差异与技术吸收的相互关系，而缺少对不同语系背景下语言差异与经济技术效率关系的分析，这不仅会影响到研究结论的稳健性，也使语言差异影响经济效率的逻辑本质不能得到进一步有效阐释。同时，在中国进入新时代，在面对我国经济增长需要迈向以技术创新为支撑的新的发展阶段时，如何正确应对母语与外语的冲突从而在发扬我国“文化自信”的同时提高我国经济发展效率是值得我们关注的问题。

正是基于上述研究不足，本文旨在以同种语系内部以及不同语系之间语言难度为切入点，研究不同国家语言难度影响一国经济技术效率的逻辑机理，并选取 89 个国家 1990—2010 年的面板数据进行实证检验。和现有文献相比，本文的主要贡献在于：第一，以语言难度为出发点，强调人力资本给定条件下，一国语言难度对技术吸收的程度，分析了语言影响技术效率的机理；第二，测度了89个国家和地区的语言难度并利用SFA模型实证检验了其对增长效率的影响机制，同时以托福成绩为替代变量进行分组回归作为稳健性检验，进一步验证了简单语言对于技术效率的积极影响；第三，以语言为理论基础解释了亚洲近代国家的快速发展制度背景，并为我国经济发展与语言政策的制定提供了方向性建议。

二、典型事实描述与基本理论命题

众多经济史学家发现，西方经济的蓬勃发展与较弱的技术壁垒有关[7]，而较弱的技术壁垒又部分源于西方简洁与精确的语言。简洁的印欧语系不但为西方世界提供了科学的思维过程，也为技术交流节约了成本，正是认识到语言差异很可能会形成隐性的技术壁垒后，亚洲的主要发达国家在战后都出现了英语学习的热潮，以外语考试中最热门的TOEFL考试为例，在外语学习人数比例较高的国家，往往具有较高的TFP水平。如日本不但最早引进了托福考试，还将英语水平的高低作为入学考试的一项重要标准，英语成为日本从明治维新时代全面学习的文化标识并一直保持至今。而新加坡则从1965年建国之日起就将英文作为第一语言，而华语作为第二语言，这样无论在政治上还是经贸交流上，新加坡都能够迅速做出反应，从而为国家经济飞速发展奠定坚实的语言制度基础。

学习外语作为一种世界性的语言学习潮流，这种现象在20世纪70年代末的中国也初见端倪，尤其是随着改革开放政策的逐步推进，为本国企业与OECD国家之间的经贸合作提供了条件。如第164页表1所示，在中国实际利用外资情况中，明显有着语言偏好。随着经济主体外语能力水平的提高，在同等条件下中国厂商和研发机构往往选择与自己语言特质相似的国家进行合作，特别是一些生产技术领域的合作，中国厂商更偏向与使用和较为简单的日语与英语国家进行经贸交流，这不仅便于研发主体之间的信息交流，也使得厂商技术工人们可以迅速掌握引进技术的使用方法，不仅有效降低了语言引起的研发成本，也有助于技术人员熟悉并掌握引进技术，节约了厂商的生产成本，最终有利于厂商对于先进技术的吸收和创新，为我国技术效率水平的提高提供良好的微观基础。同样，对于组织管理人员来说，偏好于与英、美等简单语言国家的企业合作，可以减少对工人们的培训和聘请翻译费用，降低管理成本，所以自20世纪80年代开始，来自英、美、日本等国的投资比重相对较高，为我国市场经济发展提供了有利条件，不仅如此，上述国家通过与华合作也获得了大量中国改革开放的红利。

表1 中国实际利用FDI与各国语言难度情况

2004年			2014年		
国家/地区	FDI投资金额（万美元）	语言难度	国家/地区	FDI投资金额（万美元）	语言难度
中国香港	1899830	1	中国香港	8126820	1
维尔京群岛	673030	2	维尔京群岛	622566	2
韩国	624786	2	新加坡	582668	2
日本	545157	2	日本	432530	2
美国	394095	2	韩国	396564	2
中国台湾	311749	1	美国	237074	2
开曼群岛	204258	2	德国	207056	3
新加坡	200814	2	中国台湾	201812	1
萨摩亚	112885	2	萨摩亚	156383	2
德国	105848	3	开曼群岛	125509	2

数据来源：（1）国家统计局网站；（2）关于世界各国及地区语言的详细数据，参见http：//www. ethnologue. com/statistics/country；（3）这里语言难度指相对于汉语的难度等级，1为最小（指母语为汉语），4为最大。

通过以上典型事实和文献可以看出，一国的技术进步与该国使用的语言有着某种联系，由于科学技术使用的终端在于人，那么人与人之间的语言交流成本也会成为技术扩散的一大障碍，当技术研发过程需要人们进行信息交流时，技术知识的产生与扩散则主要依赖于技术研发所做出的福利最大化决策[8]，而这种福利最大化的决策与技术研发人员的文化语言背景有着直接关系。当不同国家间有着相同的语言文化背景时，其相互之间更有可能进行大量的技术交流与合作，从而带来本国技术进步水平的提高；当国家间文化差距较大时，语言难度则成为阻碍技术交流与创新的重要因素，导致语言难度成为影响技术效率的一个重要因素，在此条件下共同语言的学习不但能够降低市场主体之间的信息交流成本，而且有助于强化主体之间的文化共识[9]。由于语言相似性使得企业双方互相理解，不仅降低跨国主体之间的交流成本，也加速了新技术、新思想、新管理理念等因素在不同国家市场主体之间的传播和使用[4]。特别是在两国有着相似的文化、法治等制度环境下，语言难度的变化将对技术进步过程中存在的信息交流成本产生显著影响，从而改变国际间技术溢出的过程[10-11]。

综合来看，在人力资本水平一定的情况下，由于语言难度的出现，一国不能完全充分吸收并利用现有技术，从而造成经济增长技术无效率情况的存在。追赶国使用相对简单的语言能够降低技术人员的培训和翻译等相关费用，从而加速了对创新国技术吸收与模仿的能力。反之，如果追赶国较创新国家的语言难度较大，则新技术吸收和传播过程中信息成本会迅速增加，企业组织不得不花费大量的资源在语言翻译与技术信息理解上，导致产出技术效率的降低。所以，基于上述事实观察和逻辑分析，可以得到本文研究的核心理论命题：

语言障碍集中体现在语言的学习难度之中，不同的语言之间学习成本的差异造成了经济主体人力资本对先进技术的吸收能力差异，从而影响了一国的经济增长效率。因此国家间的技术差距不仅取决于一国人力资本水平，而且依赖于以语言难度为表现的语言学习成本的大小，本国与追赶国的语言相对学习难度越低，越有利于本国进行知识积累与技术进步，从而带来经济效率的提高。

三、计量模型设定与数据说明

（一）计量模型设定

由上文分析可知，语言难度作为制度因素之一对于一国经济发展有着重要的影响。对于经济技术效率的测度，传统参数估计方法使用“索罗残差”作为技术进步的指标衡量经济效率的高低，然后利用回归分析找出影响技术进步的要素，但问题是该方法假定生产者已经充分有效地利用现有技术，显然与本文技术非效率假定的情况不一致，因此我们使用随机前沿生产函数作为基本的计量分析模型，刻画语言难度对技术非效率的影响。结合上述分析，本文选取超越对数生产函数对技术进步影响因素进行实证分析，其中超越对数函数与技术进步的影响因素的计量模型为：

$$\ln Y_{it} = \beta_0 + \beta_L \ln L_{it} + 1/2\beta_{LL}[\ln L_{it}]^2 + \beta_k \ln K_{it} + 1/2\beta_{KK}[\ln K_{it}]^2 + \beta_{LK}\ln L_{it}\ln K_{it} + v_{it} - u_{it} \quad (1)$$

$$u_{it} = \delta_0 + \delta_1 \times (1/diff_{it}) \times h_{it} + \sum_l \delta_l \times control_{l,it} + \varepsilon_{it} \quad (2)$$

上式中被解释变量 $\ln Y_{it}$ 表示实际总产出，角标 i 和 t 分别表示面板数据的截面维度和时间维度，v_{it}是随机误差项，假设它服从标准正态分布 $N(0,\sigma^2)$，而 u_{it}是技术无效率函数，它是一个非负参数，用于衡量个体 i 在 t 年的技术效率变化情况，满足半正态分布 $N_+(z_{it},\sigma_{it}^2)$，且与随机误差项 v_{it}相互独立，式中 ε_{it}表示随机误差项，同样也服从标准正态分布 $N(0,\sigma_\varepsilon^2)$。由于我们假设语言难度（$diff_{it}$）对技术吸收能力负相关，因此我们采用语言难度的倒数 $1/diff_{it}$与人力资本 h_{it}的交互项来衡量语言难度将通过人力资本水平对技术效率施加影响，$control_{l,it}$是一组控制变量，包含对技术效率的其他影响因素。

而对于采用随机前沿分析方法是否合适的判断标准是要对参数 γ 的显著性进行检验，在 $\gamma=\sigma_u^2/(\sigma_u^2+\sigma_v^2)$ 条件下，γ 越高表示无效率因素对技术效率影响越大，这样应用随机前沿分析方法是可行的。无效率项 u_{it}引起，它与技术效率负相关，这也就意味着当式（2）中的系数向量为正时，对应变量不利于生产效率的提高，如果系数向量为正时，表明对应变量可以提高技术效率。

（二）样本选择与数据处理

由于需要在全世界范围内对各个经济体进行比较研究，我们将样本划定在一个全世界经济发展较为稳定的时间段内，也即 20 世纪 80 年代以后的时间范围，在这个时间内，各个国家从战后萧条逐步恢复到以谋求经济发展为主要目标，政治的不确定性对经济发展的影响较小；同时，囿于数据的可获得性，我们最终选择了 89 个国家（国家分布区域、列举一下，以脚注形式给出）和地区 1990—2010 年的数据进行分析。

（1）投入产出变量：总产出（*Y*）、劳动投入（*L*）和资本投入（*K*），分别从 Penn World Table 8.0 中获取，实际总产出（*Y*）为以 2005 年美元作为不变价的各国国内生产总值，劳动投入（*L*）为百万人口里参与劳动的人数，资本投入（*K*）为以 2005 年美元为基期的资本存量。

（2）人力资本（*H*）：关于人力资本的估算，世界地区通用的做法是使用小学入学率来表示人力资本的丰裕程度，不过这种教育指标法虽然数据易得，但对于人力资本的测量误差较大，因此我们采用支出法测量人力资本，即使用教育支出占 GDP 的比重来衡量各地区人力资本的大小。

（3）语言难度（*diff*）：语言难度是语言特质的一个基本表现形式，语言难度因素反映了两个基本问题：一是处于不同语系的国家，一些语言会比另一些语言难，其学习难度取决于被学习国家的语言难度[12]，这反映了语言的绝对难度；二是处于相同语系的国家，学习成本要比不在同一语系的难度要低，并且学习双语所需成本取决于该人的母语，这反映了语言的相对难度。由于本文涉及了世界 89 个国家的七大语系，因此我们使用语言的绝对难度衡量各国语言之间的差距，从语言学习规律出发，语言的核心由词汇和语法构成，由于语言难度与语法结构有关，我们选取反映时态变化的各类动词变位的种类作为语言难度的替代变量进行估计。一般来讲，动词变位越多的语言，其难度更高。例如，由于"阴阳"变化，拉丁语系的法语难度要明显高于英语。本文中动词变位的种类由各类语言的词典解释部分给出，而由于汉语在语法中并没有相应的动词变位，其时态语态的体现完全依靠助词，因此我们选取汉语助词的个数代表汉语动词变位的数量。

（4）控制变量的选择：①研发活跃度（*RD* 与 *Researchers*），政府参与研发支出可以提高全要素生产率已经成为不争的事实，通常情况政府对于科技创新的财政支持力度越大，研发活跃度越高，从而越有利于技术效率的提高，因此我们选取政府当年 R&D 支出占 GDP 的比重（*RD*）以及百万人口里研发人员的数量（*Researchers*）这两个指标作为研发活动活跃度的指标；②外商直接投资（*FDI*），FDI 的技术溢出效应也是提高全要素生产率的重要影响因素，所以我们选择 FDI 净流入量占 GDP 比重来表示；③经济开放度（*open*），经济开放度的提高能够有利于技术溢出和效率的提高，通常做法是选取国家进出口贸易总额与 GDP 的比重来表示。

（三）计量结果分析

利用 Frontier 4.1 软件包对式（1）和（2）进行估计，估计结果见第 168 页表 2。第 168 页表 2 左边给出了超越对数生产函数的估计结果，其中 LAG（*n*）表示投入产出的滞后阶数，右边部分估计了技术效率的影响因素结果。根据似然率（LR 检验）结果，可以判断在 1% 的显著性水平上我们选取 SFA 方法对超越对数生产函数形式的估计结果要优于采用传统 OLS 方法对柯布—道格拉斯形式函数的估计，说明考察期内语言难度对各国技术进步产生了重要的影响，而且在滞后阶数的情况下，γ 统计值均在 0.7 以上，说明滞后阶数的改变即没有影响技术效率与各影响因素之间的基本关系，也反映出无效率对技术效率的影响非常显著。利用超越对数函数对总产出及其投入进行估计时，劳动力（$\ln L_{it}$）与资本（$\ln K_{it}$）的一二次项系数均为正且显著通过检验，表明了考察期内投入与产出存在着U型关系，与一般生产理论一致。

从对技术进步的影响因素结果来看，随着滞后阶数的增加，所有变量对生产效率的影响先增加随后降低。从核心变量的估计结果来看，[1/*diff*] × [H_{it}]这一项估计结果显著为负，表示语言难度能够通过人力资本作用于技术效率，当一国语言难度较大时，由于语言的交流成本增加，遏制了人力资本对技术的吸收能力，从而造成了企业技术效率的降低。反之，当一国语言难度较低时，将会促进人力资本对技术的吸收能力，从而带来生产效率的提高。同时，随着滞后阶数的增加，回归结果表明语言难度对于技术效率的影响还具有显著的滞后效应，语言难度对技术效率的影响具有持续作用，因此在进行技术赶超时，本国不但要进行人力资本投资，还需要关注一国语言难度的变化，避免语言难度较大造成对技术效率的影响。

从控制变量的估计结果来看，样本国家的研发人员（*researcher*）、研发投资比重（*RD*）、*FDI*以及对外开放度（*open*）对于各自国家技术效率的影响不仅通过显著性检验，而且是正向的这与传统的文献估计结果一致。只是在滞后1期的情况下，R&D投资与FDI对于生产效率的影响不再显著，但对应估计系数仍然为负，所以从整体来看控制变量对于各国技术效率仍然有显著正向影响。

表2　技术效率影响因素的随机前沿模型估计结果

被解释变量	产出（$\ln Y_{it}$）						
	超越对数生产函数			无效率的影响因素结果			
滞后阶数	LAG（0）	LAG（1）	LAG（2）	滞后阶数	LAG（0）	LAG（1）	LAG（2）
常数项	1.5799*** (0.2738)	1.9315*** (0.1033)	1.4353*** (0.2703)	常数项	0.6220*** (0.0481)	0.4533*** (0.0330)	0.6797*** (0.0564)
$\ln L_{it}$	0.5526*** (0.0562)	0.5797*** (0.0523)	0.5111*** (0.0581)	[1/*diff*] × [$\ln H_{it}$]	−0.3534*** (0.0752)	−0.1957*** (0.0548)	−0.3813*** (0.0705)
$[\ln L_{it}]^2$	0.0885*** (0.0127)	0.1034*** (0.0027)	0.0870*** (0.0138)	$\ln researcher_{it}$	−0.0324*** (0.0056)	−0.0294*** (0.0059)	−0.0338*** (0.0066)
$\ln K_{it}$	0.3799*** (0.0606)	0.2847*** (0.1975)	0.4414*** (0.0592)	$\ln RD_{it}$	−0.0388** (0.0302)	−0.0072 (0.0109)	−0.1372*** (0.0254)
$[\ln K_{it}]^2$	0.0793*** (0.0096)	0.0964*** (0.0325)	0.0697*** (0.0099)	FDI_{it}	−0.0032** (0.0021)	−0.0044 (0.0461)	−0.0076*** (0.0019)

续表

被解释变量	产出（$\ln Y_{it}$）						
	超越对数生产函数			无效率的影响因素结果			
$[\ln K_{it}]\times[\ln L_{it}]$	-0.0781***	-0.0911***	-0.0727***	$open_{it}$	-0.0024***	-0.0022***	-0.0022***
	(0.0105)	(0.0054)	(0.0111)		(0.0003)	(0.0002)	(0.0004)
Log 函数	-248.1950	-210.0677	-150.4625	σ^2	0.1845***	0.1767***	0.1333***
					(0.0055)	(0.0167)	(0.0105)
LR 检验	264.1983	254.2380	246.3954	γ	0.7700***	0.7940***	0.7827***
					(0.0175)	(0.0723)	(0.1043)

注：（·）表示对于估计参数的标准差，***，**，*分别表示1%，5%，10%的显著性水平。

四、稳健性检验与计量结果的进一步说明

前文估计过程中我们主要考察了语言的绝对难度对于增长效率的影响，一般来讲，语言的绝对难度（*diff*）在历史上变化缓慢，然而随着全球信息技术的发展，以及各国之间经贸交流日趋频繁，不同国家语言难度会发生相对较快的变化，伴随着一国对外经贸关系快速发展，国家间经济、文化的不断交融会使语言难度的差异在两国之间有所下降，从而对上节模型估计结果的稳健性产生影响。因此，我们引入相对语言难度对技术效率模型进行重新估计，以得到本文的稳健检验。

（一）核心变量

语言难度（*diff*）实际上是通过约束人力资本的技术吸收能力影响一国技术效率水平，所以可以通过经济主体人力资本习得语言的能力作为相对语言难度的动态变化测度指标，因此本文将引入各国取对数的托福考试成绩（ln*TOELF*）作为"语言能力"这一指标来考察语言通过人力资本对技术效率的影响，各国的托福成绩汇总由ETS考试中心发布的成绩汇总报告整理而得。之所以采用各国托福考试成绩作为语言难度的替代指标，原因有三：首先，托福考试以英语测试为基础，而英语的语法结构在整个语言学习系统中是最简单的，因此托福成绩的高低可以间接表示考试人员所在国母语相对英语语言难度的大小；其次，托福考试在全球范围内展开，具有可比性，如果采用其他如JLPT（日本语能力考试）、TCF（法语能力水平考试）则由于这些语言考试只具有局部性，往往发生在考试组织国周边国家和地区而不具备全球可比性；第三，语言考试成绩最

能体现语言通过人力资本的作用，这种成绩的变化往往取决于语言难度的变化和人力资本的大小。托福成绩取决于两方面因素，一是语言难度等级，难度等级越大，成绩一般越低；教育投入越低，成绩一般越低。

（二）计量结果分析

（1）稳健性检验Ⅰ：全样本估计

同样利用 Frontier 4.1 对式（1）和式（2）进行重新估计，结果见表 3。利用 SFA 采用超越对数的生产函数的估计结果与第 168 页表 2 的估计结果基本一致，在这里不再赘述。通过技术无效率的影响因素的参数估计结果来看，ln-$TOELF_{it}$这一项的估计参数显著为负，表明语言能力对技术效率产生了显著的正向影响，且在滞后 1 期时的效应最强，一国的托福成绩越高，语言难度与人力资本的作用于技术吸收能力的效果就越明显，因而我们在不断提高人力资本的过程中，应当关注缩小与别国的语言难度差距，从而为本国技术进步水平的提高创造良好的语言环境。

表 3 计量结果稳健性检验

被解释变量	产出（$\ln Y_{it}$）						
	超越对数生产函数			无效率的影响因素结果			
滞后阶数	LAG（0）	LAG（1）	LAG（2）	滞后阶数	LAG（0）	LAG（1）	LAG（2）
常数项	2.0371*** (0.2605)	1.4221*** (0.6834)	2.1840*** (0.2880)	常数项	8.3608*** (1.0024)	0.0111 (0.0462)	12.8605*** (1.8389)
$\ln L_{it}$	0.5320*** (0.0654)	0.5677*** (0.0665)	0.3440*** (0.0701)	$\ln TOELF_{it}$	-1.2403*** (0.1605)	-0.0271*** (0.1607)	-1.9239*** (0.2929)
$[\ln L_{it}]^2$	0.0769*** (0.0136)	0.1142*** (0.0131)	0.0391*** (0.0150)	$\ln researcher_{it}$	-0.0281*** (0.0049)	-0.0037*** (0.0141)	-0.0362*** (0.0074)
$\ln K_{it}$	0.3206*** (0.0596)	0.3501*** (0.1323)	0.4836*** (0.0660)	$\ln RD_{it}$	-0.0338*** (0.0152)	0.0048 (0.0517)	0.0725*** (0.0725)
$[\ln K_{it}]^2$	0.0769*** (0.0136)	0.1142*** (0.0131)	0.0391*** (0.0150)	FDI_{it}	0.0038*** (0.0009)	-0.0048*** (0.0150)	-0.0103 (0.0064)
$[\ln K_{it}] \times [\ln L_{it}]$	-0.0701*** (0.0115)	-0.0993*** (0.0113)	-0.0315*** (0.0129)	$open_{it}$	-0.0030*** (0.0002)	-0.0015*** (0.0006)	-0.0015*** (0.0005)

续表

被解释变量	产出（$\ln Y_{it}$）						
	超越对数生产函数			无效率的影响因素结果			
Log 函数	-1491.8780	-1460.7535	-1341.6534	σ^2	0.1856*** (0.0055)	0.1780*** (0.0050)	0.2007*** (0.0102)
LR 检验	113.3145	167.4583	184.7710	γ	0.1036*** (0.0089)	0.7183*** (0.0159)	0.3502*** (0.0591)

注：（·）表示对于估计参数的标准差，***，**，*分别表示1%，5%，10%的显著性水平。

（2）稳健性检验Ⅱ：不同语言难度下语言能力对技术效率的影响

考虑语言难度对于托福成绩的影响，我们按照语言难度等级对所有样本进行分组回归，通过分组回归对比观察不同国家托福成绩对于本国技术进步的影响。本文语言难度等级根据语言学对语言种类的划分作为衡量标准，一般来说屈折语的难度最低，赋值为1；其次是综合语，赋值为2；再次是黏着语，赋值为3；最后难度最高的为分析语，赋值为4。于是将世界89个国家按照语言难度等级进行分组回归后，得到第172页表4的计量结果。如第172页表4所示，官方语言处于1级难度和2级难度的国家，其托福考试成绩对技术效率的影响远远小于官方语言处于3级难度和4级难度的国家，这不但说明语言能力的差距对技术效率有明显负向的影响，而且意味着语言难度的增加出现了明显的"门槛"效应，由于处于1级难度和2级难度的国家其语言相对于英语较为简单，那么学习外语的需求愿望与迫切程度远不如处于3级语言难度和4级语言难度的国家，从而引起这些国家的语言能力对技术吸收的影响效果更强。

上述实证结果，一定程度上也可以解释为什么亚洲国家偏好于英语学习。因为从语言分类来看，亚洲主要国家的母语大多为黏着语和分析语，相比印欧大陆的屈折语，这些语言的难度等级往往都在3和4的样本组内，在经济交往与科技交流上的不便利程度要远远大于其他国家，因此只有不断地学习简单语言，拉近与先进国家的语言差距，才能提高市场主体技术吸收能力从而带来技术进步与技术效率水平的有效提高。

表 4 不同语言难度的分组回归计量结果

被解释变量	产出（$\ln Y_{it}$）			
语言难度	1 级难度	2 级难度	3 级难度	4 级难度
滞后阶数	LAG（1）	LAG（1）	LAG（1）	LAG（1）
常数项	2.4177*** (0.1927)	3.7601*** (1.6234)	4.7885*** (0.8612)	68.5317*** (3.4553)
$\ln L_{it}$	0.2485 (0.2428)	0.4539*** (0.0707)	0.1605*** (0.0339)	12.7200*** (0.9283)
$[\ln L_{it}]^2$	-0.0987*** (0.0445)	-0.3359*** (0.0976)	-0.2562*** (0.0230)	-12.0034*** (0.0733)
$\ln K_{it}$	0.4633*** (0.1074)	0.2700*** (0.0507)	0.3612*** (0.1850)	17.1916*** (1.1467)
$[\ln K_{it}]^2$	-0.0585*** (0.0020)	-0.0548*** (0.0082)	-0.0658*** (0.0215)	2.3980*** (0.1736)
$[\ln K_{it}] \times [\ln L_{it}]$	-0.0577*** (0.0147)	-0.1893*** (0.0793)	0.1522*** (0.0193)	-1.6935*** (0.1223)
无效率的影响因素结果				
滞后阶数	LAG（1）	LAG（1）	LAG（1）	LAG（1）
常数项	10.5484*** (0.9872)	-4.1492*** (1.0853)	17.6176*** (2.1260)	21.4765*** (1.4189)
$\ln TOEFL$	-1.5678*** (0.0280)	-0.8311*** (0.2822)	-2.6306*** (0.3477)	-3.4478*** (0.2258)
$\ln researcher_{it}$	-0.0305 (0.0250)	0.0389*** (0.0131)	-0.0778*** (0.0179)	-0.0320*** (0.0055)
$\ln RD_{it}$	-0.1792 (0.2927)	-0.2574** (0.0365)	-0.6998 (0.0241)	-1.2936*** (0.7060)
FDI_{it}	-0.0106 (0.0235)	-0.0089 (0.0056)	-0.0018 (0.0043)	-0.0275*** (0.0046)
$open_{it}$	-0.0016*** (0.0009)	-0.0005*** (0.0002)	-0.0041*** (0.0007)	-0.0029*** (0.0005)
Log 函数	-1141.0001	230.9271	181.1817	140.5734
LR 检验	112.5408	102.9797	468.8138	144.9301

续表

滞后阶数	LAG (1)	LAG (1)	LAG (1)	LAG (1)
σ^2	0.2030*** (0.0158)	0.0019*** (0.0004)	0.0812*** (0.0045)	0.0170*** (0.0046)
γ	0.1300 (0.2090)	0.7605*** (0.0805)	0.9887*** (0.0033)	0.9999*** (0.0000)

注：(·) 表示对于估计参数的标准差，***，**，*分别表示1%，5%，10%的显著性水平；限于篇幅，部分估计结果未列出。

五、结论与政策建议

本文以语言难度为切入点分析了技术进步的影响因素，通过89个国家面板数据的计量结果来看，语言难度能够通过人力资本对经济效率产生影响，当人力资本一定时，一国语言难度越低，越有利于技术传播，从而带来生产效率的提高；从稳健性检验来看，在语言难度较高的国家和收入较低的国家中，一国语言能力越强，越有利于技术效率的提高。从亚洲四小龙经济腾飞的发展史来看，这些国家正是秉着“由文化到经济”“由语言到技术”这种观念，通过不断的语言学习创造优越的制度环境，为外资和技术大量引入创造条件，最终实现了国民经济的发展目标。经历改革开放后的中国也悄然开始进行大规模的英语学习，全民英语成为其走向世界的重要举措，这种以直接采纳别国语言的方式来降低语言难度的方式为我国带来了大量的语言红利——能够在诸如对外贸易、投资等方面获得更加有效的信息，从而有利于技术引进和经济增长。

既然降低一国语言难度有助于提高该国技术效率的提高，是不是说应该鼓励一国应该集中学习简单语言的学习而忽略较难母语的学习呢？显然，企图以非本国母语的语言作为第一语言，而放弃了母语所形成的文化底蕴与人文价值也存在明显弊端，以日本为例，以简单语言作为促进经济增长的文化驱动力，带来了本土固有文化的覆盖，即日本传统文化正面临消失的风险，而英语作为外来词占其整个日语词汇的1/3，这种泛滥的使用英语使得日语正在丧失主流语言的地位。所以如何在维系本国文化精髓与人文价值的基础上又能实现技术赶超和经济发展，也是需要我们正视的问题。

对于具有明显民族特色的中国来说，除了要求掌握必要的双边语言之外，改变母语的相对难度应当是一条可持续发展之路。社会发展是经济基础，而语言作为文化的标识属于上层建筑，因此语言必须是随着经济基础进行动态变化的。随着中国经济发展程度的不断提高，中国在世界经济、政治、文化、技术等方面的话语权会越来越多，汉语的国际化传播如何才能够像英语一样成为“既无可替代又简单易学”的语言也是我们语言战略规划的一个重要问题。然而汉语本身的语法结构和表达方法使汉语无法限制其成为通用语，因此使汉语“无可替代”的传播就显得更加重要。具体来说：第一，应当加强汉语翻译系统建设。语言翻译的精度和效度除了依赖翻译算法外，还需要健全的平行语料库系统，然而在这方面，现有的语料库仍不能满足翻译的要求，使得汉语传播的速度受限，因此我们应当依靠量子技术存储构建大规模的平行语料库，加强母语传播。第二，汉语应当不断适应国际间经济、技术、文化的要求。所以政策制定者应当创造出适于交流的新词以满足在这些经济、文化、技术交流中的需求。其中很典型的是技术引进的过程中对于专有名词的翻译和创造，不加节制的引用和使用本民族晦涩的语言强行翻译都不利于技术的交流，因此需要语言规划者酌情翻译引用，以达到平衡母语传播和科学技术交流的作用。第三，借助文化产业如丝绸之路、孔子学院等产业传播，使汉语成为“无可替代”的国际语言，用于保护民族语言和民族文化。如德国的歌德学院（Goethe Institutes），法国的法语联盟（Alliances Frances）以及英国的英国文化教育协会（British Council）都是通过强化本国文化交流来扩大本国母语的使用程度从而扩大对外交流的同时维持了本土文化。

参考文献

[1] COSAR A K. Human Capital, Technology Adoption and Development [J]. B. E. Journal of Macroeconomics, 2011, 11 (1): 1-41.

[2] 涂正革，肖耿. 中国工业生产力革命的制度及市场基础—中国大中型工业企业间技术效率差距因素的随机前沿生产模型分析 [J]. 经济评论. 2005 (4): 50-62.

[3] CASELLI F, Coleman W J. Cross - country Technology Diffusion: the Case of Computers [J]. American Economic Review, 2001, 91 (2): 328-335.

[4] GALANG R M N. Divergent Diffusion: Understanding the Interaction Between Institutions, Firms, Networks and Knowledge in the International Adoption of Technology [J]. Journal of World Business, 2014, 49 (4): 512-521.

[5] MATTEO G, SEBASTI N V. ICT in Developing Countries: Are Language Barriers Relevant? Evidence from Paraguay Information [J]. Information Economics and Policy, 2012, 24 (2): 161-171.

[6] PEARCE K E, RICE R E. The Language Divide – the Persistence of English Proficiency as a Gateway to the Internet: the Cases of Armenia, Azerbaijan, and Georgia [J]. International Journal of Communication, 2014 (8): 2834-2859.

[7] MOKYR J. The Lever of Riches: Technological Creativity and Economic Progress [M]. New York: Oxford University Press, 1990.

[8] ARROW K J. Classificatory Notes on the Production and Transmission of Technological Knowledge [J]. American Economic Review, 1969, 59 (2): 29-35.

[9] ANDERSON B. Imagined Communities: Reflections on the Origin and Spread of Nationalism [M]. New York: Verso, 1991.

[10] JAFFE A B, TRAJTENBERG M. Fogarty M S. Knowledge Spill-overs and Patent Citations: Evidence from a Survey of Inventors [J]. American Economic Review, 2000, 90 (2): 215-218.

[11] WEJNERT B. Integrating Models of Diffusion of Innovations: A Conceptual Framework [J]. Annual Review of Sociology, 2002 (28): 297-327.

[12] 刚翠翠，任保平. 语言特质对经济增长的影响：理论解释与经验检验 [J]. 经济科学，2015 (3): 32-41.

第九章　技术创新与市场结构交互机制的演化分析：理论与实证*

张如意**

摘　要　本文以纳尔逊提出的熊彼特假说模型为基础，扩展出一个基于产品创新竞争的交互机制模型，并利用 2005—2014 年中国工业两位数行业的面板数据，建立了一个技术创新与市场结构交互关系的联立方程模型。联立方程的估计结果证明，中国工业行业技术创新与市场结构之间确实存在双向因果的交互机制。本文在理论与实证研究的基础上，结合我国工业发展现实，以及国家创新驱动战略的要求，提出了以国家技术创新体系建设为基础，充分发挥技术创新与市场结构良性交互机制的作用，引导经济增长模式由投资驱动转变为创新驱动。

关键词　演化；技术创新；市场结构；交互机制

一、引　言

以互联网为代表的虚拟经济破灭后，美国面对制造业空心化的问题，提出了再工业化的方案，而为了保持在制造业方面的优势，德国也于 2013 年正式提出工业 4.0 的概念，而我国也提出了中国版的工业 4.0 计划，即“中国制造 2025”行动纲领。面对世界范围内技术创新竞争日益激烈的新形势，在发达国

* 本文受到陕西省社会科学基金项目“演化视角下推动陕西创新驱动战略深入实施的机制设计与路径研究”（2017D026）。

** 张如意，男，1983 年 12 月，陕西宝鸡人，西安邮电大学经济与管理学院讲师，经济学博士，研究方向为技术创新与经济增长。

家和其他发展中国家“双向挤压”的严峻挑战下，如何深刻理解技术创新演进过程，发现并研究技术创新的内在动力机制，选择有利于技术创新不断演进的政策路径，对于提高我国技术创新能力，落实国家创新驱动战略，实现“中国制造 2025”目标，具有很强的现实意义。

技术创新与市场结构问题是新古典经济学产业组织理论中的重要议题。主流经济学界对这一问题的讨论由来已久（Bain，1959，1962；Arrow，1962；Williamson，1965；Mansfield，1968；Kamien et al.，1972；Caves et al.，1992），虽然结果大相径庭，但是主要集中在单向关系的研究上，即技术创新影响市场结构或市场结构影响技术创新。对于两者之间是否存在双向因果关系的问题，Geroski et al.（1990）、Koeller（1995）、Gottschalk et al.（2001）等人的研究认为，技术创新与市场结构之间可能存在双向因果关系。而在演化经济学视角下，以过程竞争理论为支撑，对于技术创新与市场结构演化过程中的交替关系更为关注。本文将从演化视角出发，以技术创新与市场结构的交互机制为主要内容，对二者之间可能存在的双向因果关系进行分析与阐述，并由此得出相应的政策启示。

二、文献综述

演化经济学作为一种非主流的经济学流派，尚缺乏一个统一的理论架构，它只是若干有类似演化思想的学术流派集合体。他们站在批判主流经济学的角度，对技术创新与市场结构问题的研究得出了许多有启发性的结论。并且演化经济学的一个特质就是关心创新。对创新问题的研究是演化经济学取得的主要成绩之一。Nelson（1982）围绕创新问题展开了一系列重要的讨论，在技术创新与市场结构问题上，他认为“从一种社会观点来看，研究与开发是否有效地配置是重要的，而这部分的是市场结构的一种功能”，也即他支持市场结构对技术创新问题有影响，但与此同时，他认为必须认识到结构在熊彼特式竞争情况下是内生的，创新与市场结构的演变密不可分，市场结构与技术创新之间存在一种交替关系。演化经济学思想的另一重要来源是奥地利学派，其对竞争与创新的认识也有独特之处，自 Hayek（1937）以来，现代奥地利学派存在着一种相对统一的基础，他们把市场看作是一种过程，市场变化的推动力来自个人计划之间的交互作用。与市场过程有关的概念包括市场形态、个人计划的对抗、计划修正和修正结果。市场形态是过去所发生的个人实际行动对抗的结果，如果个人计划没有很好地被协调，有些人没有达到他们的目标，他们将被引导着去修正其最初的计划，新计划的交互作用会产生一种新的市场形态。如果把个人计划看作是竞争主体的行为、个体间的对抗看作是竞争行为，对抗的结果看作是竞争结果，对抗的结果会改变市场的形态，市场形态与市场结构也有类似的含义，所以，奥地利学派的市场过程观，是强调市场对竞争的调节作用，同时市场竞争的结果反过来会影响市场结构的演变，同样也是一种交替关系的演化观。

在具体研究方面，Jay（1990）应用了演化经济学的理论，对不同技术创新类型（Revolutionary，Incremental，Process，and Product）对市场结构与行业利润的影响情况进行研究，认为从历史的视角，这四种类型的创新，对重塑市场竞争的属性具有不同程度的作用。Harald（2005）对半导体市场的实证研究认为半导体芯片市场是研究创新机制的一个很有趣的行业。因为每一代芯片的产品生命周期都很短，所以这个市场的演化比其他行业要快得多，并且也更容易得到经验数据。经验研究表明一个企业所拥有的市场份额越多，则它越有可能成为下一次创新的发起者。Franco et al.（2007）认为行业的发展历史可以用主导技术的变化划分成连续的不同时期，而在每一种主导技术的发展期内，市场结构是趋于垄断的，直到新的进入企业带来新的技术，由于新技术与旧技术的竞争，导致行业内的竞争程度加剧，市场结构趋于竞争，直到新的技术取得主导地位，则市场结构又趋于垄断。而在这个过程中，拥有新技术的企业需要一个足够长的存活期，以便新技术可以发展到具有竞争力，而这个给新技术的空间，主要来自小众市场（Niche Market）的需求。

在国内研究方面，陈平（2011）引入了市场份额竞争的生态学模型，规模经济和范围经济用 Logistic 增长的市场规模和可用资源的数量来描述。产品周期和过剩产能可以通过新旧技术的共存来解释。连续的技术小波是宏观经济中不平稳增长和商业周期的根源。他将市场结构（市场份额）的演变，看作是企业创新竞争的结果，并且随着市场结构的周期性演变，进而决定了整个宏观经济的演进过程。

总之，演化经济学为研究技术创新与市场结构的关系提供了一种新的视角，并且已经有一定的成果积累。本文将主要以纳尔逊的经典理论为依据，以纳尔逊提出的一个技术创新与市场结构交互关系模型为基础，进行理论扩展，得到相关理论假说，利用中国工业行业的面板数据，建立联立方程模型进行实证检验，最后给出结论与政策建议。

三、理论假说

Nelson（1982）关于技术创新与市场结构交替关系的模型，假定企业生产同质产品，技术创新的竞争是新技术生产率的竞争。如果从技术创新两种分类上看，纳尔逊模型实际是一个只考虑生产效率的过程创新模型。基于纳尔逊模型的内容，本文拟建立基于企业产品创新竞争视角的交互机制模型。

假设存在一个行业，该行业内存在 n 个企业，行业内存在一种主流的技术路线 A，在该技术路线下，行业内的企业开展了实际产品的生产行为，所生产的产品，由于是在相同的技术路线 A 之下，所以具有一定的相似性，并且容易相互模仿。行业内的 n 个企业，在时期 t 内，在技术路线 A 下，生产同一类产品，每个企业生产的产品可以记为：

$$q_n^{tu} = a_{nu}^t K_{nu}^t \tag{1}$$

其中，n 代表行业内的第 n 个企业，t 代表时期 t，a_{nu}^t 代表在时期 t，企业 n 从技术路线 A 里抽样的一项新技术 u 的生产率，$u \in (1, s)$，而 $s = f(A)$，也即技术路线 A 下包括了 s 种新的技术机会，企业每一期从这个技术机会集合中进行一次抽样，并且随着时间 t 的推移，技术路线 A 下的技术机会越来越少，而同一种技术机会被多个企业抽中时，我们就认为存在技术的模仿。从而使用同样新技术 u 的企业生产同质的产品，而这种情况下，企业之间的竞争就适用于纳尔逊模型产品同质性假设的情况。对于企业 n 来说，它利用技术 u 在时期 t 生产的产品产出为 q_n^{tu}，企业间产品的差异性主要体现在技术 u 的差别上。

（一）同一技术路线 A 下应用相同技术 u 的情况

假设在时期 t，一个行业中的企业在技术路线 A 下，选用了同一种技术，整个行业产品产出即为 $Q_t^u = \sum_1^n q_n^{tu}$，而消费者面临的市场选择也只有由技术 u 生产的产品 xu，所以行业的需求为 $D_t^u(p)$，由供求关系决定了 t 时期市场上对产品 xut 的均衡价格 p_x^{ut}，而企业在技术 u 下进行的过程创新，将决定生产率 a_{nu}^t 的大小，在均衡价格给定的情况下，生产率高的企业，拥有更低的平均成本，所以其

$p_x^{ut}a_{nu}^{t}/c$ 更高，也即其单位资本的利润比率更高，而如果拥有更高生产率的企业降低产品价格，则其可以占有生产率较低企业的市场份额，因为更高生产率企业定价可以低于低效率企业的生产成本，则低效率企业退出市场，高效率企业的市场份额增加，市场结构向集中方向发展。

命题 1：假设在时期 t，一个行业中的企业在技术路线 A 下，选用了同一种技术，那么，整个行业的产品就是无差异的，企业产品创新的竞争就转变为同一技术下生产率的竞争，也即适用于纳尔逊模型的情况，这种情况下行业市场结构的变化，取决于各企业过程创新的差异，即同质产品生产率的差别程度，生产率差异越大，则市场结构越趋于集中。由于该命题正是纳尔逊模型所设定的情况，并且纳尔逊也做了相关的检验与证明，因此，本文后面将不检验该命题。

（二）同一技术路线 A 下应用不同技术 u 和 v 的情况

假设在时期 t，一个行业中的企业在技术路线 A 下，选用了两种不同技术，整个行业产品产出即为 $Q_t = Q_t^u + Q_t^v = \sum_{1}^{m} q_n^{tu} \sum_{m}^{n} q_n^{tu}$，而消费者面临的市场选择变为两种可替代的产品，技术 u 生产的产品 xu 和技术 v 生产的产品 xv，行业的需求为 D_t^u（p_u）和 D_v^u（p_v），由供求关系决定了 t 时期市场上对产品 xut 和 xvt 的均衡价格 p_x^{ut} 和 p_x^{vt}。在两种技术的情况下，首先是两种技术的竞争，两种技术创造的产品 xu 和 xv 的市场需求总量是不同的，二者之间对行业总需求的分配，取决于二者之间的差异程度，假设产品 xu 更受欢迎，那么在市场上，并且在市场上有 m 个企业使用了技术 u，那么在 m 个企业生产率无差异的情况下，将共同分享对产品 xut 的市场份额。例如，对 xu 和 xv 的市场需求分别为行业总需求的 60% 与 40%，那么 m 个企业市场平均份额就表示为 $0.6/m$，而剩下的 n 个企业将共享 0.4 的市场份额。如果 $m<n$，则相对于只有一种技术 u 下，即使在没有过程创新的情况，市场结构也会趋于集中。

命题 2：在一个行业内，在技术路线 A 之下，企业用多种不同的技术生产差异化的产品，则产品差异化越大，并且由于差异化导致的市场需求差别越大，则行业的市场结构越发趋于集中。反之，同一技术路线 A 下，不同技术的差异化越小，行业的市场结构会趋于分散。

（三）两种不同技术路线 A 和 B 下不同技术 u 和 z 的情况

假定在时期 t，一个行业内 $n-1$ 个企业在技术路线 A 下利用技术 u 生产产品 xu，并且假定其不存在过程创新上的差异，所以行业 $n-1$ 个企业共享全部的市场份额，而此时存在一个企业 e，该企业在技术机会里做了一次与众不同的抽样，得到了一种新的尚未被其他企业采用过的技术路线 B，在技术路线 B 之下，只有该企业第一次使用了一种新技术 z，该技术可以生产一种与技术路线 A 有巨大差异的产品 yz，如果消费者对 yz 需求大于企业 e 的最初产出，那么 yz 的产品创新就取得了成功，并且由于产出不足，造成均衡价格的上升，企业的利润将全部投入到扩大生产，由于技术路线 B 下的产品没有竞争对手，并且在技术路线 A 下进行生产的企业很难快速的模仿，所以在技术路线 B 下的企业会快速的占领技术路线 A 中企业的市场份额，从而使整个行业的市场结构趋于集中，如果技术路线 B 最终成为新的主导技术路线，并且在技术路线 B 下的技术机会比较难以抽样，那么可以认为技术路线 B 一方面通过占领市场提高了市场集中度，另一方面通过技术的进步提高了整个行业的技术壁垒，从而更加强了行业的垄断性。

命题 3：在一个行业内如果出现了不同于原有技术路线 A 的新技术路线 B，并且在新技术路线 B 下生产的新产品 yz 更有竞争优势，并且由于旧有产品无法替代新产品 yz，但新产品可以完全替代旧产品 xu，所以新产品会快速的占领市场，市场结构会趋向集中，并且这一集中的速度与新技术路线 B 相对原有技术路线 A 的优势相关。如果技术路线 B 的出现制造了一个更高的技术壁垒，其他企业难以模仿，那么当技术路线 B 成为行业的主流技术路线时，该行业的市场结构相对于原技术路线 A 占主导时更加集中。

通过命题 1 至 3 的内容，发现技术创新与市场结构交互机制存在至少三种情况，但这三种情况的共同特点是，企业间技术创新的竞争改变了市场结构，市场结构的变化反过来又进一步加剧了企业之间的技术创新竞争。由此周而复始，形成了技术创新与市场结构之间的交互关系，这种交互关系在实际的运作中，可能存在两种不同的情况，一种是良性交互机制，特别是在产品存在差异化与技术路线出现变革的情况下，技术创新与市场结构之间容易出现良性的互动机制，即技术创新与市场结构交互机制下，市场结构的周期性演变与技术创新的演进同步进行。另一种是恶性交互机制，更容易出现在仅存在过程创新的情况下，由于过程创新只改变产品的生产成本，而不改变产品的属性，所以行业内的竞争主要是同质产品的价格竞争，企业在激烈的价格竞争中，难以获得超额利润，从而降低了行业的技术创新能力，技术创新能力的不足，又反过来加剧了行业内企业产品的同质化，进一步降低了市场的集中度，加剧行业的价格竞争，由此将造成整个行业处在一种低集中度与低技术创新效率相互强化的困境之中。

四、实证检验

（一）变量选取

根据赫芬达尔指数的思想与计算方法，利用中国工业两位数行业的大、中、小企业的分类数据，构造并计算了一个近似的赫芬达尔指数（简称 SHHI）①，这个数据作为市场结构中最重要的一个指标——市场集中度，反映了行业内市场竞争的强度与压力，除了市场集中度以外，进入壁垒也反映了市场的结构性特征，但是进入壁垒有多种情况，有行政干预产生的行政壁垒、规模报酬与网络效应产生的经济壁垒、技术因素造成的技术壁垒，沉淀成本也作为一种进入壁垒（Geroski et al.，2004）。产生进入壁垒的原因较多，但若从后果进行分析，可以采用小企业产值占行业总产值的比重作为指标，从而避免对产生壁垒具体原因的复杂分析。进入壁垒与市场集中度之间的联系密切，也是市场结构的构成要素之一，因此在实证研究中，将把进入壁垒看作是控制变量，本文主要研究的仍是技术创新与市场结构代表性指标市场集中度的关系，在现有市场结构的研究中，以市场集中度代替市场结构较为普遍。

在技术创新衡量指标上，由于技术创新的高度不确定性，并不是投入越多的公司，技术创新结果就越好，也正是如此，即使在没有反垄断法律的干预下，世界上大公司的更替现象也层出不穷。专利技术也有类似的问题，专利的商业化前景也高度不确定，因此，本文对技术创新的衡量是以创新的绩效为主的，为了得到稳健的估计结果，我们采用两种技术创新绩效的衡量指标，一是新产

① 即分别计算出了大、中、小型企业的工业总产值和企业数量。然后，分别计算三种类型企业的平均产值，以大中小型企业的平均产值作为大中小企业的代表性企业，得到近似赫芬达尔指数（SHHI）的计算公式：

$$SHHI_j = \sum \left(\frac{x_{ji}}{X_j}\right)^2 = n_{jL}\left(\frac{L_j}{X_j}\right)^2 + n_{jM}\left(\frac{M_j}{X_j}\right)^2 + n_{js}\left(\frac{S_j}{X_j}\right)^2$$

$$L_j = Q_{jL}/n_{jL} \quad M_j = Q_{jM}/n_{jM} \quad S_j = Q_{jS}/n_{jS}$$

$SHHI_j$ 表示第 j 个行业的市场集中度的近似赫芬达尔指数，n_{jL}，n_{jM}，n_{jS} 分别表示第 j 个行业中大型企业、中型企业和小型企业的数量，三者之和等于行业 j 的企业总数 n_j。Q_{jL}，Q_{jM}，Q_{jS} 分别表示第 j 个行业中大、中、小型企业的产值。L_j，M_j，S_j 分别表示第 j 个行业中大、中、小企业的平均产值，平均产值作为代表性企业，可以用来测度行业的集中程度。

品销售收入占行业总收入的比重；二是用 DEA 方法计算的基于投入产出的技术创新效率指数。

（二）数据来源

在数据的来源上，主要使用了《中国经济年鉴》《中国工业经统计年鉴》《工业企业科技活动统计年鉴》中 2005—2014 年的相关数据。由于《中国经济年鉴》和《中国工业经济统计年鉴》把大中型企业或规模以上企业作为统计对象，无法将企业按照大、中、小型三种类型分开，这样将导致近似指数公式无法使用。但《工业企业科技活动统计年鉴》（2006—2015）中包括了 2005—2014 年我国工业两位数行业的经济与科技活动数据，并且将大、中型企业的经济与科技活动数据分别做了统计。所以用各行业总的经济与科技活动数据减去大型企业与中型企业的经济与科技活动数据，就得到了全国各行业小企业的经济与科技活动数据，从而在数据上完全满足 SHHI 计算的要求。另外，由于从《工业企业科技活动统计年鉴（2013）》开始，行业的分类发生了一些变化，从原先的 38 个行业，调整为 40 个行业。增加了开采辅助活动业、金属制品机械和设备修理业两个行业，橡胶制品业与塑料制品业由原来两个行业分别统计合并为橡胶塑料制品业一个行业进行统计，交通运输设备制造业由一个行业变为汽车制造业与铁路、船舶、航空航天和其他运输设备制造业两个行业。由于新增加的开采辅助活动业、金属制品机械和设备修理业两个行业产值小，为了使数据保持一致，所以忽略这两个新增行业的数据，另将橡胶制品业与塑料制品业的数据合并，统一计入橡胶塑料制品业，将汽车制造业与铁路、船舶、航空航天和其他运输设备制造业的数据合并，仍保留交通运输设备制造业，另外，由于废品收购行业在技术创新数据上有部分年份缺失，且该行业产值比重在整个工业中占比较小，所以剔除该行业的数据。经过调整，本文将使用 36 个两位数行业的数据，最大限度地保证数据的一致性。

（三）模型设定

本文理论部分的假说认为，技术创新与市场结构之间存在交互机制，也即双向因果关系，这也符合演化经济学分析中对“累积因果”的认识。在解决市场结构和创新之间双向因果关系通常的做法是选择合适的 IV，用两阶段法来控制因变量对自变量的反向影响，但工具变量法合适 IV 难以寻找以及无法判断其中影响方向和大小，所以本文构建联立方程组来分析市场结构和创新两者的双向因果关系，具体形式如下：

$$\begin{cases} INNOV_{it} = \alpha_0 + \alpha_1 * SHHI_{it} + \alpha_2 * ZL_{it} + \alpha_3 * BD_{it} + \alpha_4 * RDK_{it} + \alpha_5 * RDL_{it} + u_{1it} \\ SHHI_{it} = b_0 + b_1 * INNOV_{it} + b_2 * BD_{it} + b_3 * ASIZE_{it} + u_{2it} \end{cases} \quad (2)$$

该联立方程组包括两个方程，技术创新绩效方程和代表市场结构的市场集中度方程。

（1）技术创新绩效方程。该方程的解释变量为市场集中度的近似赫芬达尔指数 SHHI，被解释变量是技术创新绩效，用新产品销售收入占行业总收入的比值表示。其他四项是控制变量，ZL 是发明专利申请数，表示技术创新活动的中间产出，BD 是小企业产值占比，表示行业进入壁垒，进入壁垒与行业竞争压力有一定关系，RDK 是行业研发投入内部支出与行业产值的比值，代表创新的资本投入，RDL 是科研人员全时当量，代表创新的劳动投入，二者与技术创新绩效应有正向关系。我们预期市场集中度增加表示行业竞争压力减小，由此行业的技术创新绩效会下降，所以市场集中度对技术创新绩效的影响是负的。

（2）市场集中度方程。该方程的解释变量为技术创新绩效 INNOV，具体指标为新产品销售收入占行业总收入比重，进入壁垒 BD，企业规模 ASIZE 是控制变量，因为市场集中度除了受技术创新结果的影响，可能还会受到行业进入壁垒影响和企业平均规模的影响，平均规模大的行业其市场集中度变化的可能会慢一些，因为行业内大企业的生存能力普遍要好于小企业，当经济下滑时，受到冲击的首先是小企业。在研究技术创新绩效对市场集中度的影响时，必须要将这些影响因素作为控制变量纳入方程。本文在理论部分的分析认为，如果行业内技术创新与市场结构之间存在良性交互机制，则行业整体技术创新绩效的提高会导致竞争的加剧，即技术创新绩效对市场集中度的影响是负的。如果两者之间不存在恶性交互机制，则可能不存在这种作用关系。

（四）估计方法与估计结果

估计联立方程组模型的方法可以分为两类：一是单一方程估计方法，二是系统估计方法。首先我们对联立方程组中的每一个方程分别进行估计，考虑到内生性的问题，OLS 存在不一致的问题，在进行单一方程估计时选择二阶段最小二乘法（2SLS），具体结果如表所示：

表 1 联立方程组模型的估计结果

解释变量	INNOV		SHHI	
	单方程回归 (2SLS)	联立方程回归 (3SLS)	单方程回归 (2SLS)	联立方程回归 (3SLS)
Constant	0.0652*** (6.02)	0.0671*** (6.25)	0.0019*** (2.97)	0.0019*** (2.99)
INNOV			-0.0063*** (-2.71)	-0.0063*** (-2.72)
SHHI	-2.1223*** (-2.96)	-2.1051*** (-2.97)		
BD	-0.0974*** (-5.40)	-0.0972*** (-5.43)	-0.0025** (-2.38)	-0.0025** (-2.40)
ZL	$-2.13*10^{-6}$*** (-2.70)	$-2.60*10^{-6}$*** (-3.61)		
RDK	10.2705*** (12.56)	9.0264*** (11.79)		
RDL	$-4.38*10^{-7}$*** (4.45)	$5.68*10^{-7}$*** (6.25)		
ASIZE			0.0007*** (24.50)	0.0007*** (24.64)
年份效应	yes	yes	yes	yes
行业效应	yes	yes	yes	yes
R^2	0.7214	0.7191	0.7991	0.7991
N	360	360	360	360

附注：括号内是估计系数 *t* 值。*，**，*** 分别代表在 10%，5%，1% 的水平下显著。

另外在使用单一方程估计时，由于会忽略各方程之间的联系，特别是各方程扰动项之间的联系，故将所有方程作为一个系统进行估计更有效，在此选择最常用的三阶段最小二乘法（3SLS）。具体思路是前两步对每个方程进行 2SLS 估计，第三步根据前两步的估计，对整个系统的扰动项的协方差矩阵进行估计，然后据此对整个系统进行 GLS 估计。

为了考虑研究结果的稳健性，我们在此用创新效率（IE）来反映创新的产出，具体方法则采用 DEA 方法测算的 Malmquist 生产率指数作为创新效率的衡量。其中以新产品销售收入作为产出指标。以 R&D 经费支出和 R&D 人员折合全时当量作为投入指标，其中 R&D 人员折合全时当量可以衡量创新人力资源保有程度和投入程度。R&D 经费支出反映的是创新活动的财力支持，但是 R&D 经费支出存量估算较为复杂，主要借鉴吴延兵（2006）对工业行业 R&D 存量估计的方法。R&D 存量估算也是依据永续盘存法，即 R&D 存量为：

$$R_t = E_{t-1} + (1-\delta) R_{t-1} \quad (3)$$

首先确定 R&D 的支出数额，其中第二产业选择的“分行业大中型企业科技活动内部经费支出”，但是由于本文涉及国民经济所有行业，考虑数据的可得性，第一产业和第三产业的 R&D 投入在 1993—2001 年采用“分行业自然科学领域研究与开发科技活动内部经费支出”，而在 2002—2010 年选择的是“分行业研究与开发机构科技活动经费内部支出”，主要是关于第一、三产业 R&D 的支出并无统一的口径，另外，R&D 活动主要是自然科学领域，且 2002 年统计并无明显的突变，所以采用这样的方法来衡量第一、三产业分部门 R&D 投入。其次，对于 R&D 价格指数则采取原材料购进价格指数和固定资产价格指数的加权平均值来构建 R&D 支出价格指数，其中权重选择 0.5。再次，R&D 存量的折旧率根据已有的文献直接设为 15%；最后确定基年的 R&D 存量，在此以 1993 年为基年，采用的方法来计算基年的 R&D 存量，其中 g 为 R&D 实际支出的算术平均增长率。

具体结果如下表所示：

表 2　联立方程组模型的估计结果

解释变量	*IE*		*SHHI*	
	单方程回归（2SLS）	联立方程回归（3SLS）	单方程回归（2SLS）	联立方程回归（3SLS）
Constant	0.0821 ***	0.0917 ***	0.0093 ***	0.0093 ***
	(5.22)	(5.75)	(3.07)	(2.99)
IE			−0.0052 ***	−0.0052 ***
			(−2.71)	(−2.72)
SHHI（市场集中度）	−1.1345 ***	−1.0089 ***		
	(−3.02)	(−2.99)		
BD（进入壁垒）	−0.0741 ***	−0.0692 ***	−0.0019 **	−0.0019 **
	(−4.04)	(−4.39)	(−3.38)	(−3.40)

续表

解释变量	IE		SHHI	
	单方程回归（2SLS）	联立方程回归（3SLS）	单方程回归（2SLS）	联立方程回归（3SLS）
ZL（发明）	$-1.23*10^{-6***}$ （-2.81）	$-1.12*10^{-6***}$ （-3.11）		
ASIZE（规模）			0.0004^{***} （19.58）	0.0004^{***} （18.64）
年份效应	yes	yes	yes	yes
行业效应	yes	yes	yes	yes
R^2	0.6932	0.6678	0.7321	0.7321

（五）对估计结果的解释

通过联立方程的模型估计及稳健性检验，可以证明我国工业行业存在技术创新与市场结构之间存在双向因果关系，并且技术创新与市场结构相互影响的估计系数符号与预设的相符，两个系数都为负，并且在1%的显著性水平下显著，说明总体上我国工业技术创新与市场结构之间存在良性交互机制。对于这一机制可以表述为：

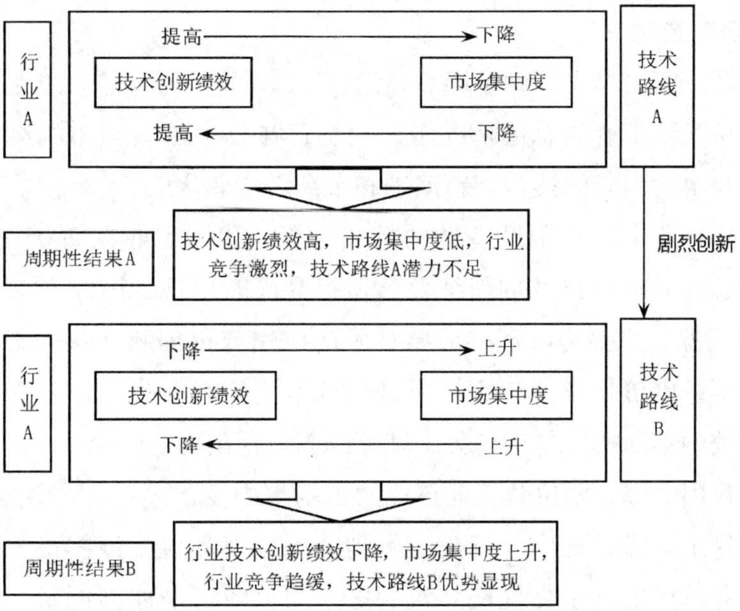

图1　基于技术创新与市场结构交互机制的计量结果解释

我国工业行业的技术创新与市场结构之间存在交互机制，并且，通过对我国市场集中度变动情况的结构性分析，发现我国工业行业2005—2014年间，除少数行政垄断和自然垄断行业外，市场集中度都处于下降状态，而与此同时技术创新绩效，即新产品产值占比总体呈上升态势，这说明我国工业行业整体上处于技术创新绩效提高，市场竞争加剧，市场集中度下降，而竞争加剧又反过来进一步迫使企业开展技术创新，但由于企业的自主创新能力缺乏，所以重大创新较少，技术创新仍主要是对新技术的模仿或对既有技术的渐近创新。从长期结果看，我国工业总体还正处于周期性结果A描述的范畴上，而要减轻现有市场竞争压力，需要在新的技术路线上取得突破，而技术路线由A变更至B的初期，由于旧的技术路线A潜力已经不足，对新的技术路线B的模仿还没有广泛开展。此时，掌握新技术路线的少量企业将是行业内创新绩效的主要贡献者，其他企业会减少或停止对技术路线A的改进创新，所以整个行业新产品的产值比重会下降，而新产品的产值，主要来源于掌握新技术路线B的少量企业，随着新技术路线B的产品得到市场认可，原有技术路线A的新产品研发逐步减少，行业整体的技术创新绩效下降，而与此同时，由于新产品的生产企业较少，所以市场集中度随之上升。这一集中过程的减缓，与技术创新被模仿和扩散的速度有关。

（六）研究结论

根据实证研究，本文得到了四点结论：

第一，从我国工业的总体情况看，确实存在技术创新与市场结构之间的交互机制，以及由此引起的技术创新演进和市场结构变化。

第二，从行业市场集中度变动的特点分析，我国工业在2005—2014年间，市场集中度总体下降与技术创新绩效整体提升同时出现，因此在交互机制上处于周期A的情况，主要是对现有成熟技术的应用与再创新。我国工业行业的竞争总体上已不是以价格竞争为主，而是以技术创新竞争为主，表现为工业行业整体创新绩效的不断提升与市场集中度下降同时存出现。

第三，我国大部分两位数工业行业的市场集中度已经经历了连续10年的下降期，但在这个下降过程中，行业技术创新的效率却大幅度提高。因此，可以认为我国工业总体上处于良性交互机制之下，也即竞争加剧创新，大量创新之间的较量，又进一步加剧了市场竞争。

第四，少数行业可能存在恶性交互机制。少数行业存在市场集中度下降的同时，技术创新绩效也同步下降的情况，这种情况可能是恶性交互机制的一种表现，即在市场竞争加剧的过程中，企业竞争不是以技术创新竞争为主，从而表现出市场集中度与技术创新绩效的同步下滑。

五、政策启示

在演化经济学的视角下，技术创新促进政策的意义在于解决技术创新的过程失灵问题，技术创新的本质可以理解为一个在时间上的类似生物进化的变异——选择——复制的达尔文过程。技术创新的过程是新技术的产生（新奇创生）——市场对新技术的选择——技术创新成功——新技术被复制传播（技术扩散）的螺旋上升过程。进化的过程是无穷尽的，技术创新也是如此，但技术创新的过程，可能会遇到失败，从而使具有创新能力的企业丧失创新能力，导致该行业的技术创新停滞。为了避免出现这种情况，演化视角下的技术创新促进政策，就是关于如何解决技术创新过程失败的一系列政策集合。再结合演化经济学视角下重视系统性和动态性的特点，促进技术创新的政策路径，除了要考虑解决过程失败问题，还要考虑技术创新促进政策对整个技术创新体系的影响，促进政策既要有利于发挥技术创新与市场结构交互机制的内在动力作用，也要能够有利于整个技术创新体系的建设与运行。基于以上研究与认识，本文提出如下三点政策启示：

（一）选择加强国家技术创新体系建设的协同演进路径

从演化的视角看，技术创新的演进过程包括了多个环节，这些环节可以分为技术创新的内在动力机制与外在支撑机制。外在支撑机制与内在动力之间存在着协同演进的关系。一方面，每一次科技革命都依赖于科学与技术的突破性进展，而科学与技术的研究，作为学术活动，相对独立于市场竞争之外，是企业技术机会的重要来源之一。而另一方面，技术创新与市场结构之间的交互机制，通过市场竞争压力的反馈，决定企业技术创新的动力与能力，科学技术的进步所提供的技术机会，需要企业的不断搜寻与挖掘，在技术机会较多的领域，如果行业内的技术创新与市场结构交互机制没有处在良性的演进路径上，则无法充分利用技术机会，导致行业技术水平的低端锁定。对于中国而言，同时要解决外在支撑机制不完备、内在动力机制运行不畅的问题。因此，在国家战略层面，促进中国工业行业技术创新的路径，必须选择顶层设计下的协同演进路径，避免各个部门各自为政，加快建成高效的国家创新体系。

（二）选择保证技术创新内在动力的交互机制路径

促进中国工业技术创新的路径选择过程中，路径与路径之间存在先后关系，首先，在技术创新的整体战略层面，根据中国的实际情况，后发国家要突破先进国家的技术垄断优势，提高技术创新的总体水平，在国家层面要选择国家技术创新体系建设。国家技术创新体系在日本、韩国等国家的技术追赶中，都起到了积极的作用。一旦选择了国家创新体系，就必须要处理市场与政府在技术创新中的关系。在促进中国工业技术创新过程中，面临着第二次的路径选择，即在以政府为主导的技术创新路径和以市场为主导的技术创新路径中进行选择。基于本文的理论与实证研究，认为在促进技术创新的路径选择上，应坚持市场为主导的路径，具体来说就是以技术创新与市场结构良性交互机制来推动技术创新的自发演进。

（三）选择解决政府创新政策实效性的动态适应路径

技术创新促进政策的目标是实现技术创新过程的不断更迭，促使新技术不断出现，不断被应用，不断被复制，进而以新技术代替旧技术。这个目标就是以技术创新的演进为目标的，由于技术创新过程可能出现过程失败的情况，因此，政府在促进中国工业技术创新的过程中，主要是解决可能的过程失败问题。在国家创新体系建设中，不可避免地要处理政府与市场的作用问题，在明确了促进技术创新中，良性交互机制的主导作用后，政府在促进技术创新中的作用，主要体现在政策支持方面，通过产业政策，更好地支撑市场机制的运作，但是通常情况下，政府的产业政策面对高度不确定性的技术创新现象，不能做出及时的调整，政策措施滞后于行业发展的需要。因此，为了配合技术创新与市场结构交互机制下的技术创新演进，政府的创新政策实施，应选择动态适应的路径，应及时对各种技术创新促进政策进行评估，避免创新政策破坏市场公平，阻碍技术创新的产生。

由此可见，促进中国工业技术创新的路径，是由三个路径共同决定的，由战略路径决定了必须在市场主导与政府主导之间做出选择，而在选择了以技术创新与市场结构的交互机制为主的促进创新路径后，进一步要选择政府创新政策的实施路径，把政府创新政策的实施路径，由静态滞后转变为动态适应路径，确保交互机制处于良性运行状态，维护市场竞争公平公正。

参考文献

[1] KENNETH A. The Rate and Direction of Inventive Activity [M]. Princeton: Princeton University Press, 1962.

[2] BAIN J. Industrial Organization [M]. New York: Wiley & Sons, 1959.

[3] MANSFIELD E. The Economics of Technological Change [M]. New York: Norton, 1968.

[4] MALERBA F, NELSON R. Demand, Innovation and the Dynamics of Market Structure: the Role of Experimental Users and Diverse Preferences [J]. Journal Evol. Econ., 2007 (17): 371-399.

[5] KAMIEN M I, SCHWARTZ N L. Market Structure, Elasticity of Demand and Incentive to Invent [J]. Journal of Law and Economics, 1970, 13 (1): 241-252.

[6] KAMIEN M I, SCHWARTZ N L. Expenditure Patterns for Risky R&D Projects [J]. Journal of Applied Probability, 1971, 8 (1): 60-73.

[7] KAMIEN M I, SCHWARTZ N L. Market Structure, Rivals' Response, and the Firm's Rate of Product Improvement [J]. The Journal of Industrial Economics, 1972, 20 (2).

[8] GEROSKI P A. Innovation, Technological Opportunity, and Market Structure [J]. Oxford Economic Papers, New Series, 1990, 42 (3): 586-602.

[9] GEROSKI P A, POMROY R. Innovation and the Evolution of Market Structure [J]. The Journal of Industrial Economics, 1990, 38 (8): 299-314.

[10] 纳尔逊 R R，温特 S G. 经济变迁的演化理论 [M]. 胡世凯，译. 北京：商务印书馆，1997.

[11] 陈勇，唐朱昌. 中国工业的技术选择与技术进步 [J]. 经济研究，2006 (9): 50-61.

[12] 李伟. 产业演进中的技术创新与市场结构关系——兼论熊彼特假说的中国解释 [J]. 科研管理，2009 (6): 39-47.

[13] 吴延兵. 自主研发、技术引进与生产率——基于中国地区工业的实证研究 [J]. 经济研究，2008 (8): 51-64.

[14] 吴延兵. 企业规模、市场力量与创新：一个文献综述 [J]. 经济研究，2007 (5)：125-138.

[15] 宋艳，刘峰，黄梦璇，等. 市场结构和产品价格对新兴技术“峡谷”形成的影响研究——基于创新生态系统视角及行为实验方法 [J]. 研究与发展管理，2017 (3)：120-130.

[16] 曹兴，王寒玉，马慧. 市场结构影响新兴技术企业创新策略选择的博弈 [J]. 系统工程，2016 (5)：23-29.

[17] 杨蕙馨，王硕，王军. 技术创新、技术标准化与市场结构——基于1985—2012年“中国电子信息企业百强”数据 [J]. 经济管理，2015 (6)：21-31.

[18] 谢新，程晓莉. 我国高技术产业市场结构对技术创新的影响研究——基于面板技术模型的实证分析 [J]. 中国物价，2014 (4)：35-37.

[19] 张政. 技术创新对市场结构的影响研究——基于我国36个工业行业大中型企业面板数据FGLS分析 [J]. 科技进步与对策，2013 (1)：16-22.

[20] 徐幼民，徐小康. 论技术创新的最优市场结构——关于熊彼特猜想的研究 [J]. 财经理论与实践，2013 (3)：2-5.

[21] 王必好，黄浩杰. 寡头垄断市场结构的技术创新效应研究——基于伯特兰和古诺均衡分析视角 [J]. 经济评论，2013，05：13-21.

第十章　异质性文化资本、适度规模与创新效率*

李娟伟　任保平**

摘　要　本文利用随机前沿分析（SFA）方法，选取中国1997—2012年省级面板数据，从原创性产出与创新成果转化三个角度分析传统文化资本和市场文化资本对创新效率的影响，结果表明市场文化资本积累不仅能够提高创新产出效率，也是影响创新成果转化效率的重要因素，而传统文化资本通过人力资本渠道提高创新成果转化效率的积极作用要明显高于对创新产出效率的促进作用，而且传统文化资本与创新效率之间的关系受文化资本折旧率影响较大。另外，通过降低异质性文化资本之间的冲突节约研发管理成本，也是提高创新效率的重要途径。

关键词　传统文化资本；市场文化资本；创新效率；随机前沿分析

科技创新是实现经济长期增长的原动力。改革开放初期，我国就十分重视对科技创新的投入，尤其是进入21世纪以来，国家R&D研发投入年均增速超过23%，远高于同期美国、日本、德国等发达国家水平（其中美国研发支出年均增长最高，达到4%），而且研发人员全时当量也从2010年开始跃居世界首位，

---

* 本文得到国家统计局科学研究一般项目“基于DFM模型的中国供给侧结构性改革绩效评价研究”（2017LY42）；陕西省社科基金项目“基于DFM模型的陕西省供给侧结构性改革绩效评价及其提升路径研究”（2017D029）；陕西省软科学研究计划面上项目“‘新常态’背景下陕西政府治理能力提升经济增长质量的机制与政策研究”（2017KRM128）资助。

** 李娟伟，经济学博士，陕西师范大学国际商学院讲师，主要研究方向：文化经济、经济增长；任保平，教育部人文社科重点研究基地——西北大学中国西部经济发展研究中心主任、西北大学研究生院院长，教育部长江学者特聘教授，教授、博士生导师，主要研究方向为中国经济增长质量与发展的政治经济学。

但是受创新效率约束，研发投入的快速增长并没有提高科技创新对经济增长的贡献，不仅制约着我国经济增长方式的转变，也使经济增长的稳定性和长期性受到严峻挑战。为应对这一局面，2012 年底中央政府明确提出“创新驱动发展战略”的思想，再次引起了政府和学界关于创新效率的讨论，如何进一步探寻制约创新效率的因素、提高我国创新效率便成为落实国家发展战略的重要环节。

一、文献回顾

对创新效率影响因素的研究一直是学界长期关心的热点课题，归纳起来主要集中于以下几个方面：一是从创新环境角度讨论创新效率的影响因素，主要包括知识产权保护制度和金融发展水平对创新效率的影响[1-2]；二是从创新企业特征和规模角度进行研究，认为国有及国有控股企业的创新效率较低，而民营企业不仅对于提高创新效率有利，而且对于市场化程度也具有显著的促进作用[3-4]；三是从创新投入角度分析创新效率的变化情况，学者们普遍强调人力资本积累是提高创新效率的重要因素[5-6]，当然，提高政府研发投入也是提高创新效率的重要措施[7-8]；四是从能源、环境约束角度探讨提高创新效率的增长路径，由于能源和环境对世界各国经济增长的约束越来越严重，学者们纷纷将注意力转移到能源、环境约束与创新效率的分析，认为环境投入的增长对于提高创新效率有积极促进作用[9-10]；五是从创新模式角度分析创新效率的影响因素，Laursen 和 Salter 认为开放式创新（Open Innovation）有利于创新效率的提高[11]，而且是通过节约信息搜寻成本实现创新效率的提高[12]。

可以发现，现有研究为创新效率影响因素分析提供了许多富有建设性的思路，但是也应该看到现有的研究主要将视角集中于对创新效率外部约束条件的分析，较少从文化角度进行分析。如何对文化因素进行经验分析的问题仍没有得到很好的解决，针对此问题，Bourdieu 较早参照物质资本的界定提出了文化资本的概念[13]，从而为文化与经济之间关系的定量研究成为可能，Throsby 从范畴、度量等方面对文化资本做了深化[14]，国内学者高波和张志鹏在全面梳理文化资本研究成果的基础上，尤其强调了企业家精神、商业精神实质上就是文化资本积累的体现[15]。相比而言，Bucci et al. 在理论分析框架上将文化资本融入新经济增长理论框架之中，解释了技术创新产生的原因[16]。但是他们并未从实证角度对文化资本与技术创新之间关系进行论证。国内学者陆正华等[17]、孟召宜等[18]选取广东、江苏的地区数据进行了补充，可见从实证角度详细探讨文化资本与创新，特别是与创新效率的研究仍需完善。不仅如此，现有学者在度量文化资本的过程中，主要是从文化产业角度度量文化资本，而缺少对家庭部门文化资本积累的统计；另外，现有研究人员将文化资本特征主要集中在西方市场经济的商业精神，并以此为基础分析文化资本与创新之间的关系，却很少讨论文化多元化产生的异质性文化资本对创新效率的影响。正是基于上述问题，本文将立足中国文化多元化现状，从家庭和产业两部门对省域异质性文化资本积累进行度量，并利用随机前沿分析方法（SFA）对比分析异质型文化资本对原创性创新与创新成果转化的效率影响，以期为中国当前创新效率的有效提升提供实证依据。

二、研究方法与变量说明

目前学者对创新效率的实证研究通常采用两种估计方法：一种是非参数估计法，主要是利用数据包络分析（DEA）进行研究；另一种是参数估计法，此类方法以随机前沿分析（SFA）为代表，该方法经 Battese et al. 进行完善，将该方法应用于面板数据[19-20]，从而为 SFA 方法应用领域的拓展创造了条件。和 DEA 方法相比，SFA 方法虽不能处理多产出多投入模型，且容易受生产函数设定的影响，不过在实际分析过程中通过多种显著性检验方法能够显著降低生产函数设定对分析结果的干扰，而且后者是通过估计生产函数设定生产前沿面，而不像 DEA 直接从样本数据中抽取生产前沿面。另外，DEA 方法假设所有生产都是有效率的，SFA 方法则考虑数据的随机因素对生产效率的影响，从而更能够贴近现实经济，基于这些特点，SFA 方法是当前研究人员普遍采用的方法[6-7]，而且随着选取时间维度的延长，学者们更多是以超越对数生产函数为基础对创新效率进行估计[22-23]，这样在解释变量逐渐增加的情况会提高生产函数对产出变化的解释力度，从而更加准确衡量创新效率的变化趋势，因此我们沿用他们的分析方法来测度我国 1997—2012 年创新效率变化趋势及其影响因素。

根据 Battese 和 Coelli 提出分析思路[20]，面板数据模型的随机前沿生产函数形式为：

$$\ln y_{it} = x_{it}\beta + v_{it} - u_{it} \tag{1}$$

式中 v_{it}是随机误差项，假设它服从标准正态分布 $N(0, \sigma_i^2)$，而 u_{it}是非负参数，用于衡量个体 i 在 t 年的技术无效率变化情况，满足基本的独立同分布性质，且与随机误差项 v_{it} 相互独立，并服从半正态分布 $N^{+}(z_{it}\delta,\sigma_u^2)$，而 z_{it} 就是技术无效率影响因素向量，δ 则是对应的系数向量，所以得到基本的技术无效率函数：

$$u_{it}=z_{it}\delta+\varepsilon_{it} \tag{2}$$

式中 ε_{it} 表示随机误差项，同样也服从标准正态分布 $N(0,\sigma_\varepsilon^2)$，而对于采用随机前沿分析方法是否合适的判断标准是要对参数 γ 的显著性进行检验，在 $\gamma=\sigma_u^2/(\sigma_u^2+\sigma_v^2)$ 条件下，γ 越高表示无效率因素对技术效率影响越大，这样应用随机前沿分析方法是可行的。如果上述统计检验成立，那么个体 i 在 t 年技术效率就由下式表示：

$$TE_{it}=\frac{E[f(x_{it})\exp(v_{it}-u_{it})]}{E[f(x_{it})\exp(v_{it})\mid u_{it}=0]}=\exp(-u_{it}) \tag{3}$$

当 TE_{it} 等于 1 时，表示研究个体生产技术是有效的，越接近 1 说明对应个体生产效率越有效；相反，如果 TE_{it} 越接近 0，则表示技术效率越低。而技术效率的变化主要是由无效率因素 u_{it} 引起，其正好与技术效率负相关，这也就意味着当式（3）中系数向量为正，则表示对应变量是降低生产效率的影响因素，如果系数向量为正，则表示对应变量有利于提高技术效率。

结合上述分析，本文选取超越对数生产函数和无效率影响因素分析的基本模型就分别由以下两式决定：

$$\begin{aligned}\ln Y_{it}=&\beta_0+\beta_L\ln L_{it}+1/2\beta_{LL}[\ln L_{it}]^2+\beta_k\ln K_{it}+1/2\beta_{KK}[\ln K_{it}]^2\\&+\beta_{LK}\ln L_{it}\ln K_{it}+v_{it}-u_{it}\end{aligned} \tag{4}$$

$$\begin{aligned}u_{it}=&\delta_0+\delta_1\ln C_{M,it}+\delta_2\ln C_{M,it}\times\ln C_{T,it}+\delta_3\ln C_{T,it}\times\ln h_{it}\\&+\sum_l\delta_l\mathrm{control}_{l,it}+\varepsilon_{it}\end{aligned} \tag{5}$$

式（4）中，被解释变量 $\ln Y_{it}$ 表示创新成果产出，角标 i 和 t 分别表示面板数据的截面维度和时间维度，由于现有文献在研究创新效率的过程中，或者选择发明专利授权量作为创新产出指标，或者选择新产品销售收入（产值）作为创新产出，本文考虑不同创新成果的特点，选取专利授权量作为原创性创新产出指标（$\ln in_{it}$），由于新产品销售收入与创新产品的生产和销售有关，所以将新产品销售收入表示创新成果转化能力（$\ln y_{it}$），最终从原创性、创新成果转化两个角度对比分析我国 1997—2012 不同因素对创新效率的影响，为创新实践提供更为准确的实证依据，推动创新发展战略的快速落实。

在创新投入方面，由于 R&D 经费支出是反映创新投入的流量指标，因此许多学者认为要核算创新效率应该对研发的资本存量进行估算，这样才能反映 R&D 经费对创新产出的长期效应[4]，因此参考他们的研究方法，利用永续盘存法对 R&D 投入的资本存量 K_{it} 进行估算，估算公式为：$K_{it}=(1-\delta)K_{i,t-1}+I_{it}$，其中 I_{it} 表示不同地区历年研发投入，δ 表示研发资本存量的折旧率，并令 δ 取值为 15%，另外考虑研究投入的价格因素，这里同样沿用朱平芳等的做法[24]，将研发支出的价格指数定义为：R&D 支出价格指数 = 0.45 × 固定资产价格指数 + 0.55 × 居民消费价格指数。另外，对于基期研发投入资本存量的估算采用公式：$K_{i0}=I_{i0}/(g_i+\delta)$ 进行估算，式中 g_i 表示不同地区样本区间内研发投入的平均增长率。

作为研发人员投入 L_{it}，学者们更偏向于采用使用研发人员全时当量[10]，由于该指标由研发全时人员和非全时人员工作量之和构成，不仅有利于国际之间科研人员投入的比较，也能够充分反映创新过程人力资源投入情况，而且从数据的可获得性来看，研发人员全时当量统计结果的连续性也优于同期科技活动人数的统计，所以本文也沿用近期学者的做法，用研发人员全时当量作为最终研发人员投入指标。

式（5）是对创新效率的分析，其中核心变量 $C_{M,it}$ 和 $C_{T,it}$ 分别表示市场文化资本存量和传统文化资本存量。现有的文献主要是以市场文化资本为基础进行实证研究，鲜有对中国传统文化资本的度量进行讨论，虽有学者李娟伟等在估算出不同地区文化资本存量的基础上[25]，对传统文化资本和市场文化资本进行估计，但是随着时间维度的延长，市场化指数的连贯性和一致性显著下降，所以不能适应本文的研究。不过我们可以借鉴该方法，在准确估算出不同省域文化资本投资的基础上，再利用非农产业产值比重作为权重估算相应的传统文化资本和市场文化资本。具体过程是：第一步，利用当期城乡家庭部门文化领域的支出、政府在文化领域的财政支出以及文化产业的投资之和作为全社会文化资本投资指标；第二步，利用固定资产投资价格指数将历年文化资本投资折算为 1997 年价格水平；第三步，将农业产值占地区生产总额比重作为权重乘以文化资本投资额之积作为传统文化资本投资，而将非农业产值占地区生产总额比重作为权重乘以文化资本投资额之积作为市场文化资本投资；最后一步，借鉴固定资本估算方法，在分别获得年度两种文化资本投资额的基础上，利用永续盘存法以及基期计算公式得到不同省域的异质型文化资本存量。

在式（5）中，加入了传统文化资本 $C_{T,it}$ 与市场文化资本 $C_{M,it}$ 的乘积项作为影响创新效率的因素，主要是考虑异质性文化资本积累的过程，也是其所承载的文化观念逐步内化到市场主体的过程，而不同的文化观念又会影响微观主体的经济行为，尤其是对企业效率的影响具有重要意义，具体表现在：如果两种文化资本能够有效融合，一方面通过市场文化资本积累提高企业员工创新意识，另一方面通过传统文化资本强化传统儒家文化观念提高企业员工对组织的认同程度，从而有利于创新企业节约管理成本，为提高创新效率创造空间；相反，随着异质型文化资本逐渐增加，也有可能引起文化观念之间的冲突，从而增加创新企业管理成本，降低企业创新效率。所以，如果参数 δ_2 为正且通过显著性检验，则表明两种文化资本积累对于创新效率的提高有积极意义，如果显著为负则表示文化资本积累的冲突成本较高，限制了创新企业效率的提高。

式（5）中 $\text{control}_{l,it}$ 表示一组控制变量，主要包括：（1）人力资本 h_{it}，如前所述人力资本也是影响创新效率的重要因素，而且控制人力资本变量也是检验核心变量作用机制的主要方法，本文沿用学者常用的处理办法，采用教育年限法进行估算，令小学、初中、高中、大专及以上的教育年限分别为 6，9，12，16 年，并以不同教育程度居民占各省区总人口的比重作为权重乘以相应教育年限，通过加总求和得到 h_{it}，对于个别年份缺失的人口数据通过移动平均予以估算；（2）政府财政研发支出 RD_{it}，一般而言，政府机构对科技创新支持力度越高，越有利于分散创新风险，从而对于提高企业参与创新的积极性和动力起到一定的促进作用，所以政府财政支持的力度，也是影响创新效率的重要因素，我们选取各省区财政分项统计中的科学技术支出指标，并以 1997 年价格为基期进行折算；（3）外商直接投资（FDI_{it}），由于 FDI 的技术外溢效应会对创新效率提高起到积极促进作用，故将该指标也作为控制变量引入计量模型之中，不过该指标在统计年鉴中主要是以美元表示，所以首先利用历年平均汇率折算成本币，再以 GDP 平减指数将名义投资额转化为以 1997 年价格水平为基期的实际值；（4）经济开放度（$open_{it}$），经济开放水平的提高，引进国际先进技术和管理经验就越便利，从而有利于通过技术和知识溢出促进创新效率的提高，这里选取各地区进出口贸易总额与同期地区生产总值之比表示不同省域的经济开放水平。

在实证分析过程中，为降低数据变差对分析结果的影响，对上述所有变量均取自然对数，基本的描述性统计结果如表 1 所示。

表 1　变量描述性统计

变　量		符号	观测值个数	均值	标注差	最小值	最大值
产出	原创性产出	$\ln in_{it}$	480	5. 5740	1. 7575	0	10. 0057
	成果转化产出	$\ln y_{it}$	480	14. 8599	1. 8777	8. 7344	18. 9336
投入要素	研发劳动投入	$\ln L_{it}$	480	10. 2556	1. 2118	6. 7007	13. 1069
	研发资本投入	$\ln K_{it}$	480	13. 8799	1. 6112	9. 8892	17. 2902
核心变量	市场文化资本	$\ln C_{M,it}$	480	6. 5949	1. 0601	3. 1289	9. 0157
	传统文化资本	$\ln C_{T,it}$	480	5. 1602	1. 0142	2. 2115	6. 7157
控制变量	人力资本	$\ln h_{it}$	480	2. 0698	0. 1330	1. 5459	2. 4712
	政府研发支出	$\ln RD_{it}$	480	0. 3383	0. 6976	－0. 8654	5. 2346
	外商直接投资	$\ln FD_{Iit}$	480	3. 8433	2. 0140	－1. 5859	7. 2405
	外贸依存度	$open_{it}$	480	0. 3143	0. 4042	0. 0316	1. 7215

三、实证结果分析

在分析创新效率的过程中，学者们对于创新投入在产出方面的时滞效应存在不同认识。本文认为选择滞后阶数很大程度上与投入要素的核算有关，尤其是与资本投入的核算形式，当采用年度 R&D 投入作为创新投入时，创新产出的滞后效应会非常明显，因为当期的研发投入受研发周期的影响会存在显著的产出滞后，但当采用资本存量作为创新投入时，前期所有资本投入都将作为要素投入进入创新生产函数，因此可以不用再考虑创新产出的滞后问题。然而当选取的创新产出指标为授权量和新产品产值时，由于专利从申请到授权存在一定的时滞，且新专利从应用到新产品形成的转化过程也需要时间投入，所以考虑创新产出的滞后应该更能准确反映创新效率的变化趋势，基于此，在后文分析过程中将投入产出之间时滞分别设定为 0 年、1 年和 2 年。

利用 Frontier4. 1 软件包对式（4）和（5）进行估计，估计结果见第 200 页表 2。第 200 页表 2 上半部分给出了超越对数生产函数的估计结果，其中 LAG（n）表示针对不同创新产出指标选择的投入产出滞后阶数，下半部分是对包含核心变量和控制变量的无效率影响因素估计结果。根据似然率（LR 检验）结果，可以判断在1%的显著性水平上我们选取SFA方法对超越对数生产函数形式的估计结果要优于采用传统OLS方法对柯布—道格拉斯形式函数的估计，而且γ统计量几乎全部在1%的显著性水平上通过显著性检验，而且在以原创性创新和创新成果转化为产出的条件下，γ统计值均在0.7以上，说明考察期内技术无效率是影响技术效率变化的主要因素。

根据表2生产函数的估计结果，将发明专利授权量作为原创性创新（$\ln in_{it}$）指标，可以看出滞后阶数的变化并没有改变产出与投入之间的长期关系。科研人员全时投入（$\ln L_{it}$）和科研资本投入（$\ln K_{it}$）的二次项系数为正且通过显著性检验，说明考察期内两种创新要素投入与原创性创新产出之间存在显著U型关系，意味着只有当创新投入越过相应拐点之后，才能通过增加投入规模促进原创性创新成果产出的增长，庆幸的是通过对比各省区实际创新投入水平，仅有西部地区的青海和宁夏在科研人员投入方面低于拐点水平，而资本存量水平均在拐点右侧，表明在当前投资规模条件下绝大部分省份追加科研人员和资本投入均有利于提高原创性创新成果。不过要素投入交互项系数β_{LK}为负且通过显著性检验，说明无论是研发资本边际产出还是人员全时投入边际产出，都会受到另外一种要素投入总量的增长而有所下降，可见以原创性创新为产出的要素投入之间在考察期内存在一定的互补性，不过从对应回归系数大小来看，研发资本投入的边际产出要明显高于同期人员劳动投入的边际产出，意味着短期内实现原创性产出的增加可以通过提高研发资本投入来实现。

表2　随机前沿模型估计结果

被解释变量	原创性创新（$\ln in_{it}$）			创新成果转化（$\ln y_{it}$）		
滞后阶数	LAG（0）	LAG（1）	LAG（2）	LAG（0）	LAG（1）	LAG（2）
常数项	14.5664***	16.3349***	17.0158***	11.1458***	13.1400***	13.3457***
	(2.1318)	(2.2381)	(1.9682)	(3.4828)	(3.8122)	(3.6831)
$\ln L_{it}$	-0.3759**	-0.3714**	-0.2691	-0.4982	-0.7064**	-0.4149
	(0.1903)	(0.1829)	(0.1892)	(0.3498)	(0.3562)	(0.3655)
$[\ln L_{it}]^2$	0.0438**	0.0439**	0.0354*	0.1720***	0.1896***	0.1556***
	(0.0189)	(0.0183)	(0.0194)	(0.0354)	(0.0377)	(0.0407)
$\ln K_{it}$	-1.5981***	-1.7820***	-1.8903***	0.1837	0.1344	-0.0145
	(0.2892)	(0.3269)	(0.2847)	(0.4401)	(0.4993)	(0.4953)

续表

被解释变量	原创性创新 ($\ln in_{it}$)			创新成果转化 ($\ln y_{it}$)		
$[\ln K_{it}]^2$	0.1835*** (0.0229)	0.1934*** (0.0256)	0.1880*** (0.0214)	0.0788** (0.0348)	0.0771** (0.0389)	0.0812** (0.0386)
$[\ln K_{it}]\times[\ln L_{it}]$	-0.0144*** (0.0050)	-0.0140*** (0, 0471)	-0.0065^ (0.0041)	-0.0655*** (0.0086)	-0.0630*** (0.0083)	-0.0586*** (0.0068)
无效率影响因素估计结果						
$\ln C_{M,it}$	-0.6321*** (0.1951)	-0.4930*** (0.1799)	-0.3769** (0.1654)	-1.0931*** (0.4149)	-1.3442*** (0.4724)	-1.5424*** (0.4951)
$[\ln C_{M,it}]\times[\ln C_{T,it}]$	0.0626** (0.0309)	0.0399 (0.0297)	0.0248 (0.0239)	0.1839*** (0.0653)	0.1877*** (0.0682)	0.1729** (0.0694)
$[\ln C_{T,it}]\times[\ln h_{it}]$	-0.1527^ (0.0984)	-0.0898 (0.0954)	-0.0394 (0.0799)	-0.5811*** (0.2167)	-0.5632** (0.2168)	-0.4862** (0.2150)
$\ln h_{it}$	-0.8113 (0.5947)	-1.1620*** (0.5636)	-1.0296** (0.4963)	2.3705* (1.2464)	1.8298 (1.3208)	0.9098 (1.3387)
$\ln RD_{it}$	-0.5120*** (0.0802)	-0.5578*** (0.0736)	-0.5793*** (0.0607)	-0.1299 (0.1590)	-0.0471 (0.1917)	0.0815 (0.1848)
$\ln FDI_{it}$	0.1747*** (0.0244)	0.1514*** (0.0230)	0.1043*** (0.0208)	0.0748* (0.0445)	0.1438** (0.0589)	0.2397*** (0.0676)
$open_{it}$	0.1523*** (0.0369)	0.1449*** (0.3641)	0.1325*** (0.0285)	-0.0367 (0.1012)	-0.0942 (0.1377)	-0.1823 (0.1440)
常数项	6.7020*** (0.8584)	6.8477*** (0.8059)	6.1011*** (0.7801)	3.0589* (1.8307)	5.0861*** (2.0102)	7.4650*** (2.1085)
σ^2	0.2114*** (0.0184)	0.1767*** (0.0167)	0.1333*** (0.0105)	0.8374*** (0.1567)	0.9504*** (0.1510)	0.9810*** (0.1359)
γ	0.8227*** (0.0559)	0.7940*** (0.0723)	0.7827*** (0.1043)	0.7331*** (0.1211)	0.8498*** (0.0687)	0.9594*** (0.0295)
Log 函数	-248.1950	-210.0677	-150.4625	-569.0377	-540.0970	-498.6015
LR 检验	264.1983	254.2380	246.3954	27.8557	33.5624	44.5799

注：(*) 表示对于估计参数的标准差，***，**，*，^分别表示1%，5%，10%，15%的显著性水平。

同样，若以新产品收入作为衡量创新成果转化水平的指标（$\ln y_{it}$），根据第

200 页表 2 对生产函数的估计结果就会发现两种研发投入要素与新产品收入之间也存在显著 U 型关系，与原创性创新产出条件下所得结论基本一致。不过从拐点位置来看，在以新产品收入作为衡量标准的条件下，目前全部省区考察期内的科研资本和人员全时投入规模均在拐点右侧，意味着两种投入要素规模的扩大均有利于创新成果的快速转化，而且由于交互项系数为负且通过 1% 的显著性水平检验，表明考察期内两种要素投入也存在一定的互补性。另外，从要素的边际产出来看，长期条件下人员全时当量要明显高于同期研发资本的边际产出水平。

从第 200 页表 2 无效率影响因素估计结果来看，对于不同创新成果而言，创新效率的影响存在显著差异。以创新和竞争意识为特征的市场文化资本（$\ln C_{M,it}$）积累对于原创性创新效率的提高具有积极促进作用，不过从回归系数大小来看，随着滞后阶数的延长，市场文化资本对提高原创性创新效率的正效应在逐渐下降。不过从估计系数绝对值大小的对比来看，市场文化资本对创新成果转化效率的积极作用最高，其对转化效率的积极作用不仅没有随着滞后阶数的延长而下降，反而在逐渐增长，说明短期市场文化资本积累能够长期提高创新成果转化效率。这也就意味着无论是从事哪种类型的创新机构，包括企业和科研院所等，强化科研人员市场文化资本积累是提高整体创新效率的重要措施。

根据第 200 页表 2 的参数估计结果，异质性文化资本的冲突与融合也对不同创新产出效率的影响存在显著差异（［$\ln C_{M,it}$］×［$\ln C_{T,it}$］）。对于原创性创新产出效率而言，异质性文化资本之间的冲突关系表现较为突出，尤其是当期原创性创新的影响最为显著，虽然在滞后 1 期和 2 期回归系数不再显著，但从回归系数的正负性质可以发现异质性文化资本之间的冲突也是限制创新效率提高的因素之一。但是通过创新产出横向对比来看，文化资本积累之间的冲突对创新成果转化效率影响较大，回归系数不仅在 1% 的显著性水平上显著，而且受滞后效应影响较小，从系数大小来看文化资本冲突对创新转化效率的限制作用几乎是其对原创性创新效率同期限制作用的 3 至 5 倍，也就意味着加大力度促进不同文化资本之间的融合是提高创新成果转化效率的有效途径之一。从上述分析来看，对于不同产出的创新机构，其关注不同文化资本积累的侧重点也有所不同，对于从事原创性创新和创新成果转化的创新机构，应该采取适当措施提高不同文化资本之间的融合程度，而不仅仅是完成文化资本的积累。

在计量模型中，进一步分析了在控制住影响因素人力资本（$\ln h_{it}$）变量情况下，传统文化资本积累是否通过促进人力资本水平的提高带动创新效率的提高，本文将传统文化资本的这一作用机制用交互项（$[\ln C_{T,it}]\times[\ln h_{it}]$）表示。从第200页表2的回归结果来看，虽然传统文化资本通过人力资本渠道对原创性创新效率的提高具有积极促进作用，但显著性水平相对较低，不过人力资本积累（$\ln h_{it}$）却对原创性创新效率的提高具有显著的促进作用，而且具有较强的滞后效应（在滞后阶数为0的模型下回归参数为负但未通过显著性检验），这也就意味着仅通过传统文化资本积累提高人力资本水平的渠道提高原创性效率的措施在短期内是很难发挥作用的，必须通过加大培训、教育等其他途径快速提高科研人员人力资本水平才能够从长期对原创性创新效率的提高起到积极的促进作用。不过对于创新成果转化效率而言，基于传统文化资本的人力资本水平的提高却能够对创新成果转化效率的提高具有积极的促进作用，但人力资本水平的长期积累却对创新效率的提高并没有发挥积极作用，在不考虑显著性条件下反而会降低创新成果转化效率。对比来看，传统文化资本通过人力资本渠道对原创性创新以及创新成果转化效率的提高具有一定的积极作用，但是人力资本积累从长期来看仅是提高原创性创新效率的影响因素。

所选其他控制变量对创新效率的影响也存在显著不同：首先，政府研发投入（$\ln RD_{it}$）总体来说对原创性创新具有显著的促进作用，尤其是对原创性创新效率的积极作用随着滞后阶数的延长不断增加，比较而言政府研发支出对创新成功转化效率改善的作用并不显著，这可能说明当前政府研发支出的重点可能主要集中于创新成果的增长而忽视了对创新成果转化环节的投入；其次，对于外商直接投资（$\ln FDI_{it}$）而言，其快速的增长反而限制了原创性创新效率和创新成果转化效率的提高，一定程度上表明原创性程度较高的技术伴随外资引入对国内创新具有一定的挤出效应；同样，对外开放水平（$open_{it}$）的提高，促进获得国外先进技术的成本越来越低，和外资进入一样，从而严重影响我国原创性创新效率的提高，但是对外开放水平与创新成果转化效率之间关系并不显著。

四、文化资本折旧率变化对创新效率的影响

目前学者们在估计文化资本存量的过程中，对文化资本折旧率的讨论较少，可能的原因主要在于文化资本的形成，尤其是以习俗、惯例、意识等无形文化资本的形成，其和人的心智有着密切关系，这就造成其和有形文化资本（如书

籍、绘画、文物等）相比，折旧率的变化更加难以量化，或许正是由于这些因素使得部分学者在实证分析过程中采用虚拟变量作为文化资本的替代指标进行研究[26-27]，而不必考虑折旧率变化对文化资本存量的影响。不过，王云等较早在估算文化资本过程中对于不同形式的文化资本形态设定了不同的折旧率[28]，比如将品牌资本折旧率设定为60%，而将创意资本和版权资本设定为20%。由于前者在度量文化资本方面主要从企业视角进行考虑，采取这样的折旧率具有一定合理性，但是要深入分析文化资本折旧率是否对其他经济变量是否有影响，在当前文化资本折旧率没有统一确定的条件下，我们认为需要设定不同折旧率进行比较分析，所以沿用同样的处理办法，分别选取折旧率为10%、15%、20%对各省区文化资本存量进行重新估计，并沿用SFA分析方法，对计量模型（4）和（5）进行估计，估计结果见第205页表3。为简化分析结果，第205页表3仅报告了不同折旧率下LAG（0）对应的估计结果。

当然，这里对折旧率变化进行分析，也是出于对第200页表2分析结果的稳健性进行检验。虽然第200页表2中的回归结果显示在包含控制变量的情况下，核心变量与无效率项的关系在滞后阶数延长的情况下没有发生显著的变化，但是对于计量结果稳健性的检验，一般是采用加入控制变量或者变换实证方法的方式，要么直接变化核心变量数据重新进行分析，所以为了进一步有效验证实证结论的稳健性，有必要通过对折旧率的变换，从而调整核心变量异质性文化资本存量数据对不同产出指标进行回归，进而在文化资本折旧率变化条件下，不同经济变量与创新产出以及产出效率之间的关系是否发生变化，是否会表现出其他一些特征。

根据第205页表3回归结果，可以看出折旧率的变化并没有改变创新投入与创新产出之间的关系，对于原创性创新而言要素投入与产出之间的U型关系依然成立，同样要素投入与衡量创新成果转化的新产品收入之间也保持U型关系，这和第200页表2的结论基本一致。

另外，从第205页表3无效率影响因素估计结果可以看出，随着文化资本折旧率的上升，市场文化资本（$\ln C_{M,it}$）对原创性创新效率的促进作用在增强，比较而言对于创新成果转化效率的改善作用和第200页表2的结论相比没有显著变化。但是估计结果显示，异质性文化资本之间的冲突关系随着折旧率的上升而逐渐增强（$[\ln C_{M,it}] \times [\ln C_{T,it}]$变量对应系数几乎全部为正且通过显著性检验，而且和第 200 页表 2 相比系数绝对值也明显较高），从而很大程度上抑制了创新效率的提升。不过，值得注意的是随着文化资本折旧率的上升，基于传统文化资本实现的人力资本积累对提高创新效率的作用在逐渐增强。而人力资本（$\ln h_{it}$）对创新效率的影响在文化资本折旧率变化情况下与第 200 页表 2 是一致的，对比来看，人力资本对于原创性创新效率的改善作用最为突出，而对于创新成果转化效率的抑制作用较为严重。同样，政府研发支出（$\ln RD_{it}$）对于原创性创新效率的提升作用受文化资本折旧率变化率影响较小，而且折旧率的变化也没有提高政府研发支出对创新成果转化效率的显著性。另外，文化资本折旧率变化并没有改变外商直接投资（$\ln FDI_{it}$）和对外开放水平（$open_{it}$）对原创性创新效率的抑制作用，同样外资进入对于创新成果转化效率的抑制作用并没有得到改善，而开放水平在文化资本折旧率上升过程中并仍与创新成果转化效率之间的关系不显著。

综合来看，在文化资本折旧率的变化条件下，表 3 估计结论与第 200 页表 2 估计结果基本是一致的，从而进一步表明本文研究结论是稳健的。

表 3　折旧率变化对创新产出效率影响估计结果

被解释变量	原创性创新（$\ln in_{it}$）			创新成果转化（$\ln y_{it}$）		
折旧率	$\delta=10\%$	$\delta=15\%$	$\delta=20\%$	$\delta=10\%$	$\delta=15\%$	$\delta=20\%$
常数项	16.6845***	17.7194***	17.7333***	13.4607***	12.0412***	11.6916***
	(2.2454)	(2.1497)	(2.1651)	(3.6523)	(3.6653)	(3.5863)
$\ln L_{it}$	-0.2211	-0.2695	-0.2746	-0.4285	-0.4723	-0.4860
	(0.1912)	(0.1896)	(0.1971)	(0.3656)	(0.3481)	(0.3418)
$[\ln L_{it}]^2$	0.0302^	0.0338*	0.0341*	0.1649***	0.1686***	0.1698***
	(0.0187)	(0.0187)	(0.0195)	(0.0367)	(0.0354)	(0.0345)
$\ln K_{it}$	-2.0577***	-2.1571***	-2.1548***	-0.1601	0.0462	0.0978
	(0.3389)	(0.3115)	(0.3199)	(0.4669)	(0.4669)	(0.4572)
$[\ln K_{it}]^2$	0.2188***	0.2288***	0.2289***	0.1019***	0.0884**	0.0849**
	(0.0286)	(0.0259)	(0.0266)	(0.0359)	(0.0364)	(0.0355)
$[\ln K_{it}]\times[\ln L_{it}]$	-0.0158***	-0.0179***	-0.0180***	-0.0662***	-0.0656***	-0.0653***
	(0.0055)	(0.0053)	(0.0052)	(0.0082)	(0.0083)	(0.0079)
无效率影响因素估计结果						
$\ln C_{M,it}$	-0.4477***	-0.8268***	-0.8114***	-1.4445***	-1.1303***	-1.0317***
	(0.1335)	(0.2038)	(0.1892)	(0.4099)	(0.3866)	(0.3721)

续表

被解释变量	原创性创新（$\ln in_{it}$）			创新成果转化（$\ln y_{it}$）		
$[\ln C_{M,it}]\times[\ln C_{T,it}]$	-0.0002 (0.0028)	0.0873** (0.0346)	0.0908*** (0.0336)	0.1916*** (0.0649)	0.1953*** (0.0643)	0.1981*** (0.0634)
$[\ln C_{T,it}]\times[\ln h_{it}]$	0.0919*** (0.0334)	-0.1358 (0.0990)	-0.1403^ (0.0929)	-0.4657*** (0.1942)	-0.5495*** (0.1943)	-0.5648*** (0.1858)
$\ln h_{it}$	-2.3445*** (0.3163)	-1.0526* (0.5528)	-1.0677** (0.5165)	1.9096* (1.1068)	1.8003* (1.0632)	1.6331** (0.7797)
$\ln RD_{it}$	-0.5639*** (0.0892)	-0.5688*** (0.0908)	-0.5745*** (0.0856)	-0.0177 (0.1541)	-0.0846 (0.1620)	-0.0959 (0.1509)
$\ln FDI_{it}$	0.1747*** (0.0244)	0.1508*** (0.0252)	0.1499*** (0.0259)	0.0772* (0.0454)	0.0788* (0.0462)	0.0816* (0.0443)
$open_{it}$	0.6842*** (0.1561)	0.6805*** (0.1381)	0.6903*** (0.1465)	0.1730 (0.2324)	0.0493 (0.2401)	0.0097 (0.2473)
常数项	7.9736*** (0.8934)	7.3440*** (0.8974)	7.2271*** (0.8792)	4.5654*** (1.8249)	3.5969** (1.8117)	3.3889*** (1.1908)
σ^2	0.2279*** (0.0228)	0.2152*** (0.0209)	0.2145*** (0.0204)	0.8098*** (0.1418)	0.8420*** (0.1474)	0.8486*** (0.1454)
γ	0.8041*** (0.0546)	0.7849*** (0.0592)	0.7827*** (0.0573)	0.7305*** (0.1312)	0.7429*** (0.1113)	0.7458*** (0.1033)
Log 函数	-243.1222	-238.5784	-238.3679	-567.0729	-567.9311	-567.6441
LR 检验	274.3474	283.4313	283.8532	31.7853	30.0688	30.6428

注：（*）表示对于估计参数的标准差，***，**，*，^分别表示 1%，5%，10%，15% 的显著性水平。

五、主要结论与启示

创新效率不仅是影响科技进步的重要因素，也关系到我国创新驱动发展战略的顺利实施。本文选取 1997—2012 年省级面板数据，将创新成果产出分为原创性创新和衡量创新成果转化程度的新产品收入两种形式，利用 SFA 分析方法，实证分析了传统文化资本和市场文化资本对不同形式创新效率的影响，结论表明：首先，以竞争与创新意识为特征的市场文化资本积累对于创新效率的提高都具有积极的促进作用；其次，传统文化资本与市场文化资本之间的冲突关系会加大不同类型创新企业提高创新效率的难度；再者，传统文化资本通过人力资本渠道主要是对创新成果转化效率的提高发挥积极作用，但对于创新产出效率的积极作用相对较低，而且传统文化资本与创新效率之间关系受文化资本折旧率影响较大。另外，根据超越对数生产函数估计结果显示，增加资本投入是有利于提高创新成果产出和创新成功转化的，但是科研人员投入的增加在倒U型关系下会逐渐抑制创新产出的增长。

根据上述实证结论，可以发现对于不同类型的创新机构而言，提高产出以及产出效率的路径存在一定差异性：第一，对于参与原创性较高的科研机构而言，除了扩大投入规模提高产出以外，还可以通过强化科研人员市场文化资本和传统文化资本积累、提高人力资本水平等方式提高创新效率，但是要注意引进外资以及对外贸易的方式，最终实现原创性创新成果的增长；第二，对于创新成果转化程度而言，扩大人力和物力的投入规模也能够快速实现创新成果转化程度的提高，但要提高转化效率还需加快科研人员两种异质性文化资本的积累，也需要注意对外经济合作的方法和方式。不过，对于所有参与创新的科研机构，在促进传统文化资本和市场文化资本积累过程中，要根据文化资本所呈现的特点提高两种异质性文化资本的融合度，从而有利于降低管理成本，对提高创新效率有积极促进作用，而且积极寻求政府资金的注入也是长期提高我国创新产出和效率的重要措施。

参考文献

[1] STERN S, PORTER M E, FURMAN J L. The Determinants of National Innovative Capacity [J]. Research Policy, 2002, 31 (6), 899-933.

[2] 顾群，翟淑萍. 高技术产业知识产权保护、金融发展与创新效率——基于省级面板数据的研究 [J]. 软科学，2013 (7)：42-46.

[3] 池仁勇. 企业技术创新效率及其影响因素研究 [J]. 数量经济技术经济研究，2003 (6)：105-108.

[4] 吴延兵. 中国哪种所有制类型企业最具创新性？[J]. 世界经济，2012 (6)：3-27.

[5] 余泳泽. 创新要素集聚、政府支持与科技创新效率——基于省域数据的空间面

板计量分析 [J]. 经济评论，2011 (2)：93-101.
[6] 朱承亮，师萍，安立仁. 人力资本及其结构与研发创新效率——基于 SFA 模型的检验 [J]. 管理工程学报，2012 (4)：58-64.
[7] 李习保. 区域创新环境对创新活动效率影响的实证研究 [J]. 数量经济技术经济研究，2007 (8)：13-24.
[8] 肖仁桥，钱丽，陈忠卫. 中国高技术产业创新效率及其影响因素研究 [J]. 管理科学，2012 (10)：85-98.
[9] 张江雪，朱磊. 基于绿色增长的我国各地区工业企业技术创新效率研究 [J]. 数量经济技术经济研究，2012 (2)：113-125.
[10] 韩晶，宋涛，陈超凡，曲歌. 基于绿色增长的中国区域创新效率研究 [J]. 经济社会体制比较，2013 (3)：100-110.
[11] LAURSEN K, SALTER A. Open for Innovation: the Role of Openness in Explaining Innovation Performance Among UK Manufacturing Firms [J]. Strategic Management Journal. 2006 (27): 131-150.
[12] FU X. How Does Openness Affect the Importance of Incentives for Innovation? [J]. Research Policy, 2012 (41): 512-523.
[13] PIERRE B. The Forms of Capital [A]. RICHARDSON J. Handbook of Theory and Research for the Sociology of Education [M]. Westport, CT: Greenwood, 1986: 241-258.
[14] THROSBY D. Cultural Capital [J]. Journal of Cultural Economics, 1999 (23): 3-12.
[15] 高波，张志鹏. 文化资本：经济增长源泉的一种解释 [J]. 南京大学学报（人文社科版），2004 (4)：102-112.
[16] BUCCI A, SEGRE G. Culture and Human Capital in a Two – sector Endogenous Growth Model [J]. Research in Economics, 2011, 65: 279-293.
[17] 陆正华，钟伟，史欣向. 文化资本对企业研发效率的影响——基于广东省 21 个地级市面板数据的实证研究 [J]. 技术经济，2012 (7)：14-19.
[18] 孟召宜，渠爱雪，仇方道. 江苏区域文化资本差异及其对区域经济发展的影响 [J]. 地理科学，2012 (12)：1444-1451.
[19] BATTESE G E, COELLI T J. Frontier Production Functions, Technical Efficiency and Panel Data: With Application to Paddy Farmers in India [J]. The Journal of

Productivity Analysis, 1992 (3): 153-169.

[20] BATTESE G E, COELLI T J. A Model for Technical Inefficiency Effects in a Stochastic Frontier Production Function for Panel Data [J]. Empirical Economics, 1995 (20): 325-332.

[22] WANG M, WONG M C S. International R&D Transfer and Technical Effciency: Evidence from Panel Study Using Stochastic Frontier Analysis [J]. World Development, 2012, 40 (10): 1982-1998.

[23] BOS J W B , ECONOMIDOU C, SANDERS M W J L. Innovation over the Industry Life - cycle: Evidence from EU Manufacturing [J]. Journal of Economic Behavior & Organization, 2013, 86: 78-91.

[24] 朱平芳. 徐大丰. 中国城市人力资本的估算 [J]. 经济研究, 2007 (9): 84-95.

[25] 李娟伟, 任保平. 中国经济增长新动力是传统文化, 还是商业精神——基于文化资本视角的理论与实证研究 [J]. 经济科学, 2013 (4): 3-18.

[26] TRAMONTE L, WILLMS J D. Cultural Capital and Its Effects on Education Outcomes [J]. Economics of Education Review, 2010 (29): 200-213.

[27] PEREIRA V B. Experiencing Unemployment: The Roles of Social and Cultural Capital in Mediating Economic Crisis [J]. Poetics, 2011, 39: 469-490.

[28] 王云, 龙志和, 陈青青. 文化资本对我国经济增长的影响——基于扩展 MRW 模型 [J]. 软科学, 2013 (4): 12-16.

第十一章　制度环境与工业企业技术创新产出

安树军　任保平　高　月*

摘　要　制度环境对区域经济发展以及地区企业的技术创新具有举足轻重的作用，不同的制度环境对地区企业的技术创新产生了不同的影响。本文采用改进的知识生产函数模型考察了制度环境对于我国地区大中型企业技术创新的影响，通过对1999—2008年间我国30个省、市、自治区大中型工业企业相关的面板数据进行计量检验，结果表明：从实际产出（新产品销售收入）来看，制度环境对企业技术创新的影响都是非常显著的，政府与市场关系的改善、非国有经济比重和金融业的市场化对于企业技术创新的影响尤其突出；地区制度环境的差异影响了企业的技术创新投入和质量，从而影响了企业技术创新的产出，而这也是地区大中型工业企业技术创新差异的主要原因。对于我国企业技术创新的制度环境，地方政府应当改善政府与市场的关系，充分发挥非国有经济在企业技术创新中的作用，并推进金融业的市场化。

关键词　制度环境；知识生产函数；企业技术创新

一、引　言

技术创新是一个国家竞争力的核心，自20世纪90年代以来，我国技术创新

* 安树军，河北平山人，西北大学经济管理学院西方经济学专业博士研究生，研究方向：创新和经济增长质量；任保平，教育部人文社科重点研究基地——西北大学中国西部经济发展研究中心主任、西北大学研究生院院长，教育部长江学者特聘教授，教授、博士生导师，主要研究方向为中国经济增长质量与发展的政治经济学；高月，陕西西安人，西北大学经济管理学院政治经济学专业博士研究生，研究方向：产业集聚和城市群。

投入不断增强，2011年达到8687亿元，比上年增长23%，其中企业R&D支出占75.7%，全国R&D人员预计达到288.29万人年，比上年增长9.8%，继续位居世界首位①；R&D经费投入强度（R&D经费与GDP之比）1999年以后也在稳步提高，2011年达到1.84%，稳居发展中国家首位。但是结果表明，一味增加投入并不一定能增加创新产出并带来经济效益，与发达国家相比，中国创新发展总体水平还有很大差距，创新型国家建设任务艰巨。2000—2007年，中国创新发展指数由15.4提高到22.3，年均增幅高达5.5%，但目前，中国创新发展指数仅高于南非和印度，瑞典、瑞士等北欧国家的创新发展指数在60以上②。因此，我们面临的一个问题是，一方面我国的R&D支出在快速增长，另一方面，却没有取得相应的技术创新效果。中国在创新型国家建设过程当中，不仅要注重创新资源的总量投入，更要注重其效率问题，特别是在相对于国外发达国家我国科技创新资源严重不足的情况下，效率问题就变得更为突出（白俊红等，2009）。

企业技术创新深受其周围制度环境的影响，技术创新的成败是包括制度因素在内的多重因素综合作用的结果。尽管中国是一个政治制度高度统一的国家，处在不同转型期阶段的各区域的制度依然存在各种差异（Julan et al.，2008）。国内不同地区的企业，由于所处的制度环境不同，企业技术创新的动力、能力和方式也各不相同。大量研究（池仁勇等，2004；史修松，2009）认为，我国区域创新效率总体水平不高，区域差异较为明显，东部地区的创新效率和创新能力要高于中西部地区，而且东、中、西部地区内部各省份的创新能力也有明显差异。那么，是什么影响了企业技术创新的绩效和技术创新产出的差异？地区制度环境是否是影响地区技术创新产出差异的主要原因？

大中型工业企业在很大程度上体现了我国工业乃至整个经济的增长方式和特点，必须大力提升其创新能力，因此，本文试图结合对地区大中型工业技术创新的分析和绩效衡量，通过对1999—2008年中国地区大中型工业企业省级面板数据的检验，来透视我国经济转型中影响技术创新效能发挥的制度性因素和障碍，探析不同制度环境对于地区大中型工业企业技术创新的影响，以期为企业技术创新绩效的提升和改进寻求思路和措施。

---

① 科技部.2011中国科学技术发展报告［R］，2013-03-14：7.

② 中国科学院创新发展研究中心.中国创新发展报告（2009）［M］.北京：科学出版社，2009：11.

二、文献综述

作为国民经济发展的基础，大中型工业企业向社会生产生活输送着不可或缺的各类物质资源，在经济发展中起着重要的作用，大中型工业企业的创新能力问题，已经成为学术界研究关注的热点之一（姚洋等，2001；涂正革等，2006；俞立平，2007）。

对于大中型工业企业技术创新的研究，主要集中在大中型工业企业的投入绩效测度和创新效率方面。魏后凯（2004）采用 2002 年中国 30 个省区市的数据以及 20 项指标，测算了各地区工业技术创新力指数，并据此将各省区市分为工业技术创新力较强、中等和较弱三种类型，中国工业技术创新力大体呈现出东高、中低、西中的格局。王争等（2006）利用省级面板数据研究转型过程中中国地区工业生产绩效的动态表现，认为 20 世纪 90 年代末国企改革的制度性冲击促成了工业规模效率的提高，而劳动力教育水平和非国有经济比重的提高，则有助于促进工业技术进步、改善配置效率。李小平（2007）分解了我国 1996—2003 年 32 个分行业的大中型工业企业的生产率增长，并实证研究了自主 R&D、技术引进和生产率回报率等因素，得出的结论发现，虽然高 R&D 投资行业具有更高的生产率增长，但更多的是由于企业规模和资本强度的差异而并非 R&D 投资。唐清泉等（2009）运用 DEA 方法测度了我国大中型工业企业 33 个行业的 R&D 效率，结果表明，大中型工业企业近年来 R&D 效率提升不明显，高强度投入的行业并不具备显著的效率优势。白俊红等（2009）以 1998—2006 年中国大陆 30 个省级地区的面板数据为基础，应用超越对数随机前沿模型，实证测评了各地区研发创新的相对效率，研究显示一段时间内全国整体研发创新技术效率较低，尚有较大的提升空间；各地区研发创新技术效率存在差异，且东部地区高于中、西部。

总之，在研究内容上，目前国内对 R&D 效率的研究主要集中在对 R&D 效率指标体系的建立、区域 R&D 效率的比较等，偏重 R&D 效率指标体系与评价方法的建立；在研究对象上，主要针对宏观地区层面 R&D 效率的评价和对行业层面 R&D 投入效率的研究，在研究方法上主要采用 DEA 方法和随机前沿生产模型，侧重于在效率的技术层面进行分析。

基于地区视角的研究主要是对各省区的创新效率进行测算（刘顺忠等，

2002；孙凯等，2007），对不同地区效率差异的研究还较少（岳书敬，2008）。对于地区企业技术创新差异的原因，主要有两种观点：一是地区企业技术创新差异主要来源于地区外商直接投资、创新经费和人力资本等的投入的不同。池仁勇等（2004）认为劳动者素质、轻重工业比例结构等是影响地区技术创新效率的显著因素。侯润秀等（2006）认为外商直接投资对不同创新能力地区的溢出效应不同，区域的创新能力越强，FDI 对创新能力的溢出效应越大。郭国峰等（2007）认为人力资本，尤其是高科技人才是创新的源泉。史修松（2009）认为区域创新经费投入对区域创新效率有较大的推动作用并大于人力资本的推动作用，专利产出效率高于新产品产出效率。二是地区企业技术创新差异主要受到地区创新环境和制度的影响。李习保（2007）认为区域创新主体的构成、政府的支持以及与工业结构有关的创新环境是导致我国区域创新系统整体绩效的集聚趋势加剧的根本原因。郭国峰等（2007）认为制度创新能够极大优化科技资源配置，提高技术产业效率。

针对我国工业创新效率问题，中国工业部门研发效率有很大的提高空间；而以大中型工业企业为例近年来的研发效率提升却不明显。此外，对于地区企业技术创新差异的原因，现有的研究大多忽略对地区制度环境的研究，而这恰恰是影响地区企业技术创新的非常重要的因素。因此，本文尝试从地区制度环境的视角研究制度环境对于地区大中型企业技术创新的作用机制，寻求通过改善地区制度环境从而提高企业技术创新产出的可行选择。

三、制度环境约束下的企业技术创新

不完善的产权制度安排、不成熟的市场经济、不健全的法律环境是转型经济国家遇到的共同问题。与企业技术创新相关的各种制度安排发生作用的重要前提之一就是本国具备基本的市场制度，即主要由市场机制配置经济资源。只有在市场能合理的为新知识和新技术定价、使用新技术能为企业带来足够期望利润的情况下，企业才会有激励进行技术创新，或在竞争加剧的情况下加强自身研发的力度（蒋殿春等，2008）。

近年来，我国各地区企业的技术创新取得了很大进步，但是制度环境对于不同地区企业技术创新有着非常重要的影响。像中国这样的国家，幅员辽阔，在渐进式改革中，地区之间制度差异明显，本国跨区域发展如同海外扩张一样值得研究（黄宇驰，2010）。在本文中，我们把影响企业技术创新的制度环境分解为政府和市场的关系、非国有经济的发展、要素市场的发育和法律制度环境等，从而进一步来论述它们和企业技术创新之间的关系。

（一）政府和市场的关系

政府一直以来是我国强制性制度变迁的主导者，是转型国家面临的制度环境中最重要的因素。《中国中小企业经济发展指数研究报告（2008）》从经济、政策、法律三个方面，测度了地区的制度环境差异，认为地方政府实质上是我国区域经济的调控主体，充当准市场主体的角色，直接或间接介入地方的经济活动，并具有相当程度的经济剩余分享权和控制权。政府干预降低了社会对商业精神和职业能力的追求，当政府掌握了审批、许可等权力进而成为各种稀缺资源的主导配置者时，企业几乎就没有必要提高其经营能力和创新能力，而关注如何获得和维持与政府的关系（刘小玄，2003）。此外，政府对经济大量的干预产生了许多寻租机会，增加了企业技术创新中的交易费用。

（二）非国有经济的发展

改革开放以来，我国的非国有经济有了长足的发展。2012 年 1—7 月我国民间固定资产投资 11.4 万亿元，占全社会固定资产投资的 62.1%，民营经济继续保持“三分天下有其二”的比重[①]。非国有经济成分的发展对我国工业整体水平的提高起到了积极的作用，其作用之一便是提高了我国工业企业的技术效率（姚洋，1998）。不同性质产权结构对企业的技术创新有着不同的影响（吴延兵，2008），非国有企业比国有企业的技术效率更高（姚洋等，2001），企业规模对创新的正向关系主要来源于非国有企业，而不是国有企业（周黎安等，2005）。此外，就研发活动的有效性（即一定水平的研发支出和人员投入所取得的结果）而言，国有大中型企业不及私营大中型企业（张春霖等，2009）。

（三）要素市场的发育

相对于产品市场而言，我国要素市场的发育相对滞后。要素市场发育不完善尤其体现在金融市场上，所有制约束导致的要素价格扭曲从而造成的资源使用结构扭曲问题，影响着微观经济主体——企业的要素使用方式和技术选择机制（史晋川，2007）。秦宇（2006）整理了从 1989 年到 2002 年全国主要的技术

① 江国成．非公经济步入发展壮大新时代：做活变强 茁壮成长[DB/OL]．http：//www.022net.com/2012/8－14/43283024291203.html.

创新调查资料，发现几乎所有的调查都认为资金缺乏是企业技术创新的最大障碍。对于大多国有企业而言，用成本很低的资本代替技术创新是一种最优的选择，而对于很多私营企业，采用劳动密集型的生产方式获取竞争优势也是合理选择。在要素市场扭曲程度越深的地区，要素市场扭曲对中国企业 R&D 投入的抑制效应就越大（张杰等，2011）。要素市场发育相对迟缓和要素价格扭曲导致企业技术创新的动力不足，尤其是金融市场对于企业的技术创新影响很大。

四、模型设定与数据说明

（一）计量模型设定

普遍采用的 Cobb – Douglas 形式的 Griliches – Jaffe 知识生产函数（KPF）是目前国际上研究技术创新及其决定因素的重要理论模型（Griliches，1979，1986；Jaffe，1989），即：

$$Y_i = AK_i^{\alpha} L_i^{\beta} \varepsilon_i \tag{1}$$

Y 表示 R&D 产出，K、L 分别表示 R&D 经费投入和人力资本投入，A 表示了 R&D 活动的效率，α、β 分别为 R&D 经费投入和人力资本投入的弹性系数，ε 为随机误差项，i 为观测单元。

在实证研究中，对技术创新产出的影响因素的研究通常根据模型（1）把 R&D 支出和 R&D 人员当作所有技术创新投入来研究这两种生产要素对技术创新产出的影响。考虑到制度因素对市场经济制度不成熟、处于经济转型期的国家的创新产出会产生不可忽视的影响，本文除了研究技术创新的投入产出关系外，将主要考察制度环境对企业技术创新投入产出关系的影响。

在分析我国中部地区技术创新能力的影响因素时，郭国峰等（2007）采用改进的 Griliches – Jaffe 知识生产函数，将制度因素引入知识生产函数，而吴延兵（2006）在研究中国大中型工业企业的 R&D 投入产出关系时，将除了资本投入和劳动投入以外的其他影响 R&D 产出的因素引入了柯布—道格拉斯生产函数，均取得了满意的效果。

本文综合借鉴郭国峰等（2007）将制度因素引入知识生产函数模型的做法，以及吴延兵（2006）将其他影响科技创新产出的控制变量引入知识生产函数的做法，将科技创新产出的函数形式设定如下：

$$Q = AK^{\alpha} L^{\beta} e^{x}$$

$$X = \gamma_1 S + \gamma_2 con \tag{3}$$

X 为影响技术创新产出的其他因素，S 为制度环境因素，con 为控制变量。

对式（3）两边取对数，可得到如下形式的双对数知识生产函数模型：

$$\ln Q_{it} = \delta + \alpha \ln K_{it} + \beta \ln L_{it} + \gamma_1 S_{it} + \gamma_2 \mathrm{con}_{it} + u_i + \varepsilon_{it} \tag{4}$$

本文主要研究的是制度环境对中国企业技术创新的影响程度，因此，考虑到制度环境可能存在对 R&D 经费投入和人力资本投入的间接影响而进一步影响技术创新产出的情况，本文将制度环境与 R&D 经费投入和人力资本投入分别相乘引进模型（4），这也是本文的一个创新之处。而采用双对数线性模型的形式可以有效避免可能存在的异方差性。本文最终的面板数据计量模型设定如下：

$$\ln Q_{it} = \delta + \alpha \ln K_{i,t} + \beta \ln L_{i,t} + \gamma_1 S_{it} + \gamma_2 \mathrm{con}_{it} + \lambda_1 S_{it} \times \ln K_{i,t} + \lambda_2 S_{it} \times \ln L_{i,t} + u_i + \varepsilon_{it} \tag{5}$$

$\delta = \ln A$ 是常数项，S 代表制度环境，con 代表控制变量，t 为时间，i 为省域，u_i 为不随时间而变化的省域特征，ε_{it}为随省域和时间而变化的随机扰动项。

α、β 分别代表 R&D 经费投入、人力资本投入的产出弹性；γ_1，γ_2 分别代表制度环境、各控制变量对技术创新产出产生的直接影响效果；λ_1，λ_2 分别代表制度环境通过对 R&D 经费投入的作用、制度环境通过对人力资本投入的作用而对技术创新产出产生的间接影响效果。

（二）数据来源与变量说明

基于技术创新产出与制度环境关系的模型（4），对本文的实证研究涉及的变量说明如下：

（1）技术创新产出（Q）。创新不同于发明之处在于，创新意味着新的知识和技术进入市场，转化为市场可接受的产品和服务，从而推动经济增长。新产品产值反映了 R&D 的经济效益，代表了技术创新的实际产出，本文用新产品销售收入占主营业务收入的比重（NEPR）来衡量企业技术创新的产出。

（2）R&D 经费投入（K）。迄今为止，对 R&D 投入的研究大体收敛于这样的结论：R&D 投入对创新能力有着决定性影响（唐清泉，2009）。R&D 支出是决定技术创新产出的重要解释变量，本文用企业的科技活动经费占主营业务收入比重（PE）来代表企业技术创新的 R&D 经费投入。

（3）人力资本投入（L）。除了 R&D 经费投入，对企业科技创新产出影响较大的主要还有人力资本投入。本文主要选取科技人员占从业人员的比重（PT）

来代表企业技术创新的人力资本投入。

（4）制度环境（*S*）。对于制度环境的度量，国内现有不少研究分别以樊纲等（2010）的“市场化指数”及其分指数作为制度环境变量的度量指标。综合既有研究中有关制度环境内容的分析，本文分别采用市场化指数的三个分指数作为相关制度环境变量的替代变量，主要测度代表制度环境中政府与市场关系（MA）、非国有经济的发展（NS）和要素市场的发育（金融业的市场化，FM）对我国企业技术创新产出的影响程度。

（5）控制变量（*con*）。由于地区发展水平的差异和地区的开放程度是影响地区 R&D 投入的重要因素，因此本文在实证研究中主要选取地区 GDP 增长率（REGDP）和地区开放程度（OPEN）作为控制变量。

考虑数据的可得性以及保持数据统一性的目的，本文选取代表制度环境的相关变量的研究样本截止到 2008 年，此外，由于西藏的数据缺失较多以及《中国科技统计年鉴》关于大中型企业的数据口径统一问题，本文最终选择 1999 年至 2008 年 30 个省（直辖市、自治区）的数据作为研究样本，最终得到了不包含西藏、香港、澳门和台湾的中国 30 个省（市、区）1999—2008 年的 300 个面板数据。相关数据主要来源于历年《中国科技统计年鉴》《中国统计年鉴》《中国市场化指数》和国家统计局网站。

表 1 是本文使用的变量及其定义，第 218 页表 2是各主要变量的描述性统计结果。

表 1　变量定义

变量	符号	单位	变量说明
技术创新产出	*NEPR*	%	新产品销售收入占主营业务收入的比重
R&D 经费投入	*PE*	%	科技活动经费占主营业务收入比重
人力资本投入	*PT*	%	科技人员占从业人员的比重
制度环境	*MA*	—	政府与市场的关系
	NS	—	非国有经济的发展
	FM	—	要素市场的发育（金融业的市场化）
控制变量	*regdp*	%	地区人均 GDP 增长率
	open	%	地区开放程度

表2　变量的描述性统计

	观察值	均值	标准差	最小值	最大值
NEPR	300	13.04	8.08	0.50	39.93
PE	300	1.51	0.54	0.30	3.3
PT	300	4.73	1.46	1.1	8.7
MA	300	7.22	1.66	2.75	10.53
NS	300	6.15	3.06	0.00	13.73
FM	300	6.27	2.65	0.15	12.84
regdp	300	11.65	2.52	6.60	23.80
open	300	32.80	41.80	3.21	172.22

从表2的统计结果可以看出，对于企业技术创新的产出而言，30个省市区在观测时间段内新产品销售收入占主营业务收入比重的最小值为0.5，最大值为39.93，在不同年份不同企业之间的企业技术创新产出差异较大。反映企业技术创新的R&D经费投入、人力资本投入和制度环境因素的变量在各省市区间差异也较为显著，其中，科技活动经费占主营业务收入比重的最大值是3.3，最小值是0.3，标准差达到了0.54；科技人员占从业人员比重的最大值是8.7，最小值是1.1，标准差达到了1.46，这两个解释变量显著说明企业技术创新投入的差别的确会对技术创新产出造成不一样的影响。MA的最大值10.53，最小值2.75，方差为1.66；NS的最大值13.73，最小值0，方差为3.06；FM的最大值12.84，最小值0.15，方差为2.65。这些变量说明制度环境的差异能对当地企业的创新动力和活动产生一定程度的影响。

五、计量检验与结果分析

对于面板数据计量模型（5），如果不随时间变化的省域特征 u_i 与任一解释变量相关，为了消除 u_i 的影响，一般采用固定效应法对模型进行估计。本文中 u_i 表示每个省（直辖市、自治区）所特有的影响企业技术创新产出的因素。固定效应模型考虑了每个观测单元的异质性，允许每个个体的回归方程拥有不同的截距项，在本文即表示每个省（直辖市、自治区）所特有的影响技术创新产出的因素。固定效应模型通常通过最小二乘虚拟变量法（LSDV）进行估计。如果 u_i 与每个解释变量都不相关，则采用随机效应法对模型进行估计，将 u_i 与 ε_{it}

合并为符合误差项。由于扰动项由 $u_i+\varepsilon_{it}$ 组成，u_i 的存在使同一个体不同时期的扰动项之间存在自相关。为了消除扰动项中的自相关，通常利用可行广义最小二乘法（FGLS）对模型进行估计。对于模型（5），应该使用固定效应模型还是随机效应模型进行估计，通常采用 Hausman 检验方法来进行判定。本文利用 Stata12.0 对前述模型进行估计，计量结果显示在第 221 页表 3 和第 223 页表 4 中。

首先，对知识生产函数基本模型进行估计（第 221 页表 3 中的（1）~（2）），一方面考察 R&D 经费投入与人力资本投入分别对企业技术创新产出的贡献，另一方面与加入制度环境因素的技术创新产出模型做对比。以新产品销售收入占主营业务收入的比重（NEPR）作为企业技术创新的产出，以科技活动经费占主营业务收入比重（PE）和科技人员占从业人员的比重（PT）作为企业技术创新的投入建立新产品知识生产函数模型。对仅包含 PE 和 PT 作为解释变量的新产品生产函数基本模型（1）分别运用随机效应模型与固定效应模型进行估计，得到 Hausman 检验值为 3.62，在给定 1% 显著性水平下支持随机效应模型（RE）；对又加入控制变量地区 GDP 增长率（regdp）和地区开放程度（open）的新产品生产函数基本模型（2）分别运用随机效应模型与固定效应模型进行估计，得到 Hausman 检验值为 13.97，在给定 1% 显著性水平下支持固定效应模型（FE）。第 221 页表 3 中的模型（1）和（2）给出了新产品生产函数基本模型的估计结果。

由第 221 页表 3 中的（1）可见，PE 对企业技术创新产出有显著的正向影响作用且产出弹性为 0.396，而 PT 对企业技术创新产出的影响不显著且产出弹性为 0.142。由第 221 页表 3 中的模型（2）可见，加入控制变量 regdp 和 open 后，PE 对企业技术创新产出仍表现为正向的显著影响作用且产出弹性减少为 0.291，而 PT 对企业技术创新产出的影响依旧不显著但表现为反向影响作用。regdp 对企业技术创新产出有显著的正向影响作用，而 open 表现为不显著的反向影响作用。

其次，对加入制度环境因素的新产品生产函数模型进行估计（见第 221 页表 3 中的（3）~（5）），以考察制度环境因素对企业技术创新产出的直接贡献。本文分别引入政府与市场的关系（MA）、非国有经济的发展（NS）、要素市场的发育（FM）代表制度环境因素到模型（2），得到纳入制度环境变量的新产品生产函数模型（3）~（5）。利用 Hausman 检验得到，模型（3）~（5）在给定 1% 显著性水平下都支持固定效应模型。第 221 页表 3 中的模型（3）~（5）给出了纳入制度环境变量的新产品生产函数模型的估计结果。

由第221页表3中的（3）可见，纳入制度环境变量MA后，对于企业技术创新产出的影响作用而言，除了PT依旧表现为不显著的反向作用外，PE、MA、regdp、open均有显著的影响，特别是MA表现为10%水平下的正向显著影响且贡献率为0.0687，说明制度环境能够促进企业技术创新产出的增加。这一结果无论是对于使用MA代表制度环境因素的模型（3），还是对于使用NS和FM代表制度环境因素的模型（4）和（5）而言，都是稳健的，从而证明了制度环境确实存在促进企业基础创新产出的影响作用。接下来，本文将进一步对制度环境对企业技术创新产出的这种正向影响的作用形式进行分析。

第三，对同时加入制度环境因素、制度环境因素与R&D经费投入以及人力资本投入交叉项的新产品生产函数模型进行估计（见第221页表3中的（6）~（8）），一方面考察制度环境因素对企业技术创新产出是否存在间接贡献，另一方面对比制度环境因素对企业技术创新产出的直接影响和间接影响。在模型（3）~（5）的基础上，本文分别引入代表制度环境的不同变量与R&D经费投入的交叉项以及制度环境与人力资本投入的交叉项，得到同时纳入制度环境对企业技术创新产生的直接影响因素和间接影响因素的新产品生产函数模型（6）~（8）。利用Hausman检验得到，模型（6）~（8）在给定1%显著性水平下都支持固定效应模型。第221页表3中的模型（6）~（8）给出了同时纳入制度环境直接影响因素和间接影响因素的新产品生产函数模型的估计结果。

由第221页表3中的（6）可见，同时纳入制度环境因素MA以及制度环境因素与R&D经费投入的交叉项MA×lnPE、制度环境因素与人力资本投入的交叉项MA×lnPT后，PE，PT，MA×lnPE，MA×lnPT，regdp，open对企业技术创新产出均有显著的影响作用，特别是PT对企业技术创新产出转变为显著的负向影响作用，且产出弹性为-1.001，而MA对企业技术创新产出的影响不再显著，说明制度环境是通过对R&D经费投入以及对人力资本投入的作用而间接影响企业技术创新产出的。这一结果无论是对于引入使用MA×lnPE和MA×lnPT代表制度环境交叉项的模型（6），还是对于使用NS×lnPE和NS×lnPT，FM×lnPE，FM×lnPT代表制度环境交叉项的模型（4）和（5）而言，都是稳健的，从而不仅再次证明了制度环境确实存在促进企业技术创新产出的影响作用，而且证明了制度环境对企业技术创新产出的间接作用形式。

最后，综合模型（1）~（8）的估计结果可见，一方面，R&D经费投入对企业技术创新产出有显著的正向影响作用，而人力资本投入对企业技术创新产出有显著的反向影响作用，本文的估计结果也得到了部分文献的印证；另一方面，制度环境对企业技术创新产出具有促进作用，且这种影响是通过交互项的形式产生作用的。因此，接下来本文只引入制度环境的交互项，进一步验证制度环境对企业制度创新产出的贡献程度，第223页表4中的模型（9）～（11）给出了仅纳入制度环境与R&D经费投入的交互项、制度环境与人力资本投入的交互项的新产品生产函数模型的估计结果，以考察制度环境对企业技术创新产出的间接影响作用程度。

运用面板计量模型（5），第223页表4中的（9）～（11）主要考察的是制度环境的交叉项形式对技术创新产出的影响作用估计结果。由模型（9）可以看出，R&D经费投入、人力资本投入、制度环境、地区GDP增长率、地区开放程度对技术创新产出均有显著的影响作用，其中，PE，MA×lnPT，regdp的影响效果为正向促进作用，而PT，MA×lnPE，open的影响效果为反向抑制作用。与模型（9）的估计结果类似，模型（10）、模型（11）的估计结果均表现出相同的显著影响，说明结果是稳健的。第一，对于R&D经费投入和人力资本投入对技术创新产出的影响而言，模型（9）～（11）均表现出R&D经费投入的正向作用效果以及人力资本投入的反向作用效果。第二，对于制度环境与R&D经费投入和人力资本投入的交叉项对技术创新产出的影响而言，模型（9）～（11）均表现出制度环境与R&D经费投入交叉项的反向作用效果以及制度环境与人力资本投入交叉项的正向作用效果。第三，对于控制变量对技术创新产出的影响而言，模型（9）～（11）均表现出地区GDP增长率的正向作用效果以及对外开放程度的反向作用效果。

表3　技术创新产出生产函数及其影响因素估计结果（被解释变量：lnNEPR）

解释变量	(1)	(2)	(3)	(4)	(5)	(6)	(7)	(8)
ln*PE*	0.396***	0.291**	0.323***	0.306**	0.307**	1.910***	0.957***	1.090***
	(4.03)	(3.08)	(3.42)	(3.26)	(3.30)	(5.52)	(5.20)	(5.52)
ln*PT*	0.142	−0.00464	−0.0574	−0.0638	−0.0812	−1.001**	−0.505*	−0.615**
	(1.23)	(−0.04)	(−0.51)	(−0.56)	(−0.72)	(−2.66)	(−2.33)	(−2.95)
MA			0.0687*			−0.0269		
			(2.53)			(−0.37)		

续表

解释变量	(1)	(2)	(3)	(4)	(5)	(6)	(7)	(8)
NS				0.0387* (2.43)			-0.00572 (-0.13)	
FM					0.0427** (3.28)			-0.0275 (-0.61)
$MA \times \ln PE$						-0.229*** (-4.75)		
$MA \times \ln PT$						0.124* (2.43)		
$NS \times \ln PE$							-0.125*** (-4.07)	
$NS \times \ln PT$							0.0625* (2.04)	
$FM \times \ln PE$								-0.146*** (-4.46)
$FM \times \ln PT$								0.0834** (2.66)
regdp		0.0588*** (6.19)	0.0362** (2.79)	0.0372** (2.88)	0.0355** (3.03)	0.0351** (2.79)	0.0377** (2.97)	0.0362** (3.16)
open		-0.00219 (-1.15)	-0.00435* (-2.11)	-0.00466* (-2.18)	-0.00397* (-2.05)	-0.00455* (-2.29)	-0.00514* (-2.47)	-0.00455* (-2.41)
CONS	1.985*** (10.12)	1.628*** (9.27)	1.534*** (8.63)	1.807*** (9.56)	1.800*** (9.98)	2.361*** (4.76)	2.234*** (7.50)	2.332*** (8.23)
R^2 (within)	0.0698	0.1917	0.2108	0.2094	0.2232	0.2736	0.2571	0.2779
Hausman 检验	3.62 [0.1639]	13.97 [0.0074]	76.11 [0.0000]	52.16 [0.0000]	8.59 [0.0723]	94.30 [0.0000]	58.74 [0.0000]	18.78 [0.0089]
F 检验	26.85 [0.0000]	24.63 [0.0000]	18.35 [0.0000]	20.20 [0.0000]	23.98 [0.0000]	19.73 [0.0000]	21.14 [0.0000]	25.99 [0.0000]
FE/RE	RE	FE	FE	FE	FE	FE	FE	FE
观测值	300	300	300	300	300	300	300	300

注：*、**、***分别代表参数估计值在1%、5%、10%的置信水平上显著，参数估计值下面（ ）中的数字为t检验值，[ ] 内为统计量相应的概率值。

表4　制度环境对技术创新产出的影响程度估计结果（被解释变量：lnNEPR）

解释变量	(9)	(10)	(11)
ln*PE*	1.868*** (5.71)	0.949*** (5.43)	1.058*** (5.57)
ln*PT*	−0.884*** (−4.32)	−0.485** (−3.22)	−0.522*** (−3.69)
MA × ln*PE*	−0.222*** (−4.96)		
MA × ln*PT*	0.107*** (5.00)		
NS × ln*PE*		−0.123*** (−4.34)	
NS × ln*PT*		0.0589*** (4.55)	
FM × ln*PE*			−0.140*** (−4.53)
FM × ln*PT*			0.0656*** (5.56)
regdp	0.0335** (2.83)	0.0371** (3.13)	0.0341** (3.12)
open	−0.00461* (−2.33)	−0.00518* (−2.51)	−0.00465* (−2.48)
CONS	2.196*** (10.10)	2.209*** (9.65)	2.212*** (10.83)
R^2 (within)	0.2733	0.2570	0.2768
Hausman 检验	26.03 [0.0002]	161.14 [0.0000]	25.03 [0.0003]
F 检验	16.54 [0.0000]	15.22 [0.0000]	16.84 [0.0000]
FE/RE	FE	FE	FE
观测值	300	300	300

注：*、**、***分别代表参数估计值在1%、5%、10%的置信水平上显著，参数估计值下面（ ）中的数字为t检验值，[ ] 内为统计量相应的概率值。

六、结论及政策建议

借助新制度经济学的相关知识，本文认为制度环境对于企业的技术创新有着举足轻重的作用，尤其是政府与市场的关系、非国有经济的发展以及金融业的市场化等制度环境都对地区大中型工业企业的技术创新产出有着重要的影响。为了验证二者之间的联系，本文采用改进的知识生产函数，对1999—2008年间我国30个省、市、自治区大中型工业企业相关的面板数据进行了计量检验。研究的主要结论有：

第一，从技术创新实际产出（新产品销售收入）的视角来看，无论是企业技术创新的经费和人员投入，还是制度环境，包括政府与市场关系的协调、非国有经济的发展以及金融业市场化程度的提高对企业技术创新的影响都是非常显著的。

第二，制度环境对于企业技术创新的作用主要通过影响企业的技术创新经费投入和人力资本投入从而来影响企业技术创新的产出。地区制度环境的差异影响了企业的技术创新投入和质量，从而影响了企业技术创新的产出，而这也是地区大中型工业企业技术创新差异的主要原因。

为了促进企业的技术创新，我们主要应从以下三个方面优化我国企业技术创新的制度环境：一是改善政府与市场的关系。要加强企业的技术创新主体地位，让企业和市场确定技术创新的微观经济决策。通过放松管制和严厉的审批制度、减少政府对市场的干预等措施，降低企业技术创新的交易成本。二是加快非国有经济的发展。放宽非国有经济的市场准入领域，改善私营企业的发展环境，给私营企业同国有企业公平竞争的机会。此外，在资金、政策等方面大力扶持非国有经济，努力提高私营企业的技术创新能力。三是提高金融业的市场化程度。通过减少政府对国有企业的财政补贴、税收减免等优惠措施，改变国有经济较低的资本要素价格，激励国有企业进行技术创新；同时通过构建多层次的信贷融资体系和拓展民间资本的发展空间来提高各地区金融业的市场化程度。

参考文献

[1] DU J, LU Y, TAO Z. Economic Institutions and FDI Location Choice: Evidence from

US Multinationals in China [J]. Journal of Comparative Economics, 2008, 36 (3).
[2] ZHANG A, ZHANG Y, ZHAO R. A Study of the R&D Efficiency and Productivity of Chinese Firms [J]. Journal of Comparative Economics, 2003, 31: 443-464.
[3] 白俊红，等. 中国地区研发创新的相对效率与全要素生产率增长分解 [J]. 数量经济技术经济研究，2009 (3).
[4] 陈广汉，蓝宝江. 研发支出、竞争程度与我国区域创新能力研究 [J]. 经济学家，2007 (3)：101-106.
[5] 池仁勇. 企业技术创新效率及其影响因素研究 [J]. 数量经济技术经济研究，2003 (6).
[6] 樊纲，王小鲁. 中国市场化指数——各地区市场化相对进程2009年报告 [M]. 北京：经济科学出版社，2010.
[7] 冯根福，刘军虎，徐志霖. 中国工业部门研发效率及其影响因素实证分析 [J]. 中国工业经济，2006 (11).
[8] 郭国峰，等. 技术创新能力的影响因素分析——基于中部六省面板数据的实证研究 [J]. 数量经济技术经济研究，2007 (9).
[9] 侯润秀，官建成. 外商直接投资对我国区域创新能力的影响 [J]. 中国软科学，2006 (5).
[10] 黄宇驰. 区域市场进入模式选择研究：基于浙江制造企业的考察 [M]. 杭州：浙江大学出版社，2010.
[11] 金祥荣，余冬筠. 创新效率、产业特征与区域经济增长 [J]. 浙江大学学报（人文社会科学版），2010 (5).
[12] 蒋殿春，张宇. 经济转型与外商直接投资技术溢出效应 [J]. 经济研究，2008 (7).
[13] 李习保. 区域创新环境对创新活动效率影响的实证研究 [J]. 数量经济技术经济研究，2007 (8).
[14] 李习保. 中国区域创新能力变迁的实证分析：基于创新系统的观点 [J]. 管理世界，2007 (12).
[15] 李小平，朱钟棣. 中国工业行业的全要素生产率测算 [J]. 管理世界，2005 (4).
[16] 刘顺忠，官建成. 区域创新系统创新绩效的评价 [J]. 中国管理科学，2002 (1).

[17] 刘伟，张辉. 中国经济增长中的产业结构变迁和技术进步 [J]. 经济研究，2008 (11).
[18] 秦宇. 中国工业技术创新经济分析 [M]. 北京：科学出版社，2006.
[19] 史晋川. 所有制约束与要素价格扭曲——基于中国行业数据的实证分析 [J]. 统计研究，2007 (6).
[20] 史修松，赵曙东，吴福象. 中国区域创新效率及其空间差异研究 [J]. 数量经济技术经济研究，2009 (3).
[21] 孙凯，李煜华. 我国各省市技术创新效率分析与比较 [J]. 中国科技论坛，2007 (11).
[22] 孙铮，等. 市场化程度、政府干预与企业债务期限结构——来自我国上市公司的经验证据 [J]. 经济研究，2005 (5).
[23] 唐清泉，等. 工业行业的资源投入与创新效率：基于中国大中型工业部门的研究 [J]. 数量经济技术经济研究，2009 (2)：3-17.
[24] 涂正革，肖耿. 中国工业增长模式的转变：大中型企业劳动生产率的非参数生产前沿动态分析 [J]. 管理世界，2006 (10).
[25] 俞立平. 企业性质与创新效率：基于国家大中型工业企业的研究 [J]. 数量经济技术经济研究，2007 (5).
[26] 岳书敬. 中国区域研发效率差异及其影响因素：基于省级区域面板数据的经验研究 [J]. 科研管理，2008 (5).
[27] 王争，等. 中国地区工业生产绩效：结构差异、制度冲击及动态表现经济研究 [J]. [出版者不详]，2006 (11).
[28] 魏守华，吴贵生，吕新雷. 区域创新能力的影响因素——兼评我国创新能力的地区差距 [J]. 中国软科学，2010 (9).
[29] 吴延兵. 创新的决定因素：基于中国制造业的实证研究 [J]. 世界经济文汇，2008 (2).
[30] 吴延兵. R&D 存量、知识函数与生产效率 [J]. 经济学（季刊），2006 (4).
[31] 姚洋. 非国有经济成分对我国工业企业技术效率的影响 [J]. 经济研究，1998 (12).
[32] 姚洋，章奇. 中国工业企业技术效率分析 [J]. 经济研究，2001 (10).
[33] 张杰，等. 要素市场扭曲抑制了中国企业 R&D？[J]. 经济研究，2011 (8).
[34] 中国中小企业经济发展指数课题组. 国中小企业经济发展指数研究报告 2005

[M]. 北京：科学出版社，2008.
[35] 张春霖，等. 中国：促进以企业为主体的创新 [M]. 北京：中信出版社，2009.
[36] 周黎安，罗凯. 企业规模与创新：来自中国省级水平的经验证据 [J]. 经济学（季刊），2005，4（3）.
[37] GRILIEHES Z. Issues in Assessing the Contribution of R&D to Productivity Growth [J]. Journal of Economics, 1979, 10: 92-116.
[38] JAFFE A B. Real Effects of Academic Research [J]. American Economic Review, 1989, 79 (5): 957-970.
[39] 李平，等. 中国自主创新中研发资本投入产出绩效分析 [J]. 中国社会科学，2007（2）.

第三编

绿色发展

第十二章　碳排放税如何影响经济波动
——基于 DSGE 模型研究

张　涛*

摘　要　本文通过构造一个动态随机一般均衡（DSGE）模型，评估了碳排放税对宏观经济波动的影响。研究发现：伴随着生产率的冲击，碳排放税增加了宏观经济波动，但与不受监管的情况相比较，碳排放税显著减少温室气体排放；顺周期的碳排放税率相对于固定税率更为有效，比其他碳排放政策更具优势；最优顺周期变动的碳排放税率不但显著减少排放量，而且相对于固定税率降低经济的波动，对消费者福利影响不显著。

关键词　碳排放税；经济波动；动态随机；一般均衡模型

中国作为一个发展中国家，经济仍将持续快速增长，能源消费以及温室气体排放也将持续上升[1]。每年较大的碳排放增量使我国承受着越来越大的国际压力，同时经济发展也面临着自然资源和环境的制约，因此，选择低碳模式是可持续发展的必然之路，迫切需要研究在保障经济发展的前提下进行经济转型和碳减排。在众多的碳减排政策中，碳税由于简洁、成本低而被广泛提倡，但是现有的研究都是从经济增长和发展视角分析碳税对排放和经济的影响，关于碳排放税和经济波动之间关系国内还相对缺乏，鉴于此，本文试图以中国经济为研究对象，探索碳排放税与经济波动的关系。

* 张涛，西北大学经济管理学院博士。

一、文献综述

Whalley et al. 较早研究碳税对全球二氧化碳排放的影响，尽管税率设置不同，但研究结果表明碳税能使得碳排放显著减少[2]。Gerlagh et al. 发现排放征税几乎总是达到排放大幅削减的低成本高效益的方式[3]。Conefrey et al. 研究碳税对爱尔兰经济排放和经济增长的影响，他们发现，如果从税的收入用于减少所得税，碳税可能对国内生产总值产生积极的影响，从长远来看，碳税因为会激励研究和开发，可能会对排放产生巨大的影响[4]。其他的诸多研究成果也都表明使用碳税来实现二氧化碳减排的显著有效性[5-7]，但这些研究都是基于长期的经济增长视角来分析碳税对排放和经济的影响，现有的文献很少讨论环保政策、碳排放税和经济波动之间的关系。Fischer et al. 首次将环保政策合成到真实经济周期模型中，研究生产率冲击下各种静态的政策效果，他们发现设置排放限额能够减轻生产力冲击对经济的影响，排放税对生产力也有同样的抑制作用，但是更加的灵活异变，确定性的等效强度目标与其他政策相比能保持更高的劳动力水平、资本和产出[8]。Angelopoulos et al. 也使用含有污染的真实经济周期模型，并比较了三种不同的政策——碳税、排放限额和他们称之为京都模式规则①表现，他们的主要发现是当一个经济受两个不同的外生冲击 — 全要素生产率（TFP）的冲击和排放产出比冲击，相对于其他政策，限额政策始终是最糟糕的政策，限额政策导致预期效用水平低于税收政策和其他的政策规则[5]。Dissou et al. 用一个真实经济周期模型来分析污染政策，他们发现，税收和限额之间的福利成本取决于冲击的来源。对于冲击来自非能源部门，限额和税收没有什么区别，如果冲击来自能源行业之一，排放限额福利成本则会高于碳税政策，此外，限额政策导致经济变量的波动性低于税收政策[9]。以上三篇文献是基于波动视角研究环境政策的开创性研究，但他们的研究重点是将各种静态政策工具进行比较，而非最优的动态排放政策。Heutel 使用一个真实经济周期模型研究美国的经济[10]，侧重于寻找最优动态政策来应对持续的生产率冲击所导致的经济波动，但他们的研究忽视了碳税对经济波动和对消费者福利的直接影响。

国内关于这一问题的研究相对较晚，中国气候变化国别研究组、贺菊煌、

---

① 京都模式规则指排放速度必须从一个时期到下一个减少。

王金南及 Lu 等的研究显示碳税可以显著降低能源消费增长，改善能源消费结构，有效减少温室气体排放，此外，较低的碳税政策也不会对未来经济增长产生显著消极影响[11-14]。魏涛远的研究覆盖了 19 个商业能源产品，包括煤炭、石油和天然气，计算了生产和居民部门的能量消耗，得出碳税虽然很大程度上减少碳排放但将减缓经济增长的结论[15]。朱永彬等发现碳税的征收不但可以有效地减少二氧化碳排放，而且总产出及国内产品供给反而会上升，居民收入下降，政府收入增加[16]。姚昕和刘希颖从微观主体出发，考虑中国经济增长阶段性特征，通过求解在增长约束下基于福利最大化的动态最优碳税模型，得到最优碳税征收路径，并测算其宏观影响，发现开征碳税有利于减少碳排放，提高能源效率，并可以调整产业结构[17]。

国内的研究主要是延续国外研究，都是从经济增长和发展视角分析碳税对排放和经济的影响，关于碳排放税和经济波动之间关系国内还相对缺乏，鉴于此，本文试图以中国经济为研究对象，通过构造一个含有外部性气候变化的动态随机一般均衡（DSGE）模型，令二氧化碳存量的影响直接进入效用函数，探索碳排放税与经济波动的关系，主要研究发现：基于波动视角，顺周期的碳排放税率相对于固定税率更为有效。固定的税率增加了经济的波动，而随生产率冲击顺周期变动的浮动税率不但显著减少排放量，而且经济相对于固定税率更为稳定，征收碳税虽然减少了收入和消费，但同时增加了闲暇时间和减少污染存量，税收对消费者福利影响不显著，甚至会提高社会福利。

本文的主要内容如下，第二部分实证分析了碳排放与经济波动的关系；第三部分分别构建碳排放不受监管的 DSGE 模型和包含碳税和减排的 DSGE 模型，并求解模型均衡系统；第四部分对模型参数进行校准；第五部分对模型的结果进行比较分析；第六部分得出本文结论。

二、碳排放与经济波动的统计分析

本节分析在经济没有最优碳排政策时温室气体排放量和经济周期的关系，测度碳排放量对总产出变化的“自然”响应。要知道排放量应该如何随周期变化，限制排放对经济周期会产生怎样的影响，就必须知道产出等经济变量在没有任何碳排放政策时如何随经济周期变化，分析结果用于规范分析和参数校准。

本文利用 1978 年到 2009 年全国二氧化碳排放和实际国内生产总值两个序列

分析国内生产总值和碳排放量的关系，其中二氧化碳排放数据来自 Carbon Dioxide Information Analysis Center（CDIAC）数据库，此数据库包含了世界各国二氧化碳年度排放时间序列，是二氧化碳排放数据一个可靠来源。GDP 和其他经济数据均来自《中国统计年鉴 2012》，文中分别对两个序列取对数并标准化，通过回归分析，国内生产总值增长了 1%，碳排放量增加了 1.874%。我们关心两个序列周期部分之间的关系，文中采用 HP 滤波方法分离出产出和排放量时间序列趋势分量及周期部分，碳排放和 GDP 为年度数据，所以 HP 滤波平滑参数 λ 取为 100，周期性部分偏离趋势的百分比显示在图 1。

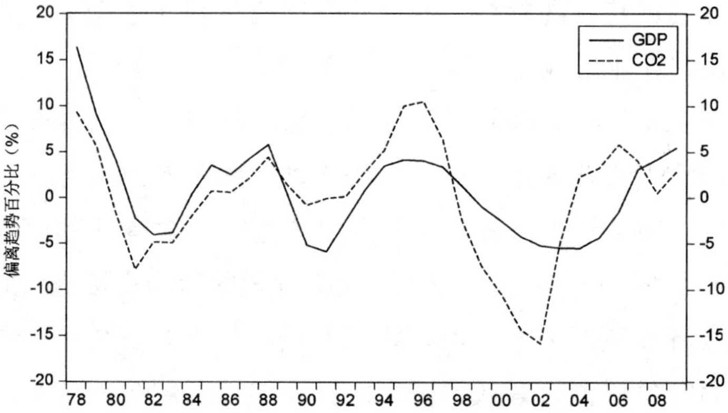

图 1　二氧化碳排放和 GDP 的周期部分

从图 1 中可以看出，在 20 世纪 80 年代初、20 世纪 90 年代初和 21 世纪初经济出现衰退，经济衰退的同时，碳排放量出现回落。同样，20 世纪 90 年代后期，当国内生产总值以很快的速度上涨时，碳排放量出现同样的上涨。通过计算，GDP 周期部分的标准差为 4.99%，而碳排放周期部分的标准偏差为 6.41%，因此排放量的波动大于 GDP 的波动，两个时间序列之间的相关系数为 0.62，p 值为 0.0002，所以，两个时间序列有密切的关系，产量增加时碳排放也增加。相关性分析表明，更高的国内生产总值（偏离趋势），二氧化碳排放量往往也会较高。

第 235 页表 1 显示了二氧化碳排放量与国内生产总值这两个序列周期部分之间关系的回归结果。回归结果表明，二氧化碳排放量对于国内生产总值无弹性，回归系数为 0.798，p 值为 0.0001，这进一步印证了二氧化碳排放与 GDP 关系密切。HP 滤波不是唯一去除时间序列趋势的方法。文中利用其他三个滤波器去除数据趋势并进行相同的回归分析，结果列于表 1 中。这些其他的回归分析显示，国内生产总值的回归系数始终在正的 0.5 和 0.8 之间，因此，排放量是顺周期的而且对 GDP 缺乏弹性的结果相当稳健。

表 1　二氧化碳排放与 GDP 回归

被解释变量：ln_ CO_2				
	HP 滤波	BK 滤波	CF 滤波	BW 滤波
ln_ *GDP*	0.797752	0.694925	0.511101	0.707502
	(0.178934)	(0.196349)	(0.001739)	(0.179752)
*p*_ 值	0.0001	0.0017	0	0.0001

注：括号中为标准差。

三、碳排放税与经济波动的理论模型构建

标准的新古典 RBC 模型一般考虑中央计划经济，建立社会计划者问题，在经济缺乏外部性的情况下，福利经济学第一基本定理满足，这种建模选择是合理的。但这里，气候影响具有外部性，福利经济学第一定理一般不被满足，所以本文建立分散经济模型，政府尝试通过排放税解决气候外部性影响。模型的构建基于以下考虑，首先，生产率冲击是自相关的，这种自相关的生产率冲击事实上驱动着动态经济周期，在一个时期内大的冲击值也作为后续期间可能出现高冲击的信号；其次，当期的气候状态不是取决于本期的排放量，而是取决于排放总存量，该存量是当前和过去排放水平的一个函数，服从于一个唯一的污染物折旧率，这里以大气中二氧化碳浓度作为污染物存量，此外，对于一个全球性的二氧化碳等污染物，存量不仅取决于国内排放，也由世界各地的排放量决定；最后，我们允许污染物存量进入效用函数并假设气候对大气中二氧化碳存量的响应是即时的。基于以上考虑建立模型，模型主要包括三个行为主体：家庭（居民）、企业和政府。这三个行为主体在劳动力市场、资本市场和商品市场彼此相互联系。家庭在劳动力市场和资本市场上提供劳动和资本，企业雇佣劳动租用资本进行生产，生产的最终产品由家庭消费，生产过程产生温室气体排放，政府选择对企业征收排放税减少污染物排放。工资和资本租金率由劳动和资本的供给总量决定，单个行为人（家庭、企业）将工资和资本租金率视为给定的，他们认为自己的行为不会影响到现在和未来的工资和资本租金率。模

型假设所有家庭都是同质的，因此决策也是相同的，每一个家庭相对于总体都很小，即使选择不同的决策也不会对劳动供给和资本总量产生影响，即设经济体的行为人群体是一个连续统一体，每个行为人由 i 代表，$i=[0,1]$，经济体行为人总体是一个单位，为［0，1］区间所有点，每个行为人是其中一个点，总体的行为就是将 i 从 0 到 1 积分。每个家庭 i 都是最大化贴现后的预期效用函数 $E_0\sum\beta^t U(c_t^i,h_t^i,M_t)$，这里效用函数为连续凹函数且二阶可微，对变量 c 严格单增，对 h 和 M 严格单减，满足稻田条件，c_t^i 和 h_t^i 分别表示第 i 个家庭时期 t 的消费和劳动，时期 t 总消费为 $C_t=\int_0^1 c_t^i \mathrm{d}i=c_t^i$，总劳动 $H_t=\int_0^1 h_t^i \mathrm{d}i=h_t^i$，总资本为 $K_t=\int_0^1 k_t^i \mathrm{d}i=k_t^i$，$M_t$ 表示时期 t 的污染存量。污染存量以线性率 η 衰减，

$$M_t=\eta M_t+E_t+E_t^r \quad 0<\eta<1 \tag{1}$$

E_t 为时期 t 国内产生总的排放，e_t^r 为世界其他地区总排放量，决策者不能选择世界其他国家的排放水平但可以选择国内的排放水平，国内排放量是产量 Y_t 的一个函数，$E_t=h(Y_t),h'(Y)>0$，h 为与产出相关的排放决定函数，不随减排量发生变化，如果 h 为凸函数，则排放量增加速度远远大于产出的增加，若 h 为凹函数，则排放量增加速度远远小于产出。

类似于家庭，所有的企业拥有相同的 C－D 生产函数，生产相同的产品，企业生产会产生污染排放，我们将产出加总，整个经济体看成一个总的生产函数 $Y_t=D(T_t)\lambda_t K_t^{\alpha}H_t^{1-\alpha}$，$T_t$ 为时期 t 的平均温度，文中用其表示气候变量。$D(T_t)$ 为损失函数，表示气候灾害占产出的比例，假设是稳态全球平均气温是大气中的二氧化碳存量的对数函数 $T_t=\chi\ln(\frac{M_t}{\overline{M}})/\ln2$，其中 $\overline{M}=581$（10 亿吨碳）是工业革命前大气中的二氧化碳浓度，χ 为气候敏感参数，标准值是 3.0。这个方程意味着大气中浓度的二氧化碳增加一倍导致全球平均温度增加 χ 摄氏度（IPCC，2007）。$K_{t+1}=(1-\delta)K_t+I_t$，$\delta$ 为资本折旧率。技术冲击服从一阶自回归过程，故 $\ln\lambda_{t+1}=\rho\ln\lambda_t+\varepsilon_{t+1}$，其中，$0<\rho<1$，误差项 ε_t 独立同分布服从 $N(0,\sigma_\varepsilon^2)$。

（一）基准模型

文中以经济没有碳排放政策时消费者和企业的行为作为基准，一方面对模型参数进行校准，另一方面用以比较政府采取减排措施对经济的影响。初始时期，第 i 个消费者的资本存量 k_t^i，大气中污染存量 M_t 和平均温度 T_t 确定，生产

率冲击 λ_t 已实现，考虑消费者选择消费、投资和劳动供给，最大化总的期望贴现效用函数 $E_0 \sum \beta^t U(c_t^i, h_t^i, M_t)$，消费者最大化问题的贝尔曼方程为

$$V(k_t^i, M_t, \lambda_t) = \max_{c_t^i h_t^i} [U(c_t^i, M_t, h_t^i) + \beta E_t V(k_{t+1}^i, M_{t+1}, \lambda_{t+1})] \tag{2}$$

服从

$$c_t^i + i_t^i = w_t h_t^i + r_t k_t^i$$
$$k_{t+1}^i = (1-\delta) k_t^i + i_t \tag{3}$$

求解上述贝尔曼方程可得一阶条件为

$$-U'_{c_t^i} + \beta E_t U'_{c_{t+1}^i} [r_{t+1} + (1-\delta)] = 0$$
$$w_t U'_{c_t^i} + U'_{h_t^i} = 0 \tag{4}$$

企业追求利润最大化，没有减排政策时无激励减少温室气体排放量，在完全竞争条件下，时期 t 的工资率为 $w_t = (1-\alpha) D(T_t) \lambda_t K_t^{\alpha} H_t^{-\alpha}$，资本租金率为 $r_t = \alpha D(T_t) \lambda_t K_t^{\alpha-1} H_t^{1-\alpha}$，均衡条件为 $Y_t = w_t H_t + r_t K_t, C_t = c_t^i, K_t = k_t^i, H_t = h_t^i$。

（二）碳排放税的影响

现考虑政府对企业征收碳排放税，将所征税收返还给消费者，设税率为 τ_t，对于企业和消费者，税率是外生的，假设税率服从一阶自回归过程

$$\tau_t = (1-\zeta)\bar{\tau} + \zeta \tau_{t-1} + \upsilon_t \tag{5}$$

其中，$0 < \zeta < 1$，误差项独立同分布服从 $\upsilon_t \sim N(0, \sigma_\tau^2)$，且对任意 t，υ_t 与 ε_t 独立，$\bar{\tau}$ 为稳态税率，实际税率根据经济形势围绕稳态税率进行调节。企业行为通过选择适当的减排比例寻求利润最大化，设 $\mu_t \in [0, 1]$ 为时期 t 排放减少部分，减排的成本函数为 $C(\mu_t), C'(\mu) > 0, C''(\mu) > 0$，也就是说，减排成本随减排比例的增加迅速增加。企业的利润函数为

$$\Pi_t = Y_t - C(\mu_t) Y_t - w_t H_t - r_t K_{t-1} - \tau_t E_t \tag{6}$$

这里产出的价格被标准化为 1，企业最大化利润时排放函数为

$$E_t = (1-\mu_t) h(Y_t) \tag{7}$$

企业利润最大化行为使得资本边际产出等于租金率，劳动的边际产出等于工资率，减排的边际产品价值等于其价格，因此

$$r_t = [1 - \tau_t (1-\mu_1) h'(Y_t) - C(\mu_t)] \alpha Y_t / K_t \tag{8}$$

$$w_t = [1 - \tau_t (1-\mu_t) h'(Y_t) - C(\mu_t)] (1-\alpha) Y_t / H_t \tag{9}$$

$$\tau_t h(Y_t) = Y_t C'(\mu_t) \tag{10}$$

考虑消费者行为，消费者是资本和劳动的拥有者，并以租金率 r_t 和工资率 w_t 为厂商提供资本和劳动，排放税由政府征收，返还给消费者①，消费者不直接为减排花费任何支出，减排支出由企业做出并转嫁给消费者，消费者最大化问题是

$$\max E_0 \sum \beta^t U(c_t^i, h_t^i, M_t) \tag{11}$$

服从

$$c_t^i = w_t h_t^i + r_t k_t^i - k_t^i + (1 - \delta) k_t^i + \tau_t e_t^i \tag{12}$$

$\tau_t e_t^i$ 为第 i 个家庭返还的税收，满足 $E_t = \int_0^1 e_t^i \mathrm{d}i = e_t^i$，这里，公司的决策决定 r_t，w_t，E_t，这些对消费者来说都是外生的。消费者最大化总的期望折现效用，一阶条件与基准模型相同，为

$$-U'_{c_t^i} + \beta E_t U'_{c_{t+1}^i}[r_{t+1} + (1 - \delta)] = 0 \tag{13}$$

$$w_t U'_{c_t^i} + U'_{h_t^i} = 0 \tag{14}$$

总量形式的一阶条件只需将上式中的变量换成相应的大写字母即可，这里不再赘述。这时消费者的最优选择受到政府政策的影响，因为上式中 r_{t+1} 和 w_t 为 τ_t 的函数，所以消费、劳动为 τ_t 的函数，进而其他的变量都为 τ_t 的函数，但在稳态②时，资本租金率 $r = 1/\beta - 1 + \delta$，不受稳态税率 $\bar{\tau}$ 取值的影响，由式（8）和式（9）可得 $w = \frac{1-\alpha}{\alpha} * r * \frac{K}{L}$，资本劳动比 $\frac{K}{L}$ 是对劳动生产率或技术的反映，文中假设模型中技术是外生的，所以可以认为 $\frac{K}{L}$ 不受税率 $\bar{\tau}$ 的取值影响，进而稳态的工资率也与税率 $\bar{\tau}$ 的取值无关。由劳动的一阶条件式（13），在对数效用函数的假设下，稳态的消费 C 仅为 w 的函数，所以也不受税率 $\bar{\tau}$ 取值影响。由 $\bar{\tau} h(Y) = YC'(\mu)$，减排比例 μ 为税率 $\bar{\tau}$ 和 Y 的函数，且在 Y 保持不变时

$$\frac{\partial \mu}{\partial \bar{\tau}} = \frac{h(Y)}{YC''(\mu)} > 0 \tag{15}$$

即减排的比例随税收的增加而增加，对于排放 E

$$\frac{\partial E}{\partial \bar{\tau}} = -\frac{\partial \mu}{\partial \bar{\tau}} h(Y) < 0 \tag{16}$$

---

① 污染税通常用来直接治理污染或用于清洁能源的研发以减少污染排放提高消费者福利，文中设污染税直接返还给消费者，简化了模型，但并不影响研究的结果。

② 文中用不带时间下标的字母表示相关变量的稳态值。

排放随税收的增加而减少。这里仅对稳态时税收对价格、消费、减排比例和排放的影响做简单的定性分析，由于不能解出政策函数的解析形式，所以，税收对经济动态的影响我们利用校准的模型采用数值方法进一步研究。

四、参数校准及估计

文中针对中国经济的特征，考虑主要温室气体是二氧化碳，对模型的宏观经济参数和排放的相关参数进行校准，校准取自经典的 RBC 文献。宏观经济参数包括生产函数的函数形式和参数、生产率冲击的过程、资本折旧率和折现因子。这些参数校准值来自权威期刊 RBC 文献，文中的生产函数使用大多数 RBC 模型中使用的柯布—道格拉斯生产函数 $Y_t = \lambda_t K_{t-1}^{\alpha} H_t^{1-\alpha}$，其中 $0 < \alpha < 1$，α 为资本收入份额，$1-\alpha$ 为劳动收入份额，由于国家统计局没有给出每年资本存量数据，现有的文献采用不同假设和处理方法，使得对我国资本存量估算差异较大，现有文献大多采用永续盘存法进行测算[18-20]，黄赜琳利用张军和章元[20]估算的资本存量和我国实际产出和劳动力数据，通过回归分析估计资本份额为 0.503[18]，李宾根据劳动报酬数据直接计算 1993—2009 年我国劳动收入份额平均约为 0.47，所对应的资本份额为 0.53[21]，Song et al. 将资本份额校准为 0.5[22]，目前，对我国国民收入中资本和劳动所占份额各为 0.5 在学术界已基本达成共识，本文将资本收入份额校准为 0.5。经典的 RBC 文献将季度资本折旧 δ 一般为 2.5%，我们采用年度数据，假设固定资本的平均使用年限为 10 年，故折旧率取为 0.1，贴现因子 β 为 0.935，生产率冲击服从随机过程

$$\ln\lambda_t = \rho\ln\lambda_{t-1} + \varepsilon_t \tag{17}$$

通过对索洛剩余做一阶自回归，参数 ρ 为 0.701，ε_t 是正态分布具有零均值和标准偏差 $\sigma_\varepsilon = 0.032$。假设效用函数为

$$U(c_t, M_t, h_t) = \phi\ln(c_t) - (1-\phi)\ln(M_t) - \psi h_t \tag{18}$$

由 Bartz 和 Kelly，ϕ 校准为 0.924[23]。关于劳动时间，Hansen 假设所有的人都参与劳动，并把一天的时间正规化为 1，则均衡的劳动 $\overline{H}$ 取值为 1/3[24]。King et al. 考虑休息日及参与劳动的人数，均衡的劳动 $\overline{H}$ 取值为 0.214[25]。本文所选的劳动投入指标是每年的就业人数而不是每天的工时数。考虑到整个社会消费的群体是包括全社会的总人口，我们考察 1978 年以来就业人数与总人口之比的波动变化规律，发现就业人数占总人口的比例值较为平稳，平均值为 0.52918。

由于就业人数及总人口的波动很小，而就业比例围绕其平均值上下波动的幅度也很小，因此，劳动供给若正规化为1，ψ 校准为0.33，使得 $\overline{H}=0.53$。关于排放，大气中污染存量衰减方程 $M_{t+1}=\eta M_t+E_t+E_t^r$，参数 η 可以从大气中二氧化碳的半衰期校准，此值不是精确已知的，各种不同的文章使用不同估计。本文利用 Heutel（2012）中的使用值83年[10]。这意味着年度参数 $\eta=0.9916$。文中假定全球其他地区的排放 E_t^r 维持在一个恒定水平，国际排放不应响应国内经济周期。根据2000年后的排放数据，中国约为全球五分之一的碳排放负责，所以 E_t^r 四倍于 E_t 的稳态值。Nordhaus 将减排成本函数校准为 $C(\mu_t)=\xi_1\mu_t^{\xi_2}$，对中国减排成本函数的校准，指数 ξ_2 的值是2.8，系数 ξ_1 实际上是时间的函数，且 ξ_1 随着时间（时间段为十年）的推移而下降[26]（在50年后下降到0.03360）。本文研究经济的短期行为，故 ξ_1 校准为常数，文中使用初始值（校准至2005年）0.09455。关于损失函数 $D(T_t)$，我们利用 Nordhaus 关于中国经济的校准结果[26]

$$D(T_t)=1/(1+\beta_1 T_t+\beta_2 T_1^2) \tag{19}$$

其中 $\beta_1=0.078$，$\beta_2=0.126$。根据 Nordhaus 的假设，排放量函数 $h(Y_t)=Y_t^{1-\gamma}$，参数 γ 基于1978到2009年我国排放和产出进行估计。估计时期没有减排政策，所以假设 μ_t 恒为0，回归分析结果如下

$$\ln E=\underset{(0.000576)}{0.508019}*\ln Y \tag{20}$$

拟合优度为0.9996，故将 $1-\gamma$ 的值取为 $1-\gamma=0.508019$。表2列出了模型参数和基本的校准值，在第五节中，将进一步进行敏感度分析，研究关键参数改变对模型分析结果的影响。

表2　参数校准结果

参数	α	δ	β	ρ	β_1	β_2
参数值	0.5	0.1	0.884	0.701	0.078	0.126
参数	ψ	η	γ	ξ_1	ϕ	ξ_2
参数值	0.33	0.9916	0.491981	0.09455	0.924	2.8

五、数值模拟结果比较分析

通过在稳态附件对数线性化求解模型，线性方程求解利用 Anderson – Moore 算法（Anderson et al.，1985）并采用 MATLAB 语言实现。本文在给定的冲击

下，通过与基准模型进行比较，研究碳税对各变量在冲击下响应路径的影响，文中以两种方式来呈现这些结果，一是各变量在给定的冲击下偏离稳态的百分比，用以衡量碳税对经济稳定的影响；二是各变量在给定的冲击下实际值的响应路径，用以衡量碳税对各变量总量的影响。

（一）基本模拟

图 2 和图 3 分别描述了基准模型和给定 5% 碳税税率时的脉冲响应函数，两幅图来自相同的 30 期模拟，在模拟中，一个创新的生产率冲击来自第 1 期，大小为 1%，约为 0.3 倍校准模型的标准差，图 2 显示了伴随生产率冲击基准模型中变量偏离稳态的百分比，图 3 为增加了碳税和减排成本时各变量偏离稳态的百分比，这里生产率冲击路径外生，从两幅图中可以看出，各经济变量伴随生产率冲击减弱而逐渐减少，但并不与生产率冲击的衰减路径一致，这是因为伴随生产率冲击，资源在储蓄和消费的分配中发生变化，劳动需求也会发生变化。图 2 中，资本相应于生产率的增加而增加，更多产出被用于投资，因此，资本高于稳态值，由于资本是存量值，所以它的最大值不在生产率最大值的第一期，资本最大值在时期 6，即大约在 6 年后。同样消费也随生产率的增长而增加，但其最大值在第 5 期左右，消费是资源约束的函数，依赖于资本存量，所以消费与生产率最大值之间也存在时间间隔。图 3 中各经济变量的运动趋势与图 2 基本相同，但纵轴的标度增加明显，即偏离稳态的幅度增加，为了清楚起见，第 242 页图 4 中对比了相同的生产率冲击下，碳税对产出、消费、劳动和排放的影响，图中标签“x1”表示基准模型中的变量“x”，标签“x2”表示增收碳税模型中的变量“x”，图中显示，除了消费在冲击后的前两期外，产出、排放和劳动偏离稳态的百分比在增收碳税后都大于基准模型，这说明对碳排放增收固定的税率，使得经济对生产率的冲击更加不稳定，固定税率增加了经济的波动。

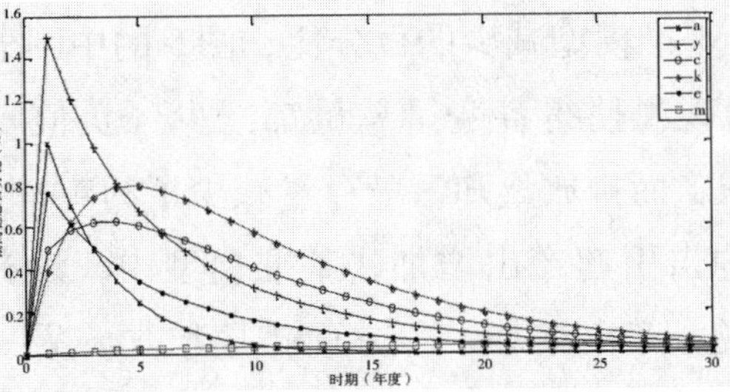

图 2　基准模型脉冲响应函数

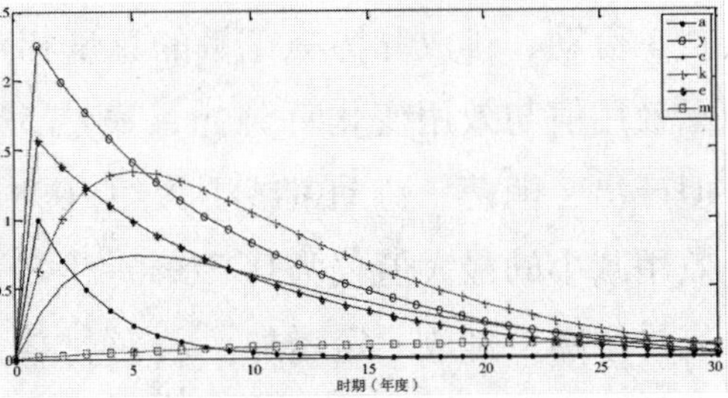

图 3　增收碳税模型脉冲响应函数

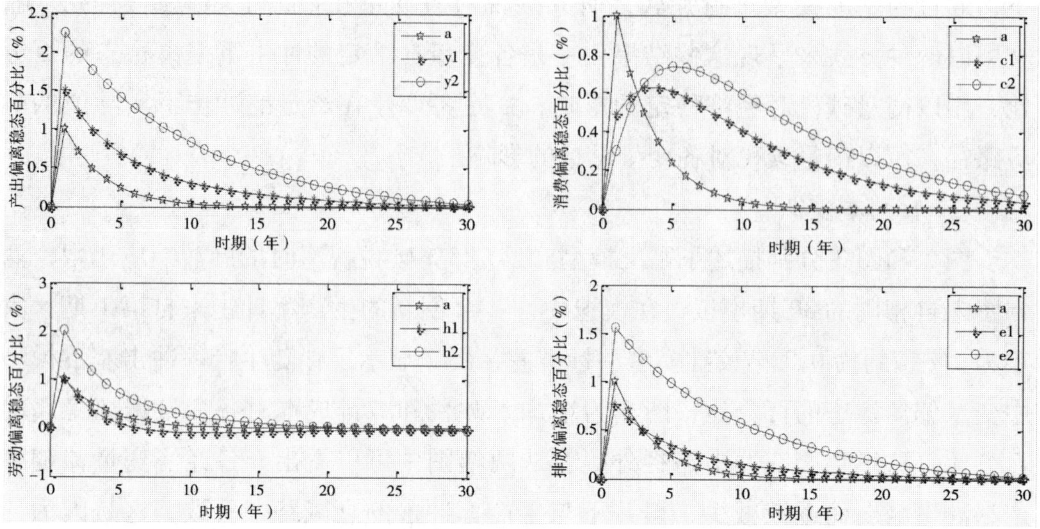

图 4　基准与碳税模型脉冲响应函数对比

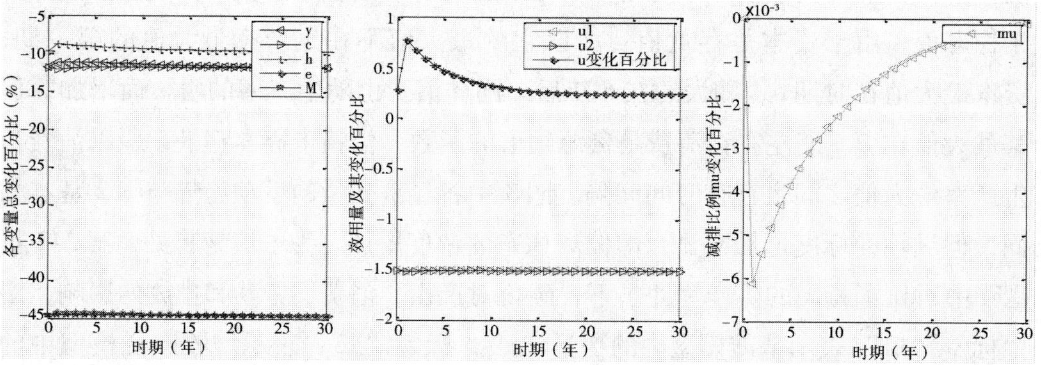

图 5　各变量、效用量及减排比例变化

由于增收碳税后各变量的稳态值都低于基准模型，偏离稳态的百分比不能反映各变量量级的变化。图 5 的左图显示了增收碳税（税率 5%）后产出、消费、劳动、排放和污染存量的总量相对于基准模型减少的百分比，图 5 的中图显示效用值与效用变化百分比，显然 5% 的碳税使得各变量总量都减少（负值），但产出、消费、劳动量减少大约 10% 左右，而排放量和污染存量减少了约 44%，效用减小的最大值仅为 0.77%。生产率冲击引起产出增加，基准模型中，没有减排激励，排放一定增加。若对排放征税，产出增加，一方面排放增加，另一方面减排支出也会增加，更多的支出可以用于减排，因此不能定性的确定排放的方向，但图 4 显示了排放相对于稳态时是增加的，也就是说，排放是顺周期的，这是由生产率的冲击效应：价格效应和收入效应共同决定的。积极的生产力冲击增加财富，收入效应导致对一个干净环境更高的要求，从而降低排放。然而，由于一个积极的生产率冲击后资本更富有成效，减排支出替代投资资本的机会成本较高，从而减少排放是比较昂贵的，从而导致较低的减排需求和更高的排放。这一点也可以很容易从减排比例的轨迹看出，第 242 页图 5 的右图是受到生产率冲击后减排比例的动态轨迹，为负值意味着减排比例低于其稳态值，即在正的生产率冲击下，减排比例减少，排放增加，所以排放是顺周期的。

基于以上的分析，我们得出以下结论，第一，碳税使得各经济变量的稳态值降低，但降低的幅度远远小于碳排放和二氧化碳存量。在 5% 碳税税率下，产出、消费、劳动降低约 10% 而碳排放降低 44%；第二，碳税对稳态时消费者效用几乎没有影响，因为碳税虽然降低了产出和消费，但同时使得排放和污染存量大幅减少，消费减少虽然降低效用，但污染存量和劳动减少增加效用，两者共同作用使得效用几乎不变，且由于离现期时间距离越远，效用值对现期期望折现效用影响越小，所以固定税率对总的期望折现效用影响较小；第三，对于生产率冲击，固定的碳税税率会加大经济的波动。1% 的生产率冲击，在 5% 碳税税率下，产出波动的最大值高于基准情况 7 个百分点；第四，正的生产率冲击下，虽然碳税加大了产出、消费、劳动、排放等变量偏离稳态的百分比，但由于碳税减少了这些变量的稳态值，所以实际的产出量、消费量、劳动量、排放量小于基准模型；最后，污染存量的变化与其他变量变化相比较小得多且更持久，即使 30 期后还没有完全达到他的最大值，这是因为二氧化碳的衰减率非常低，所以改变任意年份的排放对总存量影响很小，偏离稳态的排放需要长时间衰减。

基本模拟结果告诉我们，固定税率增加了经济波动，显著减少了二氧化碳排放，对消费者效用影响很小。高的生产率产生更高的收入，而无污染是正常商品，所以更少的排放被要求。伴随高的生产率减排更加昂贵，所以价格效应引起更多的排放。在校准的基本模型中，这些证实了价格效应支配收入效应，如果碳税伴随生产率的冲击而增加，这时减排相对价格减少，价格效应的支配作用将减弱，排放量将减少，第 244 页图 6 显示了 1% 的生产率冲击下，碳税固定不变和增加一个百分点时产出、消费、排放和效用偏离稳态的量值，由于两种情况下稳态值是相同的，利用各变量偏离稳态的百分比、各变量总量值和用

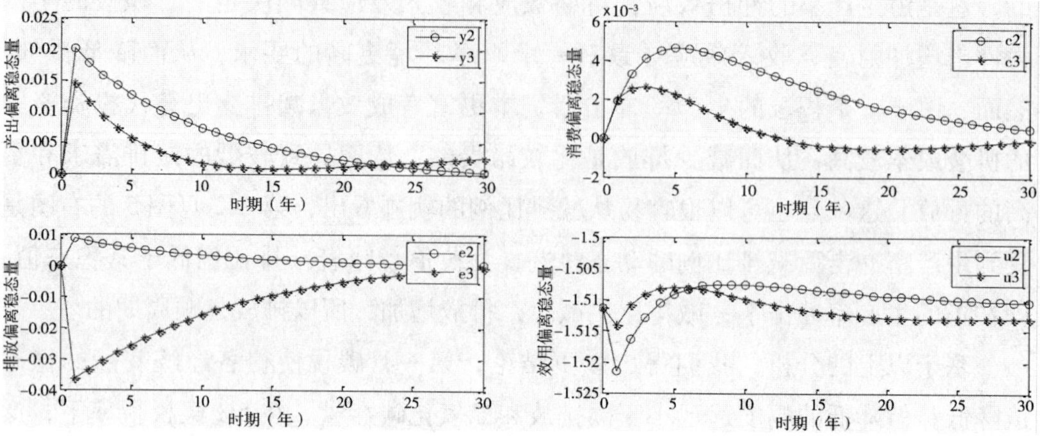

图6 固定税率和浮动税率脉冲响应函数比较

偏离稳态的量值进行比较结果是相同的，所以这里仅利用偏离稳态的量值进行比较分析。从图中很容易看出，如果碳排放税率随生产率冲击的增加而增加（顺周期），产出、消费都增加，但增加量比固定税率小，而排放量显著减少，小于稳态值，与固定税率相比效用在短期内增加（前6期），之后减小，由于折现率小于1，因为离现期时间距离越远的效用值对总效用影响越小，故总效用增加。

基于以上分析，得到三个定性的结果：第一，排放税减小排放量，其很小的增加使得排放显著减少；第二，对于生产率的冲击，产出、消费是顺周期的，而排放在固定税率下顺周期，在浮动税率下可能出现逆周期；第三，一个较优的碳税政策应该允许税率与生产率冲击或GDP挂钩，顺周期的浮动税率优于固定税率。

（二）敏感度分析

迄今为止，模拟结果分析均使用基本情况参数取值，灵敏度分析通过改变这些参数取值分析政策影响效果。我们首先对 $1-\gamma$ 进行灵敏度分析，参数 $1-\gamma$ 定义了减排比例保持不变时排放的产出弹性。这个参数通过估计，基本值为0.508019，改变 $1-\gamma$，弹性从0.25变化到1.25。当 $1-\gamma>1$ 时，排放富有弹性。第245页图7为1%的正的生产率冲击下不同 $1-\gamma$ 值产生的排放和减排比例 μ 偏离稳态的百分比。更高的 $1-\gamma$ 值意味着更高的排放偏离稳态以应对冲击。这些结果是可预期的，因为不同的参数，给出了排放对产出变化的响应，相同的产出下更高的 $1-\gamma$ 值意味着更高的排放。第245页图7的右图显示了减排的比

例 μ 偏离稳态的百分比，μ 随 $1-\gamma$ 的增加而增加，但可以看到，面对正的生产率冲击，当 $1-\gamma<1$ 时，减排比例减小，当 $1-\gamma>1$ 时，减排比例增加。这里要注意的是无论 $1-\gamma$ 取什么值，随着正的生产率冲击，排放量总是增加的，只是增加的速度不同，如果排放缺乏弹性，企业减少排放的比例相对较少，而当排放富有弹性时，企业减少排放的比例相对增加。

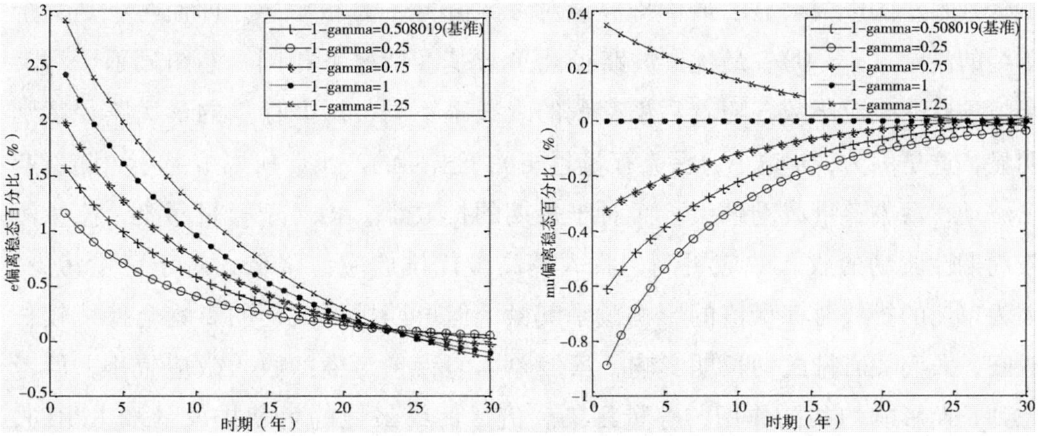

图 7　敏感度分析——γ 对排放和减排的影响

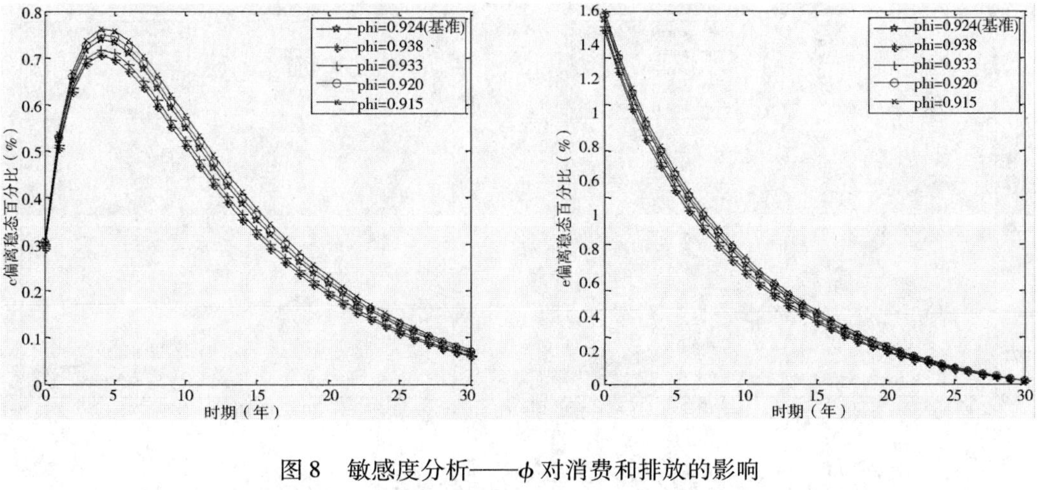

图 8　敏感度分析——ϕ 对消费和排放的影响

参数 ϕ 影响消费者在环境质量和消费之间的权衡取舍，显然是最重要的参数。图 8 显示了面对相同大小的生产率冲击，ϕ 取不同值时消费和排放偏离稳态的百分比，若 ϕ 取值相对较大，则消费和排放偏离稳态较小，经济更为稳定。这是因为较高的 ϕ 意味着消费的边际效用较高，面对生产率冲击时，产出增加，消费和排放都增加，但相对较少的消费会带来较大的效用，更多支出可以用于减排，所以消费和排放的最优决策为消费增加较少，减排支出增加较大，排放增幅相对较少。也就是说，ϕ 取值相对越大，经济相对越稳定。

衰变率 η 在基准情况下值为 0.9916，相应的得到污染存量的半衰期为 83 年，但这个值随不同的污染物而发生变化。图 9 显示排放和污染存量对参数 η 的敏感程度。右图给出了 η 的五个不同值下排放的脉冲响应函数，η 值由基准值下降到零，图中结果显示最优排放量对参数 η 并不是很敏感，即使污染是一个单纯的流量（$\eta = 0$），最优排放路径几乎与基准情况下相同。左图显示了污染存量的脉冲响应函数，随着污染存量的衰减率不同，污染存量的最优路径区别明显，这是因为，η 越小，污染存量越相关于当期的产出，所以 η 越小，随着产出波动，污染存量波动越大。而对于每期的排放量，相对于存量污染，流量污染周期性波动的收入效应更高，收入越高最优排放应该降低，对于存量污染，因为单期的排放对存量值的影响微乎其微，但单期排放波动的影响会持续较长时间，人们关心排放的长期影响，虽然单期的存量污染的收入效应较小，但考虑到长期影响的共同作用，存量污染和流量污染最优的每期排放量基本相同，所以排放量对 η 的取值不敏感。

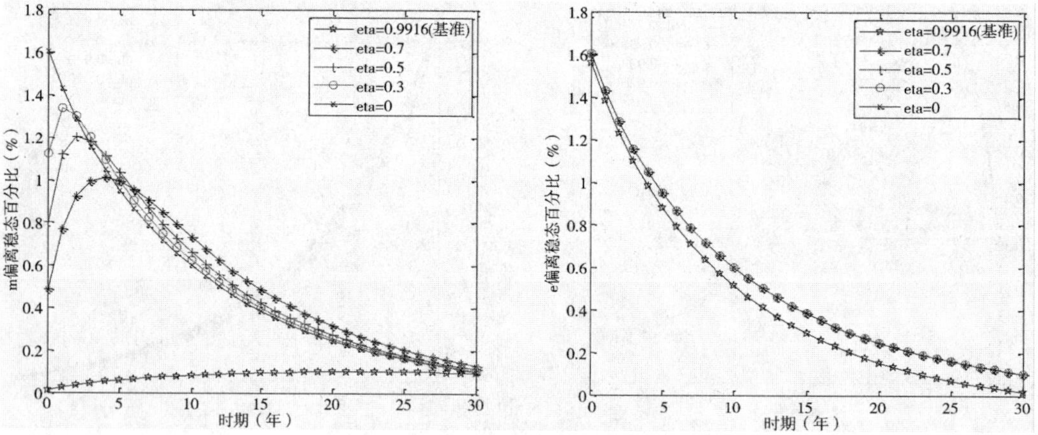

图 9　敏感度分析——η 对污染存量和排放的影响

六、结　论

本文探讨了碳税对中国经济波动、福利和污染存量的影响，同时分析了最优碳税如何响应经济周期，数值求解面对生产率冲击时，不同的税收政策下各经济变量和污染排放量的脉冲响应函数，研究的主要结论有：

第一，合理的减排措施能够增加消费者福利，而不是降低消费者福利。经济学家们认为处于发展中的中国，现阶段如果采取减排措施应对气候变化可能会减缓经济发展速度，降低社会福利，本文研究发现，如果考虑到污染存量对消费者福利的不利影响，采用合理的减排措施，减少排放不但不会降低消费者福利，反而会增加福利。在效用现值的观点下，排放税以最低的福利支出达到了显著减少排放的目标，这些结果对发展中国家生产力波动水平和提高风险规避的考虑来说是稳健的。如果拖延气候政策，在气候敏感性突现时再采取相应的减排政策，这将使我们进入非常危险的境地，到时可能对气候的损害无能为力，所以我们应该尽早采取有效措施减缓气候变化。

第二，顺周期的碳排放税率相对于固定的碳排放税率更为有效。固定的碳税显著减少二氧化碳排放，但增加了经济的波动，如果碳排放的税率随生产率冲击增加（顺周期），这时减排的相对价格减少，价格效应的支配作用将减弱，经济相对于固定税率更为稳定，而排放量显著减少，同时短期内顺周期的碳排放税率平滑减排成本，稳定长期的温室气体存量，由温室气体排放引发的气候变化的损害来源于长期的温室气体存量，排放的周期性波动平滑减排成本的同时有效地减缓气候变化及其损害。

第三，响应生产力冲击时浮动的碳税政策比其他碳排放政策更具优势。减排政策若不适应经济波动则会引来非议，特别在经济衰退期间，不管政策成本转嫁给消费者还是由污染的企业承担，排放减少可能在政治上困难或不可行，消费者和生产者会反对可能增加成本任何事情，但是，如果采取浮动的排放税率政策，则减排成本在经济衰退期间将减弱（税收减少）。降低碳排放成本的政策在经济衰退期间可能会比加强成本的政策更可行，对消费者、污染者和环保人士都具有更强的吸引力，这也是应对生产力波动时税收的优势所在。实现节能减排目标需要借助市场力量，碳排放税是有效市场减排手段，比其他碳排放政策更具优势，但是也不能完全否认政府的作用。政府适度干预与市场共同作用可能更具效率，减排战略在深层次上面临着政府干预和市场力量的权衡，这是我们需要进一步研究的问题。

参考文献

[1] 林伯强，刘希颖. 中国城市化阶段的碳排放，影响因素和减排策略 [J]. 经济

研究，2010（8）：66-78.

[2] WHALLEY J, WIGLE R. The International Incidence of Carbon Taxes [J]. Global Warming: Economic Policy Responses, 1991: 233-263.

[3] GERLAGH R, VAN DER ZWAAN B. Options And Instruments for a Deep Cut in CO_2 Emissions: Carbon Dioxide Capture Or Renewables, Taxes Or Subsidies? [J]. The Energy Journal, 2006 (3): 25-48.

[4] CONEFREY T, GERALD F, JOHN D, et al. The Impact of a Carbon Tax on Economic Growth And Carbon Dioxide Emissions in Ireland [J]. Journal of Environmental Planning and Management, 2013 (7): 934-952.

[5] ANGELOPOULOS K, ECONOMIDES G, PHILIPPOPOULOS A. What Is the Best Environmental Policy? Taxes, Permits And Rules Under Economic And Environmental Uncertainty [R]. CESifo Working Paper Public Finance, 2010.

[6] FLOROS N, VLACHOU A. Energy Demand and Energy – related CO_2 Emissions in Greek Manufacturing: Assessing the Impact of a Carbon Tax [J]. Energy Economics, 2005 (3): 387-413.

[7] GOTO N. Macroeconomic And Sectoral Impacts of Carbon Taxation: A Case for the Japanese Economy [J]. Energy Economics, 1995 (4): 277-292.

[8] FISCHER C, SPRINGBORN M. Emissions Targets And the Real Business Cycle: Intensity Targets Versus Caps Or Taxes [J]. Journal of Environmental Economics and Management, 2011 (3): 352-366.

[9] DISSOU Y, KARNIZOVA L. Emissions Cap or Emissions Tax? A Multi – sector Business Cycle Analysis [J]. Work. Pap., Univ. of Ottawa, 2012.

[10] HEUTEL G. How Should Environmental Policy Respond to Business Cycles? Optimal Policy Under Persistent Productivity Shocks [J]. Review of Economic Dynamics, 2012 (2): 244-264.

[11] LU C, TONG Q, LIU X. The Impacts of Carbon Tax And Complementary Policies on Chinese Economy [J]. Energy Policy, 2010 (11): 7278-7285.

[12] 贺菊煌，沈可挺，徐嵩龄. 碳税与二氧化碳减排的 CGE 模型 [J]. 数量经济技术经济研究，2002（10）：39-47.

[13] 王金南，严刚，姜克隽，等. 应对气候变化的中国碳税政策研究 [J]. 中国环境科学，2009（1）：101-105.

[14] 中国气候变化国别研究组. 中国气候变化国别研究 [M]. 北京；清华大学出版社，2000.

[15] 魏涛远. 征收碳税对中国经济与温室气体排放的影响 [J]. 世界经济与政治，2002 (8)：47-49.

[16] 朱永彬，刘晓，王铮. 碳税政策的减排效果及其对我国经济的影响分析 [J]. 中国软科学，2010 (4)：1-9.

[17] 姚昕，刘希颖. 基于增长视角的中国最优碳税研究 [J]. 经济研究，2010 (11) 48-59.

[18] 黄赜琳. 中国经济周期特征与财政政策效应 [J]. 经济研究，2005 (6)：27-39.

[19] 张军，吴桂英，张吉鹏. 中国省际物质资本存量估算：1952—2000 [J]. 经济研究，2004 (10)：35-44.

[20] 张军，章元. 对中国资本存量 K 的再估计 [J]. 经济研究，2003 (7)：35-43.

[21] 李宾. 我国资本存量估算的比较分析 [J]. 数量经济技术经济研究，2011 (12)：21-36.

[22] SONG Z, STORESLETTEN K, ZILIBOTTI F. Growing Like China [J]. The American Economic Review, 2011 (1): 196-233.

[23] BARTZ S, KELLY D L. Economic Growth And the Environment: Theory And Facts [J]. Resource and Energy Economics, 2008 (2): 115-149.

[24] HANSEN G D. Indivisible Labor and the Business Cycle [J]. Journal of Monetary Economics, 1985 (3): 309-327.

[25] KING R G, REBELO S T. Resuscitating Real Business Cycles [A]. Handbook of Macroeconomics, 1999: 927-1007.

[26] NORDHAUS W D. A Question of Balance: Weighing the Options on Global Warming Policies [M]. New Haven: Yale University Press, 2008.

[27] NORDHAUS W. Integrated Economic and Climate Modeling [A]. Handbook of Computable General Equilibrium Modeling, 2013.

[28] ANDERSON G, MOORE G. A Linear Algebraic Procedure for Solving Linear Perfect Foresight Models [J]. Economics letters, 1985 (3): 247-252.

第十三章 结构转型对中国碳排放的影响及最优减排政策的选择

张 涛

摘 要 本文利用两部门一般均衡模型，研究结构转型对中国碳排放的影响及其最优减排政策的选择。研究发现：结构转型降低碳排放方面，部门 TFP 增长率驱动的结构转型远重要于部门替代弹性驱动的结构转型；结构转型背景下，最优减排政策的选择与政策实施时的经济结构相关。短期内，伴随结构转型，碳税政策优于限额政策，最优碳税应随产出的增加而增加；长期内，经济完成结构转型条件下，限额政策优于碳税政策，最优限额伴随经济的平衡增长逐渐减小；结构转型背景下，减排政策的实施，引起产出和消费者福利的损失不显著，碳排放的减少，并不需要在经济发展方面做出重大牺牲。

关键词 结构转型；排放限额；碳排放税

全球气候变化对世界环境质量、人类健康福利和全球经济产生深远影响，成为当今全人类面临的巨大挑战。随着全球气候变暖和环境质量持续下降，中国环境所面临的挑战在过去30年间迅速加剧。根据耶鲁大学和哥伦比亚大学研究人员提出的环境绩效测量指数，中国2016年的环境绩效测量指数位居所测量的180个国家中的第179位[1]。目前中国是世界主要的碳排放国家之一，并将继续成为碳排放的大国。一方面，作为发展中国家，中国必须坚定不移地发展经济；另一方面，作为负责任的大国，为了使温室气体浓度保持在安全水平，中国必须显著减少碳排放。因为发展中经济体比发达经济体的碳强度大得多，所以当发展中国家限制碳排放被认为是必不可少的时候，有些人认为发展中国家要想显著减少温室气体排放，就必须在经济发展方面做出重大牺牲，这就是说，发展中国家产出一单位 GDP 要排放更多的碳（燃烧更多化石燃料），并使得执行减排政策的成本更加高昂。但这一论点忽略了结构转型所扮演的重要角色。一般而言，经济发展趋向于由农业向工业再向服务业的转型，因为服务业的碳排放量比工业少很多，所以结构转型对气候变化至关重要。作为对已有文献的补充，本文试图研究结构转型对中国碳排放的影响，并在结构转型背景下，比较了限额政策和碳税政策的产出损失和福利成本以及中国最优减排政策选择。

一、文献述评

国内外关于减排政策的研究不计其数，近几年关于中国减排政策的研究主要有以下几个方面：一是减排政策的效果评估及对区域经济、产业结构等方面的影响[2-6]；二是减排政策机制的设计和比较[7-12]（Chen et al.，2015；Jiang et al.，2016；国务院发展研究中心课题组等，2011；王班班等，2016；吴力波等，2014；姚昕等，2010）；三是分析不同减排政策的不足和实施困境[13,14]。关于经济结构变动对中国碳排放影响的文献主要研究经济结构变化对碳减排的贡献和产业结构与碳排放之间的因果关系[15-19]。综合现有的研究来看，目前的研究具有以下的局限：一是这些关于中国减排政策的研究都忽略了结构转型所扮演的重要角色。有关结构转型对减排政策的影响的研究主要集中于价格政策方面，Engstrom[20]主要研究了结构转型背景下美国和印度最优碳税的长期征收路径，但忽视了不同的经济结构下短期最优政策的选择和实施。一般而言，经济发展趋向于由农业向工业再向服务业的转型，因为服务业的碳排放量比工业少很多，所以结构转型对碳排放和减排政策的设计与选择至关重要。二是现有文献一般对单一的具体减排政策进行研究，鲜有就价格型和数量型政策工具进行定量比较，即使少数学者曾基于模型实证研究和定量分析过碳税和碳交易的政策选择问题，但都局限于现有的经济结构下，缺乏比较两种政策工具在结构转型背景下，在发展中国家的实施效果。三是关于经济结构变动对中国碳排放影响的文献国内目前多以实证研究为主，主要是从产业结构和需求结构的角度，将碳排放的历史变化分解为产业结构效应、能源强度效应和能源结构效应等不同因素，从而测算出产业结构在一定的时期内对碳排放量的贡献程度，进而采用适应性预期预测产业结构变化对碳减排的影响，其研究结果受到研究所采用时间阶段的限制，量化结果对所选时间阶段较为敏感，因此无法捕捉经济结构变动对碳排放影响的动态演化机制。

作为对已有文献的补充，本文试图研究结构转型对中国碳排放的影响，并在结构转型背景下，比较限额政策和碳税政策的产出损失和福利成本，并进行中国最优减排政策的选择。本文的边际贡献在于：一是在一般均衡框架下，扩展单一部门模型到包含结构变化的两部门经济增长模型，定量的研究结构转型对中国碳排放的影响及最优减排政策的选择。长期以来，在定量评估碳排放和经济增长动态交互作用的经济模型中，绝大多数是只包含总量变量的聚合模型，很少关注部门经济和部门碳强度的异质性，本文试图通过一个能够分析结构转型这一典型特征的两部门最优增长模型弥补现有模型的不足。二是嵌套产出和环境质量在一般均衡的福利框架下评估减排政策的福利影响。GDP 作为度量经济发展的指标有很多缺陷，特别是其不能有效地度量环境质量的改变，为了弥补 GDP 的不足，本文嵌套产出和环境质量在一般均衡的福利框架下，通过综合减排政策对产出和环境质量的影响来评估其福利影响，减排政策的净经济影响综合了产出损失和环境质量收益。三是在一般均衡的福利框架下动态比较研究碳税和限额政策。发展中国家可能面临能源要素价格扭曲和政策执行效率较低等问题，中国作为最大的发展中国家，情况更为特殊，碳税和限额政策效果可能并不相同。因此，面对不确定的经济增长及转型中的经济结构，如何选择减排政策成为急需回答的问题。考虑到任何减排政策将不得不随时间的推移而变动，减排政策的动态、定量评估可以为相关政策的选择和实施提供理论支撑。

本文的其余部分结构安排如下：第二部分描述了两部门一般均衡模型；第三部分分析结构转型发生的条件及其对碳强度的影响；第四部分分析结构转型背景下最优减排政策的选择及其对消费者福利的影响；第五部分用中国相关数据对模型参数进行校准和估计；第六部分对模型的数值结果进行比较分析；第七部分得出本文结论并提出政策建议。

二、基础模型

本文基于文献 Ngai et al. [21]，采用一个标准的两部门结构转型框架，假设经济中存在一个最终产品部门，最终产品由两个中间产品部门——工业部门产出和服务业部门产出复合而成。每一部门都利用劳动力、资本作为投入进行生产，消费者通过选择消费或者投资最大化期望效用。

（一）中间产品企业

中间产品企业的生产函数为：

$$Q_{i,t} = K_{i,t}^{\alpha}(L_{i,t}A_{i,t})^{1-\alpha}, i = I,S \tag{1}$$

其中 α 为资本收入份额，$1-\alpha$ 为劳动收入份额，$0<\alpha<1$，$K_{i,t}$，$L_{i,t}$分别为第 i 部门时期 t 的资本和劳动投入，$A_{i,t}$为技术水平，这里假定不同部门具有相同的要素收入份额。

根据 Bartz et al.[22]，设第 i 部门的减排的成本 $C(\mu_{i,t}) = 1-(1-\mu_{i,t})^{\eta}$，$\eta \geqslant 0$，第 i 部门的排放 $E_{i,t}$为其产出 $Q_{i,t}$的线性函数，即：$E_{i,t} = (1-\mu_{i,t})\dfrac{1}{\phi_{i,t}}Q_{i,t}$，其中，$\phi_{i,t}$为排放因子，$\mu_{i,t}$为第 i 部门的减排比例，则第 i 部门的净产出 $Y_{i,t}$为：

$$Y_{i,t} = (1 - C(\mu_{i,t}))Q_{i,t} = \phi_{i,t}^{\eta}K_{i,t}^{\gamma}E_{i,t}^{\eta}(L_{i,t}A_{i,t})^{1-\eta-\gamma}, i = I,S \tag{2}$$

其中 $\gamma=\alpha(1-\eta)$，当不采取任何减排措施时，企业无减排压力，此时 $\eta=0$，净产出 $Y_{i,t}$退化为：

$$Y_{i,t} = Q_{i,t} = K_{i,t}^{\alpha}(L_{i,t}A_{i,t})^{1-\alpha}, i = I,S \tag{3}$$

中间产品企业在最终产品企业对它们产出需求的约束下最大化收益函数：

$$\pi_{i,t} = P_{i,t}Y_{i,t} - P_t[p_{E_t}E_{i,t} + r_tK_{i,t} + w_tL_{i,t}], i = I,S \tag{4}$$

这里，P_t 为价格水平，假设为1，$P_{i,t}$是产品 i 的价格，p_{E_t}为排放的价格，当 $\eta=0$ 时 $p_{E_t}=0$，r_t 是资本租金率，w_t 是工资率。中间产品企业 i 对劳动、资本和排放的需求分别为

$$K_{i,t} = \gamma\frac{Y_{i,t}}{r_t}\frac{P_{i,t}}{P_t} \tag{5}$$

$$L_{i,t} = (1-\eta-\gamma)\frac{Y_{i,t}}{w_t}\frac{P_{i,t}}{P_t} \tag{6}$$

$$E_{i,t} = \eta\frac{Y_{i,t}}{p_{E_t}}\frac{P_{i,t}}{P_t} \tag{7}$$

假设资本、劳动和排放可以自由在各部门分配，市场出清要求：

$$K_t = K_{s,t} + K_{I,t}; L_t = L_{s,t} + L_{I,t}; E_t = E_{s,t} + E_{I,t} \tag{8}$$

其中，K_t，L_t，E_t 分别为时期 t 经济中总的资本、劳动和排放。

（二）最终产品

最终品厂商利用中间品进行生产，并认为最终品是无差异的，最终产品企

业的生产函数为 CES 函数：

$$Y_t = [\omega_I Y_{I,t}^{\frac{\varepsilon-1}{\varepsilon}} + \omega_S Y_{S,t}^{\frac{\varepsilon-1}{\varepsilon}}]^{\frac{\varepsilon}{\varepsilon-1}} \tag{9}$$

其中 $Y_{i,t}$ 表示最终产品企业对第 i 个中间产品企业的需求（$Y_{I,t}$ 表示对工业品的需求，$Y_{S,t}$ 表示对服务业产品的需求），分布参数 $\omega_i \geqslant 0$，$i = I$，S，且 $\omega_I + \omega_S = 1$，工业品和服务业产品之间的替代弹性 $\varepsilon \in [0, \infty)$。假设最终品市场是完全竞争市场，其为给定的中间产品价格 $P_{i,t}$ 和最终产品价格 P_t 的接受者。在生产函数给定的前提下，利用利润最大化和零利润条件，可以得到中间产品的需求函数和最终产品价格方程：

$$Y_{i,t} = [\omega_i \frac{P_t}{P_{i,t}}]^{\varepsilon} Y_t, i = I, S. \tag{10}$$

$$P_t = [\omega_I^{\varepsilon} P_{I,t}^{1-\varepsilon} + \omega_S^{\varepsilon} P_{S,t}^{1-\varepsilon}]^{\frac{1}{1-\varepsilon}} \tag{11}$$

（三）家　庭

代表性家庭的效用函数 $U(C_t, N_t, I_t)$ 为连续凹函数且二阶可微，对变量 C_t 和 N_t 严格单调递增，对 L_t 严格单减，满足稻田条件，其中 C_t 和 L_t 分别表示代表性家庭时期 t 的消费和劳动，N_t 表示时期 t 的环境质量，$N_t = \hat{M} - M_t$，$\hat{M}$ 表示最大可持续污染存量，$M_t = (1 - \delta_M) M_{t-1} + E_t$ 表示时期 t 的污染存量，δ_M 为污染物的衰减率，E_t 为时期 t 总的排放。代表性家庭在预算约束条件

$$C_t + K_{t+1} - (1 - \delta_K) K_t = r_t K_t + w_t L_t + \tau_t E_t \tag{12}$$

下最大化期望效用函数，一阶条件为

$$-U'(C_t) + \beta U'(C_{t+1}) \cdot [r_{t+1} + (1 - \delta_k)] = 0 \tag{13}$$

$$-U'(L_t) + U'(C_t) w_t = 0 \tag{14}$$

（四）均　衡

根据资本、劳动和排放在各部门的最优分配方程和中间产品的价格方程，部门间的要素分配满足

$$\frac{K_{It}}{K_{St}} = \frac{L_{It}}{L_{St}} = \frac{P_{I,t}}{P_{S,t}} \frac{Y_{I,t}}{Y_{S,t}} \tag{15}$$

考虑到不同的部门间相同的要素收入份额和规模报酬不变生产函数，由式（10）有

$$\frac{K_{I,t}}{K_{S,t}} = \frac{L_{I,t}}{L_{S,t}} = (\frac{\omega_I}{\omega_S})(\frac{Y_{I,t}}{Y_{S,t}})^{\frac{\varepsilon-1}{\varepsilon}} = (\frac{\omega_I}{\omega_S})(\frac{\phi_{I,t}^{\eta}}{\phi_{S,t}^{\eta}} \frac{K_{I,t}}{K_{S,t}} \frac{A_{I,t}^{1-\eta-\gamma}}{A_{S,t}^{1-\eta-\gamma}})^{\frac{\varepsilon-1}{\varepsilon}} \tag{16}$$

故

$$\frac{K_{I,t}}{K_{S,t}} = \frac{L_{I,t}}{L_{S,t}} = \left(\frac{\omega_I}{\omega_S}\right)^{\varepsilon}\left(\frac{\phi_{I,t}^{\eta}}{\phi_{S,t}^{\eta}}\frac{A_{I,t}^{1-\eta-\gamma}}{A_{S,t}^{1-\eta-\gamma}}\right)^{\varepsilon-1} \cdot S_t \tag{17}$$

当 $\eta>0$ 时，由式（7），$\frac{E_{I,t}}{E_{S,t}}=S_t$，而当 $\eta=0$ 时，

$$\frac{E_{I,t}}{E_{S,t}} = \left(\frac{\phi_{I,t}}{\phi_{S,t}}\right)^{-1}S_t\left(\frac{A_{I,t}}{A_{S,t}}\right)^{1-\alpha} = \left(\frac{\omega_I}{\omega_S}\right)^{\varepsilon}\left(\frac{\phi_{I,t}}{\phi_{S,t}}\right)^{-1}\left(\frac{A_{I,t}}{A_{S,t}}\right)^{(1-\alpha)\varepsilon} \cdot S'_t \tag{18}$$

市场出清要求 $K_t = K_{st} + K_{It}$，$L_t = L_{st} + L_{It}$，$E_t = E_{st} + E_{It}$，结合式（17）和（18），可得

$$K_{I,t} = \frac{S_t}{1+S_t}K_t, L_{I,t} = \frac{S_t}{1+S_t}L_t \tag{19}$$

$$E_{It} = \frac{S_t}{1+S_t}E_t, \eta > 0, \text{或} E_{It} = \frac{S'_t}{1+S'_t}E_t, \eta = 0 \tag{20}$$

式（10）和（17）暗含

$$\left(\frac{\omega_I}{\omega_S}\right)\left(\frac{Y_{I,t}}{Y_{S,t}}\right)^{\frac{\varepsilon-1}{\varepsilon}} = S_t \tag{21}$$

即 $\left(\frac{Y_{S,t}}{Y_{I,t}}\right)^{\frac{\varepsilon-1}{\varepsilon}} = \left(\frac{\omega_I}{\omega_S}\right)\frac{1}{S_t}$，因此，由式（9），有

$$\begin{aligned} Y_t &= \left[\omega_I Y_{I,t}^{\frac{\varepsilon-1}{\varepsilon}} + \omega_S Y_{S,t}^{\frac{\varepsilon-1}{\varepsilon}}\right]^{\frac{\varepsilon}{\varepsilon-1}} = \left(\frac{1+S_t}{S_t}\omega_I\right)^{\frac{\varepsilon}{\varepsilon-1}}Y_{I,t} \\ &= \left(\frac{1+S_t}{S_t}\right)^{\frac{1}{\varepsilon-1}}(\omega_I)^{\frac{\varepsilon}{\varepsilon-1}}\phi_{It}^{\eta}K_t^{\gamma}E_t^{\eta}(L_tA_{I,t})^{1-\eta-\gamma} \\ &= \left(\frac{1+S_t}{S_t}\right)^{\frac{1}{\varepsilon-1}}(\omega_I)^{\frac{\varepsilon}{\varepsilon-1}}(1-\mu_{It})^{\eta}K_t^{\alpha}(L_tA_{I,t})^{1-\alpha} \end{aligned} \tag{22}$$

三、结构转型及其对碳排放强度的影响

（一）结构转型

类似于 Herrendorf et al.[23]，结构转型定义为伴随着经济增长，经济活动在部门间的重新分配。常见的部门层面经济活动的度量为就业份额和部门增加值份额，对式（17）两边取对数并差分可得：

$$\ln\left(\frac{L_{I,t+1}}{L_{I,t}}\right) - \ln\left(\frac{L_{S,t+1}}{L_{S,t}}\right) = (\varepsilon-1)\left[\ln\left(\frac{\phi_{I,t+1}^{\eta}}{\phi_{I,t}^{\eta}}\frac{A_{I,t+1}^{1-\eta-\gamma}}{A_{I,t}^{1-\eta-\gamma}}\right) - \ln\left(\frac{\phi_{S,t+1}^{\eta}}{\phi_{S,t}^{\eta}}\frac{A_{S,t+1}^{1-\eta-\gamma}}{A_{S,t}^{1-\eta-\gamma}}\right)\right] \tag{23}$$

式（23）结合式（15）有

$$\ln(\frac{P_{I,t+1}Y_{I,t+1}}{P_{I,t}Y_{I,t}})-\ln(\frac{P_{S,t+1}Y_{S,t+1}}{P_{S,t}Y_{S,t}})=(\varepsilon-1)[\ln(\frac{\phi^{\eta}_{I,t+1}}{\phi^{\eta}_{I,t}}\frac{A^{1-\eta-\gamma}_{I,t+1}}{A^{1-\eta-\gamma}_{I,t}})-\ln(\frac{\phi^{\eta}_{S,t+1}}{\phi^{\eta}_{S,t}}\frac{A^{1-\eta-\gamma}_{S,t+1}}{A^{1-\eta-\gamma}_{S,t}})] \tag{24}$$

因此，部门名义增加值和就业份额具有相同的变化率。由式（23）和（24），当 $\varepsilon\neq1$ 且 $\ln(\frac{\phi^{\eta}_{I,t+1}}{\phi^{\eta}_{I,t}}\frac{A^{1-\eta-\gamma}_{I,t+1}}{A^{1-\eta-\gamma}_{I,t}})\neq\ln(\frac{\phi^{\eta}_{S,t+1}}{\phi^{\eta}_{S,t}}\frac{A^{1-\eta-\gamma}_{S,t+1}}{A^{1-\eta-\gamma}_{S,t}})$ 时，部门名义增加值份额或就业份额要重新分配，即经济发生结构转型。由此可得如下命题：

命题 1 结构转型的充要条件为：

$$\varepsilon\neq1 \text{ 且 } \ln(\frac{\phi^{\eta}_{I,t+1}}{\phi^{\eta}_{I,t}}\frac{A^{1-\eta-\gamma}_{I,t+1}}{A^{1-\eta-\gamma}_{I,t}})\neq\ln(\frac{\phi^{\eta}_{S,t+1}}{\phi^{\eta}_{S,t}}\frac{A^{1-\eta-\gamma}_{S,t+1}}{A^{1-\eta-\gamma}_{S,t}}) \tag{25}$$

而当

$$\varepsilon>1 \text{ 且 } \ln(\frac{\phi^{\eta}_{I,t+1}}{\phi^{\eta}_{I,t}}\frac{A^{1-\eta-\gamma}_{I,t+1}}{A^{1-\eta-\gamma}_{I,t}})<\ln(\frac{\phi^{\eta}_{S,t+1}}{\phi^{\eta}_{S,t}}\frac{A^{1-\eta-\gamma}_{S,t+1}}{A^{1-\eta-\gamma}_{S,t}})$$

或

$$\varepsilon<1 \text{ 且 } \ln(\frac{\phi^{\eta}_{I,t+1}}{\phi^{\eta}_{I,t}}\frac{A^{1-\eta-\gamma}_{I,t+1}}{A^{1-\eta-\gamma}_{I,t}})>\ln(\frac{\phi^{\eta}_{S,t+1}}{\phi^{\eta}_{S,t}}\frac{A^{1-\eta-\gamma}_{S,t+1}}{A^{1-\eta-\gamma}_{S,t}})$$

时，部门 S 的膨胀速度快于部门 I，即随着时间的推移，部门 S 的扩张快于部门 I。

因此，结构转型分别取决于 ε 的变化和部门 TFP $A_i(i=I,\ S)$ 及减排因子 φ_i（$i=I,\ S$）的变化率。当 $\ln(\frac{\phi^{\eta}_{I,t+1}}{\phi^{\eta}_{I,t}}\frac{A^{1-\eta-\gamma}_{I,t+1}}{A^{1-\eta-\gamma}_{I,t}})-\ln(\frac{\phi^{\eta}_{S,t+1}}{\phi^{\eta}_{S,t}}\frac{A^{1-\eta-\gamma}_{S,t+1}}{A^{1-\eta-\gamma}_{S,t}})<0$ 且为常数时，$\varepsilon<1$，则部门 I 的扩张速度快于部门 S，随着 ε 从左边趋于 1，部门 I 的扩张速度虽然快于部门 S，但速度放缓，当 $\varepsilon>1$ 时，部门 S 的扩张速度快于部门 I，ε 越大，表示转型速度越快，所以在其他条件不变时，ε 的变化代表着转型速度的变化。式（24）中暗含

$$\ln(\frac{P_{I,t+1}}{P_{I,t}})-\ln(\frac{P_{S,t+1}}{P_{S,t}})=\ln(\frac{\phi^{\eta}_{S,t+1}}{\phi^{\eta}_{S,t}}\frac{A^{1-\eta-\gamma}_{S,t+1}}{A^{1-\eta-\gamma}_{S,t}})-\ln(\frac{\phi^{\eta}_{I,t+1}}{\phi^{\eta}_{I,t}}\frac{A^{1-\eta-\gamma}_{I,t+1}}{A^{1-\eta-\gamma}_{I,t}}) \tag{26}$$

即伴随着部门 TFP 和减排因子增长率的变化，部门 TFP 和减排因子增长较快部门价格水平将下降。

（二）结构转型对碳强度的影响

为了考察结构转型对碳排放的影响，这里不考虑减排政策，当不采取任何减排政策时 $\eta=0$，此时 $S_t=(\frac{\omega_I}{\omega_S})^{\varepsilon}(\frac{A_{I,t}^{1-\alpha}}{A_{S,t}^{1-\alpha}})^{\varepsilon-1}$，总排放 $E_t=E_{I,t}+E_{S,t}$，$E_{i,t}=\frac{1}{\phi_{i,t}}Q_{i,t}$，$i=I,S$。结合式（19）

$$E_t=\left[\frac{\phi_{S,t}S_t+\phi_{I,t}S_t^{\frac{1}{1-\varepsilon}}(\frac{\omega_I}{\omega_S})^{\frac{\varepsilon}{\varepsilon-1}}}{\phi_{S,t}\phi_{I,t}(1+S_t)}\right]K_t^{\alpha}(L_tA_{It})^{1-\alpha} \tag{27}$$

因此，伴随结构转型，碳强度为

$$\frac{E_t}{Y_t}=\frac{\frac{\phi_{S,t}}{\phi_{I,t}}S_t^{\frac{\varepsilon}{\varepsilon-1}}(\frac{\omega_S}{\omega_I})^{\frac{\varepsilon}{\varepsilon-1}}+1}{\omega_S^{\frac{\varepsilon}{\varepsilon-1}}\phi_{S,t}(1+S_t)^{\frac{\varepsilon}{\varepsilon-1}}} \tag{28}$$

上式对 S_t 求导有，

$$\frac{\mathrm{d}\frac{E_t}{Y_t}}{\mathrm{d}S_t}=\frac{a}{c}(S_t+1)^{-a-1}(bS_t^{a-1}-1) \tag{29}$$

其中，$\alpha=\frac{\varepsilon}{\varepsilon-1}$，$b=\frac{\phi_{S,t}}{\phi_{I,t}}(\frac{\omega_S}{\omega_I})^{\frac{\varepsilon}{\varepsilon-1}}$，$c=\omega_S^{\frac{\varepsilon}{\varepsilon-1}}\phi_{S,t}$。由于，$S_t>0$，故当 $\varepsilon\neq1$ 且 $0<S_t<(\frac{\phi_{I,t}}{\phi_{S,t}})^{\varepsilon-1}(\frac{\omega_I}{\omega_S})^{\varepsilon}$ 时，碳强度随 S_t 的增加递减；当 $\varepsilon\neq1$ 且 $(\frac{\phi_{I,t}}{\phi_{S,t}})^{\varepsilon-1}(\frac{\omega_I}{\omega_S})^{\varepsilon}<S_t<+\infty$ 时，碳强度随 S_t 的增加递增；由此，结合命题1可得如下命题：

命题2　当 $\varepsilon>1$ 且 $\ln(\frac{A_{I,t+1}^{1-\alpha}}{A_{I,t}^{1-\alpha}})<\ln(\frac{A_{S,t+1}^{1-\alpha}}{A_{S,t}^{1-\alpha}})$ 时，若 $(\frac{\phi_{I,t}}{\phi_{S,t}})^{\varepsilon-1}<(\frac{A_{I,t}^{1-\alpha}}{A_{S,t}^{1-\alpha}})^{\varepsilon-1}<+\infty$，则碳强度伴随部门 S 的扩张快于部门 I 的扩张而递减；当 $\varepsilon<1$ 且 $\ln(\frac{A_{I,t+1}^{1-\alpha}}{A_{I,t}^{1-\alpha}})<\ln(\frac{A_{S,t+1}^{1-\alpha}}{A_{S,t}^{1-\alpha}})$ 时，若 $0<(\frac{A_{I,t}^{1-\alpha}}{A_{S,t}^{1-\alpha}})^{\varepsilon-1}<(\frac{\phi_{I,t}}{\phi_{S,t}})^{\varepsilon-1}$，则碳强度伴随部门 S 的扩张快于部门 I 的扩张而递减。

四、结构转型背景下减排政策与消费者福利

（一）减排政策

限额和税收作为基于市场机制的减排政策工具，由于其实施的便捷性，受

到了诸多学者的关注，但对于它们的选择模式，仍未形成共识。本文在结构转型背景下比较两种减排政策的优劣。为了使两种减排政策具有可比性，本文假定在政府最优选择的条件下对两种政策进行比较。如果政府采用税收政策，税收收入转移给消费者；如果政府采用限额交易政策，则政府决定总的最优排放额度，并在两个部门之间进行免费配额，部门间可选择排放权交易，交易收益以企业利润的形式转移给消费者。

1. 最优碳税

政府在给定消费者和企业行为的条件下选择最优碳税，考虑最终产品企业的利润函数为

$$\pi_t = Y_t - \tau_t E_t - r_t K_t - w_t L_t \tag{30}$$

最终产品价格标准化为1，最大化利润行为使得要素价格等于其边际产出，结合式（22），

$$\tau_t = \eta\left(\frac{1+S_t}{S_t}\right)^{\frac{1}{\varepsilon-1}}(\omega_I)^{\frac{\varepsilon}{\varepsilon-1}}\lambda_{It}\phi_{It}^{\eta}K_t^{\gamma}E_t^{\eta-1}(L_tA_{It})^{1-\eta-\gamma} \tag{31}$$

因此，最优碳税 $\{\tau_t\}$ 的选择由式（31）和企业利润最大化及消费者效用最大化一阶条件和约束条件共同决定。由于 $S_t = \left(\frac{\omega_I}{\omega_S}\right)^{\varepsilon}\left(\frac{\lambda_{It}\phi_{It}^{\eta}A_{It}^{1-\eta-\gamma}}{\lambda_{St}\phi_{St}^{\eta}A_{St}^{1-\eta-\gamma}}\right)^{\varepsilon-1}$，考虑结构变化的充要条件，在一般均衡的条件下，因此，最优碳税为部门TFP的增长率和替代弹性的函数，即 $\tau_t = \tau_t\ (g_I,\ g_S,\ \varepsilon)$。由于无法求解出最优碳税的解析形式，本文在第五部分采用数值方法给出最优碳税的动态过程。

2. 最优限额

假设政府采用数量政策，政府的最优选择包括总的排放限额 q_t 及在两个部门之间的配额 $q_{I,t}$ 和 $q_{S,t}$。根据式（22），一般均衡条件下，排放限额满足

$$q_t = \left[\frac{Y_t}{\left(\frac{1+S_t}{S_t}\right)^{\frac{1}{\varepsilon-1}}(\omega_I)^{\frac{\varepsilon}{\varepsilon-1}}\lambda_{It}\phi_{It}^{n}K_t^{\gamma}(L_tA_{It})^{1-\eta-\gamma}}\right]^{\frac{1}{\eta}} \tag{32}$$

政府在给定消费者和企业行为的条件下选择最优排放限额 q_t，也就是说，政府在给定企业利润最大化和消费者效用最大化的约束下，选择 $\{q_t\}$ 最大化总的期望折现效用。因此，最优限额 $\{q_t\}$ 的选择由式（32）和企业利润最大化及消费者效用最大化一阶条件和约束条件共同决定。

关于排放在两个部门之间的配额，由式（19），在均衡条件下

$$q_{I,t} = \frac{S_t}{1 + S_t}q_t, \ q_{S,t} = \frac{1}{1 + S_t}q_t \tag{33}$$

其中，$q_{I,t}$为政府在第 I 部门的配额，$q_{S,t}$为政府在第 S 部门的配额。

（二）消费者福利

GDP 作为度量经济发展的指标有很多缺陷，特别是其不能有效地度量环境质量的改变，这限制了其作为评估减排政策收益参考的有效性。为了弥补 GDP 的不足，本文在 Fleurbaey[24] 的基础上，定义消费者福利为：为了与结构转型或减排政策条件下维持相同的效用水平，在没有结构转型和减排政策的情况下，消费减小或增加的比例。设 μ 表示消费者福利，则

$$U(\mu c_{s_0}, N_{s_0}, h_{s_0}) = U(c_{s_j}, N_{s_j}, h_{s_j}) \tag{34}$$

考虑到效用函数的形式，长期的稳态条件下，消费者福利的对数可表示为：

$$\ln(\mu) = \ln(c_{s_j}) - \ln(c_{s_0}) + \frac{1-\theta}{\theta}(\ln(N_{s_j}) - \ln(N_{s_0})) - \frac{\psi}{\theta}(L_{s_0} - L_{s_j})$$

这个表达式为消费者福利提供了一个很好的分解，第一项捕获消费差异对福利的影响，第二项和第三项分别表示环境质量和劳动的差异对福利的贡献。

五、参数校准与估计

参数校准与估计数据来源于《中国统计年鉴》（中国国家统计局，2016）和世界发展指标（世界银行），对一些参数外生校准，另一些通过模型估计。

首先，关于结构变化相关参数的校准和估计，文中采用外生校准和模型估计。关于替代弹性和分布参数的估计，文中采用 Acemoglu et al. [25] 的方法。方程 $Y_{i,t} = [\omega_i \frac{P_t}{P_{i,t}}]^{\varepsilon} Y_t$，$i = I$，$S$ 暗含如下的方程：

$$\ln(\frac{P_{I,t}Y_{I,t}}{P_{S,t}Y_{S,t}}) = \ln(\frac{\omega_I}{\omega_S}) + \frac{\varepsilon - 1}{\varepsilon}\ln(\frac{Y_{I,t}}{Y_{S,t}}) \tag{35}$$

我们利用中国统计年鉴 1990—2015 年数据，用简单的线性回归估计方程 (35)，其中合并第一、二产业增加值为本文中的工业增加值，第三产业的增加值为服务业增加值，即工业包括农业、制造业、化学工业、建筑业、和采掘业。服务业包括交通运输业、零售业、金融中介、娱乐业、医疗和教育业。因为电、热供应和燃料加工都会造成严重的碳排放，所以电、热供应和燃料加工要被特别对待，文中认为它们既属于工业又属于服务业。中国大约 70% 的发电量都用于工业，所

以这一份额归因于工业，另30%归于服务业。相似地，加工燃料的45%由工业造成，所以加工燃料的45%归因于工业。工业和服务业初始的产出比例通过加总各子行业增加值得到。因为我们考虑到政策的中长期效应而非仅仅短期效应，所以我们使用H－P滤波器平滑两部门的增加值后估计式（35），得到ε的估计为2.43（95%置信区间为（2.290299，2.587146））。本文取2.43为ε的校准值。当ε的值为2.43时，相应的ω_I的估计值为0.53，ω_S的估计值为0.47。根据部门能源消费量和部门增加值，减排因子ϕ_I介于1.1714～2.1446，ϕ_S介于2.2462～5.0038，我们取平均值校准$\phi_I = 2.1476$，$\phi_S = 4.5688$。我们还需要一个校准$A_{I0}A_{S0}$。由于

$$\frac{A_{St}}{A_{It}} = \frac{\omega_I}{\omega_S}\left(\frac{\phi_I}{\phi_S}\right)^{\eta}\left(\frac{Y_{St}}{Y_{It}}\right)^{\frac{1}{\varepsilon}} \tag{36}$$

我们选择2010年为基期，利用替代弹性的估计值和分布参数，结合2010年的部门实际增加值，利用式（36），$\frac{A_{S,0}}{A_{I,0}}$的估计为0.992。故$A_{I,0}$校准为1，$A_{S,0}$校准为0.992。关于部门TFP增长率的估计，国内学者做了大量的既有研究[26,27]，根据蔡跃洲等[26]，2000—2005年中国工业和服务业TFP增长率基本相同，2005之后两部门TFP增长率不断下降，但是服务业TFP增长率大于工业TFP增长率，此研究结果符合配第—克拉克定理，即经济发展过程中三次产业结构转型遵循在经济发展逐步走向成熟的过程中，工农业比重将同时下降，服务业比重则不断上升这一规律。因此本文根据蔡跃洲等[26]，以2005—2010年部门TFP增长率的估计值基准校准值，将工业增长率g_I校准为1.97%，服务业增长率g_S校准为3.36%，g校准为2.6233%。

其次，其他经济参数主要采用外生校准。劳动力收入份额$1-\alpha$由劳动者报酬除以增加值计算得到，根据2005、2007、2010、2012年投入产出基本流量表，劳动者报酬占增加值的平均比例为0.449，接近文献Song et al.[28]的共识值0.5，故取参数α校准为0.5；根据全国第六次全国人口普查，中国人口年平均增长为0.57%，2010—2014年我国人口自然增长率维持在0.5%左右，所以我们将人口增长率n校准为0.5%；经典文献一般将季度资本折旧δ_K设为2.5%，我们采用年度数据，假设固定资本的平均使用年限为10年，故折旧率取为0.1。因为1990—2015年间消费物价水平平均上升11.647%，故消费的贴现因子β设定为0.884；假设效用函数为CES效用函数

$$U(C_t, N_t, L_t) = \theta \ln(C_t) - (1 - \theta)\ln(N_t) - \psi L_t \tag{37}$$

θ 值经验研究较少，根据对我国 1990—2015 年的消费支出的对数做一阶自回归发现前期消费增长率上升 1%，本期消费增长率增加约 1%，模拟实验发现 θ 介于 0.7 到 1 之间[29]，我们根据对消费支出的自回归并结合黄赜琳（2005）的研究将 θ 校准为 0.8；本文所选的劳动投入指标是每年的劳动参与率，我们考察 2000 年以来就业人数与经济活动总人口之比的变化规律，发现就业人数占经济活动总人口的比例值较为平稳，平均值为 0.9787。由于就业人数及总人口的波动很小，而就业比例围绕其平均值上下波动的幅度也很小，因此，ψ 校准为 0.3304，使得 $\bar{h} = 0.9787$。

最后，关于排放相关参数的校准与估计，我们使用外生校准和自然科学的研究成果。关于污染物的衰减率 σ_M，大气中的不同污染物的持续期不同，颗粒物、二氧化硫、氮氧化物、铅和挥发性的有机化合物的持续期不到一个星期，一氧化碳的持续期为 1—3 个月（$\sigma_M = 1$），碳氢化合物持续期为 16 年（$\sigma_M = 0.0625$）。因为我们不能区分碳氢化合物和其他挥发性有机化合物的减排支出，故在文中我们使用平均的持续时间 8 年，即校准 $\sigma_M = 0.125$；关于排放份额 η 的校准。理想情况下，排放份额可使用税率或排放许可证价格校准，在竞争性均衡下，排放的边际产出等于每单位碳排放的价格，因此

$$\tau = \eta\left(\frac{1 + S_t}{S_t}\right)^{\frac{1}{\varepsilon}}(\omega_I)^{\frac{\varepsilon-1}{\varepsilon}}\lambda_{It}\phi_{It}^{\eta}K_t^{\gamma}E_t^{\eta-1}(L_t A_{It})^{1-\eta-\gamma} \tag{38}$$

上式暗含

$$\frac{\tau E}{Y} = \eta \tag{39}$$

由于我国碳排放交易没有完全市场化，2011 年 10 月，国家发改委批准了广州等 7 个省市开展碳排放权交易试点，并将 2013—2015 年定为试点阶段，此后这 7 个省市正式开始碳排放权的交易。我们参考广州碳排放交易所 2014—2016 年的碳排放价格及已有的研究成果对参数进行校准。广州碳排放交易所碳排放以二氧化碳计价，平均价格为每吨 14 元左右，我们以此价作为 τ 的估计值，而年排放量假设为能源消费量的线性函数，以二氧化碳为代表排放物做为 E 的估计，根据 2000—2015 年数据，计算得 η 的值介于 0.002502 ~ 0.005552 之间。我们取 2010 年的值 0.003299 为 η 的校准值。关于初始的资本存量 k_0，我们以 2030 年排放量减少 45% 为目标，取基准模型的资本稳态值 k_{ss} 为 2030 年的资本存量。

近10年，我国资本存量的增长率保持在12%左右，剔除掉经济增长率校准值0.06和人口增长率校准值0.005的影响，人均有效资本的增长率大约为0.055，以2010年为基期，所以k_0取为$\frac{K_{ss}}{1.055^{20}}$，而基期的污染存量我们类似于资本存量的计算，采用永续存盘法，$M_0=\frac{E_0}{g+\delta_m}$，而$E_0=\frac{1}{\phi_{I0}}Z_{I0}k_0^{\alpha}(h_0)^{1-\alpha}$，$h_0$为2010年的劳动参与率，取值为0.97。关于最大可持续污染存量的计算，首先，需要计算最大人均有效劳动可持续资本存量$\hat{k}$，根据资源约束，当劳动参与率为1，减排比例为0，消费为0时，资本累积直到产出等于折旧时达到最大，人均有效劳动最大可持续资本存量为$\hat{k}=[(1+g)(1+n)-(1-\delta_k)]^{\frac{1}{\alpha-1}}$。其次，根据方程（25），最大可持续排放量$\hat{E}=\frac{A_{I0}}{\phi_{I0}}\hat{k}^{\alpha}$，最后根据式（17），最大可持续污染存量$\hat{M}=\frac{\hat{E}}{\delta_M}$。

表1 参数校准值

α	ε	ω_I	δ_K	g	g_I	g_S	β	ψ
0.5	2.43	0.53	0.1	0.06	0.045	0.075	0.884	0.3304
n	A_{I0}	A_{S0}	δ_M	θ	$\hat{M}$	ϕ_I	ϕ_S	η
0.0005	1	0.992	0.125	0.8	48.4	2.1476	4.5688	0.003299

六、模拟结果及分析

（一）结构转型对产出和排放的影响

根据命题1，结构转型分别取决于替代弹性ε的变化和部门TFP $A_i(i=I,S)$及减排因子$\phi_i(i=I,S)$的变化率。因为TFP和减排因子的变化取决于技术水平的变化，为简单起见，文中假设A_i和ϕ_i有相同变化率。本部分，分别考察部门TFP $A_i(i=I,S)$的变化率$g_i(i=I,S)$的变化和替代弹性ε的变化引起的结构转型对降低碳排放的影响。

1. $g_i(i=I,S)$变化引起的结构转型对碳排放和产出的影响

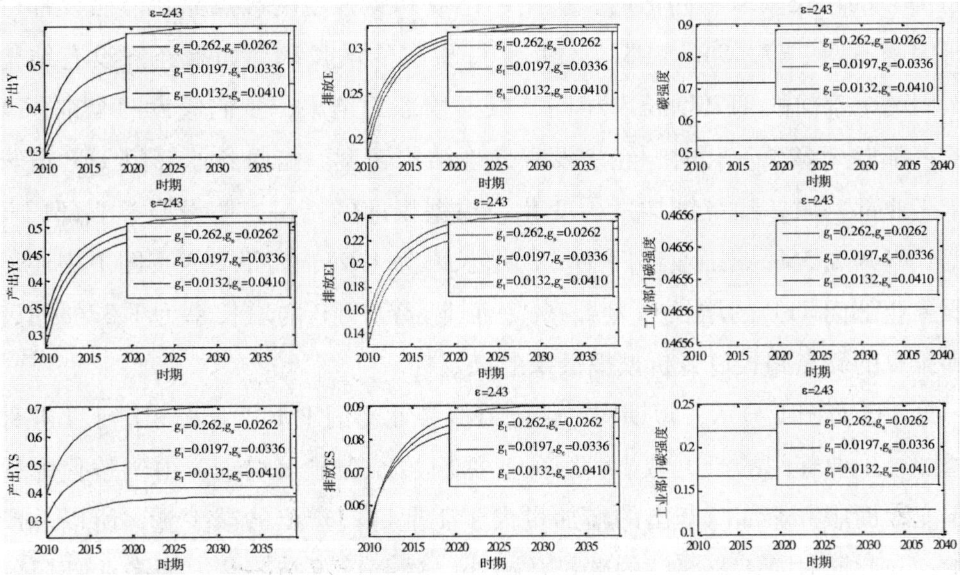

图1　g_i（$I=I$，S）变化引起的结构转型对产出和排放影响的鞍点路径

表2　结构转型条件下产出、排放和碳强度的长期变化率（%）

结构参数	变量	部门增长率（%）			变量	部门增长率（%）		
		$g_I=2.62$	$g_I=1.97$	$g_I=1.32$		$g_I=2.62$	$g_I=1.97$	$g_I=1.32$
		$g_S=2.62$	$g_S=3.36$	$g_S=4.1$		$g_S=2.62$	$g_S=3.36$	$g_S=4.1$
$\varepsilon=2.43$	总产出	0.00	13.01	29.37	工业产出	0.00	-2.59	-5.39
	总排放	0.00	-1.08	-2.35	工业排放	0.00	-2.59	-5.39
	碳强度	0.00	-12.47	-24.52	服务业产出	0.00	35.35	82.65
	服务业占比	42.67	50.85	58.97	服务业排放	0.00	3.25	6.31
$\varepsilon=4.86$	总产出	0.08	13.28	32.75	工业部门产出	6.05	-11.16	-29.19
	总排放	2.41	-4.76	-13.01	工业排放	6.05	-11.16	-29.19
	碳强度	2.32	-15.93	-34.47	服务业产出	-8.00	48.82	128.93
	服务业占比	39.24	55.50	70.65	服务业排放	-8.00	13.53	33.25
$\varepsilon=7.29$	总产出	0.24	13.64	36.09	工业产出	11.97	-19.65	-50.13
	总排放	4.79	-8.39	-22.31	工业排放	11.97	-19.65	-50.13
	碳强度	4.53	-19.38	-42.91	服务业产出	-15.73	62.27	170.06
	服务业占比	35.91	60.05	80.12	服务业排放	-15.73	23.79	57.19

考虑 g_i（$i=I$，S）的相对变化引起的结构转型对产出、碳排放和碳强度的影响。图1显示了以2010年为基期，结构参数 ε 保持不变，取为基准值2.43，

部门 TFP 的增长率取不同值时，产出、排放和碳强度的鞍点路径。假设部门的减排因子 ϕ_i（$i=I$，S）与部门 TFP 保持相同的增长率。如果经济没有结构转型，则两个部门的 TFP 增长率相同，根据校准的结果，我们假设两个部门 TFP 增长率都以 2.62% 变化时，经济没有发生结构转型。当服务业部门 TFP 增长率大于工业部门时，经济结构发生变化，根据校准的结果，假设服务业部门 TFP 的增长率为 3.36%，工业部门 TFP 的增长率为 1.97%。第 263 页图 1 中还显示了服务业部门 TFP 的增长率为 4.1%，工业部门 TFP 的增长率为 1.32% 时，产出和排放的鞍点路径以分析模拟结果的稳定性。

第 263 页图 1 显示，短期内，伴随着服务业部门 TFP 增长率相对于工业部门的增加，工业部门的产出减小，服务业部门的产出显著增加，由于替代弹性保持不变，而服务业部门产出的增加量大于工业部门产出的减少量，所以总产出增加；与此同时，工业部门的碳排放减小，碳强度保持不变，服务业部门的排放短期内几乎不变，而碳强度显著减小，因此，总的碳排放和碳强度都减小。由于我们假定减排因子的增长率与部门 TFP 的增长率相同，所以碳强度的鞍点路径保持水平。

第 263 页表 2 显示，在长期稳态的条件下，结构转型对产出、排放和碳强度长期变化率的影响。如果经济不发生结构转型，即两部门 TFP 增长率都以 2.62% 变化且 $\varepsilon=2.43$，在稳态的条件下，经济与基期保持相同的结构，服务业比例维持在 42% 左右。当服务业部门的膨胀速度大于工业部门时，例如 $g_I=1.97\%$，$g_S=3.36\%$，此时，在稳态的条件下，服务业占比达到 50.85%，产出相对于无结构转型时增加 35.35%，排放增加 3.25%；碳强度减少 2.56%；工业部门的产出和排放减小 2.59%，由于没有结构转型时，工业部门排放大于服务业部门，因此工业部门 2.59% 的排放减小量大于服务业部门 3.25% 的排放量，总排放量减小。服务业部门的产出增加远远大于工业部门的产出减小，总产出增加，因此伴随着结构的转型碳强度显著减小。

综合第 263 页图 1 和第 263 页表 2，不管是长期还是短期条件下，伴随着服务业部门 TFP 增长率相对于工业部门的增加，总产出增加，碳排放和碳强度减少。这是由于部门 TFP 增长率的相对变化改变了两部门产品的相对价格，增长更快的部门产品价格相对降低，同时两部门产品的替代富有弹性，因此，最终产品企业对服务业部门产品的需求增加，对工业部门的产品需求减少。此时，要素资源不断由工业部门向服务业转移，由于服务业部门碳排放和碳强度低于工业部门，因此，总的碳排放和碳强度降低。

2. 替代弹性 ε 变化引起的结构转型对碳排放和产出的影响

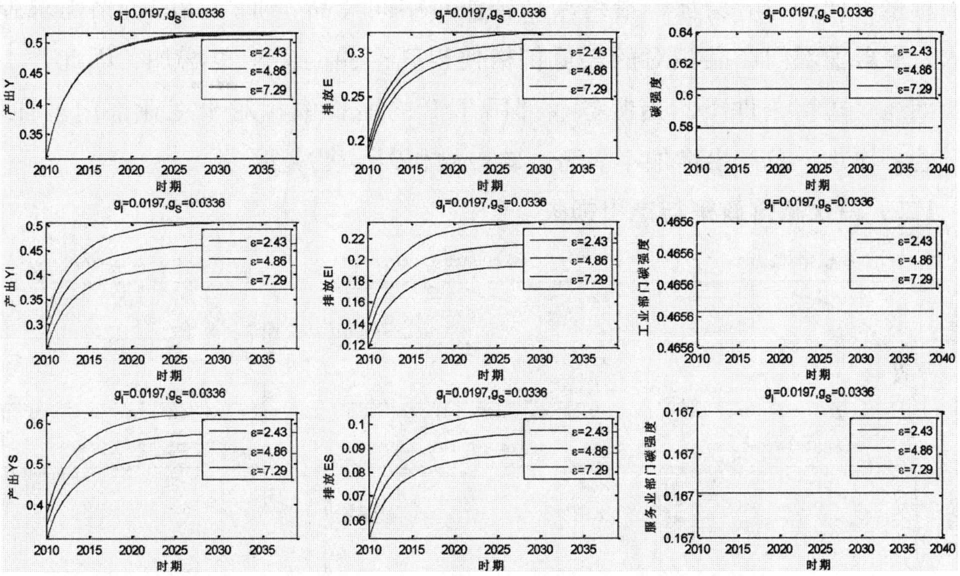

图2　替代弹性 ε 变化引起的结构转型对产出和排放影响的鞍点路径

考虑部门 TFP 的增长率保持不变，替代弹性 ε 变化对总产出排放和碳强度的影响。图2 显示 $g_I=1.97\%$，$g_s=3.36\%$，ε 取不同值时，部门的和总的产出、排放和碳强度的鞍点路径。根据图2，在短期内，随着 ε 的增加，工业部门产出减少，服务业部门产出增加，总产出几乎保持不变。同时随着 ε 的增加，工业部门排放减少，服务业部门排放增加，但由于部门 TFP 的增长率保持不变，因此部门碳强度保持不变。

根据第263 页表2，当服务业部门 TFP 增长率大于工业部门时，ε 越大，相同的持续期后服务业占比越高，因此更大的 ε 表示更快的转型速度。在长期稳态条件下，如果两部门 TFP 的增长率相同，则伴随着 ε 的增加，服务业部门产出和排放减少，工业部门产出和排放增加，总产出和排放也增加；而当服务业部门 TFP 增长率大于工业部门时，例如 $g_I=1.97\%$，$g_S=3.36\%$，伴随着 ε 的增加，服务业部门产出和排放增加，工业部门产出和排放减少，当 ε 由 2.43 增加到 4.86 时，在长期稳态条件下，服务业占比由 50.85% 增加到 55.5%，服务业部门产出和排放都增加，由于高增长率经济替代部分低增长率经济，同时低碳经济替代部分高碳经济，因此，总产出增加，碳排放和碳强度减小。

综上，当服务业部门 TFP 增长率大于工业部门时，要素资源不断由工业部门向服务业转移，其产品供给增加，同时更高的部门 TFP 增长率意味着较低的相对价格，而随着 ε 增加，最终产品企业对中间产品企业产品的价格需求弹性越大，服务业部门产品相对的较低价格使得其产品的需求也增加，因此，不管是长期还是短期条件下，当服务业部门 TFP 的增长率相对于工业部门增加时，伴随着 ε 增加，总产出增加不显著，碳排放和碳强度减少。

（二）最优减排政策与产出损失

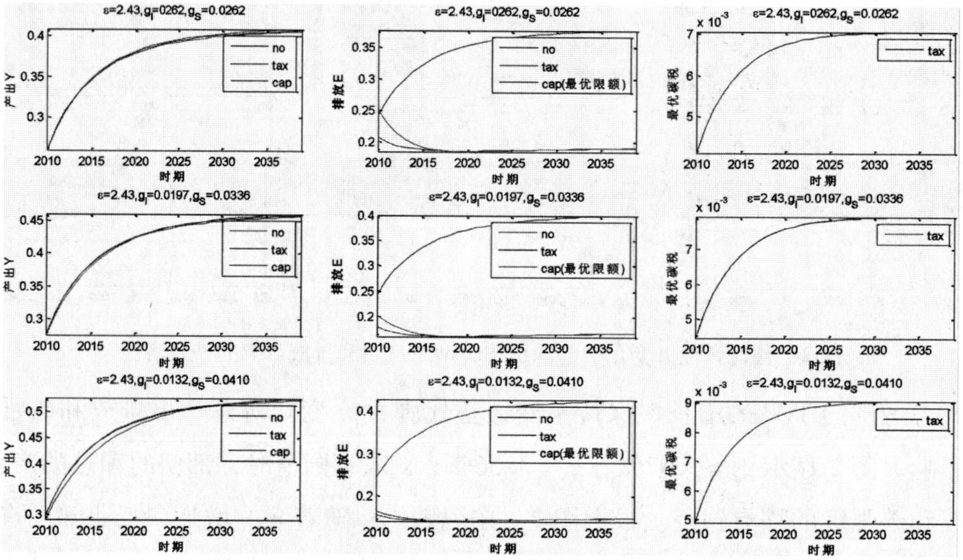

图 3　最优减排政策及其对产出和排放影响的鞍点路径

表 3　减排政策对产出、排放和碳强度的影响（%）

结构参数	减排政策	部门增长率（%）$g_I=2.62$，$g_S=2.62$			部门增长率（%）$g_I=1.97$，$g_S=3.36$			部门增长率（%）$g_I=1.32$，$g_S=4.1$		
		总产出	总排放	碳强度	总产出	总排放	碳强度	总产出	总排放	碳强度
$\varepsilon=2.43$	tax	-1.02	-35.54	-34.88	-1.08	-42.44	-41.81	-1.13	-48.55	-47.96
	cap	-0.57	-35.54	-35.17	-0.63	-42.43	-42.06	-0.68	-48.53	-48.18
$\varepsilon=4.86$	tax	-1.04	-37.06	-36.40	-1.05	-40.21	-39.57	-1.05	-42.25	-41.63
	cap	-0.59	-37.06	-36.69	-0.60	-40.20	-39.84	-0.60	-42.23	-41.88
$\varepsilon=7.29$	tax	-1.05	-38.49	-37.83	-1.02	-37.84	-37.20	-0.99	-35.33	-34.69
	cap	-0.61	-38.49	-38.11	-0.57	-37.83	-37.48	-0.54	-35.31	-34.96

根据上一部分的分析，结构转型有效地降低了碳排放和碳强度，但是即使是最快的转型速度和最有效率的部门 TFP 变化，排放的减小也不能达到我国的哥本哈根承诺，因此，必须采取有效的减排措施来减小排放。碳税和限额政策是两个有吸引力的政策工具，本部分来讨论，在结构转型的背景下，碳税和限额政策对产出和排放的影响，以及最优减排政策该如何实施。

第 266 页图 3 显示了不同的经济结构条件下，碳税和限额政策对产出、排放的影响和最优减排政策的鞍点路径。从第 266 页图 3 中我们发现，如果没有结构转型，短期内，减排政策对产出几乎没有影响，但是碳排放显著减少，而且最优碳税政策引起排放的减少稍大于限额政策。随着时间的推移，减排政策的实施减小了产出，同时两种减排政策随时间的推移对排放减小的影响几乎没有差异。因此，如果没有结构转型，在短期内，碳税政策优于限额政策，因为在相同的产出损失下，短期内碳税政策使得排放更多的减少；第 266 页图 3 还显示了不同的经济结构条件下，碳税和限额政策对产出、排放的影响和最优减排政策的鞍点路径。根据第 266 页图 3，在结构转型背景下，短期内，碳税政策对产出影响不显著，而限额政策使得产出减少，两种政策都使得排放显著减少，限额政策引起排放减少的幅度大于碳税政策。关于最优政策的实施，当经济结构保持稳定时，短期内，最优碳税应该随着产出的增加而增加，因此碳排放随要素的转移和产出的增加而逐渐减小；最优限额政策下，短期最优碳排放路径也是随要素的转移和产出的增加而逐渐减小，但排放的量级稍大于碳税政策下的碳排放量。

第 266 页表 3 显示了不同的经济结构下，碳税政策和限额政策的长期影响。第 266 页表 3 显示，在长期稳态的条件下，对于减小碳排放和碳强度，碳税政策和限额政策没有显著的差异，但是限额政策的产出损失小于碳税政策，例如较快的结构转型条件下，$g_I = 1.97\%$，$g_S = 3.36\%$，$\varepsilon = 7.29$，两种政策都使得碳排放和碳强度减少 37% 左右，而碳税政策使得产出损失达到 1%，限额政策的产出损失为 0.57%，约为碳税损失的一半。因此在长期稳态的条件下，限额政策稍优于碳税政策。

减排政策的实施促使企业减少排放的同时，进一步促进了经济由高碳经济向低碳经济的转型，因此，不管是长期还是短期条件下，减排政策都有效地降低了碳排放。在实施减排政策的条件下，$\eta > 0$，$1 - \gamma > 1 - \alpha$，根据式（23）和（26），减排政策的实施改变了中间产品的相对价格，增长较快部门产品的相对价格更低，最终产品企业对其产品的需求增加，同时要素资源不断由增长较慢的高碳部门向增长较快的低碳部门转移，因此，总的碳排放减少的同时净产出减少不显著。

（三）福利比较

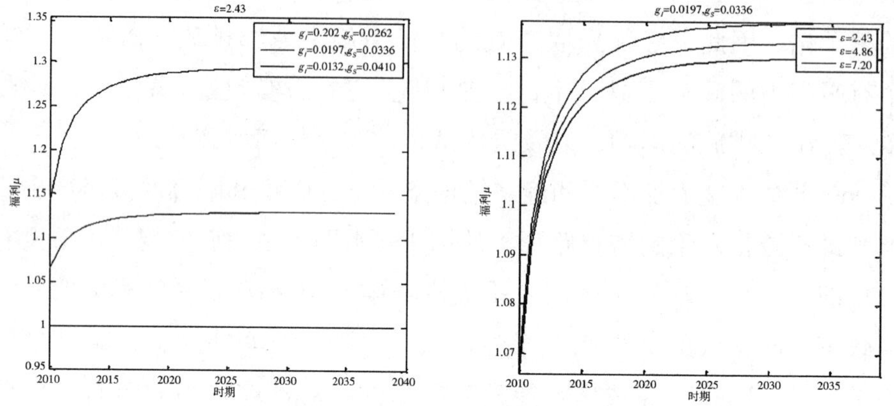

图 4　结构转型对消费者福利影响的鞍点路径

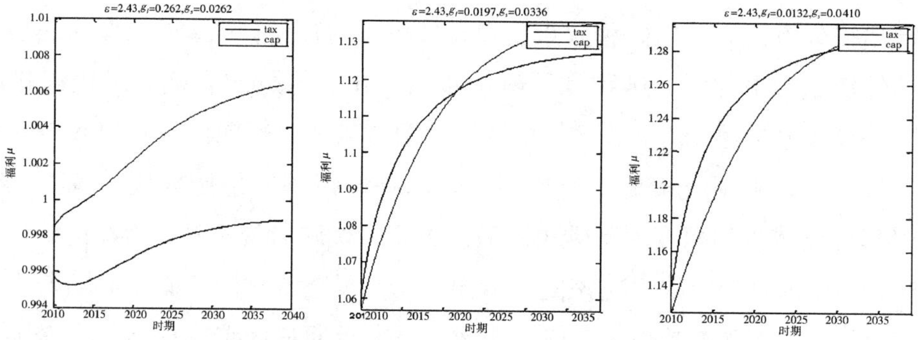

图 5　减排政策对消费者福利影响的鞍点路径

表 4　减排政策对消费者福利的长期影响

减排政策	NO			Tax			Cap		
部门增长率（%） / 结构参数	$g_I=2.62$ $g_S=2.62$	$g_I=1.97$ $g_S=3.36$	$g_I=1.32$ $g_S=4.1$	$g_I=2.62$ $g_S=2.62$	$g_I=1.97$ $g_S=3.36$	$g_I=1.32$ $g_S=4.1$	$g_I=2.62$ $g_S=2.62$	$g_I=1.97$ $g_S=3.36$	$g_I=1.32$ $g_S=4.1$
$\varepsilon=2.43$	1.000	1.130	1.294	0.992	1.122	1.285	0.995	1.125	1.289
$\varepsilon=4.86$	1.001	1.133	1.330	0.993	1.125	1.319	0.996	1.128	1.323
$\varepsilon=7.29$	1.002	1.138	1.365	0.994	1.129	1.353	0.998	1.132	1.358

图 4 显示了结构转型对消费者福利的短期影响。图中显示，随着服务业部门 TFP 的增长率相对工业部门增加，短期内，消费者福利显著增加，部门 TFP 增长率的相对变化驱动的结构转型在短期内显著的增加消费者福利；图 4 的右图显示了部门 TFP 增长率保持不变，两部门产品替代弹性 ε 增加，即转型速度

的增加对消费者福利的影响。图中显示，转型速度增加，在短期内增加消费者福利，但是增加幅度不显著；第 268 页表 4 的 2 ~ 4 列显示了结构转型对消费者福利的长期影响，表中显示，在长期稳态的条件下，部门 TFP 的增长率相对变化使得消费者的福利增加，而转型速度对消费者福利影响不显著。总之，不管是长期还是短期，当服务业部门 TFP 的增长率相对工业部门增加时，伴随经济由低增长高碳经济向高增长低碳经济转型，产出增加，排放减少，环境质量改善，因此消费者福利显著增加。而结构转型的速度对产出几乎没有影响，当服务业部门 TFP 增长率大于工业部门时，转型速度的提高虽然减少碳排放，但对环境质量的改善不显著，因此转型速度的提高对消费者福利的改善不显著。

第 268 页图 5 显示了不同的经济结构下减排政策对消费者福利的短期影响。图中显示，两种政策的短期福利效应随经济结构的变化而变化，当经济维持现有的经济结构，工业占比大于服务业时，短期内，限额政策优于碳税政策，碳税政策引起更多的福利损失。而随着结构的转型，当服务业占比超过工业时，短期内限额政策引起更多的福利损失，碳税政策优于限额政策。

第 268 页表 4 显示了不同的经济结构下减排政策对消费者福利的长期影响。由第 268 页表 4 发现，减排政策减小了消费者福利，比如当 $g_t = 1.97\%$，$g_s = 3.36\%$，$\varepsilon = 7.29$ 时，如果没有减排政策，消费者的福利为 1.138，而在碳税政策实施的条件下消费者福利减小为 1.129，福利损失 0.79%，限额政策下消费者福利为 1.132，福利损失 0.53%。在其他经济结构下，减排政策的实施对消费者福利有相似的影响。因此，减排政策的实施降低了消费者的福利，但是对消费者福利的影响程度并不显著。同时，限额政策的福利成本小于碳税政策，如果以福利影响作为比较碳税和限额政策的准则，从长期来看，限额政策稍优于碳税政策。

七、结论与政策建议

本文在一般均衡框架下，引入环境质量因素，通过两部门一般均衡模型探讨结构转型对我国产出、碳排放和碳强度的影响，同时在结构转型背景下，研究最优减排政策设计和选择以及减排政策的产出成本和福利成本。作为对已有研究的补充，本文不仅通过数理模型和数值分析验证了已有文献的实证研究结果：结构转型有效减小碳排放[15, 18]，同时进一步得到如下主要研究结论：第一，在结构转型降低碳排放方面，部门 TFP 增长率驱动的结构转型远重要于部门替代弹性驱动的结构转型。虽然不同驱动下的结构转型都显著减小了碳排放，降低了碳强度，但是部门TFP增长率驱动的结构转型在显著的降低碳排放的同时，使得短期和长期的产出都显著增加，消费者福利显著改善；而部门替代弹性驱动的结构转型对产出和消费者福利并无显著的影响。第二，最优减排政策的选择与政策实施时的经济结构高度相关。在经济发生结构转型的背景下，短期内，碳税政策引起更少的产出损失和福利成本，因此碳税政策优于限额政策，最优碳税应随产出的增加而增加；而当经济完成结构转型，在长期稳态条件下，碳税政策和限额政策可以达到相同的减排效果，但限额政策引起更小的产出损失和福利损失，故限额政策优于碳税政策，最优限额伴随经济的平衡增长逐渐减小。第三，结构转型背景下实施减排政策减少碳排放，并不需要在经济发展方面做出重大牺牲。无论是碳税政策还是限额政策，都显著地减小了碳排放，改善环境质量，但对产出和消费者福利的影响不大，特别是部门TFP增长率驱动的结构转型环境下，减排政策的实施，显著地减小碳排放的同时对产出和消费者福利几乎没有影响。

对于推动结构转型、提升部门TFP，增强中国经济增长潜力，改善环境质量，有如下政策建议：第一，加快经济结构的转型升级。研究表明构转型显著减小了碳排放，降低了碳强度。降低碳排放的根本措施在于经济结构的转型升级，通过转型升级减少污染物排放可减少污染造成的健康和经济损失，高耗能、高污染的行业逐步淘汰。同时结构升级可以增加环保投资，促进节能环保产业发展，带来绿色化驱动红利，形成新的经济增长点。第二，最优减排政策需要把最优碳税政策与限额政策配合使用。研究表明在经济发生转型的背景下，短期内，碳税政策优于限额政策，而在长期稳态条件条件下，限额政策优于碳税政策，因此需要把碳税政策与限额政策配合使用。在结构转型的过程中，采用碳税政策，最优碳税随产出的增加而逐步增加；当经济完成转型，经济结构基本稳定时，选择限额政策工具减少排放，最优限额伴随经济的平衡增长逐渐减小。第三，短期内要充分发挥部门TFP增长的结构效应。在供给侧结构性改革中淘汰高排放低产出的落后产能，通过合理的激励机制引导要素资源向生产率水平和减排技术更高的行业集聚。从中长期来看，技术进步仍然是结构转型和节能减排的主要驱动力。因此要持续推动各行业技术进步，形成技术优势，为经济增长和环境质量改善提供有力支撑。

参考文献

[1] HSU A, ALISA Z. Environmental Performance Index [J]. Wiley StatsRef: Statistics Reference Online, 2016.

[2] 马骏，许永欣，孙茂洋. 基于 CGE 模型的碳减排政策的模拟分析 [J]. 环境工程，2017 (5): 162-166.

[3] ZHANG C, WANG Q, SHI D, et al. Scenario - based Potential Effects of Carbon Trading in China: An Integrated Approach [J]. Applied Energy, 2016: 177-190.

[4] CHEN Z, NIE P. Effects of Carbon Tax on Social Welfare: A Case Study of China [J]. Applied Energy, 2016: 1607-1615.

[5] 武红. 中国省域碳减排：时空格局、演变机理及政策建议——基于空间计量经济学的理论与方法 [J]. 管理世界，2015 (11): 3-10.

[6] 陈健鹏. 温室气体减排政策：国际经验及对中国的启示——基于政策工具演进的视角 [J]. 中国人口·资源与环境，2012 (9): 26-32.

[7] 王班班，齐绍洲. 市场型和命令型政策工具的节能减排技术创新效应——基于中国工业行业专利数据的实证 [J]. 中国工业经济，2016 (6): 91-108.

[8] JIANG J, XIE D, YE B, et al. Research on China's Cap - and - Trade Carbon Emission Trading Scheme: Overview and Outlook [J]. Applied Energy, 2016: 902-917.

[9] CHEN A, GROENEWOLD N. Emission Reduction Policy: A Regional Economic Analysis for China [J]. Economic Modelling, 2015: 136-152.

[10] 吴力波，钱浩祺，汤维祺. 基于动态边际减排成本模拟的碳排放权交易与碳税选择机制 [J]. 经济研究，2014 (9): 48-61.

[11] 国务院发展研究中心课题组，刘世锦，张永生，等. 国内温室气体减排：基本框架设计 [J]. 管理世界，2011 (10): 1-9.

[12] 姚昕，刘希颖. 基于增长视角的中国最优碳税研究 [J]. 经济研究，2010 (11): 48-58.

[13] 杨曦，彭水军. 碳关税可以有效解决碳泄漏和竞争力问题吗？——基于异质性企业贸易模型的分析 [J]. 经济研究，2017 (5): 60-74.

[14] 石敏俊，袁永娜，周晟吕，等. 碳减排政策：碳税、碳交易还是两者兼之？[J]. 管理科学学报，2013 (9): 9-19.

[15] 顾阿伦，吕志强．经济结构变动对中国碳排放影响——基于 IO－SDA 方法的分析［J］．中国人口资源与环境，2016（3）：37-45.

[16] 仲伟周，姜锋，万晓丽．我国产业结构变动对碳排放强度影响的实证研究［J］．审计与经济研究，2015（6）：88-96.

[17] ZHOU X，ZHANG J，LI J. Industrial Structural Transformation And Carbon Dioxide Emissions in China［J］. Energy Policy，2013：43-51.

[18] 郭朝先．产业结构变动对中国碳排放的影响［J］．中国人口资源与环境，2012（7）：15-20.

[19] 李健，周慧．中国碳排放强度与产业结构的关联分析［J］．中国人口资源与环境，2012（1）：7-14.

[20] ENGSTROM G. Structural And Climatic Change［J］. Structural Change and Economic Dynamics，2016：62-74.

[21] NGAI L R，PISSARIDES C A. Structural Change in a Multisector Model of Growth［J］. The American Economic Review，2007（1）：429-443.

[22] BARTZ S，KELLY D L. Economic Growth And the Environment：Theory and Facts［J］. Resource and Energy Economics，2008（2）：115-149.

[23] HERRENDORF B，ROGERSON R，VALENTINYI. Growth and Structural Transformation［M］//AGHION P，DURLAUF S N. Handbook of Economic Growth. Amsterdam：Elsevier，2014：855-941.

[24] FLEURBAEY M. Beyond GDP：the Quest for a Measure of Social Welfare［J］. Journal of Economic Literature，2009（4）：1029-1075.

[25] ACEMOGLU D，GUERRIERI V. Capital Deepening and Non－Balanced Economic Growth［J］. Journal of Political Economy，2008（3）：467-498.

[26] 蔡跃洲，付一夫．全要素生产率增长中的技术效应与结构效应——基于中国宏观和产业数据的测算及分解［J］．经济研究，2017（1）：72-88.

[27] 郭庆旺，贾俊雪．中国全要素生产率的估算：1979—2004［J］．经济研究，2005（6）：51-60.

[28] SONG Z，STORESLETTEN K，ZILIBOTTI F. Growing Like China［J］. The American Economic Review，2011（1）：196-233.

[29] 黄赜琳．中国经济周期特征与财政政策效应——一个基于三部门 RBC 模型的实证分析［J］．经济研究，2005（6）：27-39.

第十四章　PM2.5 污染的经济影响因素与地区差异性分析

高　月　严汉平　安树军*

摘　要　PM2.5 污染是中国当前经济发展过程中较严重的环境问题之一。本文采用 2011 年中国 31 个省（自治区、直辖市）的省域数据，运用因子分析方法分析了影响中国 PM2.5 污染程度的经济因素，同时根据测算结果将各地区划分为重度污染区域、中度污染区域和轻度污染区域三类，并进一步对比分析了产生 PM2.5 污染地区差异性的原因。研究结果表明：工业与机动车排放以及经济、人口规模与产业结构是中国 PM2.5 污染程度的两大主要影响因素；三类污染区域的 PM2.5 浓度存在显著差异，PM2.5 的两类影响因素对不同地区作用程度的不同是产生目前 PM2.5 地区差异性的原因。因此，要有效改善我国 PM2.5 污染状况，必须考虑产生地区污染的异质性原因，各地区有针对性地制定治理措施，以达到实现区域经济与环境的协调发展的目标。

关键词　PM2.5；经济影响因素；地区污染差异；因子分析

一、引　言

近两年来，中国许多城市持续发生的雾霾天气成为经济发展过程中凸显的

* 高月（1987—　），女，陕西西安人，西北大学经济管理学院政治经济学专业博士研究生，研究方向：区域经济和产业集聚；严汉平（1974—　），男，陕西西安人，经济学博士，西北大学经济管理学院教授、博士生导师，陕西省社会科学院研究员，研究方向：经济体制改革与区域经济发展；安树军（1982—　），男，河北平山人，西北大学经济管理学院西方经济学专业博士研究生，研究方向：创新和经济增长质量。

一大环境问题，造成这种雾霾天气的重要污染物——细颗粒物（PM2.5）[①] 迅速引起了人们对空气质量的关注。大量数据和事实显示，中国的 PM2.5 污染问题在时间和空间上主要表现出两个特征：第一，从时间维度来看，2010 年至今是中国 PM2.5 污染最严重的时期，2010 年北京等北方城市和区域的 PM2.5 浓度高达 0.08 ~ 0.10mg/m^3，超过美国标准年均限制 5 ~ 6 倍，南方城市和区域的 PM2.5 浓度超过美国标准 2 ~ 4 倍（梁嘉琳，2011）；2013 年第一季度，实施新《空气质量标准》[②] 的 74 个城市总体超标天数达 55.6%，PM2.5 平均超标率为 49.1%。第二，从空间维度来看，中国 PM2.5 污染具有区域差异性，按照城市空气质量综合指数进行评价，石家庄、保定、济南、西安和乌鲁木齐等城市空气污染较重，海口和拉萨等城市空气质量较好（李禾，2013）。

从根本上讲，PM2.5 污染问题不仅反映的是环境问题，而且与经济发展密切相关。那么，究竟是什么经济因素导致了中国各地区的 PM2.5 污染？产生 PM2.5 污染地区差异性，尤其是各省差异性的原因是什么？这一问题的回答对各地区相应部门选择适合本地区的既能保证经济健康发展又能改善 PM2.5 污染现状的政策措施具有重要意义。本文将利用省域数据回答这一问题，运用因子分析方法探索 PM2.5 的经济影响因素，并对产生 PM2.5 污染省际差异的原因进行分析。

本文的结构安排如下：第二部分是相关文献述评；第三部分对我国各地区 PM2.5 的污染现状进行描述；第四部分是基于所建立的指标体系对 PM2.5 经济影响因素及地区差异性原因进行的测度与结果分析；第五部分为本文的结论与政策启示。

二、相关文献综述

PM2.5 概念的提出始于 20 世纪 90 年代的美国，它是监测大气污染程度的重要指数之一，已经被广泛应用于城市与区域的大气质量评价。在前期，学术界对 PM2.5 的研究主要集中在 PM2.5 的物理化学源解析、排放特征、对大气能见

---

① PM2.5（细微颗粒）属于 PM（Particular Material）的一类，直径小于 2.5 微米，可被人体吸入肺部，会对人体健康造成损害的富集重金属等有害物质的细颗粒。

② 中华人民共和国环境保护部．环境空气质量标准［EB/OL］．中华人民共和国环境保护部网站．（2012 - 02 - 29）［2013 - 04 - 25］．http：//www.zhb.gov.cn/gkml/hbb/bgg/201203/t20120302_ 224145.htm.

度的影响以及对人体健康的危害等方面，大多局限于环境科学领域。中国对PM2.5 的研究可以追溯至20 世纪80 年代，任继凯等（1982）曾以“复合污染”的名词提出对其进行过生态学研究，但该问题成为一个社会问题得到全民关注却开始于2012 年。目前，国内外不同领域的学者对PM2.5 的研究都取得了一定进展，这些研究成果主要集中于以下两个方面：

（一）PM2.5 的影响因素

造成PM2.5 的因素在自然科学领域已有学者做过大量研究。一般而言，大气污染的来源主要分为两类，一类为土壤扬尘和海盐等自然源，另一类为工业燃料的燃烧、工业生产和交通运输等人为源（邵龙义等，2000）。Chan et al.（1999）利用化学模型技术测量出澳大利亚PM2.5 的质量分布主要是由扬尘、机动车尾气、生物体的燃烧、元素碳和二次污染物、海盐、富钙和钛化合物等组成的。Gieré et al.（2006）通过研究火力发电厂中煤炭燃烧对环境的影响发现，燃煤过程中产生的烟尘包含了大量细小颗粒物，这些细颗粒物都是PM2.5 的重要组成部分。根据《2012 年中国机动车污染防治年报》①，2011 年中国机动车保有量达到20754.6 万辆，与1980 年相比增加了30 倍，全国机动车颗粒物（PM）年排放量为62.1 万吨，机动车尾气排放已成为中国空气污染的主要来源，是造成灰霾、PM2.5 污染的重要原因。

一部分学者通过对个别城市的大气污染物进行检测，分析了这些特定城市的PM2.5 来源。刘咸德等（1998）对青岛市PM2.5 的来源进行的研究显示，青岛市的主要污染源为土壤扬尘和燃煤飞灰、硫酸盐二次颗粒物和海盐颗粒三种，而机动车尾气的排放和两种种工业排放对该市PM2.5 的产生作用并不大。杨丽萍和陈发虎（2002）对兰州市大气降尘的污染来源及占比进行研究发现，燃煤、风沙扬尘、汽车尾气与建材四大因素是该市大气降尘污染物的主要来源。宋宇等（2002）对北京市的PM2.5 来源进行了定性分析，认为地面扬尘、建筑尘、生物质燃烧、二次源、机动车排放和燃煤尘是北京PM2.5 的6 大主要来源。

大气污染物的产生往往伴随着经济发展过程而出现。符淼等（2008）对中国经济发展阶段和环境污染的库兹涅茨关系进行非参数估计后发现，中国大部

① 中华人民共和国环境保护部. 2012 年中国机动车污染防治年报［EB/OL］. 中华人民共和国环境保护部网站.（2012－12－27）［2013－04－25］. http://www.zhb.gov.cn/gkml/hbb/qt/201212/t20121227_244340.htm.

分省区的大气污染曲线拐点处于工业化中初级阶段。傅晶燕（2009）指出物质资本和人力资本密度高的产业是烟尘和粉尘排放最多的产业。还有部分学者运用省际面板数据对中国经济增长与大气污染物之间的关系进行实证检验后发现，人均 GDP 与工业烟尘、工业粉尘和工业二氧化硫等大气污染物之间的关系分别呈现一种较为复杂的曲线关系，证明了经济增长是影响中国污染排放的重要原因（毛晖等，2013；彭水军等，2006a，2006b）。

（二）PM2.5 的地区差异性

不同地区的大气污染程度具有差异性。Donkelaar et al.（2010）根据卫星监测所得数据绘制的全球空气质量地图显示，中国的华北、东北、华中全部和北非是全球 PM2.5 最高的地区。自 20 世纪 90 年代以来，中国学者对中国主要城市及区域 PM2.5 浓度进行的监测显示，PM2.5 污染较严重的区域主要集中华北地区、东部地区以及湿度大的沿海地区（魏复盛等，2001），并且中国的大气污染开始呈现出从城市和个别地区的污染转变成大范围的区域性污染，变得更加难以控制与不易治理（Zhang et al.，2008）。韩素芹等（2008）对天津市近地层 PM2.5 的质量浓度进行测度后发现，本地源而非周边地区的远距离输送是造成天津市 PM2.5 的主要原因，判定了 PM2.5 的地理来源主要是本地而非外围地区。毛晖等（2013）在研究工业污染的库兹涅茨曲线时发现，经济增长与工业污染的关系在不同的经济区域具有显著差异。陈军等（2011）的研究表明，在不同区域，煤炭消耗对不同污染物排放的影响各不相同，煤炭消耗对各项污染排放的影响在经济发达地区的程度高于在经济欠发达地区的程度。

从现有的研究成果可以发现：第一，目前对 PM2.5 的研究基本都是从 PM2.5 的形成原因、物理及化学结构、对环境的影响等角度进行的，研究成果大多集中于自然科学领域。第二，现有相关文献大多集中于对大气污染总体状况与经济发展关系的实证研究，由于目前中国对 PM2.5 大范围的详细讨论开始的时间不久，对大气污染物的 PM2.5 污染与经济发展关系展开的研究还比较少。第三，已有的有关大气污染颗粒物的研究大多集中于中国个别城市，没有从全国范围或省域范围上对 PM2.5 的污染因素以及产生 PM2.5 地区差异性的原因做进一步研究。基于此，本文从省域角度对中国 PM2.5 的经济影响因素和地区差异性原因进行实证研究。

三、中国各地区PM2.5污染的现状和比较

（一）中国各地区PM2.5污染现状

按照最新《环境空气质量标准》规定的PM2.5年平均一级基准浓度标准（年均35μg/m³）与平均二级浓度限值标准（年均15μg/m³），本文将全国30个地区（将重庆并入四川处理）划分为三类区域：重度污染区域，指年均PM2.5浓度大于35μg/m³的地区，包括山东、江苏、河南、四川、河北、安徽、湖北和广西共8个省区；中度污染区域，指年均PM2.5浓度在15μg/m³至35μg/m³之间的地区，包括湖南、天津、北京、江西、云南、陕西、广东、山西、上海、浙江、贵州、辽宁、新疆、甘肃、福建和吉林16个省市区；轻度污染区域，指年均PM2.5浓度在15μg/m³以下的地区，包括青海、宁夏、内蒙古、西藏、黑龙江和海南6个省区（图1）。

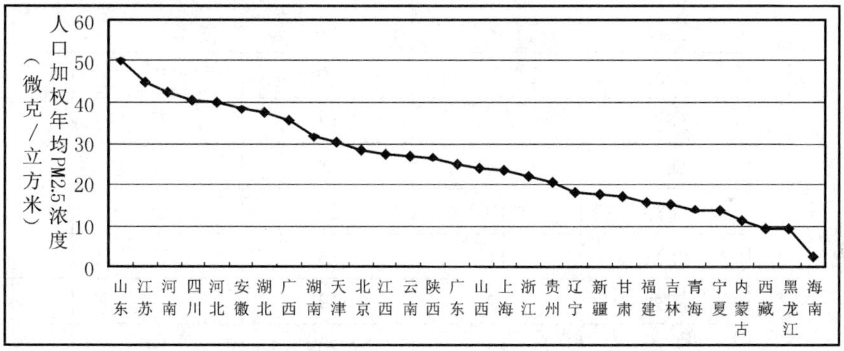

图1　2010年中国各省人口加权年均PM2.5浓度（μg/m³）

注：本图为作者根据美国国家航空航天局（NASA）卫星探测数据①的计算结果。

从图1可以看出，目前中国各省的PM2.5污染浓度相差较大，2010年，污染最严重的山东省的年均PM2.5浓度高达49.97μg/m³，而污染最轻微的海南省年均PM2.5浓度仅为2.54μg/m³，二者相差18.7倍之多。整体而言，中国PM2.5污染情况的地区差异性较大。

（二）中国各地区PM2.5浓度与相关经济因素的比较分析

伴随着经济的高速发展，中国PM2.5的影响因素逐渐趋于复杂并越来越受

① 资料来源网站：http：//news. sina. com. cn/green/news/roll/2012－02－21/124723967226. shtml .

到工业化和城市化的影响。国内外的现有研究成果表明，在工业化的初期阶段，某一地区的 PM2.5 主要由自然源组成，而随着该地区的经济发展，PM2.5 逐渐从传统的自然源污染为主转变为更加复杂的自然源、煤烟以及机动车尾气组成的复合型污染。表 1 是中国各地区年均 PM2.5 浓度与经济发展水平、煤炭消费量、机动车保有量等主要相关经济指标的排名比较。

表 1　2010 年中国各省年均 PM2.5 浓度与主要经济因素排名对比图

污染程度	地区	年均 PM2.5 浓度排名	地区生产总值排名	煤炭消费量排名	机动车保有量排名
重度污染区域	山东	1	3	1	20
	江苏	2	2	6	13
	河南	3	6	5	4
	四川	4	5	7	29
	河北	5	7	4	6
	安徽	6	14	12	16
	湖北	7	10	10	14
	广西	8	18	22	12
中度污染区域	湖南	9	9	15	11
	天津	10	20	26	2
	北京	11	13	27	5
	江西	12	19	23	21
	云南	13	23	19	26
	陕西	14	18	13	24
	广东	15	1	8	8
	山西	16	21	3	1
	上海	17	11	25	18
	浙江	18	4	11	10
	贵州	19	25	16	25
	辽宁	20	8	9	17
	新疆	21	24	18	27
	甘肃	22	26	24	19
	福建	23	12	20	23
	吉林	24	22	17	3

续表

污染程度	地区	年均 PM2.5 浓度排名	地区生产总值排名	煤炭消费量排名	机动车保有量排名
轻度污染区域	青海	25	29	28	7
	宁夏	26	28	21	30
	内蒙古	27	15	2	9
	西藏	28	30	30	28
	黑龙江	29	16	14	22
	海南	30	27	29	15

注：本表数据为作者根据《中国统计年鉴 2011》《中国能源统计年鉴 2011》《中国第三产业统计年鉴 2011》和美国国家航空航天局（NASA）卫星探测数据等整理得到。

从表 1 中各项指标的排名情况可以看出，各地区的年均 PM2.5 污染浓度排名与地区生产总值排名、煤炭消费量排名、机动车保有量排名都不是一一对应的关系，PM2.5 污染不是单一因素影响的结果，而是多个因素综合影响的结果，造成 PM2.5 污染的原因复杂多样，对各地区年均 PM2.5 浓度排名起主导作用的因素不一致。因此，我们需要分析 PM2.5 的多种经济影响因素，以及各因素对 PM2.5 浓度的贡献率大小，从而进一步解释产生这种污染地区性差异的原因。

四、中国省域 PM2.5 污染的经济影响因素分析——基于指标体系的测度

中国于 2012 年开始在京津冀、长三角、珠三角等重点区域以及直辖市和省会城市开展 PM2.5 监测项目，但是，目前按照《环境空气质量标准》要求开展此监测并发布细颗粒物（PM2.5）的实时监测数据和环境空气质量指数等信息的城市只有 74 个，且实时数据的公布起始于 2013 年 1 月 1 日①，因此目前中国市级和省级的 PM2.5 地面实际浓度数据都缺失严重。

考虑到目前中国各省 PM2.5 浓度的数据可得性，以及影响 PM2.5 污染的各经济因素之间可能存在相关性，本文采用因子分析法（Factor Analysis，FA）对中国 31 个省（直辖市、自治区）进行 PM2.5 污染的经济影响因素分析。

① 这 74 个城市的实时 PM2.5 数据及近 24 小时空气质量指数参见“PM2.5 监测网”，http://www.pm2d5.com/.

(一) 指标体系构建

根据构建 PM2.5 经济影响因素的评价指标体系时需要遵循的横向相关性、纵向可比性、数据可得性与选取科学性等原则，并结合现有的相关研究成果，本文选取了 13 项主要经济变量作为中国 PM2.5 浓度影响因素的评价指标，以此形成了中国 PM2.5 经济影响因素的综合指标体系（表 2）。

表 2　中国 PM2.5 的经济影响因素指标体系

总体层	指标层	变量
PM2.5 的经济影响因素评价	地区生产总值（亿元）	X_1
	地区人口数量（人）	X_2
	地区工业生产总值（亿元）	X_3
	地区建筑业生产总值（亿元）	X_4
	煤炭消费量（万吨）	X_5
	石油消费量（万吨）	X_6
	汽车保有量（万辆）	X_7
	工业废气排放量（亿立方米）	X_8
	工业二氧化硫排放量（吨）	X_9
	工业氮氧化物排放量（吨）	X_{10}
	工业烟（粉）尘排放量（吨）	X_{11}
	机动车氮氧化物排放量（吨）	X_{12}
	机动车烟（粉）尘排放量（吨）	X_{13}

(二) 数据来源与数据处理

本文基于中国 31 个省（直辖市、自治区）PM2.5 的污染现状，采用重度污染区域、中度污染区域和轻度污染区域的划分方法，考虑数据的可得性及对现实背景的解释力，选取 2011 年的相关数据。所有初始数据均根据《中国统计年鉴 2012》《中国 2010 年人口普查资料》《中国能源统计年鉴 2012》《中国环境统计年鉴 2012》和《中国第三产业统计年鉴 2012》等资料整理得到①。

为了消除变量不同量纲的影响，我们对原始数据进行标准化处理，数据标准化的公式为 $x'_{ij}=(x_{ij}-x_j)/S_j$，其中，x_{ij}为第 i 个地区第 j 个指标的原始数据值，x_j 是第 j 个指标的原始数据值的均值，S_j 是第 j 个指标的原始数据值的标

① 2011 年的西藏煤炭消费量、石油消费量与贵州石油消费量数据缺失。

准差。

（三）因子分析的可行性检验

本文运用 SPSS19 统计软件，先对标准化处理后得到的数据进行 KMO 检验和 Bartlett 球形检验，以查看变量之间是否存在相关性以及作因子分析的可行性。检验得到 KMO 检验值 =0.866 >0.7，表明可以进行因子分析，且 Bartlett 球形检验 P =0.00 <0.01，拒绝 Bartlett 球形检验的相关系数矩阵为单位矩阵的零假设，即各变量之间存在显著的相关性，说明适合对这些变量作因子分析。检验结果见表 3。

表 3　KMO 和 Bartlett 球形检验结果

取样足够度的 Kaiser – Meyer – Olkin 度量	0.866
Bartlett 的球形度检验 近似卡方	669.263
df	78
Sig.	0.000

（四）公共因子的提取与命名

使用主成分分析法对选取的 13 个指标进行变量共同度计算，得到中国 PM2.5 经济影响因素各指标的初始解与变量共同度提取值（表 4）。表中"初始"列表示对这 13 个指标采用主成分分析法提取了 13 个特征值后原有指标的所有方差都可被解释，指标的共同方差均为 1；"提取"列为通过将经过标准化处理后的数据降维后提取特征根的变量共同度数值，表示该指标能够被提取的所有公共因子解释的方差的比例，此列数值大多在 0.8 至 1 之间，说明提取的公共因子能够解释这 13 个指标的绝大多数信息，因此本文对这 13 项评价指标作因子分析提取的总体效果比较理想。

表 4　公因子方差

变量	初始	提取
X_1	1.000	0.973
X_2	1.000	0.796
X_3	1.000	0.969
X_4	1.000	0.873
X_5	1.000	0.901
X_6	1.000	0.525

续表

变量	初始	提取
X_7	1.000	0.891
X_8	1.000	0.879
X_9	1.000	0.878
X_{10}	1.000	0.938
X_{11}	1.000	0.922
X_{12}	1.000	0.882
X_{13}	1.000	0.861

根据变量总方差的解释情况（表5），前2个公因子解释的累计方差为86.836%，说明提取前2个公因子就可以包含原来13个指标86.836%的信息，降维效果较理想。对比“旋转平方和载入”与“提取平方和载入”发现，经过旋转得到的新公因子的方差贡献值和方差贡献率差距比未旋转时减小且最终累计方差贡献率不变，因此我们按照方差贡献率大于85%的原则确定最终提取2个公共因子。可以看出，因子1对PM2.5污染程度的影响高达73.543%，而因子2对PM2.5污染程度的影响仅为13.294%。

表5　解释的总方差

成分	初始特征值			提取平方和载入			旋转平方和载入		
	合计	方差的 %	累积 %	合计	方差的 %	累积 %	合计	方差的 %	累积 %
1	9.561	73.543	73.543	9.561	73.543	73.543	5.828	44.829	44.829
2	1.728	13.294	86.836	1.728	13.294	86.836	5.461	42.008	86.836
3	0.615	4.731	91.567						
4	0.399	3.066	94.633						
5	0.215	1.653	96.286						
6	0.178	1.373	97.659						
7	0.125	0.960	98.619						
8	0.066	0.508	99.127						
9	0.050	0.381	99.508						
10	0.027	0.209	99.717						
11	0.018	0.139	99.856						
12	0.014	0.110	99.966						
13	0.004	0.034	100.000						

得到初始成分矩阵后，再采用方差最大旋转法经过 3 次旋转后可以得到旋转成分矩阵（表 6）。旋转前的因子载荷矩阵显示，X_{10} 等 12 个变量（除 X_6 外）在第 1 个因子上的因子载荷都较高（大于 0.7），说明这些变量大多与因子 1 高度相关，而因子 2 与所有变量的相关性都相对较小且实际含义不够明确。在旋转成分矩阵中，X_1，X_3，X_7，X_4，X_2 和 X_6 等 6 个变量在因子 1 上的载荷下降较多，而在因子 2 上的载荷上升较大，说明这 2 个因子主要解释的变量的因子载荷具有显著差异。

表 6　旋转前后的因子载荷矩阵

成分矩阵			旋转成分矩阵		
成　分			成　分		
	1	2		1	2
X_{10}	0.937	−0.246	X_{11}	0.959	0.055
X_{12}	0.926	−0.154	X_5	0.880	0.355
X_{13}	0.913	−0.166	X_9	0.876	0.332
X_8	0.895	−0.278	X_{10}	0.847	0.469
X_1	0.895	0.410	X_8	0.840	0.417
X_5	0.882	−0.351	X_{12}	0.776	0.528
X_7	0.872	0.362	X_{13}	0.775	0.510
X_2	0.867	0.212	X_1	0.286	0.944
X_9	0.863	−0.365	X_3	0.364	0.915
X_1	0.858	0.486	X_7	0.381	0.864
X_4	0.855	0.377	X_4	0.358	0.863
X_{11}	0.732	−0.622	X_2	0.480	0.752
X_6	0.592	0.417	X_6	0.141	0.711

从表 6 中的旋转成分矩阵可以看出，第 1 个因子主要解释 X_{11}，X_5，X_9，X_{10}，X_8，X_{12} 和 X_{13} 这 7 个指标，其中 X_8 ~ X_{11} 均与工业污染物排放有关，X_{12} 和 X_{13} 与机动车污染排放有关；第 2 个因子主要解释 X_1，X_3，X_7，X_4，X_2 和 X_6 这 6 个指标，其中 X_1 为经济规模指标，X_2 为人口规模指标，X_3，X_4，X_6，X_7 均与产业结构有关。因此，我们将第 1 个因子（F_1）命名为“工业与机动车排放”，将第 2 个因子（F_2）命名为“经济、人口规模与产业结构”（第 284 页表 7）。

表 7 PM2.5 污染的经济影响因素评价指标体系

主因子	主因子名称	指标说明	指标名称
F_1	工业与机动车排放	工业排放	X_8：工业废气排放量（亿立方米）
			X_9：工业二氧化硫排放量（吨）
			X_{10}：工业氮氧化物排放量（吨）
			X_{11}：工业烟（粉）尘排放量（吨）
			X_5：煤炭消费量（万吨）
		机动车排放	X_{12}：机动车氮氧化物排放总量（吨）
			X_{13}：机动车烟（粉）尘排放量（吨）
F_2	经济、人口规模与产业结构	经济规模	X_1：地区生产总值（亿元）
		人口规模	X_2：地区人口数量（人）
		产业结构	X_3：地区工业生产总值（亿元）
			X_4：地区建筑业生产总值（亿元）
			X_6：石油消费量（万吨）
			X_7：汽车保有量（万辆）

（五）中国省域 PM2.5 污染的影响因子得分、排名及地区差异性分析

由于存在自然条件、产业结构和经济发展水平的差异，中国各地区 PM2.5 污染状况不可能相同，在不考虑目前 PM2.5 污染区域差异的情况下，难以有效地治理与缓解中国的 PM2.5 污染问题，从而影响区域经济与环境协调发展目标的实现。因此，对产生 PM2.5 污染的地区差异性原因进行分析具有现实意义和必要性。具体分析如下：

根据因子得分的系数矩阵（略），分别得到因子 1 与因子 2 对全国范围 PM2.5 污染的因子得分公式：

$$F_1 = -0.129X_1 - 0.019X_2 - 0.096X_3 - 0.086X_4 + 0.207X_5 - 0.122X_6 - 0.079X_7 + 0.179X_8 + 0.211X_9 + 0.169X_{10} + 0.304X_{11} + 0.132X_{12} + 0.136X_{13} \quad (1)$$

$$F_2 = 0.265X_1 + 0.152X_2 + 0.236X_3 + 0.219X_4 - 0.083X_5 + 0.217X_6 + 0.215X_7 - 0.052X_8 - 0.09X_9 - 0.035X_{10} - 0.208X_{11} + 0.002X_{12} - 0.004X_{13} \quad (2)$$

式（1）为第一个因子“工业与机动车排放”的得分函数，显示出代表工业排放的 X_5、$X_8 \sim X_{11}$ 以及代表机动车排放的 X_{12}、X_{13} 有较大的正的系数，其他变量的系数均为绝对值较小的负值。因此，若一个地区的因子 1 得分越大，代表该

地区的工业排放或机动车排放越多，本地区的 PM2.5 污染状况受工业与机动车排放的影响越大，反之工业与机动车排放是本地区 PM2.5 污染主导因素的可能性越小。

式（2）为第二个因子“经济、人口规模与产业结构”的得分函数，显示出代表经济规模的 X_1、代表人口规模的 X_2 以及代表产业结构的 X_3，X_4，X_6 和 X_7 等变量有较大的正系数，而其他变量的系数为负或者绝对值很小的正数。因此，若某地区的因子 2 得分越大，则该地区由规模效应或产业结构引起的 PM2.5 污染越严重，反之本地区的 PM2.5 污染受规模效应或产业结构的影响越小。

运用 SPSS19 软件，计算得到全国 31 个省（直辖市、自治区）的公因子 1 得分（FAC1）及其排名以及各地区的公因子 2 得分（FAC2）及其排名，再分别以因子 1 的方差贡献率 44.829% 和因子 2 的方差贡献率 42.008% 为权重，求得全国范围内的地区综合得分（zF）及总排名，见表 8。

表 8　2011 年中国省域 PM2.5 污染的因子得分、综合得分及排名

地区	*FAC*1	排名	*FAC*2	排名	*zF*	总排名	区域划分
山东	1.22936	5	2.25075	2	1.5	1	重度污染区域
河北	2.90364	1	-0.31655	18	1.17	2	
江苏	0.34595	7	2.10868	3	1.04	3	
广东	-0.3385	21	2.83841	1	1.04	4	
河南	1.55805	4	0.42497	7	0.88	5	
辽宁	0.37527	6	0.73768	5	0.48	6	
山西	2.12576	2	-1.29799	31	0.41	7	
浙江	-0.62277	24	1.44599	4	0.33	8	
内蒙古	1.66815	3	-1.0205	29	0.32	9	
四川	-0.14759	15	0.46989	6	0.13	10	
安徽	0.30878	8	-0.13584	13	0.08	11	
湖北	-0.16337	16	0.17042	11	0	12	
湖南	-0.20045	18	0.16712	12	-0.02	13	中度污染区域
陕西	0.14679	10	-0.20768	15	-0.02	14	
黑龙江	-0.02645	14	-0.21438	16	-0.1	15	
江西	-0.02356	13	-0.36339	20	-0.16	16	
新疆	0.17996	9	-0.65815	24	-0.2	17	

续表

地区	*FAC*1	排名	*FAC*2	排名	*zF*	总排名	区域划分
广西	-0.23948	19	-0.26552	17	-0.22	18	中度污染区域
云南	0.00928	12	-0.54242	22	-0.22	19	
福建	-0.74094	25	0.22544	9	-0.24	20	
吉林	-0.1858	17	-0.46179	21	-0.28	21	
贵州	0.06929	11	-0.97466	28	-0.38	22	
上海	-1.07064	28	0.21952	10	-0.39	23	
重庆	-0.62233	23	-0.33683	19	-0.42	24	
甘肃	-0.44185	22	-0.63738	23	-0.47	25	
天津	-1.04442	27	-0.1454	14	-0.53	26	
北京	-1.44472	31	0.26099	8	-0.54	27	
宁夏	-0.3102	20	-1.14534	30	-0.62	28	度污染区域
青海	-0.9113	26	-0.97449	27	-0.82	29	
海南	-1.21315	30	-0.69586	25	-0.84	30	
西藏	-1.17274	29	-0.92568	26	-0.91	31	

根据表8中各地区PM2.5经济影响因素的两个因子得分（FAC1、FAC2），以公因子1得分为横坐标、公因子2得分为纵坐标，绘制得到中国各地区PM2.5污染的影响因子得分聚类图（图2）。依据图2中各地区散点的分布情况，对中国31个省（直辖市、自治区）的PM2.5污染的综合现状做聚类，可以显著地分为3类。

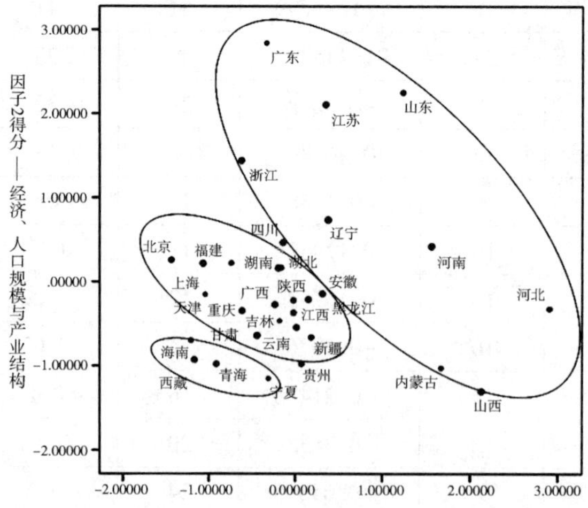

图2 2011年中国省域PM2.5污染的经济影响因子得分聚类图

结合第 285 页表 8 中各地区 PM2.5 污染的因子综合得分（zF），具体将全国 31 个省（直辖市、自治区）划分为以下三类区域：

1. 重度污染区域（zF≥0）

中国 PM2.5 重度污染区域包括山东、河北和江苏等 12 个省区，综合得分远远高于其他省区。其中，FAC1 及其排名较高且 FAC2 及其排名较高的地区为山东、江苏、河南和辽宁，说明“工业与机动车排放”和“经济、人口规模与产业结构”两者共同点是这些省份 PM2.5 污染的主要影响因素；FAC1 及其排名较高但 FAC2 及其排名较低的地区为河北、山西和内蒙古，说明“工业与机动车排放”是这三个省区 PM2.5 污染的主要影响因素；FAC1 及其排名较低但 FAC2 及其排名较高的地区为广东、浙江和四川，说明“规模与产业结构”是这三个省份 PM2.5 污染的主要影响因素；FAC1 及其排名居中且 FAC2 及其排名居中的地区为安徽和湖北，同时与这两个省份的总排名也一致，说明“工业与机动车排放”和“经济、人口规模与产业结构”两者都是这两个省份 PM2.5 污染的主要影响因素。

2. 中度污染区域（−0.60≤zF<0）

中国 PM2.5 中度污染区域包括湖南、陕西和黑龙江等 15 个省市区。其中，FAC1 及其排名较高但 FAC2 及其排名较低的地区为陕西、江西、新疆、云南、贵州、天津和北京，说明“工业与机动车排放”是这 7 个省市区 PM2.5 污染的主要影响因素；FAC1 及其排名较低但 FAC2 及其排名较高的地区为福建和上海，说明“经济、人口规模与产业结构”是这两个省市 PM2.5 污染的主要影响因素；其余省市的 FAC1 排名、FAC2 排名与 zF 总排名均基本一致，说明这些省市 PM2.5 污染是“工业与机动车排放”和“经济、人口规模与产业结构”两种因素共同影响的结果。

3. 轻度污染区域（zF<−0.60）

中国 PM2.5 轻度污染区域包括宁夏等四个省区。这四个省区的 FAC1、FAC2 与 zF 均为全国最低，三者排名也都基本一致，说明这些地区的工业与机动车排放较少且经济、人口规模与第二产业生产总值较低，从而产生的 PM2.5 污染程度最轻。

对比第 285 页表 8 的因子综合得分总排名和第 278 页表 1 的年均 PM2.5 浓度排名，除广东、山西、内蒙古和天津、北京外，本文通过 PM2.5 的经济影响因素分析对中国各省 PM2.5 污染程度进行的综合评价排序与美国科研机构根据卫星探测数据推算得到的 2010 年中国各省年均 PM2.5 浓度的排名基本一致。这两种排名产生差异的原因可能是，一方面，结合各指标的得分系数和现实背景来看，广东包括中国经济最发达的珠江三角洲城市群，是中国的制造业生产服务中心，由工业生产引起的大气污染较严重；山西和内蒙古等西北部省份都是中国的富煤产区，属于典型的煤炭型污染，煤炭燃烧产生的烟（粉）尘、二氧化硫、氮氧化物等污染物是这些地区 PM2.5 污染的主要来源。另一方面，近年来北京和天津实施了严格的机动车尾气排放标准以及机动车油品升级政策，通过出台限号、限行等交通管理措施与政府补助激励相结合的方法降低机动车的尾气排放，对这两个城市 PM2.5 浓度的降低起到了一定积极作用，这一点可以从 74 个城市公布的 PM2.5 实时监测数据得到印证，2013 年以来北京和天津的城市空气质量为“优”或“良”的天数都逐渐增多①。

综合以上研究结果与分析，“工业与机动车排放”以及“经济、人口规模与产业结构”是中国 PM2.5 污染的主要经济影响因素，重度污染区域、中度污染区域和轻度污染区域三类区域的 PM2.5 污染程度存在明显差异，而导致 PM2.5 污染地区差异的主要原因不尽相同。

五、结论与政策启示

本文基于构建的指标体系，运用因子分析方法测度了 2011 年中国 31 个省（直辖市、自治区）的 PM2.5 污染程度，并从工业与机动车排放以及经济、人口规模与产业结构两方面探索了影响中国 PM2.5 污染的主要经济因素。最后，对造成中国 PM2.5 污染地区差异性的影响因素进行了聚类分析。

分析结果显示，2011 年全国 31 个省（直辖市、自治区）的 PM2.5 浓度大小主要由工业排放、机动车排放、经济规模、人口规模和产业结构共同决定，工业废气排放量和机动车氮氧化物排放量等工业与机动车排放因素，以及地区生产总值和汽车保有量等规模与产业结构因素是影响中国 PM2.5 污染程度的两大主要因素。

本文还根据两类影响因素的综合得分，将中国 31 个省（直辖市、自治区）

① 相关资料及数据参见“PM2.5 监测网”，http：//www.pm2d5.com/.

划分为重度污染区域、中度污染区域和轻度污染区域三类。结果显示，这三类区域的 PM2.5 污染程度差异显著，各地区产生这种差异主要是因为 PM2.5 的两类经济影响因素在各地区的影响程度不同。

PM2.5 问题是环境问题，归根结底还是消费、产业结构和经济、人口规模问题。PM2.5 监测被首次纳入《国家环境空气质量标准》和 2012 年政府工作报告的事实表明，各地区必须兼顾经济增长与环境保护，寻求合适的、有效的方式解决区域经济与环境发展不平衡、不协调的问题。本文的分析结论对改善目前中国各地区的 PM2.5 污染现状具有一定政策含义和启示。

首先，各地区在治理 PM2.5 污染时应结合 PM2.5 的区域差异性，制定和实施有针对性的、差异化的治理措施。从各地区的角度来看，要降低本地区的 PM2.5 浓度，就必须考虑产生 PM2.5 污染程度的地区差异性原因，相关经济部门应该选择适合本地区的政策措施，或者以改善机动车排放和工业排放为重点进行治理，或者以调整产业结构和推动产业优化升级为重点进行治理，再或者对两类因素进行同时治理。同时，各地区还应该做到部门联动和区域联防联控，从单一地区的 PM2.5 治理向区域联合治理转变，凭借各地区的共同力量达到促进区域经济与环境均衡、协调发展的目标。

其次，针对“工业与机动车排放”这一 PM2.5 的影响因素，采取工业减排与机动车减排的 PM2.5 污染源直接控制措施。在控制工业排放方面，对工业二氧化硫、氮氧化物等主要污染排放物制定排放标准，对电力、钢铁和水泥、建筑业等行业除尘以控制一次性颗粒物的排放，并采取污染许可证、征收碳税和环境污染税的方式控制工业污染总量；在控制机动车污染方面，各地区和相关部门按照相关机动车燃油标准实施，在加快柴油和汽油的油品升级、加速老旧车辆和高排放车辆的淘汰、加大车用燃料清洁化力度以及限制城市机动车数量、缓解城市交通道路堵塞等方面采取综合措施。工业减排与机动车减排治理措施的结合采用，能够避免工业排放与机动车排放再形成复合大气污染。

最后，针对“经济、人口规模与产业结构”这一 PM2.5 的影响因素，采取转变经济发展方式、调整产业结构和建立大气保护的长效机制等措施控制 PM2.5 污染程度。在转变经济发展方式方面，各地区引导现有的煤炭、石油等能源高消耗型增长方式实现转变，实现绿色转型，促进环境与经济的协调和融合；在调整产业结构方面，推动电力、钢铁和水泥等重化工业为主的产业结构优化升级，加快发展高新技术产业、先进制造业和服务业等产业，减少经济发展对环境的破坏；在建立大气保护的长效机制方面，从区域基础设施建设、区域发展规划制定和区域合作等方面对 PM2.5 污染颗粒的多样性和治理的复杂性进行长远考虑，相关经济部门和环保部门共同建立区域大气保护的长效机制，从而促进区域经济与环境保护的可持续发展。

参考文献

[1] 梁嘉琳. PM2.5：灰霾天气的元凶 [N]. 科技日报，2011－11－23（7）.

[2] 李禾. 环境保护部：一季度 74 城市近半天数污染超标 [N]. 科技日报，2013－04－25（8）.

[3] 任继凯，陈清明，陈灵芝，等. 土壤中镉、铅、锌及其相互作用对作物的影响 [J]. 植物生理学与地植物学丛刊，1982，6（4）：320-329.

[4] 邵龙义，时宗波，黄勤. 都市大气环境中可吸入颗粒物的研究 [J]. 环境保护，2000（1）：24-29.

[5] CHAN Y C，SIMPSON R W，MCTAINSH G H，et al. Source Apportionment of PM2.5 and PM10 Aerosols in Brisbane (Australia) by Receptor Modeling [J]. Atmospheric Environment，1999，33（19）：3251-3268.

[6] GIER R，BLACKFORD M，SMITH K. TEM study of PM2.5 Emitted from Coal and Tire Combustion in a Thermal Power Station [J]. Environ. Sci. Technol，2006，40（20）：6235-6240.

[7] 刘咸德，封跃鹏，贾红，等. 青岛市大气颗粒物来源的定量解析——化学质量平衡方法 [J]. 1998（5）：51-54.

[8] 杨丽萍，陈发虎. 兰州市大气降尘污染物来源研究 [J]. 环境科学学报，2002，22（4）：499-502.

[9] 宋宇，唐孝炎，方晨，等. 北京市大气细粒子的来源分析 [J]. 环境科学，2002，23（23）：11-16.

[10] 符淼，黄灼明. 我国经济发展阶段和环境污染的库兹涅茨关系 [J]. 中国工业经济，2008（6）：35-43.

[11] 傅晶燕. 产业特征、环境规制与大气污染排放的实证研究 [J]. 中国人口·资源与环境，2009（2）：73-77.

[12] 毛晖，汪莉．工业污染的环境库兹涅茨曲线检验——基于中国 1998—2010 年省际面板数据的实证研究［J］．宏观经济研究，2013（3）：89-97.

[13] 彭水军，包群．经济增长与环境污染——环境库兹涅茨曲线假说的中国检验［J］．财经问题研究，2006（8）：3-17.

[14] 彭水军，包群．中国经济增长与环境污染——基于广义脉冲响应函数法的实证研究［J］．中国工业经济，2006（5）：15-23.

[15] DONKELAAR A，MARTIN RV，BRAUER M，et al. Global Estimates of Ambient Fine Particulate Matter Concentrations from Satellite – based Aerosol Optical Depth：Development and Application［J］. Environ Health Perspect，2010，118（6）：847-855.

[16] 魏复盛，滕恩江，吴国平，等．我国 4 个大城市空气 PM2.5、PM10 污染及其化学组成［J］．中国环境监测，2001（12）：1-6

[17] ZHANG Y H，HU M，ZHONG L J，et al. Regional Integrated Experiments on Air Quality over Pearl River Delta 2004（PRIDE – PRD2004）：Overview［J］. Atmospheric Environment，2008，42（25）：6157-6173.

[18] 韩素芹，李培彦，李向津，等．天津市近地层 PM2.5 的垂直分布特征［J］．生态环境，2008，17（3）：975-979.

[19] 陈军，李世祥．中国煤炭消耗与污染排放的区域差异实证［J］．中国人口·资源与环境，2011，21（8）：72-79.

第十五章　政府干预、经济集聚与能源效率

师　博　沈坤荣

摘　要　本文在政府干预背景下经验分析企业、产业和区域三个层面经济集聚对能源效率的影响与作用机制。实证结果显示，市场机制主导的企业集聚能够显著提高能源效率，由于政府干预和环境治理的“搭便车”倾向导致产业集聚无法对能源效率产生预期效果，能源效率与表征区域聚集的城市密度呈 U 型变动特征。此外，相机抉择使得政府节能减排战略对改善能源效率未能发挥应有效果。控制政府干预的核心因素金融发展变量后发现，金融发展规模扩张、地方政府干预增强导致的资源配置扭曲以及中央政府信贷干预的道德风险，均会抑制产业集聚对能源效率的改进。金融发展效率提高则有助于产业集聚提升能源效率。然而由于存在环境质量治理的市场失灵，借助市场力量和政府适度干预更有利于节能减排目标的实现。

关键词　经济集聚；政府干预；能源效率；节能减排

一、引　言

经济集聚通过规模报酬递增（Dixit et al.，1977；Krugman，1991；Fujita et al.，1999）、技术外溢（Fujita，1989）和不完全竞争（Dixit et al.，1977；Fujita et al.，1999）引导要素和经济活动在空间集中，已成为现代经济增长的特征性事实。不仅如此，理论上经济集聚对提升能源效率会产生三个层面的积极效应：首先，规模效应有助于降低企业平均成本，包括能源在内的各类要素的单位产出消耗量会伴随集聚程度的提高而显著下降；其次，新经济地理学的相关

研究（Krugman，1991；Fujita，1999）认为技术的外部性与企业间技术溢出是经济活动集聚的主要驱动力。而能源效率持续改进的本质来源于技术进步与技术外溢（Newell et al.，1999；李廉水等，2006；史丹等，2008），旨在分享技术溢出效应的经济集聚则具备了推动能源效率持续改进的可能；最后，不完全竞争通过诱发厂商的价格和质量竞争降低成本，当能源价格持续高企，竞争效应能够形成有效的节能激励机制。

作为全球最具活力的经济体，中国的增长奇迹也是经济集聚不断深化的过程。就企业层面分析，为了节约交易成本，大量企业聚集于市场经济更为发达和活跃的区域，东部工业企业总数在全国占比已由1978年40.5%攀升至2011年72.5%；在产业层面，地方政府通过大规模兴建工业园区、招商引资以推动本地经济增长，在客观上为产业集聚创造了条件，2011年中国工业赫芬达尔指数比1978年提高了20.9%；从区域层面来看，为了获取更高的收益率，各种产品和要素逐渐向城市集中。1978—2011年以人口衡量的城市化率从17.92%激增至51.27%，2011年城镇占全社会固定资产投资比重较1981年上升了23个百分点。在经济集聚快速启动的同时，中国能源利用效率也呈显著改进态势，单位产出能耗（能源强度）自1978年的15.68（吨标准煤/亿元）降至2011年的4.24。简单的数据分析显示，经济集聚与中国能源效率提升可能具有内在关联。然而值得注意的是，传统意义上的经济集聚是以市场机制为导向，各类要素在回报率的引导下自发集聚，但在中国政府对经济集聚的过度干预却普遍存在。为了提升政绩地方政府向投资本地的企业提供融资、土地以及税收等各种优惠，通过主动诱导形成了表面的产业集聚——“企业扎堆”。由于并未遵循市场规律，以追逐“政策租”为目标的产业集聚不仅难以产生技术外溢，更会在低水平竞争的恶性循环中导致重复建设和严重的资源浪费，使经济集聚应有之绩效降低。本文基于政府干预的视角，围绕企业、产业和区域三个层面解读经济集聚对能源效率的作用机制，从而探寻借助政府适度干预和市场力量共同提升能源效率的可行选择。

我们以中国1998—2010年省级面板数据为样本，使用EBM模型测算纳入非合意产出环境污染的能源效率，并对经济集聚与能源效率的关系进行实证检验，发现政府干预会显著影响经济集聚对能源效率的作用效果。在市场机制的引导下接近市场中心的企业更具运输成本和信息获取的优势，用以间接表征企业层面经济集聚的市场接近度与能源效率呈现出预期的同方向变动特征。然而，由于地方政府有意愿和能力通过贷款影响企业的投融资决策，在产业层面的经济集聚，即政府干预造成的企业扎堆，往往不具有市场力量形成的产业集聚的技术外溢效应，产业集聚并未直接促进能源效率提升。当控制了政府干预的核心因素金融发展和产业集聚交互项后，显示金融发展规模越高、地方政府对产业集聚的潜在干预增加，抑制了产业集聚对能源效率提升的效果。此外，中央政府信贷干预越高的地区，易于滋生道德风险，商业银行缺乏对贷款企业进行有效评估的动力，集聚于当地的贷款企业对于节约包括能源消耗成本在内的各项支出的约束减少，也会降低产业集聚对能源效率改进产生的积极影响。由于先污染后治理的广泛存在，涵盖环境质量信息的EBM能源效率随区域层面经济集聚的代理变量城市密度的提高先下降后上升。值得注意的是，为了应对2008年国际金融危机，中央政府相机抉择地以大量基础设施投资刺激经济，前后不一致导致2006年推出的节能减排政策未能发挥应有作用。

本文余下的结构安排是：第二部分对已有文献进行回顾和述评；第三部分在Fisher－Vanden（2004）模型的基础上分析经济集聚与能源效率关系的理论内涵，并对相关指标进行说明与测算；第四部分经验分析政府干预下的经济集聚对能源效率的作用机制；最后是基本结论。

二、文献评述

气候变迁与能源供需失衡已成为威胁全球经济稳定增长最为严峻的挑战，提升能源效率则是摆脱能源困境切实可行的选择。大量研究（Sinton et al.，1994；Lin et al.，1995；Garbaccio et al.，1999；史丹，2008；吴利学，2009）认为能源效率改进的本质在于依托技术进步。后续研究则在细分技术进步的基础上，深入分析差异化的技术进步对能源效率的影响。Fisher－Vanden（2004）分析显示资本节约型的技术创新是中国能源效率改进的核心驱动力。李廉水等（2006）则将广义技术进步分解为科技进步和技术率，并发现技术效率是我国能源效率提升的主因，科技进步的贡献相对较低。但也有研究认为（Khazzoom，1980）技术进步虽然能够直接提升能源效率，但在回报效应（Rebound effect）的作用下，技术进步会刺激经济增长进而间接带动能源消耗攀升，使得技术进步的节能效应具有不确定性。

Newell et al.（1999）发展的诱致性技术变迁理论阐明虽然在表面上技术进

步有助于能源效率提升，但节能技术是由能源价格变迁所激发，因此能源价格是影响能源效率的关键所在。Mulder et al.（2003）的研究显示，对能源价格征税也会加速节能技术扩散，引发资本和劳动对能源的替代，降低能源消耗。能源价格不仅会影响能源技术，Popp（2002）使用1970—1994年美国专利数据发现，能源价格还与科技创新显著正相关。也有研究发现，能源价格对能源效率具有差异化的影响。Kaufmann（2004）实证分析表明，能源价格与美国能源效率具有显著影响，但由于能源效率可以向上灵活调整，而向下调整具有黏性，导致能源价格与能源效率间存在非对称性关系。杨继生（2009）使用STR模型指出，1993年之前能源价格对中国能源效率的影响较弱，之后逐渐增强。袁晓玲等（2009）发现能源价格与能源效率呈弱正相关性。造成能源价格对能源效率影响不显著的原因在于，中国能源消费以煤炭为主，实行电煤和商品煤的价格双轨制，较难挖掘出能够准确反映能源价格变动的科学指标。

由于中国能源供需的市场化机制尚未完善，学者们逐渐将研究视角聚焦于经济结构与能源效率的关系。齐志新等（2007）使用因素分解法（Ang et al.，2003）发现工业轻重结构对能源消费的影响都比较小，并且呈逐年下降态势。魏楚等（2007）实证结果显示第三产业占GDP的比重增加则会提升能源效率。相对于工业结构的变迁而言，产业结构的高级化可能对能源效率影响更为显著。除了对产业结构的考察外，经济结构中的市场化、开放度和城市化也会作用于能源效率。史丹（2002）认为市场经济主要借助改进企业X低效率和改善能源配置效率提升能源利用效率。Fan et al.（2007）采用超对数成本函数估计要素替代弹性，指出1993年以来市场经济的不断完善提高了要素替代弹性，进而通过加快要素配置速度提升了能源效率。与之接近的是，史丹（2002）分析经济开放度时指出，我国1980—1992年我国要素净流出协调了要素投入比例关系和供需关系，1993年之后FDI产生要素净流入增加的同时也创造了技术和管理效应，以1993年为分水岭要素流出和流入均改进了能源效率。Fisher - Vanden等（2004）也发现外资、港澳台资企业拥有比国有企业相对较高的能源效率，FDI流入能够借助技术外溢提高中国的技术效率、组织效率和能源效率。樊茂清等（2009）则使用投入产出时间序列估算能源、资本和劳动的份额方程研究表明，以贸易表征的经济开放度能显著改进我国能源效率。

除了产业结构、市场化和外向性外，城市化是我国经济结构变迁的另一个重要表现形式，城市化通过作用于能源消费总量影响能源效率（Cole et al.，2004；York，2007）。但是城市化对能源消费的影响却具有非线性关系，Poumanyvong et al.（2010）使用STIRPAT模型发现，城市化会降低低收入国家能源消费，但会提升高收入国家能源消费。相似的，Sadorsky（2013）采集了76个发展中国家数据，使用异质性静态模型分析发现，城市化一方面通过消费和生产活动的高度集中增强了经济活力，带动能源消费攀升；另一方面城市化会产生规模经济促进能源效率提升，总体而言城市化两种相左的力量会改善能源效率。Liu et al.（2013）使用时间序列数据发现，由于产业结构、技术进步和能源管理政策的变动，中国能源效率与城市化之间也存在非线性关系。

然而仅定量分析经济结构变动对能源效率的影响，似乎并未触及宏观经济运行中能源效率提升的深层因素，中国经济增长的特征性事实必然与能源效率具有内在关联。进一步分析不难发现，中国产业结构变迁不仅体现在三次产业结构的变化，更表现为相关产业在空间的集聚，而产业集聚和城市化均是要素和产品在空间集中，即经济集聚的表现形式。此外，中国的市场化改革是通过打破单纯由政府计划调配资源的机制，建立和完善依靠市场机制引导要素自发向高报酬地区和部门流动，提升资源配置效率，这又与企业聚集于经济发达地区的分析逻辑相契合。然而在财政分权和政绩考核背景下，地方政府对经济的干预较为普遍，尤其是对企业投资的干预已成为影响企业行为选择的重要变量。在政府和市场力量双重作用下，资源配置可能会被扭曲，经济集聚应有的绩效会随之降低。正是基于上述原因，本文尝试从经济集聚的视角捕捉影响中国能源效率改善的潜在因素，剖析政府干预背景下经济集聚对能源效率的作用机制，挖掘依靠市场力量和政府适度干预共同提升能源效率的可行选择。

三、理论模型与变量说明

（一）理论模型

借鉴 Fisher - Vanden 等（2004）的研究思路，本文假定生产需要物质资本（K）、人力资本（H）和能源（E）的投入，通过成本最小化分析，设定 Cobb - Douglas 成本函数：

$$C(P_k, P_H, Q) = A^{-1}G^{-1}P_K^{\alpha_K}P_H^{\alpha_H}P_E^{\alpha_E}Q \quad (1)$$

其中，A 表示全要素生产率，G 表征经济集聚程度，Q 是产出水平，而 P_K、

P_H 和 P_E 分别为物质资本、人力资本和能源的名义价格，α_j 代表各投入要素的产出弹性。对于企业而言，经济集聚的内涵在于能够借助外部经济使得平均成本整体下降，因此本文设定的成本函数与经济集聚负相关。

一般来说，全要素生产率由制度变量与技术进步共同决定，1978 的改革开放是对中国经济影响最大的制度性因素，同时经济结构变迁会对全要素生产率产生一定的作用。因此我们对全要素生产率的表述如下：

$$A_i = f\left(\text{Open}_i,\ \text{Mark}_i,\ \text{Str}_i\right) + \varepsilon_i \tag{2}$$

式（2）中 Open 是经济外向型水平，Mark 为市场化进程，Str 表征产业结构变迁。

根据谢泼德引理，能源需求等于成本函数对能源投入价格求偏导：

$$E = \left(\alpha_E A^{-1} G^{-1} P_K^{\alpha_K} P_H^{\alpha_H} P_E^{\alpha_E} Q\right) / P_E \tag{3}$$

E 为生产中能源投入量，进一步我们假定产出的价格取决于三种投入要素的价格，即：

$$P_Q = P_K^{\alpha_K} P_H^{\alpha_H} P_E^{\alpha_E} \tag{4}$$

其中 $\sum \alpha_j = 1$，在产品同质性的条件下 P_Q 能够代表一般物价水平。为了保证能够得到唯一的内点解，经济学理论往往假定生产函数是拟凹的，继而会得到既定产量水平下，企业要素成本最小化与利润最大化相吻合，即成本函数与生产函数具有对偶性。相应地可以通过最优化证明，Cobb – Douglas 成本函数必然对应的是一个 Cobb – Douglas 生产函数。生产函数表征的是产量和要素投入量之间的关系，在现实中生产函数往往难以观测，而成本函数是要素价格和产出水平的函数，这些变量能够也更易于观测，因此我们利用成本函数分析企业的要素需求决策。本文假定产品同质即完全竞争的市场结构，企业在长期仅能获得正常利润，换言之企业总收益应等于总成本即 $C = P_Q Q$，如果忽略全要素生产率和经济集聚的影响则需要假定 $P_Q = P_K^{\alpha_K} P_H^{\alpha_H} P_E^{\alpha_E}$。进一步纳入了全要素生产率和经济集聚，企业会借助技术创新和外部性获得超额利润，即企业的总收益大于总成本，从而保证了价格假设条件的合理性。

进而我们将式（4）代入式（3），可得：

$$E = \left(\alpha_E A^{-1} G^{-1} P_Q Q\right) / P_E \text{ 或 } Q/E = \alpha_E^{-1} AG\left(P_E / P_Q\right) \tag{5}$$

由式（5），不难发现以能源强度倒数表征的能源效率取决于全要素生产率、经济集聚程度和实际能源价格（P_E/P_Q），并且能源效率与经济集聚程度、全要素生产率和能源价格均呈正比关系。

新经济地理学认为经济集聚的来源可以划分为三个层面：企业层面、产业层面和区域层面（Lall et al.，2004；范剑勇，2006）。首先，厂商以节约交易成本为选址布局原则，在地理空间上围绕产品和要素市场中心形成企业层面的经济集聚。其次，为了共享技术外溢出现了行业层面的经济集聚即产业集聚。最后，旨在获取更高的收益率以及共享基础设施和信息、技术，大量企业、产品和要素向城市集中，构成了区域层面经济集聚——城市化。在此基础上，我们可以将经济集聚表述为：

$$G_i = g\ (MA_i,\ LQ_i,\ UD_i)\ + \varepsilon_i \tag{6}$$

市场接近度 MA（Market Access）[①] 是刻画企业层面聚集经济的指标。接近市场中心的厂商在节约运输成本和获取信息方面更具优势，生产率水平也相应更高。此外，交通基础设施在提升区域间交流与联系方面发挥着重要的作用。一方面，可靠便捷的交通设施能够通过提高运输能力、节约投入和产出的运输成本，减少生产的平均成本。另一方面，拥有良好交通基础设施的地区可以借助降低消费支出增加消费者剩余，从而提升了对私人投资的吸引力。更为重要的是，高质量的交通基础设施能够有效激发厂商、研发中心以及政府间的知识外溢。因此，市场接近度由厂商与市场中心距离、市场的商业规模和密度以及交通基础设施水平所决定。我们遵循 Harris（1954）的方法测算市场接近度：

$$MA_i = \sum_{i \neq r} S_r/d_{ri} + S_t/d_{ii} \tag{7}$$

式中 S 是地区市场的规模指标，本文用 1998 年不变价格计算的居民消费支出作为代理变量；d_{ri} 为 r 和 i 地区间的距离，考虑到交通基础设施的作用，并且煤炭等大宗货物均使用铁路运输，我们采用了两地间铁路里程作为替代；d_{ii} 是各地区内部距离[②]。我们认为距离市场中心越近，厂商越能够有效降低用于运输成本的能源支出，提升了能源效率。

在完全竞争模型中，生产过程一般被假定为规模报酬不变，但是特定地区整个行业规模扩张即产业集聚水平提高，易于产生外部经济促进厂商生产效率的提高[③]。并且，从消费层面来看，产业集聚通过降低消费者的信息不对称，诱

① 一些文献（Hanson，1998）也将该指标称为市场潜能。

② 内部距离的计算公式为：$d_{ii} = \sqrt{area/\pi}$，area 为个地区的辖区土地面积。

③ 产业集聚对地方经济的影响也被称为地方化经济（Henderson，1999）。

发厂商在价格和质量竞争中降低成本，进而控制企业内部能源消耗。由于制造业能源消费量占我国能源消费总量的比重接近60%。我们使用以城镇就业人数计算的制造业区位商LQ作为产业集聚代理变量。区域内制造业集聚度越高，企业间的节能减排技术外溢更加显著，企业通过竞争降低能源消耗的倾向愈明显，产业集聚与能源效率预期同方向变动。

城市化水平的提高具有规模效应，大城市往往能够支撑多样化的经济活动，从而使得上游供货商和下游厂商在空间布局上更为接近。此外，不仅大型研发中心多集中于大城市，而且大城市也能够为厂商提供更为优良的商业和生产服务。通过基础设施共享，城市化水平的提高有助于增进效率（Hansen，1990），本文采用各地区地级以上城市人口与辖区面积的比值——城市密度（UD）作为城市化的代理变量。然而，城市化的发展会产生“拥挤效应”[①]（Henderson et al.，2001），因此城市密度与能源效率间可能存在非线性关系。

值得注意的是，市场化的产业集聚是由经济主体在约束条件下追求目标最优化的行为选择所引发，因此能够有效降低企业交易成本、激发技术外溢。但是相关研究发现，产业集聚形成过程中并非仅有市场力量在发挥作用，地方政府为了提高政绩对辖区内产业集聚的干预较为普遍。白重恩等（2004）指出地方政府热衷于保护税率高和国有成分高的行业，最终降低了这类行业的区域专业化水平。郑江淮等（2008）通过研究企业进驻开发区的动机发现，为了获取“政策租”落地开发区的企业并不必然与关联企业在空间上集中，但其技术和行为将与地方政府和产业关联要素发生作用，这导致开发区扎堆的企业不具有一般意义上产业集聚的特征。政府对产业集聚的干预源于政府强烈的经济干预冲动。在中国中央政府和地方政府都具备对经济进行干预的动机和能力。在中央政府层面，林毅夫等（1999，2003）指出发展中国家为了实现对发达经济的赶超，往往会基于比较优势理论，通过政府干预的方式优先发展重工业和推行进口替代政策。产业集聚也就与国家经济发展战略有关，但是政府如果不恰当地选择了违背比较优势的产业就需要向该行业提供财政补贴，要素配置将会被扭曲，包括能源在内的各类要素的利用效率下滑。就地方政府而言，干预经济的动机来自两个方面：第一，财政分权体制下地方政府财权和事权不匹配，使得

① “拥挤效应”可以解释为随着城市密度增大资源利用效率会上升，但当城市密度进一步增加由于过度“拥挤”资源利用效率反转下降。

地方政府为了增加本地税收，而倾向于借助行政干预保护本地企业。基于保护税收的地方政府干预会导致地方政府间的竞争，产生重复建设、产业结构趋同和产能过剩，能源的过度消耗难以避免。第二，晋升锦标赛体制下官员的升迁一般与其辖区的GDP挂钩（周黎安，2004，2007）。地方政府官员为了进入晋升通道，产生了依靠行政干预推动投资和本地经济增长的激励，相应地招商引资的热情被升迁的诱惑点燃。单纯为了的促进经济增长，地方政府更为关注入驻辖区企业数量和投资规模，而忽视产业间的关联性以及投资行为是否符合本地比较优势，为实现数量型增长损失了要素配置和利用效率。

为了追逐"政策租"，并不具备关联性的企业形成表面上的空间上集聚——企业扎堆，政府干预下的产业集聚难以对能源效率产生积极影响①。政府干预下的企业扎堆对负面作用体现在：首先，政府干预的产业集聚不仅难以诱发严格意义上的技术外溢，更会在地区间低水平竞争的恶性循环中导致重复建设、过度投资和严重的资源浪费，要素配置被扭曲、能源利用效率恶化。其次，政府为了政绩而对企业提供"政策租"造成企业的"软预算约束"。在获得政府补贴后，企业缺乏降低包括能源消耗支出在内的各项成本的激励，微观层面的能源消费将会增加。最后，为了促进经济增长，政府可能会对本地企业的污染行为纵容和漠视。环境作为公共产品，具有非竞争性和非排他性，企业生产必然会排放污染物，政府加强污染治理则会转嫁为企业生产成本。为了吸引企业投资，政府会适当降低对环境污染的监督，但却损失了包含环境质量信息的能源效率。从表面看政府干预能够促进经济增长，然而行政干预本身的成本却是高昂的，政府不仅会因"政策租"减少财政收入，还会牺牲包括能源在内的各类要素配置效率和环境质量。如果能够捕捉到"政策租"信息，进而在经验研究中控制住其影响，那么产业集聚可能会通过技术外溢促进能源效率改进。地方政府为产业集聚提供的"政策租"大致包括廉价的土地、资本和劳动力等生产要素、完善的基础设施以及税收优惠等，本文认为政府为集聚于辖区内的企业提供的融资支撑是众多"政策租"中的关键变量。

企业和行业发展与融资渠道和融资成本密切相关，Rajan et al.（1998）以及 Claessens et al.（2003）指出金融发展通过拓展企业融资渠道，有助于外部融

① 附录给出了一个简单的证明，产业集聚能够改进能源效率，但在政府干预下能源效率反而下降。

资依赖性行业和企业成长。金融发展不仅会影响企业发展还会作用于产业集聚，张晓蒂等（2010）认为产业集聚实质上是企业家集聚，而金融市场则为企业家显现和产业集聚起到联接效应，较高的金融市场效率通过降低企业家能力临界值的最低要求，提高企业家的比例和分布密度。此外，技术溢出是产业集聚提升能源效率的一个重要途径，但前提是节能减排技术积累已相对成熟和完善，换言之只有存在的技术才可能外溢。而相关实证研究（Acemoglu et al.，1997；Aghion et al.，2005；解维敏等，2011）发现金融发展能够通过分散风险、降低合约的不完备和信息不对称促进企业研发投资、推动技术进步。也有研究直接探讨金融发展与能源消费的关系（孙浦阳等，2011），但企业是能源消费的主体，金融发展仅在二者之间充当媒介，忽略了企业和行业的行为选择和运行规律可能会导致有偏的结果。政府干预的核心因素金融发展会作用于产业集聚，更为关键的是中国地方政府有能力也有意愿通过金融机构贷款影响企业投融资行为（Zhang et al.，2007；钱先航等，2011；Cull et al.，2013），并将其意愿贯穿于产业集聚。

本文采用三个指标分析金融发展通过产业集聚对能源效率的影响。

第一，金融发展规模（Loan）。理论研究认为金融发展取决于金融资产总值与国民财富之比，但是一方面准确的金融资产数据难以获取，另一方面地方政府通常通过贷款对产业集聚施加影响，我们选择各地区金融机构贷款余额与GDP比值作为衡量金融发展规模的指标。

第二，金融发展效率（FE）。金融发展效率决定着各类企业融资渠道顺畅与融资成本高低，现有研究多采用非国有部门贷款占总贷款比重作为衡量金融发展效率的指标，但是官方统计并没有公布非国有经济部门信贷数据。本文沿袭Zhang et al.（2007）的分析思路，从总贷款中剥离国有经济部门贷款。假定金融机构的贷款分为国有经济部门和非国有经济部门的信贷，并且信贷的匹配比例与其固定资产投资比例相对应，建立面板回归模型：

$$Loan_{i,t} = \alpha + \gamma SOE_{i,t} + \mu_i + \varepsilon_{i,t} \tag{8}$$

其中，SOE为国有经济部门固定资产投资占固定资产总投资的比重，γSOE代表分配给国有经济部门的贷款份额。非国有经济部门信贷比例，即金融发展效率FE，由金融机构信贷占GDP比重（Loan）的预测值减去经面板固定效应回归得到的国有部门信贷份额的估计值得到。

第三，中央政府信贷干预（CI），不仅地方政府行为会影响产业集聚，中央政府也会借助信贷干预协调各地区产业发展。在中国，中央银行划分地区信贷配额是贯彻货币政策的一个重要手段，本地存款不足的地区对中央银行的依赖必然相对更强，因此各地区贷款与存款的比率能够反映中央政府信贷干预程度（Boyreau - Debray，2003；Liang，2006）。能够获得更多中央银行信贷配额的地区，由于有中央银行作为最后贷款人会滋生道德风险，当地国有银行缺乏提高经营效率和对贷款企业进行有效评估的动力（赵勇等，2010）。贷款与存款比值越低的地区，中央银行对信贷市场的干预较少，金融效率相对更高。

综上所述，本文将能源效率（EE）影响因素的基础模型设定为：

$$EE_{i,t} = \alpha + \beta_1 MA_{i,t} + \beta_2 LQ_{i,t} + \beta_3 UD_{i,t} + \beta_4 UD_{i,t}^2 + \sum \beta X + \varepsilon_i \tag{9}$$

进一步为了考察政府干预对能源效率的影响，我们在式（9）中分别加入金融发展规模、金融发展效率和中央政府干预指标与产业集聚交互项①：

$$EE_{i,t} = \alpha + \beta_1 MA_{i,t} + \beta_2 LQ_{i,t} + \beta_3 UD_{i,t} + \beta_4 UD_{i,t}^2 + \beta_5 (LQ_{i,t} \times Loan_{i,t}) + \sum \beta X + \varepsilon_i \tag{10}$$

$$EE_{i,t} = \alpha + \beta_1 MA_{i,t} + \beta_2 LQ_{i,t} + \beta_3 UD_{i,t} + \beta_4 UD_{i,t}^2 + \beta_5 (LQ_{i,t} \times FE_{i,t}) + \sum \beta X + \varepsilon_i \tag{11}$$

$$EE_{i,t} = \alpha + \beta_1 MA_{i,t} + \beta_2 LQ_{i,t} + \beta_3 UD_{i,t} + \beta_4 UD_{i,t}^2 + \beta_5 (LQ_{i,t} \times CI_{i,t}) + \sum \beta X + \varepsilon_i \tag{12}$$

其中 X 代表控制变量，包括：第一，产业结构高级化指标（TS），第三产业产值与第二产业产值之比（干春晖等，2011）；第二，对外开放可以分为外贸依存度和外资依存度两个层面，但是二者高度相关，为了将其同时纳入计量模型，

① 审稿专家提出的一个非常富有启发性的意见使我们认识到：本文实证模型是建立在微观经济主体企业行为选择分析的基础上，然而囿于数据限制我们无法获取足够的微观数据，因此本文使用了宏观的省际面板数据进行经验检验，这就不可避免地产生了计量经济学中常见的加总问题。由微观数据加总形成的宏观数据会使得计量检验中变量关系发生改变，尤其是涉及经济集聚的影响机制，即并不是所有省份的经济集聚水平都以相同方向和比例变动，经济集聚对能源效率的影响系数将不再是常数而具有时变性。换言之，"加总"使得能源效率函数将不再是线性关系。而这也更进一步使我们认识到，在基础回归模型之后考察经济集聚对能源效率非线性影响的必要性，因此本文分析了区域层面经济集聚——城市密度的二次项以及政府干预核心因素金融发展指标与产业集聚交互项对省际能源效率的作用。本文代表性企业的假定以及使用非线性回归在一定程度上能够缓解"加总"困扰，但并不能彻底根治。使用分位数回归考察不同经济集聚水平对能源效率的影响，以及分别从专业化和多样化的视角考察产业集聚对能源效率的差异化作用就显得尤为重要，在下一步研究中我们将深入考察这些问题。

我们采用主成分分析法将外贸依存度和外资依存度合成一个指标——经济开放度（Open）；第三，政府财政支出与 GDP 的比值 Fiscal，用以衡量市场化水平，比值越低表明政府干预越少，市场化程度俞高；第四，能源价格 PE 的代理变量原材料、燃料和动力购买价格指数；第五，2006 年中央政府首次将节能减排目标纳入国民经济发展规划纲要，模型中加入节能减排虚拟变量 Dumy2006，2006 年之前取 0，之后取 1。上述数据来自历年《中国统计年鉴》《新中国六十年统计资料汇编》和《中国城市统计年鉴》。

（二）能源效率测度

使用数据包络分析（DEA）方法对能源效率进行测度的合理性已经得到理论界广泛的认可，本文将采用 DEA 和能源强度倒数两种方法测度 1998—2010 年中国省级能源效率能源效率。

DEA 能够在一个统一的框架内处理多投入—多产出的效率问题，并且由于放松了 SFA（随机前沿分析）具体函数形式的限制，从而具备了更强的现实解释力。从测算方法来看，经典的 DEA 模型可以划分为两类，第一类以径向测算（Radial Measure）为基础的规模报酬不变（CCR）（Charnes et al.，1978）模型为代表，第二类以非径向测算（Non - radial Measure）为基础的 SBM（Slack - based Measure）（Tone，2001）模型。值得注意的是，无论 CCR 模型还是 SBM 模型都存在一定缺陷。径向的 CCR 模型假定在保持产出不变的前提下测度投入导向的效率分值，但是由于假设条件过于严格导致所有投入要素均要以相同的比例缩减，与现实经济产生背离。而 SBM 模型的效率测算包含了非径向的松弛变量，从而规避了投入要素同比例缩减的假设条件。但这一优化是以损失效率前沿投影值的原始比例信息为代价。并且在线性规划求解过程中，SBM 模型暴露出不足，即取零值和正值的最优松弛具有显著的差别。

为了有效解决 CCR 模型和 SBM 模型测算效率分值存在的问题，Tone（2010）构建了一个综合径向和非径向特点的 EBM 模型。对于具有 m 个投入要素（x）和 s 个产出（y）的 n 个决策单元，EBM 模型可以表示为：

$$
\begin{aligned}
&\gamma^{*} = \min_{\theta,\lambda,s^{-}} \theta - \varepsilon_{x} \sum_{i=1}^{m} \frac{w_{i} S_{i}}{x_{i0}} \\
&\text{s.t. } \theta x_{0} - X\lambda - s^{-} = 0 \\
&\gamma Y \geqslant y_{0}, \gamma \geqslant 0, s^{-} \geqslant 0
\end{aligned}
\tag{13}
$$

其中，γ^* 为 EBM 模型测度的最优效率分值，θ 是 CCR 模型计算的径向效率值，s^- 代表非径向的投入要素的松弛向量，λ 为权重向量，$w-i$ 表示为第 i 个投入变量的权重（用以反映投入变量的重要程度）满足 $\sum_{i=1}^{m} w_i^- = 1$，ε_x 是包含有径向 θ 和非径向松弛的核心参数。$X = \{x_{ij}\} \in Rm \times n$，$Y = \{y_{ij}\} \in Rs \times n$ 分别为投入和产出矩阵，且 $X>0$，$Y>0$。

大量研究（涂正革，2008；魏楚等，2010；陈诗一，2010；张伟等，2011）认为能源投入在维持经济发展的同时产生了不可忽视的坏产出——环境污染，因而对能源效率的分析除了将经济增长作为合意产出外，还应当采用方向性距离函数纳入环境污染作为非合意产出，这样对能源效率测算才更为贴近现实。本文选择除西藏外 30 各省、市、自治区的资本存量、人力资本存量以及能源消费量作为投入变量，产出指标则包括以 1998 年为基期的实际 GDP 和环境质量代理变量 CO_2 和 SO_2 排放量。由于各地区 SO_2 数据的统计始于 1998 年，所以研究的样本期定为 1998—2010 年。

资本存量采用单豪杰（2008）的测算数据，并依据其方法计算了 2007—2010 年省际资本存量数据，换算成 1998 为基期的不变价格。能源消费数据取自历年《中国能源统计年鉴》，2010 年能源消费数据来自《中国统计年年鉴 2011》。人力资本采用各省就业人员人均受教育年限法计算获得，数据取自历年《中国劳动统计年鉴》。本文 CO_2 排放量数据测算使用李锴和齐绍洲（2011）的方法，考虑到 CO_2 排放主要来源于化石能源燃烧和水泥工业生产中从生料转化为熟料的过程。我国一次能源消费结构中，水电几乎不产生 CO_2 排放，而煤、石油和天然气 CO_2 排放因子则分别为 2.7412、2.1358 和 1.6262（万吨/万吨标准煤）。水泥熟料 CO_2 排放因子为 0.5272，水泥中熟料含量大致为 75%，因此生产 1 吨水泥约排放 0.3954 吨 $CO_2$①。《中国统计年鉴》提供了 1998 年以来我国分省的 SO_2 排放量。上述数据除特殊说明外均来自历年《中国统计年鉴》和《新中国六十年统计资料汇编》。

四、计量检验与结果分析

EBM 模型所测算的能源效率显示②，能源利用高效率地区在样本期内均保持

① 林伯强等（2010）测算 CO_2 时也纳入水泥生产中碳酸钙排放的影响。

② 囿于篇幅显著，本文未报告 EBM 能源效率测算结果，感兴趣的读者可与作者联系。

在较高水平，换言之区域能源效率可能存在惯性，同时为了规避潜在的内生性问题，本文使用动态面板模型的两阶段系统广义矩阵（SYS－GMM）方法[①]对实证模型加以估计。

表1　经济集聚与能源效率

被解释变量	模型（1） EE（EBM）	模型（2） EE（EI）	模型（3） EE（EBM）	模型（4） EE（EI）	模型（5） EE（EBM）	模型（6） EE（EI）
ln*MA*	0.090*** (15.24)	0.039*** (14.75)	0.088*** (12.0)	0.040*** (17.24)	0.108*** (3.37)	0.055*** (3.34)
LQ	−0.157*** (−6.29)	0.008 (0.80)	−0.160*** (−11.39)	0.001 (0.05)	−0.126*** (−4.39)	0.062*** (3.68)
UD	0.121*** (9.22)	0.081*** (9.87)	−0.808*** (−5.68)	0.114 (0.68)	−0.839*** (−3.55)	0.273** (2.20)
UD^2			0.069*** (6.67)	−0.003 (−0.204)	0.070*** (3.83)	−0.016* (−1.80)
TS					0.10*** (3.43)	0.047*** (3.34)
Open					0.036*** (3.92)	0.022*** (6.44)
Fiscal					−0.799*** (−3.69)	0.288*** (3.23)
P_E					0.158*** (4.32)	0.008 (0.54)
*Dumy*2006					−0.009 (−0.64)	0.054*** (11.4)

① 本文模型的内生性问题主要来自解释变量的遗漏以及被解释变量和解释变量互为因果关系。首先，我们认为经济集聚通过技术外溢效应改进能源效率，由于一方面技术外溢来自集聚，另一方面缺乏能够准确衡量技术的指标（现有大多数研究使用DEA的方法测度技术进步，由于本文已使用DEA方法测算了能源效率，因此放弃了使用DEA方法计算技术进步），并且在现实中也难以辨别促进能源效率提升的技术，因此模型设计中未纳入技术进步的影响。而可能遗漏的技术进步又与经济集聚和能源价格相关，这是第一种会导致内生性的原因。其次，被解释变量能源效率越高，意味着内嵌于产品的能源消耗愈低，企业单位生产成本越低越有利于企业出口，经济的外向型程度随之提高。从而表现出能源效率和对外开放相互影响。基于上述考虑本文使用两阶段系统广义矩阵对模型加以估计，工具变量选择能源效率的前定变量。

续表

被解释变量	模型（1） EE（EBM）	模型（2） EE（EI）	模型（3） EE（EBM）	模型（4） EE（EI）	模型（5） EE（EBM）	模型（6） EE（EI）
L. EE	0.415*** (39.01)	0.905*** (164.7)	0.401*** (28.1)	0.899*** (125.2)	0.321*** (4.97)	0.957*** (39.23)
Cons	−0.676*** (−8.07)	−0.611*** (−10.89)	2.42*** (5.12)	−0.693 (−1.21)	1.780** (2.36)	−1.03** (−2.41)
AR（1）检验 *P* 值	0.027	0.051	0.032	0.052	0.037	0.0207
AR（2）检验 *P* 值	0.082	0.037	0.107	0.103	0.108	0.105
Sargan 检验 *P* 值	1.00	1.00	1.00	1.00	1.00	1.00

注：*，**和***分别表示1%，5%和10%的显著性水平。

表1的模型（1）仅检验经济集聚与使用EBM方法测算的能源效率之间的关系，市场接近度、城市密度与能源效率显著正相关，出乎意料的是制造业集聚水平的提高却会降低能源效率。为了得到更加准确的信息，我们进一步考察经济集聚对未涵盖环境质量信息的能源强度倒数（EI）① 的影响。如模型（2）所示，市场接近度和城市密度上升均会提高能源强度倒数，并且制造业集聚也会对能源效率改进产生积极的影响。EBM能源效率测算中包含了环境污染，而环境属于公共产品，企业的“搭便车”倾向会抑制减排行为，与之对应能源消耗则需要支付成本，企业有充分的节能激励②。因此，环境的“公地悲剧”是导致模型（1）和（2）中制造业集聚作用方向相左的因素之一。这也佐证了前文的论述，为了推动本地经济增长，政府可能会纵容和漠视企业的污染行为，通过减少对环境污染的监督，客观上降低了企业污染治理成本，实现了吸引企业投资的目的。政府干预越多，以牺牲环境质量为代价的经济增长出现概率越大。作为一致估计，动态面板模型成立的前提是，扰动项的一阶差分仍将存在一阶自相关，但不存在二阶乃至更高阶的自相关。模型（1）和（2）的自相关检验（AR）显示，均不能在10%的显著性水平拒绝一阶和二阶自相关存在，某些重

① 能源强度=能源消费量/GDP，在理论上能源强度与能源效率反方向变动，能源强度越大、能源效率越低，我们在实证模型中取能源强度的倒数衡量未涵盖环境质量信息的能源效率。

② 各能源品种具有差异化的碳排放系数，在预算约束的条件下企业可以通过选择能源消费品种实现节能而不减排。中国的能源结构是“富煤贫油”，煤炭价格更为低廉，企业可以选择用煤炭替代石油控制能源消耗，但是煤炭的含碳量远高于石油，从而导致节能而不减排。

要变量被忽略会导致无法通过了 AR 检验。此外由于动态面板数据使用了多个工具变量，还需要进行过度识别（Sargan）检验。模型（1）和（2）接受“所有工具变量均有效”的原假设，通过了 Sargan 检验。

由于存在“拥挤效应”，城市密度与能源效率间可能具有非线性关系，模型（3）和（4）中分别纳入城市密度的二次项。实证结果表明，城市密度与 EBM 能源效率呈 U 型变动特征，而与能源强度倒数具有不显著的倒 U 型关系。造成这一现象的原因在于，大多数国家都会经历“先污染后治理”，当城市化发展到特定高度、居民收入水平较高时环境质量才会得到充分的重视，EBM 能源效率会随城市密度先下降后上升。城市化进程中，基础设施建设和使用会消耗大量能源，而城市基础设施具有自然垄断特性，城市密度上升初期，城市人口增加使得基础设施使用频率上升，基础设施平均成本持续下降，内嵌于基础设施的能源利用效率得以提升。当城市密度进一步提高，由于“拥挤效应”的作用，基础设施超负荷运营，城市将不得不扩容，新建大规模基础设施带动能源消耗快速攀升，如果不考虑环境质量能源效率将反转下降。加入城市密度的二次项后，模型（3）和（4）都通过了 AR 检验和 Sargan 检验。

模型（5）和（6）中进一步加入控制变量。其中本文最为关注三个层面经济集聚对能源效率的作用方向均为发生变化，并且城市密度与能源强度倒数的倒 U 形关系通过显著性检验。无论对于 EBM 能源效率还是能源强度倒数，产业结构高级化、经济开放度以及能源价格均与能源效率显著同方向变动。值得注意的是，以财政支出占 GDP 比重衡量的政府干预经济指标以及节能减排虚拟变量对 EBM 能源效率和能源强度倒数表现出相反的作用。相对于环境质量而言，获取单纯的节能指标更为便捷和直观，因此短期内地方政府在节能减排目标约束下更容易通过“拉闸限电”的政府干预控制当期能源消耗，而对于改善公共产品——环境质量则显得力不从心①。政府干预越多造成的扭曲愈显著，对包含环境质量的 EBM 能源效率的负面影响越大。这也佐证了前文的论述，为了推动本地经济增长，政府可能会纵容和漠视企业的污染行为，通过减少对环境污染的监督，客观上降低了企业污染治理成本，实现了吸引企业投资的目的。政府

① 近年来地方政府通过“拉闸限电”等行政干预手段有效实现节能目标，而对减少污染排放却鲜有成效。虽然从表面数字上各地都实现了 2006 年的节能目标，但环境污染问题却更为严峻，各地雾霾天气屡创历史新高。

干预越多，以牺牲环境质量为代价的经济增长出现概率越大。

虽然短期内行政干预手段能够有效节能，但在长期无法根治“能源依赖症”，并且节能和减排也不能被简单地割裂开来。为了进一步考察政府干预的影响，我们在模型（5）的基础上，分别纳入金融发展规模、金融发展效率和中央政府信贷干预与制造业产业集聚的交互项，以控制“政策租”的核心因素金融发展对产业集聚的影响。模型（7）至（9）中，各控制变量的作用方向和显著性均为发生变化，并且节能减排虚拟变量对能源效率依然产生不显著的负面影响。尽管2006年国民经济发展规划纲要首次提出年均5%的节能减排目标，但是为了应对2008年国际金融危机冲击，中央政府相机抉择地推出4万亿刺激经济计划，催生了大批高能耗的“铁、公、基”项目，前后不一致性导致节能减排政策未能发挥应有效果。

表2　经济集聚、金融发展与能源效率

被解释变量	模型（7） EE（EBM）	模型（8） EE（EI）	模型（9） EE（EBM）	模型（10） EE（EI）	模型（11） EE（EBM）	模型（12） EE（EI）
ln*MA*	0.154*** (7.99)	0.109*** (3.19)	0.116*** (3.35)	0.135*** (4.82)	0.067** (2.29)	0.075*** (2.70)
LQ	0.055 (1.53)	-0.320*** (-6.07)	-0.123*** (-4.14)	0.188*** (4.54)	-0.148 (-1.50)	-0.023 (-0.20)
UD	-0.476 (-1.56)	-0.781 (-1.59)	-0.839*** (-3.24)	-0.703** (-2.58)	-1.01** (-2.27)	-0.832*** (-3.64)
UD^2	0.043* (1.85)	0.065* (1.78)	0.07*** (3.50)	0.059*** (2.86)	0.081** (2.48)	0.068*** (4.06)
TS	0.133*** (5.43)	0.096*** (3.25)	0.093** (2.46)	0.142*** (3.74)	0.097*** (2.43)	0.109** (2.58)
Open	0.027*** (2.79)	0.043*** (4.83)	0.038*** (4.63)	0.030*** (3.33)	0.044*** (4.63)	0.037*** (3.64)
Fiscal	-0.486** (-2.19)	-0.843*** (-3.09)	-0.792*** (-3.29)	-0.646*** (-2.79)	-0.651*** (-4.74)	-0.693*** (-3.82)
P_E	0.047* (1.70)	0.126*** (3.08)	0.145*** (3.51)	0.096** (2.33)	0.194*** (3.67)	0.207*** (4.50)

续表

被解释变量	模型（7）EE（EBM）	模型（8）EE（EI）	模型（9）EE（EBM）	模型（10）EE（EI）	模型（11）EE（EBM）	模型（12）EE（EI）
Dumy2006	−0.016 （−1.25）	−0.014 （−0.99）	−0.010 （−0.63）	−.001 （−0.07）	−0.011 （−0.83）	−0.003 （−0.29）
$Loan \times LQ$	−0.125*** （−6.13）			−0.107*** （−5.54）		
FE × LQ		0.194*** （4.00）			0.186*** （2.79）	
CI × LQ			−0.007* （−1.77）			−0.010* （−1.79）
$L.EE$	0.336*** （5.86）	0.363*** （7.61）	0.327*** （4.57）	0.282*** （5.31）	0.343*** （6.31）	0.325*** （6.93）
$Cons$	0.815 （0.81）	1.778 （1.05）	1.822** （2.26）	1.36 （1.55）	2.258 （1.44）	1.596** （2.13）
AR（1）检验 P 值	0.041	0.029	0.036	0.033	0.031	0.033
AR（2）检验 P 值	0.155	0.122	0.109	0.109	0.118	0.109
Sargan 检验 P 值	1.00	1.00	1.00	1.00	1.00	1.00
备注	制造业集聚	制造业集聚	制造业集聚	工业集聚	工业集聚	工业集聚

注：*，**和***分别表示1%，5%和10%的显著性水平。

加入金融发展规模与产业集聚的交互项后，制造业产业集聚却能够促进能源效率但却不显著，而交互项的系数显著为负。第305页表1和表2实证结果的对比显示，实证结果印证了之前的推断，借助金融机构贷款影响产业集聚是地方政府主要干预行为。在未控制表征政府干预的金融发展指标时，产业集聚会抑制能源效率提升。由于政府干预的影响，表面的集聚——“企业扎堆”不仅不会产生技术外溢、促进能源效率提升，并且行政干预下扭曲了要素配置、企业节能约束软化以及政府放松对企业污染排放的监管力度，最终反而使得能源效率恶化。尤其值得注意的是，政府干预信贷资源配置后，会导致贷款企业的过度投资（程仲鸣等，2008），引发包括能源在各类资源消耗的激增。控制了金融发展规模指标后，产业集聚能够促进能源效率提升。但是从产业集聚的边际效应来看[①]，随着金融发展规模的膨胀，潜在的政府干预增加，产业集聚对能源效率的改进效用趋于弱化。

模型（8）检验金融发展效率的作用，金融发展效率和产业集聚交互项与能源效率显著正相关，而产业集聚依然抑制能源效率改进。但在产业集聚水平一定的情况下，较高的金融发展效率有助于提升能源效率。金融发展效率是由本文估算的非国有部门贷款占总贷款比重衡量，国有企业的不良贷款率远高于非国有企业（谭劲松等，2012），因此非国有部门贷款占比越高反映更高金融发展效率。地方政府通过干预信贷资源的配给，为投资于本地的企业提供了可观的“政策租”。黎凯等（2007）发现在财政分权体系下地方政府更易于通过行政干预影响国有企业的长期信贷，而何贤杰等（2008）指出“政治性”贷款造成了银行对国有企业和非国有企业双重信贷标准，来自政府提高资产质量的压力和向非国有企业发放信贷时潜在的政治成本压力迫使银行为了控制贷款风险对非国有企业制定过于严格的信贷标准，国有企业以及与政府关联性强的企业会得到较高的信贷配额和较低的贷款利率。我们有理由认为，金融发展规模的扩张是以在地方政府的干预下国有部门的信贷规模不断挤出非国有部门信贷为基础的。换言之，潜在的地方政府干预越强，金融发展规模指标越高；金融发展效率指标越高，则意味着较低的地方政府干预。加入金融发展效率和产业集聚交互项后，由于不再直接控制政府干预的影响产业集聚又导致能源效率下降，但是金融发展效率越高即政府干预越少，有助于弱化产业集聚对能源效率的不利影响。

中央政府信贷干预与产业集聚的交互项为负，说明从中央政府的信贷干预来看，给定产业集聚水平，中央政府信贷干预的减少会降低道德风险，对能源效率改进产生积极影响（模型（9））。贷款与存款比值越高的地区，意味着依靠本地存款支撑本地贷款的难度越大，相应地这类地区对中央银行有较高的依赖，中央政府的信贷干预越强。此类地区的商业银行发放贷款大都有中央银行“兜底”，为了获取高额的存贷款利差，商业银行倾向于大规模放贷，缺乏对企业贷款风险的必要评估。这一方面使得集聚于当地的贷款企业对于节约包括能源消耗成本在内的各项支出的约束减少，企业缺乏节能减排的动力；另一方面，企

---

① 金融发展规模对能源效率的边际效应为：$\partial EE/\partial LQ = 0.055 - 0.125Loan$。

业贷款难度降低也会滋生过度投资，并将带动能源消耗攀升。

最后，我们用工业产业集聚替代制造业产业集聚进行稳健性检验。模型（10）至（12）用工业行业从业人员测算工业产业集聚，各变量的作用方向均为发生变化，仅显著性检验有微小的差异。相较于制造业集聚，工业集聚与金融效率的交互项系数绝对值较小，而与中央政府信贷干预交互项系数绝对值更大。工业行业中包含了采掘业，在能源价格逐年走高的背景下，中央政府对能源开采业的控制明显增强，能源开采业的“国进民退”是导致上述结果的可能原因。

五、结 论

借助新经济地理学的相关知识，本文认为在理论上经济集聚通过规模效应、技术溢出效应和竞争效应有利于提升能源效率，为了验证二者间的联系，本文分别从企业、产业和区域三个层面经验分析经济集聚对能源效率的影响与作用机制。研究的主要结论有：

第一，以市场接近度衡量的企业层面集聚与能源效率显著正相关，企业为了节约交易成本围绕市场中心选址布局形成集聚，进而能够有效节约交通运输中的能源消耗、提升能源效率。市场机制通过引导要素合理配置能够对节能减排产生积极影响。此外，交通基础设施质量的改善会进一步提高各地区的市场接近度，进而惠及节能减排。

第二，由于环境治理的“搭便车”倾向与政府干预的扭曲效应，在“政策租”的诱导下企业形成表面的空间集聚——企业扎堆，产业集聚也难以诱发严格意义的技术外溢，进而无法对能源效率改进发挥预期效果。控制了政府干预产业集聚的核心因素金融发展后，我们发现金融发展规模扩张、潜在的政府干预增加会使产业集聚对能源效率的积极作用趋于弱化。给定产业集聚水平，较高的金融发展效率能够提升能源效率。中央政府信贷干预减少会降低道德风险的滋生，有助于以产业集聚改进能源效率。

第三，能源效率与表征区域层面经济集聚的城市密度呈 U 型变动特征。大多数国家都会经历“先污染后治理”，当城市化发展到特定高度环境质量才会得到充分的重视，EBM 能源效率会随城市密度先下降后上升。此外，实证研究还发现城市过度扩容会导致不包含环境质量信息的能源效率下滑。中国城市化建设需要在提升现有基础设施利用效率的同时，防止盲目追求城市规模扩张的“摊大饼”现象，切实贯彻节能减排战略的实施。

本文的研究结论表明与中国经济相似，节能减排战略在深层次也面临着政府干预和市场力量的权衡。虽然政府干预会导致潜在的资源配置扭曲，但也不能完全否认政府的作用。由于存在环境“公地悲剧”和货币信贷的道德风险，政府在环境质量监管和信用评级领域的适度干预能够抵消市场失灵在资源配置中的不利影响。提升能源效率，实现节能减排目标需要借助市场力量和政府适度干预共同作用。

参考文献

[1] ANG B W, LIU F L, CHEW E P. Perfect Decomposition Techniques in Energy and Environmental Analysis [J]. Energy Policy, 2001, 31: 78-89.

[2] ACEMOGLU D, ZILIBOTTI F. Was Prometheus Unbond by Chance? Risk, Diversification and Growth [J]. Journal of Political Economy, 1997, 105: 709-775.

[3] ADAMS J. Comparative Localization of Academic and Industrial Spillovers [J]. Journal of Economic Geography, 2002, 2: 253-278.

[4] AGHION P, HOWITT P. The Effect of Financial Development of Convergence: Theory and Evidence [J]. Quarterly Journal of Economics, 2005, 120: 173-222.

[5] BOYREAU - DEBRAY G. Financial Intermediation and Growth [R]. World Bank Working Paper, 2003, No. 3067.

[6] COLE M A, NEUMAYER E. Examining the Impact of Demographic Factors on Air Pollution [J]. Population and Environment , 2004, 26: 5-21.

[7] CHARNES A, COOPER, W W, RHODES E. Measuring the Efficiency of Decision Making Unites [J]. European Journal of Operational Research, 1978, 2: 429-444.

[8] CLAESSENS S, LAEVEN L. Financial Development, Property Rights and Growth [J]. Journal of Finance, 2003, 58: 2401-2436.

[9] CULL R, LI W, SUN B, et al. Government Connection and Financial Constraint [R]. World Bank Working Paper, 2013, No. 6352.

[10] DIXIT A K, STIGLITZ. Monopolistic Competition and Optimum Product Diversity [J]. American Economic Review, 1997, 67, (3): 297-308.

[11] FAN Y, LIAO H, WEI Y. Can Market Oriented Economic Reforms Contribute to Energy Efficiency Improvement? Evidence from China [J]. Energy Policy, 2007, 35: 2287-2295.

[12] FISHER - VANDEN K, JEFFERSON G H, LIU H, et al. What Is Driving China' s Decline in Energy Intensity? [J]. Resource and Energy Economics, 2004, 26: 77-97.

[13] FUJITA M. Urban Economic Theory [M]. Cambridge: Cambridge University Press, 1989.

[14] FUJITA M, KRUGMAN P, VENABLES A. The Spatial Economy and International Trade [M]. Cambridge : MIT Press, MA, 1999.

[15] GARBACCIO R F, JORGENSON D W. Why Has Energy - output Ration Fallen in China [J]. Energy Journal, 1999, 20: 63-91.

[16] HANSEN N. Impact of Small and Intermediate - sized Cities on Population Distribution: Issue and Response [J]. Regional Development Dialogue, 1990, 11: 60-76.

[17] HANSON G. Market Potential, Increasing Returns and Geographic Concentration [J]. NBER, 1998, 6429, National Bureau of Economic Research, Cambridge, MA.

[18] HARRIS C. The Market as a Factor in the Localization of Industry in the United States [J]. Annals of Association of American Geographers, 1954, 64: 315-348.

[19] HENDERSON V, LEE T, J Y. Externalities and Industrial Deconcentration Under Rapid Growth [D]. Providence: Mimeo, Brown University, 1999.

[20] HENDERSON V, SHALIZI Z, VENABLES A. Geography and Development [J]. Journal of Economic Geography, 2001, 1: 81-105.

[21] KAUFMANN R K. The Mechanisms for Autonimous Energy Efficiency Increases: A Cointegration Analysis of US Energy/GDP Ratio [J]. Energy Journal, 2004: 25: 63-86.

[22] KELLER W. Geographic Localization of International Technology Diffusion [J]. American Economic Review, 2002, 92: 120-142.

[23] KHAZZOOM J D. Economic Implications of Mandated Efficiency Standards for Household Appliances [J]. Energy Journal, 1980 (1): 21-39.

[24] KRUGMAN P. Geography and Trade [M]. Cambridge: MIT Press, 1991.

[25] LALL S V, SHALIZI Z, DEICHMANN U. Agglomeration Economics and Productivity in Indian Industry [J]. Journal of Development Economics, 2004, 73: 643-674.

[26] LIANG Z. Financial Development, Growth and Regional Disparity in Post – Reform China [Z]. Mimeo, 2006.

[27] LIN X, POLENSKE K R. Input – output Anatomy of China's Energy Use Changes in the 1980's [J]. Economic System Research, 1995, 7: 32-45.

[28] LIU Y, XIE Y. Asymmetric Adjustment of the Dynamic Relationship Between Energy Intensity and Urbanization in China [J]. Energy Economics, 2013, 36: 43-54.

[29] MULDER P, GROOT H L F DE, HOFKES M W. Explaining Slow Diffusion of Energy – saving Technologies; a Vintage Model with Returns to Diversity and Learning – by – Using [J]. Resource and Energy Economics, 2003, 25: 105-126.

[30] NEWELL R G, JAFFE A B, STAVINS R N. The Induced Innovation Hypothesis and Energy – saving Technological Change [J]. Quarterly Journal of Economics, 1999, 114: 941-975.

[31] POPP D. Induced Innovation and Energy Price [J]. American Economic Review, 2002, 92: 160-180.

[32] POUMANYVONG P, KANEKO S. Does Urbanization Lead to Less Energy Use and Lower CO_2 Emissions? [J]. Ecological Economics, 2010, 70: 434-444.

[33] RAJAN R, ZINGALES L. Financial Dependence and Growth [J]. American Economic Review, 1998, 88: 559-586.

[34] ROMER P M. Endogenous Technological Change [J]. Journal of Political Economics, 1990, 90, 1187-1211.

[35] SADORSKY P. Do Urbanization and Industrialization Affect Energy Intensity in Developing Countries? [J]. Energy Economics, 2013, 37: 52-59.

[36] SINTON J, LEVINE M. Changing Energy Intensity in Chinese Industry: The Relative Importance of Structural Shift and Intensity Change [J]. Energy Policy, 1994, 22: 239-255.

[37] TONE K. A Slack-based Measure of Efficiency in Data Envelopment Analysis [J]. European Journal of Operational Research, 2001, 130: 498-509.

[38] TONE K, TSUTSUI M. An Epsilon-based Measure of Efficiency in DEA – A Third Pole of Technical Efficiency [J]. European Journal of Operational Research,

2010, 207: 1554-1563.
[39] YORK R. Demographic Trends and Energy Consumption in European Union Nations, 1960-2025 [J]. Social Science Research, 2007, 36: 855-872.
[40] ZHANG J, WAN G, JIN Y. The Financial Deepening-Productivity Nexus in China: 1987—2001 [J]. Journal of Chinese Economics and Business Studies, 2009 (1): 37-49.
[41] 白重恩,等. 地方保护主义及产业地区集中度的决定因素和变动趋势 [J]. 经济研究, 2004 (4).
[42] 陈诗一. 节能减排与中国工业的双赢发展 [J]. 经济研究, 2010 (3).
[43] 程仲鸣, 夏新平, 余明桂. 政府干预、金字塔结构与地方国有上市公司投资 [J]. 管理世界, 2008 (9).
[44] 范剑勇. 产业集聚与地区间劳动生产率差异 [J]. 经济研究, 2006 (11).
[45] 樊茂清, 任若恩, 陈高才. 技术变化、要素替代和贸易对能源强度影响的实证研究 [J]. 经济学(季刊), 2009 (4).
[46] 干春晖, 郑若谷, 余典范. 中国产业变迁对经济增长和波动的影响 [J]. 经济研究, 2011 (5).
[47] 李廉水, 周勇. 技术进步能提高能源效率吗? [J]. 管理世界, 2006 (10).
[48] 黎凯, 叶建芳. 财政分权下政府干预对债务融资的影响 [J]. 管理世界, 2007 (8).
[49] 李锴, 齐绍洲. 贸易开放、经济增长与中国二氧化碳排放 [J]. 经济研究, 2011 (11).
[50] 林伯强, 刘希颖. 中国城市化阶段的碳排放. 影响因素和减排策略 [J]. 经济研究, 2010 (8).
[51] 林毅夫, 蔡昉, 李周. 比较优势与发展战略 [J]. 中国社会科学, 1999 (5).
[52] 林毅夫, 李永军. 比较优势、竞争优势与发展中国家的经济发展 [J]. 管理世界, 2003 (7).
[53] 钱先航, 曹廷求, 李维安. 晋升压力、官员任期和城市商业银行的贷款行为 [J]. 经济研究, 2011 (12).
[54] 齐志新, 陈文颖, 吴宗鑫. 工业轻重结构变化对能源消费的影响 [J]. 中国工业经济, 2007 (2).
[55] 单豪杰. 中国资本存量 K 的再估算 [J]. 数量经济技术经济研究, 2008

(10).
[56] 史丹. 我国经济增长过程中能源利用效率的改进 [J]. 经济研究, 2002 (9).
[57] 史丹, 吴利学, 傅晓霞, 等. 中国能源效率地区差异及其成因研究 [J]. 管理世界, 2008 (2).
[58] 孙浦阳, 王雅楠, 岑燕. 金融发展影响能源消费结构么? [J]. 南开经济研究, 2011 (2).
[59] 谭劲松, 简宇寅, 陈颖. 政府干预与不良贷款 [J]. 管理世界, 2012 (7).
[60] 涂正革. 环境、资源与工业增长的协调性 [J]. 经济研究, 2008 (2).
[61] 魏楚, 沈满洪. 能源效率及其影响因素. 基于 DE [J] 的实证分析 [J]. 管理世界, 2007 (8).
[62] 魏楚, 杜立民, 沈满洪. 中国能够实现节能减排目标 [J]. 世界经济, 2010 (3).
[63] 解维敏, 方红星. 金融发展、融资约束与企业研发投入 [J]. 金融研究, 2011 (5).
[64] 吴利学. 中国能源效率波动. 理论解释、数值模拟及政策含义 [J]. 经济研究, 2009 (5).
[65] 杨继生. 国内外能源相对价格与中国的能源效率 [J]. 经济学家, 2009 (4).
[66] 袁晓玲, 张宝山, 杨万平. 基于环境污染的中国全要素能源效率 [J]. 中国工业经济, 2009 (2).
[67] 张晓蒂, 王永齐. 企业家显现与产业集聚. 金融市场的联接效应 [J]. 中国工业经济, 2010 (5).
[68] 张伟, 吴文元. 基于环境绩效的长三角都市圈全要素能源效率 [J]. 经济研究, 2011 (10).
[69] 赵勇, 雷达. 金融发展与经济增长. 生产率促进或资本形成 [J]. 世界经济, 2010 (2).
[70] 郑江淮, 高彦彦, 胡小文. 企业"扎堆"、技术升级与经济绩效 [J]. 经济研究, 2008 (5).
[71] 周黎安. 晋升博弈中政府官员的晋升与合作 [J]. 经济研究, 2004 (6).
[72] 周黎安. 中国地方官员的晋升锦标赛模式研究 [J]. 经济研究, 2007 (7).

后　记

西北大学“经济增长质量论坛”由教育部人文社科重点研究基地——西北大学中国西部经济发展研究中心主任、教育部“长江学者”特聘教授国家“万人计划”哲学社会科学领军人才、陕西省特支计划“杰出人才”任保平教授创办，西北大学中国西部经济发展研究中心、西北大学经济管理学院数理经济与统计学系以及陕西宏观经济与经济增长质量协同创新中心共同承办。首期论坛开讲于2013年10月10日，至今已成功举办60余期。

“经济增长质量论坛”旨在为经济学人才培养和科学研究搭建高端学术交流平台，巩固和提升西北大学经济增长质量研究团队以及理论经济学科的综合科研实力和学术影响力。论坛以任保平教授及其团队撰写的《中国经济增长质量报告》为依托，通过系统化和规范化的学术操作，邀请国内外知名学者参与论坛，探讨与经济增长质量相关的经济问题以及研究方法。论坛作为西北大学品牌论坛多次获得西北大学学术组织奖，其受众主要包括西北大学经济管理学院博硕士研究生、本科生以及中青年教师，已成为西北大学理论经济学本科生以及硕、博士研究生学习、交流和成长的重要学术平台。

论坛鼓励本科生以及硕、博士生首先通过参与、交流和学习了解规范的学术研究工作，在此基础上组织西北大学经济增长质量研究团队内外的本科生、硕博士研究生撰写学术论文并汇报，进而通过学术研讨提升学生科研能力，最终以论坛为载体充分释放经济学思想和方法的外部性，使其惠及论坛的每一位参与者。目前，在论坛主讲过的论文已在《经济研究》《管理世界》《中国工业经济》《世界经济》和《数量经济技术经济研究》等权威及核心期刊发表，其学术质量获得学术界的高度认可。更为关键的是一批本科生及硕士、博士研究生通过“经济增长质量论坛”已崭露学术头角。

“经济增长质量论坛”的日常组织工作由西北大学钞小静教授、师博教授、魏婕副教授、郭晗副教授以及李勇副教授负责。其中，钞小静教授和魏婕副教授从本科起就加入任保平教授的科研团队，围绕“经济增长质量”研究完成了本、硕、博阶段的学业。钞小静教授作为教育部新世纪人才和陕西省“特支计划”青年拔尖人才先后在《经济研究》《数量经济技术经济研究》《经济科学》和《经济学家》等权威及核心期刊发表论文30余篇，在人民出版社、科学出版社出版学术专著2部，获得了国家社科基金、教育部人文社科基金、中国博士后基金等多项国家和省部级科研项目的资助，获得了第一届洪银兴经济学奖以及陕西省哲学社会科学优秀成果奖一等奖等多项科研奖励。魏婕副教授先后在《中国工业经济》《经济学动态》《经济科学》《南开经济研究》等权威及核心期刊发表论文20余篇，获得了国家社科基金和中国博士后基金等多项国家和省部级科研项目的资助，获得首届中国经济学“优秀博士论文奖”“孙冶方经济学青年菁英奖”等多项奖励。郭晗副教授在西北大学经济管理学院完成了本、硕、博学业，自硕士研究生阶段跟随任保平教授研究经济增长质量问题，先后在《数量经济技术经济研究》《中国经济问题》等权威及核心期刊发表论文20余篇，获得了国家社科基金、教育部人文社科基金等多项国家和省部级科研项目的资助，获得了“孙冶方经济学青年菁英奖”“刘诗白经济学奖”。作为经济增长质量团队的核心成员钞小静教授、魏婕副教授和郭晗副教授的成长轨迹与“经济增长质量论坛”与密切相关，他们的学术经历也是西北大学理论经济学本科生、硕博士研究生学业历程的写照，是西北大学理论经济学人才培养的重要成果。

为了总结“经济增长质量论坛”在西北大学理论经济学人才培养方面的经验和模式，我们精选代表性文章结集出版《经济增长质量论坛》，以期能够不断完善教育科研平台建设，从而为新时代高质量发展和西部大开发培养更多高层次经济管理人才。

本书的出版得到了西北大学师长及同仁的大力支持，在此感谢西北大学校长郭立宏，副校长贾明德教授、王正斌教授，以及孙国华副书记、常江副校长。同时，学校各级处室也给予了积极的支持，感谢社科处原处长刘丰研究员，社科处现任处长马朝奇教授，副处长李丰庆；教务处李剑利处长、学科处汪涛处长以及研究生院徐哲峰副院长。经济管理学院茹少峰教授、何爱平教授、宋宇教授、马莉莉教授、高煜教授、吴振磊教授、杜勇书记、李一凡副院长、李辉副院长都给予了论坛大力支持，在此一并表示感谢。

笔　者

二〇一九年五月